本书获得山东大学周易与中国哲学研究中心出版资助

中国当代学人文丛

孔令宏 著

孔令宏学术文丛 卷二

道教哲学纲要

巴蜀书社

图书在版编目(CIP)数据

孔令宏学术文丛.卷一,道教哲学纲要/孔令宏著.—成都:巴蜀书社,2021.2
(中国当代学人文丛)
ISBN 978-7-5531-1450-7

Ⅰ.①孔… Ⅱ.①孔… Ⅲ.①道教-宗教哲学-研究 Ⅳ.①B95

中国版本图书馆 CIP 数据核字(2021)第 022943 号

孔令宏学术文丛·卷一 道教哲学纲要
KONGLINGHONG XUESHU WENCONG. JUANYI DAOJIAO ZHEXUE GANGYAO

孔令宏　著

责任编辑	沈泽如　肖　静　张　曦
封面设计	有品堂—刘俊
出　　版	巴蜀书社
	(成都市锦江区三色路 238 号新华之星 A 座 36 楼 邮编 610023)
	总编室电话:(028)86361843
网　　址	http://www.bsbook.com
发　　行	巴蜀书社
	发行科电话:(028)86361852
照　　排	成都木之雨文化传播有限公司
印　　刷	四川南方印务有限公司
成品尺寸	170mm×240mm
印　　张	23.25
字　　数	500 千
版　　次	2022 年 11 月第 1 版
印　　次	2022 年 11 月第 1 次印刷
书　　号	ISBN 978-7-5531-1450-7
定　　价	70.00 元

本书若出现印装品质问题,请与印刷厂联系

总　序

《孔令宏学术文丛》（以下简称《文丛》）出版在即，按例，需为丛书写篇总序。我从1988年开始涉足学术，迄今已有三十又四年。《文丛》就是对此前工作的一个总结，共涉及道教学术研究的四个领域。

第一，道教的历史研究。

道家、道教史是其他几方面研究的基础。《以道统术 以术得道——道家衍变讲论》是通史，该书认为，仅仅把道家视为哲学，把道教视为宗教，认为二者之间有鸿沟的观点，都是偏颇的。二者间的共同性远远大于差异性，道、学、术的三重互动关系，是贯穿二者的逻辑红线。

地域道教史是我用力比较多的领域。《文理灿然——江西道学文化史》对江西地区的道学文化史进行了全面的论述，而《凤凰涅槃：近现代浙江道教研究》属于断代史著作。通过对地域道教史的梳理，我们可以具体地理解道教与地方社会、地域文化的关系。

道教思想史是我研究道教史的另外一个领域。道家与道教的关系是一个长期困扰中国哲学乃至中国传统文化相关学科的一个重大问题，学者们已做了不少探讨，但这些探讨或偏于综合性而失之于空泛，或只涉及问题的某一个侧面而失之于狭隘。对东汉道教产生到南北朝道教发展成熟而成为与儒、佛鼎足而立的传统文化三大组成部分这一关键时期，道教与道家的关系缺乏系统、深入的探讨，相关问题仍未得到令人满意的解决。《道学思想史——先秦六朝卷》力图解决这个问题，该书认为，如果说在葛洪之前，道家与道教还是各自独立存在的话，从葛洪开始，情况就发生了显著的变化，二者开始融通，到了南朝齐梁时期，二者就完全融为一体了。由于道教把道与术结合起来，二者之间由于双向交通而有了学的雏形，这样，有道而少术的道家自然失去了独立存在的价值，不得不融会到道教中。《道学思想史·宋明卷》提出，宋明时期是道教思想经过晚唐和五代十国的转型，道、学、术从多方面展开而达到圆融，从而达到高度发达的时期，它在中国哲学史、思想史、文化史上都具有重要的意义。

第二，道教哲学。

《道教哲学纲要》指出，作为中国哲学的组成部分，道教哲学是以道为本源与本体，为道教的终极信仰目标及其实现方法进行哲理论证和解释的学说。道教的哲学精神规定了道教哲学的基本特点，它是道、学、术三者的统一，对道教哲学的探讨，必须联系学、术，尤其是要联系术来展开，深入挖掘各种术的哲学意蕴。在道教的信仰中，道具象化为神，神学哲学是道教哲学的核心内容之一，而其实质依然是以道为本体的本体论和以道为本源的宇宙发生论相结合的形上体系，这被向形而下贯穿于道教的生命哲学、心性哲学、伦理哲学、文化哲学、政治哲学中。

第三，儒道关系。

《宋代的儒道关系》的导论部分，对理论体系的"形式要素"和中国哲学的研究方法做了探讨。上篇分析了理学诸家与道家、道教的关系，详细考证了道家、道教对理学诸家的影响。下篇运用大量历史文献资料梳理了道家、道教哲学思想的演变，考察了朱熹纳道入儒的表现和手法。

第四，道教专题研究，涉及内丹、养生、水文化等方面。

丹鼎派、符箓派是道教的两大宗派。前者与科学技术关系密切，研究价值很高。为此，我与韩松涛合著了《南宗五祖研究》。南宗五祖，学术界多注重张伯端和白玉蟾的研究，对其他三人几乎略而不论。过去，对既有的张伯端的研究成果，往往将其与后世内丹著作联系起来解读，存在着明显的过度诠释的现象。该书解决了这些问题，"历史考述篇"重在考证南宗的传承谱系和主要人物的生平、著作，力求弄清历史真相。"思想与实践篇"重在阐述南宗五祖的思想及其内丹实践，力求挖掘内涵以求明体，梳理方法以求达用。

《金华永驻——内丹学新论》对内丹的研究更加全面，对内丹的概念、内丹术的形成、内丹学的形成、内丹的哲理、内丹三要素、内丹的性与命、内丹功法的分类、内丹修炼的条件、内丹修炼的步骤、内丹的特点与意义、内丹的科学研究等方面做了全面的阐述，很多内容发前人所未发，具有较高的学术价值，对内丹的修炼实践也具有很强的指导意义。

我出生于农村，天资一般，父亲是教师，母亲是农民，没有显赫的家学和富贵的背景，有的只不过是在父母和老师教育下的感恩、本分、踏实。《文丛》中的好几部著作没有获得任何资助，因此对零酬劳参与其中撰写的朋友、学生深感愧疚。学术无止境，我能做到的，只有努力向前辈学习、看齐，尽到最大的努力，确保学术产出的质量。希望诸君不吝批评指正。

是为序。

孔令宏

2022年10月28日于杭州陋室

目　录

第一章　道教的哲学精神

第一节　道教哲学的概念 …………………………………………… 1
第二节　追求生命之真 ……………………………………………… 3
第三节　追求生命之善 ……………………………………………… 6
第四节　"生""道"合一观 ………………………………………… 8
第五节　抗命逆修 …………………………………………………… 11
　　（一）阴阳与纯阳 …………………………………………… 11
　　（二）盗、夺与颠倒 ………………………………………… 14
第六节　实践力行 …………………………………………………… 16

第二章　道教的神学哲学

第一节　"道生"论 ………………………………………………… 19
第二节　道与神明创世记 …………………………………………… 29
第三节　宇宙结构理论 ……………………………………………… 33
第四节　"道"本论 ………………………………………………… 39
第五节　"道"与神仙谱 …………………………………………… 52
第六节　道与生死观 ………………………………………………… 62
第七节　道与人神观 ………………………………………………… 73

第三章　道教生命哲学总论

第一节　生命与虚无 ………………………………………………… 88

（一）生命来源于道，生道合一 ········· 88
　　（二）生命来自于虚，生虚合一 ········· 90
　　（三）长生不死 ····················· 92
第二节　生命哲学的主体性与实证性 ········· 95
　　（一）生命哲学的主体性 ·············· 95
　　（二）生命哲学的实证性 ·············· 99
第三节　生命哲学的超越性 ················ 102

第四章　道教生命哲学之心性论

第一节　道性论 ························· 107
　　（一）由天道到人性 ················· 107
　　（二）二重化的道性论 ··············· 113
　　（三）一体两分的性体 ··············· 121
　　（四）性理论 ······················· 124
　　（五）性情论 ······················· 125
　　（六）道性功夫论 ··················· 128
第二节　道心论 ························· 129
　　（一）一体两面的心体 ··············· 129
　　（二）心与性 ······················· 139
　　（三）复还真心 ····················· 146

第五章　道教生命哲学之形神论

第一节　"形""气""神" ················· 157
　　（一）形神先后 ····················· 157
　　（二）形神主从 ····················· 158
　　（三）形神分合 ····················· 159
　　（四）形神与气 ····················· 162
　　（五）形神俱妙 ····················· 164
　　（六）形神理论与道教法术 ··········· 170
第二节　"精""气""神" ················· 171

（一）形气神与精气神 …… 171
　　（二）精、气与神的关系 …… 175
　　（三）精气神的先天与后天 …… 177
　　（四）精、气、神的"混元" …… 189
　　（五）精、气、神混合转化的实践意义 …… 196
第三节　性与命 …… 200
　　（一）性命内涵论 …… 200
　　（二）性、命丹道论 …… 218
　　（三）性命功夫论 …… 224

第六章　道教的伦理哲学

第一节　"道""德"关系论 …… 233
第二节　"道性"平等的伦理价值观 …… 246
第三节　"善"的价值标准 …… 248
第四节　"中和""无欲"的伦理原则 …… 251
第五节　道、儒会通的伦理规范 …… 254
第六节　"承负"与善恶报应的伦理信仰 …… 259
第七节　伦理与行善成仙 …… 268

第七章　道教的语言哲学与文化哲学

第一节　宇宙发生论与天书信仰 …… 273
第二节　语言的道与术 …… 277
　　（一）《太平经》的文字哲学 …… 277
　　（二）南北朝以后道经中的文字崇拜 …… 281
　　（三）道教咒语的哲理 …… 288
　　（四）道教的文字之术 …… 294
　　（五）道教语言哲学的价值与意义 …… 301
第三节　人文化成的哲理 …… 304
　　（一）文昌信仰内蕴的文化哲学 …… 304
　　（二）文昌信仰的文化意义 …… 306

第八章　道教的政治哲学

第一节　自然无为与自由 ······ 311
　（一）自然与自由 ······ 311
　（二）理想的社会蓝图 ······ 314
　（三）无为而治 ······ 318
第二节　重生乐生与民本政治 ······ 323
第三节　遵法守德与政治 ······ 328
第四节　中和均平与社会发展 ······ 334

第九章　道教的功夫哲学

第一节　外丹术的哲理 ······ 341
第二节　内丹术的哲理 ······ 346
第三节　符箓派道术的哲理 ······ 347
第四节　以术得道和以道御术 ······ 351

结语：道教哲学的现代意义 ······ 355
主要参考文献 ······ 359

第一章
道教的哲学精神

第一节 道教哲学的概念

对道教哲学的探讨,首先涉及它的定义。对此,学者们已经提出的观点主要有以下几种。胡孚琛在《中华道教大辞典》中列举了道教哲学的几个方面:其一,它是道教神学的理论基础,本身是由先秦的老、庄、杨、列等道家哲学演化而来的;其二,道教哲学是道家黄老之学的方术化和宗教化,道家哲学先将道家黄老之学方术化为可模拟、可修炼、可体得的实践哲学,道教哲学又是道家哲学的宗教化或神化;其三,道教哲学是一种自然哲学[1]。这是用列举法说明道教哲学的几个方面,显然还不是严谨的定义。王明认为,道教哲学是"产生于中国东汉晚期的一种以神秘化的道为宇宙本原的宗教哲学。它把道家的道予以神学的阐释,结合儒学,融合佛学,形成了独特的理论"[2]。这是把道教哲学视为宗教哲学之一,是对道教哲学作严谨定义的尝试。卢国龙指出:"道教哲学是中国传统哲学的一个有机组成部分,是传统哲学大系统中的一个子系统。中国传统哲学作为人类一大文明体系的理论性凝结,有其独特的思想主题,而道教则是推阐这个思想主题的一种理论形态,

---

[1] 胡孚琛主编:《中华道教大辞典》,中国社会科学出版社1996年版。
[2] 王明:《道家与传统文化研究》,中国社会科学出版社1996年版,第212-215页。

同时也是致思于这个主题的一段探索历程。"① 这是把道教哲学放在中国哲学的大背景中来考察,可惜没有说明道教哲学的内容。吕鹏志说:"从逻辑学的观点来看,道教哲学就像基督教哲学、佛教哲学、伊斯兰教哲学等一样,都是宗教哲学。"② 这是从逻辑学的角度来界定道教哲学。卿希泰主编的《中国道教思想史》给出的定义是:"道教哲学是以先秦道家理论为基础,以道为宇宙万物本原,自东汉末开始成型并且在以后的历史进程中不断创新、发展、完善的一种为修道成仙提供思想根据的宗教哲学。"③

上述定义的共同点是指出了道教哲学与道家的关系,另一些学者对此有不同的看法。他们认为,道教哲学只是道教典籍中老庄道家哲学的言论,老庄诸书"为道教哲学之精义所在"④,"道教的宗教哲学主要由老庄思想为主干的道论组成"⑤。这种看法是基于不把道教与道家作严格区分的传统观念而形成的。另一种观点正好相反,主张"区分道家哲学与道教哲学",认为道家哲学只是一种哲学流派,而"道教哲学是为其教义服务的,是其教理教义的思想理论基础,简言之,对道教教义的哲学论证就是道教哲学,在这里道教神学和哲学几乎是浑然一体的"⑥。那么,对道家与道教的关系,究竟应该怎么理解?牟钟鉴主编的《道教通论——兼论道家学说》上编《道家学说概观》指出,如果说古人混一道家、道教是认识上的一次肯定,那么现代学者严格区分道家与道教就是肯定之后的一次否定,下一步还需要做一次否定之否定,即对两者的同异互含作更全面更合乎实际的说明。该书尝试概括道家与道教的四点相同之处:(1)先秦两汉道家是道教的重要思想来源。(2)道教是道家的一个重要分支。(3)道家与道教在根本理论上血脉相通。(4)道家思想借助于道教而延续和深化。该书还概括了两者的三点相异之处:(1)道家和道教的根本旨趣不同。(2)道家与道教对鬼神的态度不同。(3)道家和道教的存在方式不同。该书最后总结说,道教可以看作是道家的一个特殊流派,它对道家有所继承发展,也有明显的转向和偏离。道家与道教在历史上是有离有合、同异并存和纠结发展的。有学者指出,道、学、术的三重互

---

① 卢国龙:《道教哲学》,华夏出版社1997年版,第1页。
② 吕鹏志:《道教哲学》,文津出版社2000年版,第2页。
③ 卿希泰主编:《中国道教思想史》第四卷,人民出版社2009年版,第321页。
④ 蒙文通:《古学甄微》,巴蜀书社1987年版,第317页。
⑤ 牟钟鉴、胡孚琛、王葆玹:《道教通论》,齐鲁书社1991年版,第720页。
⑥ 李刚:《汉代道教哲学》,巴蜀书社1995年版,第13-21页。

动关系是道家、道教发展的逻辑动力。在道家、道教发展的不同阶段,这种互动关系有不同的表现特点。同时,道教不只是宗教,仅仅从宗教学的角度看道教,是以偏概全。更全面地看,道教是中国传统文化的三大组成部分之一①。基于这些考虑,笔者给出道教哲学的定义:道教哲学是中国哲学的组成部分之一,从一个侧面概括了中国传统文化的精华。它是以道为本源与本体,为道教的终极信仰目标及其实现方法进行哲理论证和解释的哲学。

道教哲学的研究,首先是对道教典籍中富有哲理意味的思想进行梳理,其次是用解释学的方法对其进行解释,彰显出它没有说全面、没有说清楚、没有说透彻的部分,最后是概括,在更长的历史时间中、更广泛的空间范围内、更高的基础上对它们进行提升,逻辑严谨地进行体系性的建构。

道教有一千八百多年的悠久历史,涉及中国传统文化的方方面面,因而,道教哲学的内容是非常丰富的。我们除了要洞悉道教博杂多端的术背后所蕴含的哲学思想外,还要研究它的神学哲学、文字哲学、生命哲学、心性哲学、伦理哲学、政治哲学、生态哲学、美学哲学等。而要对这些方面有全面的把握,我们还需要把握其精神实质,如追求生命之真精神、追求生命之善精神、"生""道"合一、抗命逆修、实践力行,等等。

第二节 追求生命之真

道教的终极信仰目标是长生不死,得道成仙。这是以个体生命的无限延长为宗旨的信仰、学说及实践方法。以此看来,对生命的思考是道教哲学的核心,道教哲学本质上是一种生命哲学。

与儒学作为一种社会、伦理哲学追求"文质彬彬"的君子之道不同,道教哲学秉承道家哲学,追求生命之"真",强调返璞归真。

何谓"真"?即原初性和本源性,也即依据原初本性,任其自然天真,发挥其功能。关于它的内涵,可以从以下几个方面来理解。

第一,因循自然。道家把符合并保持天然自然的样态称之为真,并把能做到这一点的人称为真人,视为楷模、典范。《庄子·内篇·大宗师》宣称:

---

① 孔令宏:《宋明道教思想研究》,宗教文化出版社2002年版;孔令宏:《从道家到道教》,中华书局2006年版。

"其一与天为徒,其不一与人为徒,天与人不相胜也,是之谓真人。"真人就是因循自然的人。

第二,返初归真。在道家看来,天然、自然即事物在发生学意义上的最初状态、本原状态。《庄子·外篇·天道》:"极物之真,能守其本。"这就是说,真即事物之本。不干扰事物,让它按照自己的本性存在,保持其本来样态,这就是守其真。《庄子·外篇·刻意》进一步把真界定为纯素,把能身体力行纯素的人称为真人。它说:"故素也者,谓其无所与杂也;纯也者,谓其不亏其神也。能体纯素,谓之真人。"真人的这种"真"品性,《庄子·外篇·天运》从无为、易养、无出三个角度做了更深的阐发。它说:"逍遥,无为也;苟简,易养也;不贷,无出也。古者谓是采真之游。"意思是,自由自在,不刻意去做什么,没有强烈的目的,就是无为;简简单单、朴实无华、不追求奢华就容易养活;自力更生,自己满足自己,不施与他人,就不会使自己受损,虽然无益于他人,却也不会给自己招惹麻烦,这就是神采真实的遨游。

第三,法天贵真,不拘于俗。道家还把真与天关联在一起,真意味着符合天道、天然。《庄子·外篇·秋水》:"无以人灭天,无以故灭命,无以得殉名。谨守而勿失,是谓反其真。"从这个意义上说,真即是客观的实情和规律。《庄子·外篇·达生》进而强调:"不开人之天,而开天之天。开天者德生,开人者贼生。不厌其天,不忽于人,民几乎以其真。"主张"开天之天"而反对"开人之天",意味着遵循道而吻合于德,因而能够生生不息。从天人关系来说,能够做到这一点的就是道家所称颂的具有最高理想人格的真人,诚如《庄子·内篇·大宗师》所说:"是之谓不以心捐道,不以人助天,是之谓真人。"从认识论来说,真人贯彻这一天人关系的表现是:"故无所甚亲,无所甚疏,抱德炀和,以顺天下,此谓真人。于蚁弃知,于鱼得计,于羊弃意。以目视目,以耳听耳,以心复心。若然者,其平也绳,其变也循。古之真人,以天待人,不以人入天。"[①] 先真正认识了自我,才能认识自然和社会。这里的关键是无论认识社会还是认识自然,都要让心保持平和宁静,排除先入之见,完全客观地、如实地、不增不减地认识对象,如《庄子·内篇·大宗师》所说"且有真人而后有真知"。真还意味着效法天道永恒不懈地遵循规律而稳定存在。这一品性引申到做人做事的态度上,即精诚。《庄

[①] (宋)吕惠卿:《庄子义集校》,中华书局2009年版,第468页。

子·杂篇·渔父》说：

> 真者，精诚之至也。不精不诚，不能动人。故强哭者虽悲不哀，强怒者虽严不威，强亲者虽笑不和。真悲无声而哀，真怒未发而威，真亲未笑而和。真在内者，神动于外，是所以贵真也。其用于人理也，事亲则慈孝，事君则忠贞，饮酒则欢乐，处丧则悲哀。忠贞以功为主，饮酒以乐为主，处丧以哀为主，事亲以适为主。功成之美，无一其迹矣；事亲以适，不论所以矣；饮酒以乐，不选其具矣；处丧以哀，无问其礼矣。礼者，世俗之所为也；真者，所以受于天也，自然不可易也。故圣人法天贵真，不拘于俗。

道家认为，真是人与生俱来的原初品性，如顺其自然，是不会改变的。但人出生后，在后天的社会环境中，往往会"见利而忘其真"[1]，或者"苦心劳形以危其真"[2]，这都是被欲望所驱逐、为名利所困扰的结果。所以，要保守本真，就要节制或泯灭欲望、看淡看轻名利。

总之，"真"是"静以观复"的结果，是对人情、欲望的超越，发现真正的自己，达到本性天真、自然淳朴的状态。

道教继承了上述道家的追求生命之真的思想，把它贯彻到切实的、具体的、多种多样的实践操作活动中，在强身健体、治疗疾病、延年益寿等方面取得了一系列卓越的成就。道教这种以实践为基础的求真精神，与科学多有相通相同之处，因而，道教事实上为中国古代科学技术的发展做出了卓越的贡献。但是，应该看到，这二者毕竟还是有差别的。在求真的方法上，科学运用的是物质实验的方法，道教的长生修炼运用的则是身心体验的方法。科学实验追求的是客观物质的知识真理，而道教长生修炼追求的是生命活动的存在真理。科学的实验方法在实践中有时会出现偏误，而道教的长生修炼则坚持尊重生命、尊重自然，这对科学实验的反面效应是有补偿作用的[3]。

---

[1]（宋）吕惠卿：《庄子义集校》，中华书局2009年版，第376页。
[2] 同上书，第559页。
[3] 李国红：《实验与体验——略论科学与道教求真方法之异同》，《青海社会科学》2009年第2期。

第三节 追求生命之善

道教以长生不死,得道成仙为终极信仰目标。长寿是实现这一目标的前提。在社会生活中遵守伦理道德规范,妥善处理好与他人的关系,是长寿的社会条件之一。为此,道教富有强烈的追求生命之善的精神。

那么,道教如何理解善呢?《太平经》从宗教神学的层面对"善"与"恶"作了界定:"夫为善者,乃事合天心,不逆人意,名为善。善者,乃绝洞无上,与道同称;天之所爱,地之所养,帝王所当急,仕人君所当与同心并力也。夫恶者,事逆天心,常伤人意;好反天道,不顺四时,令神祇所憎,人所不欲见父母之大害,君子所得愁苦也,最天下绝洞凶败之名字也。"① 把善界定为"事合天心,不逆人意",把恶界定为"事逆天心,常伤人意",这是《太平经》独到的理解。在它看来,"天心"的根本就是生生不息,"人意"的根本就是长生不死,事事如愿。它解释说:"人最善者,莫若常欲乐生,汲汲若渴,乃后可也。其次,莫若善于乐成,常悒悒欲成之,比若自忧身,乃可也。其次,莫若善于仁施与,见人贫乏,为其愁心,比若自忧饥寒,乃可也。"② 在它看来,"乐生"是最大的善;其次是"乐成",即"乐成他人善如己之善"③,与"仁施"一起都是指人的"好善"。与"乐成""仁施"相近的说法还有"乐养""乐施"。《太平经》说:"理之第一善者,莫若乐生,其次善者乐养,其次养者乐施。故生者象天,养者象地,施者象仁。此三者,天地人之大纲也。"④《太平经》认为"乐生""乐养""乐施"分别是天、地、人的根本,是善的三种表现。具体到人,善就意味着长寿,即"寿最为善"⑤,"善自命长,恶自命短"⑥。

在修炼术的同时,还应修身养德,方能长寿。对此,东晋时期的道教学者葛洪引《玉钤经·中篇》说:"欲求仙者,要当以忠孝和顺仁信为本。若

---

① 王明:《太平经合校》,中华书局1960年版,第158页。
② 同上书,第80页。
③ 同上书,第81页。
④ 同上书,第704页。
⑤ 同上书,第222页。
⑥ 同上书,第525页。

德行不修，而但务方术，皆不得长生也。"① 到了晚唐，杜光庭明确把行善视为得道成仙的一种途径。他在《墉城集仙录》卷一《圣母元君》中说："行善益算，行恶夺算；赏善罚恶，各有职司；报应之理，毫分无失；长生之本，惟善为基。"此后，大约北宋时期成书的《太上感应篇》把杜光庭的思想具体地做了量化的规定："所谓善人，人皆敬之，天道佑之，福禄随之，众邪远之，神灵卫之，所作必成，神仙可冀。欲求天仙者，当立一千三百善；欲求地仙者，当立三百善。"② 此后，劝善书、功过格等大量涌现，行善成仙的观念得到了强化。

从这里可以看出，道教的善与儒家的善有同也有异。二者都强调遵守社会公序良俗，不损害他人的正当利益。但二者在同中也有异。道教伦理追求个体生命永恒存在，同时不违背社会的公序良俗。儒家伦理强调社会业已形成的等级、名分、秩序不可破坏，强调义务而不是权利。道教伦理既重义务也强调权利。儒家伦理以圣人为道德的楷模，道教伦理以仙为道德的榜样。儒家面对死亡的道德担待是"杀身成仁，舍生取义"，为了大义可以抛头颅、洒热血，牺牲个体生命；道教则是"立功成仙"，行善是以生命的存在为前提的。

道教这种追求生命之善的思想，具体如何落实呢？主要有三种途径。

第一，守戒。遵守道教的清规戒律，不为非作歹。守戒重在他律，因为不守戒会被道教宫观等组织以及道教的神灵惩罚。但仅仅靠这种外在的他律是不够的。所以，道教主张守戒要从心入手，如净明道经典《玉诠》卷四所强调的"守戒要见戒心"。"见戒心"的要点是"防"："防患于未然，防过于未萌，防心于未兆，即昔贤所谓惟精惟一，兢兢业业之道。"③ 心中有善念而无恶念，自然不会转化为行动，当然就不会有恶的结果。

第二，思善。《太上洞渊神咒经》主张"修善心""令善心恒生"④。让善念常存于心中，主要是依靠道德自律，即自我约束不做恶事。但道教认为仅仅靠自律是不够的，要与他律结合起来。如何结合呢？《关圣帝君觉世真经》说："人心即神，神即心，无愧心，无愧神。若是欺心，便是欺神。"这是通过神的二重性来实现道德自律与他律的结合。因为人的念头存在于心中，

---

① 王明：《抱朴子内篇校释》，中华书局1985年版，第53页。
② 《道藏》第27册，第41页。
③ 《重刊道藏辑要·鬼集四》，新文丰出版公司1986年版。
④ 《道藏》第6册，第6-7页。

对心中的意念进行管控的意志力就是神，即心神。人身之外普遍存在着的神灵能够洞悉人的内心，人心中的意念与外在世界的神灵是此起彼应的关系。《太上感应篇》："心起于善，善虽未为，而吉神已随之；或心起于恶，恶虽未为，而凶神已随之。"① 所以，人只有在心中思善，身外世界的吉神就会随之响应；反之，人心中恶念一起，身外世界的恶神就会随之响应，凶的结果就开始酝酿。这主要是就道德行为的动机而言的。

第三，积德立功。《墉城集仙录》卷一《圣母元君》宣称："上士积善，永久长生，号为真人。天地有坏，真人无毁，超出三界，逍遥上清。"② 行善而积累不止，人可以长生不死，超出天地人三界的时空限制，得到绝对的自由。宋代以后的劝善书更是以功过格的形式，具体地把积德行善所能获得的好处一一量化打分，每日记录累加，每月每年反省总结，规劝人们行善积德。

第四节　"生""道"合一观

道家、道教向来以得道为旨归，并把得道的前提建立在人的生命上，因为只有人才能感知、体认、体验道，让沉睡于人身之中的道觉醒。永恒存在的道需要靠长生不死的人去关注、唤醒。人之所以存在，是因为道存在。道之所以存在，也是因为有人存在并能弘扬它。这二者是水乳交融、休戚与共的关系。这就是道家，尤其是道教所倡导的"生""道"合一观。对此，《道德经》《庄子》有一些近似的表述，如《庄子》外、杂篇中对人身与道关系的探讨，但还没有明确论述生命与道的关系，竹简《文子》则直截了当地宣称："生者，道也。"③ 稍晚成书的《管子·内业》说："道也者，口之所不能言也，目之所不能视也，耳之所不能听也，所以修心而正形也。人之所失以死，所得以生也；事之所失以败，所得以成也。"④《管子·白心》说："今夫来者，必道其道，无迁无衍，命乃长久。"⑤ 这可谓道家对生道合一观念的明确阐述。三国时的《老子想尔注》继承了《太平经》的"重生"主张，

---

① 《道藏》第27册，第140页。
② 《道藏》第18册，第166页。
③ 《道藏》第14册，第711页。
④ 梁运华校点：《管子》，辽宁教育出版社1997年版，第140页。
⑤ 同上书，第121页。

宣称"生，道之别体也"①，又说"道意贱死贵仙"②。道的永恒存在的性质具体表现于人身，就是长生不死。长生不死者就是得道之仙。《三天内解经》："真道好生而恶杀。长生者，道也。坏死者，非道也。"③ 这些，都是强调人的生命与道在自在层次的合一。以此而论，人身中本来就有道，否则，人就必然死去。如《西升经·在道章》："人在道中，道在人中；鱼在水中，水在鱼中；道去人死，水干鱼终。"④

但怎样解释众人寿命有限难免一死呢？这就得从生存论的自为层次来理解生道合一了。这个问题，其实先秦道家已经作了探讨。《管子·内业》说："夫道者，所以充形也，而人不能固。其往不复，其来不舍。谋乎莫闻其音，卒乎乃在于心，冥冥乎不见其形，淫淫乎与我俱生，不见其形，不闻其声，而序其成，谓之道。凡道无所，善心安爱，心静气理，道乃可止。彼道不远，民得以产。彼道不离，民因以知。是故卒乎其如可与索。眇眇乎其如穷无所。彼道之情，恶音与声。修心静音，道乃可得。"⑤ 道之生成万物和人其实是通过万物和人而将自身的丰富性呈现出来。道因生成而自在于人身，但却幽渺稀弱，并随着人的生命力的减弱而有消失的危险，需要人通过自己的努力去彰显它。对生道合一这一宗旨，《太上老君内观经》作了颇为系统的阐述。它说：

> 天地构精，阴阳布化，万物以生。承其宿业，分灵道一，父母和合，人受其生……所以谓生有由然也……谛观此身，从虚无中来，因缘运会，积精聚气，乘业降神，和合受生，法天象地，含阴吐阳。分错五行，以应四时，眼为日月，发为星宸，眉为华盖，头为昆仑，布列宫阙，安置精神，万物之中，人称最灵，性命合道，当保爱之⑥。

人在始生之时，神源清静，湛然无杂。既受纳有形，形染六情，眼则贪色，耳则滞声，口则耽味，鼻则受馨，意怀健羡，身欲轻肥，贪于满足七情六欲，于是自我戕害，终致失道而死。要生存，就必须促使性命合道，保护爱惜它

---

① 饶宗颐：《老子想尔注校证》，上海古籍出版社1991年版，第33页。
② 同上书，第23页。
③ 胡道静等编：《道藏要籍选刊》，上海古籍出版社1989年版，第8册，第388页。
④ 《道藏》第11册，第509页。
⑤ 梁运华校点：《管子》，辽宁教育出版社1997年版，第139、140页。
⑥ 《云笈七签》，华夏出版社1996年版，第94页。

们，守道全生。它继续从生死关系的角度论述说：

> 从道受生谓之命，自一禀形谓之性，所以任物谓之心，心有所忆谓之意，意之所出谓之志，事无不知谓之智，智周万物谓之慧，动而营身谓之魂，静而镇形谓之魄，流行骨肉谓之血，保神养气谓之精。气清而驶谓之荣。气浊而迟谓之卫，总括百骸谓之身。众象备见谓之形，块然有阂谓之质，状貌可则谓之体，大小有分谓之躯，众思不得谓之神。莫然应化谓之灵。气来入身谓之生，神去于身谓之死，所以通生谓之道。道者，有而无形，无而有情；变化不测，通神群生。在人之身，则为神明，所谓心也；所以教人修道，则修心也；教人修心，则修道也。道不可见，因生而明之；生不可常，用道以守之。若生亡则道废，道废则生亡。生道合一，则长生不死，羽化神仙。人不能长保者，以其不能内观于心故也。内观不遗，生道长存①。

"道不可见，因生而明之"指的是道的自在性。"生不可常，用道以守之"指的是道的自为性。前者需要人们借道的生成去认识、体察、体验、体味道的存在。后者则需要人们在此基础上发挥主观能动性，遵行道而保守人的生命，因为人的生命的存在是道得以彰显的前提。《太上老君内观经》总结说："道无生死，而形有生死。所以言生死者，属形不属道也；形所以生者，由得其道也。形所以死者，由失其道也。人能存生守道，则长存不亡也。"②

道的自在性的彰显是通过生成万物并内在于万物之中作为万物存在的最根本的依据而实现的。生成一旦完成，道就与万物有了隔阂，道内蕴于万物中的存在就变得幽渺稀弱，并伴随着物的生命力的减弱而有消失的危险。所以，随顺万物生成的过程，万物终究难免灭亡的命运。万物之中，人的灵性最高，能够认识道并发挥主观能动性去延缓甚至避免死亡的到来，但这就得遵行道顺生万物的规律而逆向上行。道教学者谭峭在《化书》中讲万物化生的过程是"道之委也，虚化神，神化气，气化形，形生而万物所以塞也"③。但道之用却正好相反："道之用也，形化气，气化神，神化虚，虚明而万物

---

① 《云笈七签》，华夏出版社1996年版，第94页。
② 同上书，第95页。
③ 《道藏》第23册，第589页。

所以通也。"① 可见，道之"委"和"用"是同一过程的顺行与逆行。紧接着，谭峭把颠倒逆行的"道之用"用于自我修炼："忘形以养气，忘气以养神，忘神以养虚，虚实相通，是谓大同。故藏之为元精，用之为万灵，含之为太一，放之为太清。是以坎离消长于一身，风云发泄于七窍，真气熏蒸而时无寒暑，纯阳流注而民无死生，是谓神化之道。"② 本来，人类的演化程式是："虚化神，神化气，气化血，血化形，形化婴，婴化童，童化少，少化壮，壮化老，老化死，死后化为虚。虚复化为神，神复化为气，气复化为物。化化不间，由环之无穷，夫万物非欲生，不得不生；万物非欲死，不得不死。"③ 但自我修炼到家后，这个程式就会变成相反方向的运动，而且，"达此理者，虚而就之，神可以不化，形可以不生"。④ 所以，修炼的方法就是"体物而知身，体身而知道"⑤。其实，不能只停留于"知道"，更重要的是努力修炼而"得道"。道是永恒存在的，通过自为性的艰苦修炼回归到了自在的道，也就意味着个体生命能够如道一样永恒存在了，也即所谓的长生不死。

第五节　抗命逆修

通过自为性的修炼去让自在性的道彰显出来，这是逆天命而上溯生命源头的活动，是逆水行舟式的艰苦努力，是与生命抗争的伟大壮举。所以，与道家强调像水一样活动，重视阴柔，以及较强的消极色彩不同，道教更多地重视人的主观能动性、积极性、创造性的发挥，而且，它很早就提出了"我命由我不由天"的口号。为此，在内丹领域，道教提出了以纯阳为修炼目标，盗夺天地之精，颠倒坎离等理论和观点。

（一）阴阳与纯阳

尊阳贱阴，是汉代以来中国思想的传统。以《老子》为代表的道家贵阴，但西汉至东汉时期成书的《太平经》中却受阴阳家和儒家思想的影响，已经有重阳贱阴和纯阳的思想。中唐道教进而把纯阳与仙联系起来，认为真

---

① 《道藏》第23册，第589页。
② 同上。
③ 同上书，第592页。
④ 同上。
⑤ 同上书，第594页。

仙系纯阳之体。《道枢·九仙篇》载罗公远语："日者，魂也，属于阳，故真仙无影，纯阳也。"① 接下来，吴筠对此做了系统的探讨。他在《玄纲论·阳胜则仙章》中说："阳与阴并而人乃生。魂为阳神，魄为阴灵，结胎运气，育体构形。然势不俱全，全则各返其本。故阴胜则阳竭而死，阳胜则阴销而仙。"② 这里所说的阴阳往往有所偏而难以两全，含有阴阳相依互用的思想，与传统的道教思想是一致的，如《太平经》《周易参同契》《黄庭经》都强调"和合阴阳"。但这是就修炼的过程而言的。就修炼的目标指向来说，吴筠则重阳贱阴，主张的是"阳胜阴伏"。在他看来，仙人是纯阳而无阴的。在《玄纲论·以阳炼阴章》中，他做了更清楚的阐发："众人则以阴炼阳，道者则以阳炼阴。阴炼阳者，自壮而得老，自老而得衰，自衰而得耄，自耄而得疾，自疾而得死。阳炼阴者，自老而反婴，自浊而反清，自衰而反盛，自粗而反精，自疾而反和，自夭而反寿。渐合真道而得仙矣。"③ 他认为，众人是以阴炼阳，最终的归宿是死；修道者要以阳炼阴，才能得道成仙。他在《玄纲论·以阳炼阴章》中说："仙者，超至阳而契真。死者，沦太阴而为鬼……务以阳灵炼革阴滞之气，使表里虚白，洞合至真，久于其事者，仙岂远乎哉？"即所谓"阴滓落而形超，阳灵全而羽化"。在同一章中，他又说："是以有纤毫之阳不尽者，则未至于死；有锱铢之阴不灭者，则未及于仙。仙者超至阳而契真，死者沦太阴而为鬼。是谓各从其类。"修炼要使得阳越来越多，阴越来越少以至于完全没有。那吴筠所说的阴、阳，其内涵究竟是什么呢？在《玄纲论》中，他由心入手对阴阳作了界定、解释：

> 又悲哀感恚者，与阴为徒；欢悦忻康者，与阳为徒。故心悲则阴集，志乐则阳散。不悲不乐，恬淡无为者，谓之元和。非元和无以致其道也。
>
> 柔和慈善贞清者，阳也；刚狠嫉恶淫浊者，阴也。心淡而虚则阳和袭，意躁而欲则阴气入。明此二者，制之在我，阳胜阴伏，则长生之渐也。④

显然，他从三个层次来探讨阴阳的内涵。其一，把心中之悲伤、愤怒等消极

---

① 《道藏》第20册，第767页。
② 《道藏》第23册，第677页。
③ 同上。
④ 同上书，第679页。

类的感情与阴划为一类，将欢乐、喜悦等积极的感情归为阳类。与中医药学把阴平阳秘，即阴阳平衡、合和作为身体健康的标志一样，吴筠也把阴阳平和，不喜不怒、不悲不忻作为修心炼神的目标，追求一种淡泊无为的元和之境。其二，他以心之慈和贞清之质为阳，以刚狠嫉恶为阴。这一层次的阴阳内涵关乎善恶，阳为善，阴为恶，所以他主张以阳制阴。其三，吴筠区分心之动静，并以阴阳解释之，以阳为动，以阴为静。因而提倡使心境经常性处于一种虚极明莹的境地。到此心境，人既不执着于静，亦不执着于动，因此可视为动静双超。既然已经超越动静，那就是阴阳所不能约束的了，当然也就能够与道体合而为一。总之，吴筠把柔和、慈善、贞清等称为阳，把刚狠、嫉恶、淫浊等称为阴。所以，"阳胜阴伏"也被他理解为"制恶兴善"。但是，应该看到，这不是伦理学意义上的善恶，因为他把悲哀也归入阴，把欢悦也归入阳。他谈阴论阳的目的是"虚白其志""虚凝静息"，即心静神凝，灭情而见性、得道。

杜光庭在此基础上把阴阳与形神、魂魄联系起来，在《道德真经广圣义》卷一一《载营魄章》中说：

> 虚魄者，阴气有象，人之形也；阳气无形，人之神也。形之具矣而阳气未附，则块然无知，如顽石枯木。阳气既降，即能运动。故以形为魄，魄属阴也，以神为魂，魂属阳也。凡人有纤毫之阳气未尽，不至于死；有纤毫之阴气未尽，不至于仙。所以炼阴气尽，即超九天而为仙，仙与阳为徒也；炼阳气尽则沦九泉而为鬼，鬼与阴为徒也。故当保守阳魂，营护阴魄，以全其生。[1]

在他看来，阳是与神相关的方面，阴是与形相关的方面，形神关系处理得好的标志是"形动心静"，"以阳炼阴"而达到"虚明合元"，除尽阴而得纯阳的目标。吴筠、杜光庭的思想为内丹道的产生指明了方向[2]。

钟吕学派是内丹术的创建者。他们认为，真阴真阳交合之后，便能结成真胎（又称为圣胎），然后再对真胎加以哺育，就能炼成真身。以真身为基础，最终可以达到内丹修炼的终极目标，即纯阳的金丹。此时，修炼者也就由阴阳相杂的人变成纯阳而无阴的仙。

---

[1] 《道藏》第14册，第365页。
[2] 孔令宏：《宋明道教思想研究》，宗教文化出版社2002年版，第54-55页。

由真阴真阳为药物合炼而成的内丹，为什么能够超越阴阳界域，达到纯阳的境地呢？对此，钟吕并没有做出解释，而只是强调，阳神显现之后，尚有调神之法。但那只是增强阳神的能量，阳神并没有本质的改变。内丹道只有依凭阳神为实体，才能摆脱人类生存的有形有相的物质世界的束缚，最终进入无形无相的存在状态。

张伯端继承了上述思想。他在《玉清金笥青华秘文金宝内炼丹诀·总论金丹之要》中阐述说："丹之初成也，交合之际，未免藉阴阳二炁，已成之后，则渐以阳火炼成纯阳之体。故自强不息，乾道也。丹成矣，故凝神以成躯而成仙。丹之初成也，藉五行以成其用，后则渐以真金养成纯金之体。故通体之光，金色也。金变日色，故光；金象日性，故刚。曰金丹，又曰金仙。"① 阴阳，内丹以铅汞为喻，《玉清金笥青华秘文金宝内炼丹诀·口诀中口诀》解释说："铅犹表也，汞犹影也。表动影随，故汞降以如之。阳铅之升，不可谓之纯阳，中含精光为铅，盖亦属阴。阴汞之降，不可谓之纯阴，心生汞，心为神含汞，遇神光而后可用，盖亦属阳。阳中有阴，阴中有阳，二气交感，凝结不散，遂成玄珠。"② 继续修炼，去掉玄珠中的阴，自然能成就纯阳。

（二）盗、夺与颠倒

自然界中本来既有阳又有阴，阴阳是统一的，道教却要去掉人体中的阴，这是与天争胜，自作主宰的体现。那么，如何做到这一点呢？道教提出了从大自然中盗、夺真精，颠倒坎离的观点。对盗与夺的思想阐述得最为精彩的是《阴符经》。张伯端全面继承了《阴符经》这一方面的思想。

《阴符经》说："天地，万物之盗；万物，人之盗；人，万物之盗。三盗既宜，三才既安，故曰：食其时，百骸理，动其机，万化安。"③ 内丹家以这为依据形成了窃天地之机、盗其生气的丹法。晚唐崔希范在《入药镜》中说："盗天地，夺造化。"《悟真篇》绝句第五十七对此发挥说："三才相盗及其时，道德神仙隐此机，万化既安诸虑息，百骸俱理证无为。"④ 陈致虚在《悟真篇注》中解释说："盗者，非世俗之所谓盗，是金丹之法。盗其先天先地一点真阳之始气，以炼还丹。"清代道教学者傅金铨也解释说："斯道，窃

---

① 《道藏》第 4 册，第 376 页。
② 同上书，第 369 页。
③ 《道藏》第 1 册，第 821 页。
④ 《道藏》第 2 册，第 1008 页。

天地之至精，夺乾坤之造化。效法天地，把握阴阳。曰盗，必其不知；曰夺，必非顺与。"①"盗""夺"均强调要充分发挥主观能动性、积极性和创造性，努力抓准、抓住天地消息转化之机，获取天地之生气为己所用。否则，消极无为，听任自然的安排，人的生命必定一天天耗减，终至死亡。

人从天地万物那里所要盗取的是转死为生的生命的主宰权、控制权。对生与死，《阴符经》说："天生天杀，道之理也。"它承认生死是天地自然的法则，但又指出："生者，死之根；死者，生之根。"内丹术进而用生杀比喻修炼过程中死里求生的转化关系。《悟真篇》以《阴符经》的生死观为出发点："须将死户为生户，莫执生门号死门，若会杀机明反复，始知害里却生恩。"陈致虚《金丹大要》对此解释说："生杀者，阴阳二物也，龙虎二物也。龙乃阳中之阴，而主生，故兴云致雨，润泽万物。而其中之阴，能杀者也，犹人分阳已尽而纯阴，则死矣。虎乃阴中之阳，主杀，故呼风哮吼，常有杀心。而其中之阳，能生者也，犹人分阴已尽而纯阳，则仙矣。夫阴、阳二物者，顺则成人，逆则生丹，故不为万物，不为人，则成丹矣。是所谓生也。'护生须是杀，杀尽始安居。'祖师云：'斩魑灭魅了长生。'魑者，痴也；魅者，昧也。若人早早杀了这愚痴暗昧底，则可以毕长生之道矣。"② 阴阳互蕴，生死互涵。阴阳顺则成人，但人终究无法避免死亡，逆则成丹得道而可长生不死。

三才相盗的理论，与内丹学中的颠倒观有紧密的联系。阴阳、生死反转的关键在于顺逆颠倒。对此，甄淑在《悟真篇翼注》中说："三才相盗，不外五行，故五行名为五贼，盖天地之五气，以时流行，万物盗而食之以有生。天地亦因以其时盗之，合旋荣旋枯，万物之毅色嗜味，以时利用，人盗而食之以为养。万物亦因以其时盗之，合或夭或寿。盗者，窃也。食者，蚀也。食其时，只就三才上言，乃顺道也，常道也。神仙则逆而用之，掀翻天地，颠倒五行。其盗之也，不于可见可用之时，而于将动未动之时，隐情密审，潜食而不令人觉。"③ 五行中的颠倒，关键是水与火。从卦象来说是坎与离。在五行中，心为离，肾为坎。离为火，性往上炎升；坎为水，性往下沉降。如果顺坎离的本性，二者不可能相交而结丹。所以，丹家必然发挥"我命由

---

① （清）傅金铨：《入药镜注》，《济一子证道秘书十七种》，蜀东善成堂刊本。
② 《道藏》第24册，第28页。
③ 董沛文主编：《悟真抉要》，宗教文化出版社2010年版，第571页。

我不由天"的主动造命精神，颠倒坎离，让离往下沉，坎往上升，水火交融而结丹。

第六节　实践力行

道教以道名教，道的本义是道路，引申为达到目的或解决问题的方法、途径、手段等，其内涵有强烈的实践精神。有学者提出，"道""学""术"的三重互动关系是道家演变为道教、道教产生和发展的逻辑动力①。"道"所具有的实践精神已如上所述。"学"有作为名词的知识体系的内涵，也有作为动词的学习的内涵，后者即为人类实践活动的重要形式之一。"术"指解决具体问题的方法、手段、程序、步骤，是道教徒为了达到目的而孜孜不倦地探索和追求的重要方面。从道、学、术的三重互动关系可以看出，道教具有鲜明的实践力行精神。

术，道教也称为法。陆修静在《洞玄灵宝斋说光烛戒罚灯祝愿仪》说："法者，规矩之谓。总称曰法，规圆矩方，万物从之得正者也。"法体现在处理道、德、经三者关系中。"夫道者，至理之目。德者，顺理而行。经者，由通之径也。道犹道路也，德谓善德也，经犹径度也，行犹行步也，法犹法式也。夫人学道，要当依法寻经，行善成德，以至于道。"② 在他看来，道即道教哲学的本体论、本源论和道教以道为本的终极信仰；德、经合一而阐述的义理知识就是"学"，即道教的学理体系。法就是规则、规矩，接近于术。道是学的依据，学则是法的依据。道教以修法得道为宗旨，故后世道教特别重视探讨道与法（术）的关系。例如，白玉蟾在《道法九要序》中说："三教异门，源同一也。夫老氏之教者，清静为真宗，长生为大道，悟之于象帝之先，达之于混元之始。不可得而名，强明曰道。自一化生，出法度人。法也者，可以盗天地之机，穷鬼神之理。可以助国安民，济生度死。本出乎道。道不可离法，法不可离道。道法相符，可以济世。"③ 在他看来，道指导法，以法得道，修法证道。

---

① 孔令宏：《道、学、术：道教史研究的新视角》，《文史哲》2006年第3期。
② 《道藏》第9册，第823页。
③ 《道藏》第28册，第677页。

道教的终极信仰目标是长生不死，得道成仙。这是具有极强目的性的终极归宿。成仙以得道为前提，得道以长生不死为前提，长生不死以长寿为前提。长寿则有客观的时间尺度来衡量并很容易进行检验、证实。这就决定了道教具有很强的实用主义和功利色彩。凡有利于实现其终极信仰目标的方法，它都可以尝试。所以，医术能治病延年，故被它纳入进来并发展成为道教医学。风水通过处理人与自然的关系，形成适宜的人居环境而有利于身心健康，所以也被纳入道教发展成为富有特色的道教风水学。伦理有利于处理人与人、人与社会的关系，道教也充分吸收儒家伦理思想来发展自己的伦理学。当一种术被发现有局限性或效果不佳时，道士们就改造它。如外丹术被套用到人体，进行改造而形成内丹术。此外，道士们还综合多种术而创造新术。例如，雷法是对汉代以来道教驱鬼、镇妖诸术的更新与补充。雷法的产生，标志着道教之术的发展进入了一个新的阶段。它将内丹与符箓、斋醮祈禳、咒术、禹步、存神、存思等融合起来，是道教众多术的综合。不仅如此，雷法还吸收了密宗的"修本尊法"和"真言密咒"、禅宗的"止观双运"、儒学的"正心诚意"之学等内容，把它们与道教诸术融汇浇铸为一体，是一种集百家众术之精华为一体的新型道术。道士们还发现，每一种术都有其局限性和适用范围，于是他们提出了"众术合修"的主张，针对不同的修炼对象，在修炼的每一个阶段，以一种术为主，其他术为辅，多术合修，力图多快好省地达到目的。

即使是所崇奉的神仙，道教也往往认为是世俗的凡人修炼而成的。葛洪主张"仙人无种""学之所致"[①]。除元始天尊、灵宝天尊外，所有的神，包括道德天尊即太上老君，都是坚持不懈长期修炼的结果。丹鼎派如此，符箓派也同样如此。张宇初《道门十规》说："凡行持之士，必有戒行为先，次以参究为务。先求岩谷明师草衣木食之士，开发万法根宗，精励香火，止佩一法、一策、一职，苟能晨夕炼神养气，修持不息，与神明交格，言行无慊，何患法之不灵，将之不佑。"[②] 在《洞玄灵宝斋说光烛戒罚灯祝愿仪》中，陆修静认为"法师"之职应该是"道德内充，威仪外备，俯仰动止，莫非法式，三界所范，鬼神所瞻，关启祝愿，通真召灵，释疑解滞，导达群贤"[③]。

---

① 王明：《抱朴子内篇校释》，中华书局1985年版，第239页。
② 《道藏》第32册，第149页。
③ 《道藏要籍选刊》第8册，上海古籍出版社1989年版，第507页。

"我命在我不在天"是道教一贯的基本理念，它高扬人的主观能动性，要求每一个人都为自己的命运负责，主动积极地为长寿乃至长生不死作长期坚持不懈的艰苦奋斗。《坐忘论·得道七》说："修短在己。得非天与，失非人夺。"晚唐道教大师杜光庭也说："弘道无已，自致不死。"①

　　在修炼这种功利性、目的性很强的术的过程中，道教倡导要敢于与天地抗争，盗窃天地之真精为己所用。在此过程中，方法正确是前提，时机的把握也非常重要。《悟真篇·七言绝句》说："天地盈虚自有时，审能消息始知机。由来庚甲申明令，杀尽三尸道可期。"张伯端强调，炼丹者必须明了阴阳盈虚之道，详观熟究消息之机，知机下手。这其实讲的就是火候。他认为，炼丹火候的要点是调和阴阳以达生息之功，而生息则必须要知机。知机以后，方能采药炼药。这首诗实际上是以天地之动态比喻人体河车转运的样式，其旨趣源于对《阴符经》的发挥。《阴符经》阐发了天人相盗的盗机论，精辟地论述了天人合发、万变定基的道理，论述了天、地、人、万物更相为盗的关系，强调善用天机、适时而动以了命养性。张伯端所说的"三才相盗食其时，此是神仙道德机"，是在发挥盗机理论的同时，强调了火候的重要性。因为盗机之举不是随时皆可的，必须把握时机，对时机的利用就是作为炼丹三要素之一的火候。明代道教学者陆西星解释张伯端的诗句时说："天地盈虚，自有消息，能盗其机，造化在手。"② 这是依据《阴符经》的意旨来发挥丹道功夫之理。火候的把握，也是人积极发挥主观能动性为己造命的鲜明体现。

---

① 《云笈七签》，华夏出版社1996年版，第2526页。
② 转引自王沐，《悟真篇浅解》（外三种），中华书局1990年版，第94页。

第二章
道教的神学哲学

道教虽然继承了道家哲学的不少内容，但由于本身的宗教属性，所以有一系列与道家哲学不同的内容。这主要表现在道家哲学的宇宙发生论被主要用以说明人与万物有同一的来源，人为万物之灵，当珍重生命，尊道贵生。而道也被人格化、形象化为神，相应地，道生万物的宇宙发生论被转化为神灵创世纪的宗教发生论。由于道教是多神教，为了给多种层次的神安排合适有序的居住空间而有了道家哲学所不关注的宇宙结构理论。其次，以道为本体的本体论，先秦时期道家哲学把道诠释为"无"，西汉时期道教把它解释为"炁"，魏晋时期玄学把它解释为"玄"，隋唐时期重玄哲学把它解释为"妙本"，另一些受佛教影响较大的学者则把它解释为"心"。内丹兴起后，进而把它解释为"丹"。道作为本体范畴，与道教哲学的其他范畴之间有紧密的联系。为此，道教哲学探讨了道与炁、心、德、人之间的关系，使道本体论更加系统化。与道家哲学更大的不同在于，道教哲学把道本体人格化为神与仙，因其修道的程度不同而多层次化，因而具有了为众多神仙排列座次的神仙谱。神仙与人的不同在于能长生不死，因而，把生死观、人神观的探讨作为道教哲学的特有内容，从不同方面深化了道本体论。

第一节 "道生"论

古代产生的宗教，多要向人们回答世界来源的问题，如基督教提出上帝创造人和万物的观点。道教则继承道家的哲学观点，主张道创生人和万物，是宇宙中万事万物在时间上的最初源头。《抱朴子·内篇》说："道者，万殊之源也。"① 能作为万物原初来源的东西，必定不可能与万物一样有形体，只能是无形的。类似地，在经验领域，即形而下世界中的物体的特征，如名、声、色、味等，它也不可能具有。诚如《太上妙始经》所说："道出于无形、无名、无声、无色、无味，淡然以虚无为宗，自然为生，以清微玄元之气为本，有无极之功。无表无里亦无上下，无有前后。"② 其次，道是先天而不是后天的，是静而不是动的："静为一体，先天地而生，其要妙广远弥漫，不可得名，故字之曰道。合则为元气，散则天地。天地三千六百亿万岁一合，会数穷于三五七九而天地寿尽。寿尽之时，阳精化为火，阴精化为水，先以火烧，其上至六天，下至九地，然后以水平之，混而归一。"③ 再次，道具有虚、无、自然的特性："虚无自然道之固（虚无恍惚道之无，自然不存，俯仰自睹，常守玄素，须臾为早，知雄守雌，魂魄不离身也），物有自然道不烦（自然者，天地大神。不存不想，气自往来也）。"④ 虚相对实而言，无相对有而言，自然相对于有外来干扰而言。

　　正因为道具有不同于形而下领域的诸多特征，所以"道之为源本"⑤。《抱朴子·明本》曰："凡言道者，上自二仪，下逮万物，莫不由之……道也者，所以陶冶百氏，范铸二仪，胞胎万类，酝酿彝伦者也。"⑥ 这就是说，道是万物共同的终极根源。

　　那么，道生万物是如何实现呢？对此，道教学者们有三种观点。第一种观点是把宇宙发生划分为若干个具体阶段并做了阐述。这与现代宇宙大爆炸假说把宇宙形成划分为若干阶段的观点有一定的相似性。

　　道教学者们往往依据《道德经》和《淮南子》"道生一，一生二，二生

---

① 王明：《抱朴子内篇校释》，中华书局1985年版，第138页。
② 《道藏》第11册，第431-432页。
③ 同上。
④ 《云笈七签》，华夏出版社1996年版，第70页。
⑤ 王明：《抱朴子内篇校释》，中华书局1985年版，第187页。
⑥ 同上书，第185页。

三，三生万物"的观点①进行阐发。《悟真篇》云："道自虚无生一气，便从一气产阴阳。阴阳再合成三体，三体重生万物昌。"② 具体地说，道生万物包含三个阶段：第一阶段是"道生一"，即道从虚无中生混沌。"混沌未分，先有道，道无形色，亦无情，自然化育生天地，天道轻清，地道宁。"③ 第二阶段是"一生二"，即从混沌中分出阴与阳，从象上来说就是天与地。例如："道生天地，始无名分，分判阴阳，立五行，人位其中灵万物，人从天地，道生成。"④ 第三阶段是"三生万物"，其中包括人。实即阴阳二气相交融而出现"和"气，从象上来说就是天地之间孕育出人来，这样天、地、人"三才"完备。道教尤重这一阶段。"气"即是天体形成与演化之源，又是生命存在与运动的表现形式。"三才天地人同气，人禀先天一气灵，一气具身名曰道，感通天地及神明。"⑤ 道教认为："一真真外更无真，祖炁道灵具此身，道一生三生妙用，元精元气与元神。"⑥ 这一阶段的核心是"人禀阴阳"。"道"作为天体生成与演化的根本规律，不但对于天、地、人的产生带来重要影响，而且，对于人本身的生命运动也具有积极的影响和作用。

上述三个阶段，道教深受《易纬》的影响，分别称为太初、太始、太素⑦。关于太初，道教认为："道者，谓太初也，太初者，道之初也，初时为

---

① 《道德经》四十二章说："道生一，一生二，二生三，三生万物。"《淮南子·原道训》指出："夫无形者，物之大祖也。"《淮南子·说山训》也说："有形出于无形，未有天地能生天地者也。"这些都是主张宇宙是从无形状态演化而来。《淮南子·天文训》认为，天地未形成之前的虚霩状态"冯冯翼翼，洞洞灟灟"，宇宙的演化由此开始，"道始于虚霩，虚霩生宇宙，宇宙生气，气有涯垠。清阳者薄靡而为天，重浊者凝滞而为地。清妙之合专易，重浊之凝竭难。故天先成而地后定。天地之袭精为阴阳，阴阳之专精为四时，四时之散精为万物"。在《天文训》的作者看来，"虚霩"状态有时间和空间，从时空中产生气，气有清浊，清阳之气凝为天，重浊之气结成地，天地相互作用产生阴阳，阴阳变化形成四季，四季运行化育万物。这一宇宙演化过程的描述，把老子的观点具体化了。
② 《道藏》第2册，第944页。
③ 《道藏》第19册，第848页。
④ 同上。
⑤ 同上。
⑥ 同上。
⑦ 《列子·天瑞篇》主张，在天地未分之前，宇宙经历了"太易""太初""太始""太素"和"太极"五个演化阶段："太易者，未见气也；太初者，气之始也；太始者，形之始也；太素者，质之始也。气形质具而未离，故曰浑沦。"（《列子》卷一，《诸子集成》，上海书店1986年版）宇宙经过从无气到有气、从有气到有形、从有形到有质的演化过程，达到气、形、质都具备而尚未分离的浑沦状态，此即"太极"阶段。有学者指出，《列子·天瑞篇》关于"太易""太初""太始""太素"的内容，是晋人抄自汉代纬书《易纬·乾凿度》（严北溟、严捷：《列子译注》，上海古籍出版社1986年版，第1-5页）。

精，其气赤盛，即为光明，名之太阳。"① 道教根据"三生万物"展现出了宇宙生成演化的三个主要阶段，先"为一"，即"道之初也，初时为精，其气赤盛，即为光明，名之太阳"；次"为二"，即"太素者，人之素，藏在太始之中"；再"为三"，即"太始者，气之始，水之精也，名太阴"。"太阳""太素""太阴"即"道之初""人之素""气之始"，通过"三始相包""三一混合"而成"混沌"，表现了"道""人""气"三者形成与演化的过程，使道家"一生二，二生三，三生万物"的思想具体体现于宇宙生成与演化的过程中。关于太素，道教经典《太上老君太素经》认为："太素皓皓，命之曰道。太素之时，神往营之，道乃生之，生之形之，道乃命之，道乃成之。故天地成形，道德成经，道莫大于自然，德莫大于长生。道生一，一生二，二生三，三生天地。天地充满，满则损，损则反其本，故天一无不覆，地一无不载，日月一无不照，故知之一，不知也。不一之一，无一之知。"②《列子》将太素定义为质之始。张善渊认为："太素者，太始变而成形，形而有质，而未成体，是曰太素。太素，质之始而未成体者也。"③ 这就是说，太素是质的起始而尚未成体的阶段。道教认为："道之初，藏在太素之中，即为一也。太素者，人之素也，谓赤气初变为黄气，名曰中和，中和变为老君，又为神君。故曰黄神，来入骨肉形中，成为人也。故曰人之素，藏在太始之中，此即为二也。太始者，气之始也。谓黄气复变为白气，白气者，水之精也，名太阴，变为太和君。水出白气，故曰气之始也。此即为三气也。故三始之相包也，气包神、神包精。故曰白包黄、黄包赤；赤包三、三包一，三一混合，名曰混沌。故老君曰：一生二，二生三，三生万物。又曰：混沌若鸡子，此之谓也。"④ 道教通常把"道生一，一生二，三生三，三生万物"的具体实体解释为炁，又用太素来具体说明从虚无产生形质的过程："道生一，一生二，二生三，三生万物。浑沦既判，清轻者为天，道生一也；浊重者为地，一生二也；冲和气者为人，二生三也。以至万物盈于两间，皆自道而生，出于太素，无质之先，恍惚之中有象，窈冥之中有精，玄之又玄，众妙之门。"⑤

---

① 《道藏》第34册，第620页。
② 同上书，第462页。
③ 《道藏》第29册，第209页。
④ 《道藏》第34册，第620页。
⑤ 《道藏》第11册，第496页。

晚唐的杜光庭把阴阳五行学说纳入进来，对上述四阶段的过程做出了另一番解释，提出了道气——形气（阴气、阳气）——器物的宇宙生成图式："道本包于元炁，元炁分为二仪，二仪分为三才，三才分为五行，五行化生万物。"① 道的起源是："道之起也，无宗无祖，无名无形，冲而用之，渐彰于有。其初也，示若无状之状，无象之象，无物之物，无名之名。天地未立，阴阳未分，清浊未判，混沌圆通，含众象于内而未明，藏万化于中而未布，不可以名诘，不可以象言，故云有物混成，先天地生。"② 这是由道而化生一的过程。对《道德经》中的"道生一，一生二，二生三，三生万物"一句，杜光庭的注释是："一者，冲气也。言道动出冲和妙气。于生物之理未足，又生阳气。阳气不能独生，又生阴气。积冲气之一，故云一生二；积阳气之二，故云二生三也。"③ 阴气、阳气、冲气是为"三"，"三"中的阴气、阳气各自分阴分阳，是为五行，即金、木、水、火、土，金为老阴，木为少阳，水为少阴，火为老阳，土为中（冲）。"三才"尚为无质之气，由三才所生之五行则已经有质，五行所派生之万物则既有质又有形。

关于宇宙生化的阶段，胡化凯、吉晓华归纳了道教典籍中的如下几种描述④。

晚唐道士钟离权《秘传正阳真人灵宝毕法》引述道经《金诰》关于宇宙演化的论述，认为宇宙创生经历了"太元""太始""太无""太虚""太空"和"太质"等六个演化阶段："太质者，天地也。天地清浊，其质如卵而玄黄之色，乃太空之中一物而已。"太质其形如卵，其色玄黄，是天地的初始状态。从太质开始，阴阳二气的相互作用和升降运动使"天地行道，而万物生成"⑤。

唐代道书《混元八景真经》描述宇宙演化过程说，天地开辟之前，宇宙"只是虚无"，在虚无之中产生"景气"，"景气"演化成水，"流水者阴气，阴极始生阳气。阳气渐上炎热，方结为火"。水火"二物交泰，各生积气。积气所生，阴阳相炼，其数满足，始结为混沌"。然后，阴阳相互作用使混

---

① 《道藏》第17册，第186页。
② 《道藏》第14册，第413页。
③ 《道藏》第11册，第734页。
④ 胡化凯、吉晓华：《道教宇宙演化观与大爆炸宇宙论之比较》，《广西民族大学学报》（自然科学版）2008年第2期。
⑤ 《道藏》第28册，第353页。

沌分解，"便分积清之气为天，积浊之气为地"①。

北宋张君房《云笈七签》卷二所载《太始经》，把宇宙演化过程以"九十九万亿九十九万年"为时间单位分成几个阶段。最初是"洪源溟涬，蒙鸿如鸡子状，名曰混沌玄黄"。由混沌中产生"一气"，经过九十九万亿九十九万岁的演化，一气"化生三气"；然后经过长时间的演化生成"九气"，由"九气"生演出天地玄黄、日月星辰、阴阳五行和万事万物②。

宋代道士王道渊在《太上老君说常清净妙经纂图解注》中认为，宇宙之初，"隐而无象，溟溟涬涬，辽廓无光"，只是"一混沌而已"。混沌中"有一阳初动于中，便生奇偶，分阴分阳，生育天地"。由清气上腾而生成天，浊气下降而结成地。然后，"阴气出地而复上升于天，阳气从天而复下降于地"。在这种"阴阳往来循环不已"的过程中，"日月运行，五气顺布，四时行焉，故能长养万物"③。

元代道士陈致虚所著《上阳子金丹大要》卷十三认为，宇宙开始时是"溟溟涬涬，窈冥莫测"的状态，称为"太一""道"或"未始"。这种状态不是了无生机，而是"氤氲活动，含灵至妙"。然后经过"一气动荡，虚无开合，雌雄感召，黑白交凝，有无相射"的过程，再进入"混混沌沌，冲虚至圣，包元含灵，神明变化，恍惚立极"的状态，称为"太易""元始"或"道生一"过程。又经过"一气斯析，真宰自判，交映罗列，万灵肃护"过程，达到"阴阳剖分"，称为"一生二"。然后"阴阳既判，天地位焉，人乃育焉"，称为"二生三"④。

道教关于宇宙发生论的第二种观点认为，宇宙是由混沌膨胀而形成的。现代大爆炸宇宙论假说认为，如果宇宙中物质密度相对较低，则大爆炸后，宇宙便会一直膨胀下去。道教的观点，显然也与这有一定的相似性。这方面最早的思想源自三国徐整的《三五历记》。其中记述了盘古开天辟地的神话："天地浑沌如鸡子，盘古在其中，万八千岁，天地开辟，阳清为天，阴浊为地。盘古在其中一日九变，神于天，圣于地。天日高一丈，地日厚一丈，盘古日长一丈。如此万八千岁，天数极深，地数极厚，盘古极长，后乃有三

---

① 《道藏》第11册，第434页。
② 《道藏》第22册，第7-8页。
③ 《道藏》第17册，第195页。
④ 《道藏》第24册，第50页。

皇……故天去地九万里。"① 这里认为，宇宙源自如鸡子一般的浑沌，经过一万八千年，天地开辟；然后天地按照每日增加一丈的速度膨胀，经过一万八千年，天地相距九万里。这里含有一定的宇宙膨胀思想。

受《三五历记》的影响，晋代道士葛洪的《枕中书》也有类似的宇宙演化说。该书认为，宇宙最初"溟涬鸿蒙，未有成形"，"如鸡子混沌玄黄"，经过"四劫"的演化，天地形成。"天形如巨盖，上无所系，下无所根，天地之外辽属无端。"再经过"四劫"的运行，天地"始分"，相距三万六千里②。这是一个宇宙不断扩大的过程。

元代道士林辕进一步发展了这种宇宙膨胀的思想。他在《谷神篇》下卷《元气说》中具体描绘了宇宙膨胀演化的过程③：其一，元气孕育，形成混沌。宇宙最初"元气始生，犹一黍也，露珠也，水颗也"。这一小点如露珠、黍米样大小的元气，"盖自无始旷劫、霾翳搏聚之"，经过漫长的时间孕育而成。它"内含凝一点之水质"，是宇宙之精华，标志着宇宙演化的开始，"强名曰道"。它"内白而外黑""阴含而阳抱"，含有阴阳两种相斥相辅的因素。"其内之阴，因阳之动而随出，出则为杳霭；外之阳俟阴之静而践入，入则肇氤氲。"内外阴阳结合，"混质而成朴，积小而为大"。阴阳结合后，"内非纯阴，外非纯阳。"内部的阴气"好舒畅，好缓散，欲尽出"，外面的阳气"好涵养，好圆融，欲尽入"。二者相互作用，"外阴愈搏，内阳愈凝，结成混沌"。这时的混沌"其形如初"，"是玄包其黄者也"。其中"玄属水也，是元气之至精积而盈也；黄属火也，乃余气之生神烜而灼也"。而"混沌之内，惟水中沉一日光者矣"。由元气演化形成的"混沌"，内黄而外黑，外阴而内阳，其中包含一缕阳光。这是宇宙演化的最初阶段。

其二，"混沌"破裂，宇宙胀大。"混沌"经过一段时间的化育，形成水、火、风、雷"四象"。"风欲扬而不能鼓，水欲洪而不能决，火欲炎而不能升，雷欲荡而不能发。""四象"相互激荡，"渐相刑克，甚至战争"。造成"风助水之力而作彭湃，雷助火之力而加奋迅"。结果导致"混沌""激搏而破"。混沌破裂后，水、火、风、雷各自得以施展其作用。"雷震而闸，风扬其旷，火气得以升沉，水液得以流注。"混沌"破乃分之"，天地得以开辟。

---

① 《道藏》第32册，第235页。
② 《道藏》第3册，第269页。
③ 《道藏》第4册，第544-548页。

"天既分也，元气化气之轻者，自下而升，结成梵宇也；元气积液之资重者，随底所载，乃真水也。"宇宙上是天，下是水。此时的宇宙"大只百里也"。之后，经过"风随方以展之，雷逐位以荡之，外之余气施张以措之，内之元气兆运以局之"的运动变化过程，宇宙逐步扩大，"百里之天既分，则千里矣，渐至万里矣"；"历元应化，致今莫谛其几万里矣"。宇宙由最初的一小点元气，逐渐膨胀，规模越来越大，最终形成几万里的空间。

其三，"四象"运化，万物衍生。宇宙中有水、火、风、雷，"风惟魂，雷惟响，火惟光，水独质"。它们是宇宙中发生各种变化的主要因素。这四者之中，水最重要。"天宇之中，有资而兆质者，独一水也。""水为先天后天之母也。"由水开始一系列的演化过程："水之气，日之影，感化而生月。""水既生风，风复吹水，起浪为沫；雷复震水，腾沸化萍；日复曝水，结滓成卤；月复照水，澄坌作泥；积泥而生融蠕，俱化而为土也。风扬而尘，日烈而砂，湛露既降，水滋之土，始生苔藓，次有蕢芜，至于茬苒，渐沕生灭，土斯厚矣。"然后，草木开始出现："草化为竹，条茂为木，久之而草结穗，木成树，卉挺实，春荣秋剥，俱腐化土。"他甚至认为："老木受天地云烟聚气，则有精有液，久之而化禽、化龙、化犴、化男子。""赭石感水土日月孕秀，则有血有乳，久之而化蟾、化虎、化羊、化女人。""木男石女，既有伉合，孕生男女，得以全身。人物既有化育，兹分人虫，非媾亦系胎胞，长幼相须，仍存子息种类差别。"林辕还描述了天上星宿、地上金石的形成。

其四，天地毁灭，轮回休息。"地土生物太盛，土壤虚而不能自载，小则随方洼陷，大则俱坠矣。力因运穷，数随气尽"，造成大地坠陷。这个过程经历360年。"地始坠也，生气绝而寒气行也。"因而"天无所载，仍将危也"，继之天皆"崩塌"。这个过程也经历360年。天地崩溃，万物俱毁，"其内冥冥然，人物丧灭，俱化土而无秽也"。不过，天地万物的毁灭，只是由余气聚积生成的有形之物毁坏，即"余气生积成后天上穹下壤，伏实归土也"。而元气不灭，"先天之天则无坏矣，以其元气常存，还返而复生也"。接着，宇宙进入下一个演化过程。天地万物的"复生"过程需要经历81年。因此，地坠、天崩和万物复生所经历的时间约略800年，"故天地之一休息，总得八百年"。林辕认为，"天之积气万年，而休息于八百年"，所以宇宙的演化以10800年为周期。他将天地的休息看作是积蓄力量的过程"是造化之歇力养气也，乃亦阴阳交接之道也，归根复命之义也""天地不休息，无从而开展也"①。这里有明显的宇宙周期性演化思想。

基于今天的科学认识水平，林辕对宇宙演化过程的描述无论在逻辑上还是在具体内容上，都是有问题的，难以成立。但是，其中明显含有宇宙膨胀和周期变化的思想。

道教宇宙发生论的第三种观点是主张宇宙有"劫运轮回"。现代的宇宙大爆炸假说认为，如果宇宙中物质的密度大于临界密度，则宇宙的膨胀和收缩就会周期性地交替进行，即大爆炸后，经过一段时间的宇宙膨胀，空间达到极大，然后开始收缩，直至收缩为零，然后进入下一轮膨胀和收缩；万物随着宇宙的膨胀和收缩，呈现周期性生灭状态。道教的劫运轮回宇宙论所显示的宇宙周期性演化，与大爆炸宇宙论的这种周期性演化思想具有一定的相似性。

北周道教类书《无上秘要》卷六引《洞玄灵书经》描述的宇宙演化过程是，宇宙在"龙汉"之后，"天地破坏"，经过"亿劫"漫长的"幽幽冥冥，无形无影，无极无穷，混沌无期"状态，天地才重新复位，万物更生。经过"一劫"之后，"天地又坏"，宇宙便再次经过"五劫"的"幽幽冥冥，三气混沌"过程之后，"乘运而生"；到了"开皇"时，天地复位，世界又成，并如此循环。"劫"表示宇宙演化的一段时间，来源于印度婆罗门教义。该教认为，世界会经历许多劫，每经过一劫，就有劫火烧毁一切，之后再产生新的世界。佛教继承了这一思想而把劫分为大劫、中劫、小劫。道教吸收了佛教"劫"的思想，但做了修改并丰富了它。《洞真三天正法经》认为："天运三千六百周为阳勃，地转三千三百度为阴蚀。天气极于太阴，地气穷于太阳。故阳激则勃，阴否则蚀。阴阳勃蚀，天地气反。天地气反，乃谓之小劫。小劫交，则万帝易位，九气改度，日月缩运，陆地涌于九泉，水母决于五河，大鸟屯于龙门，五帝受会于玄都。当此之时，凶秽灭种，善民存焉。天运九千九百周为阳蚀，地转九千三百度为阴勃。天蚀则气穷于太阳，地勃则气谋于太阴。故阳否则蚀，阴激则勃。阴阳蚀勃，则天地改易，谓之大劫。"大劫交时"天翻地覆，海涌河决，人沦山没，金玉化消，六合冥一"②，天地万物俱灭，化为混沌。此后，南北朝时期的道经《太上妙始经》，对宇宙演化的周期性描述得更为具体。它认为，宇宙的演化以三千六百亿万年为一个周

---

① 《道藏》第25册，第18－19页。
② 同上书，第19页。

期,"天地三千六百亿万岁一合会",经过一个周期,"天地寿尽",宇宙毁灭之时,"阳精化为火,阴精化为水",先以火烧,后以水浸,使宇宙万物"混而归一"。再经过三千六百亿万岁,宇宙重新开辟,"复分别元气,清者为天,浊者为地",天地之气交合,万物化生①。宋代道书《灵宝无量度人上品妙经》认为,宇宙经过一个"劫数运度"之后,"万物消化",复"更为混沌",然后"元气复合",开始一个新轮回的演化②。

宋代道教学者谢守灏在《太上混元老子史略》中主张,太上老君是"元气之祖,万道之宗,乾坤之根本,天地之精源"。他在宇宙劫运轮回演化过程中,"常于无量劫运之端,太初太易之前,肇布玄元,始而生太极,判太极于三才"。在宇宙末日,"至劫终于六合俱消,混沌为一",他使混沌"又复分判",宇宙"凝轻清以为天,积重浊以为地,阳精为日,阴精为月,日月之精为星辰",进行新一轮演化。谢守灏认为,老君在劫运之端,太初太易之前肇布玄、元、始三气,生太极。又判太极生天、地、人三才。劫终,天地销毁成混沌,老君使"劫历重开",重新分判天地万物。宇宙的存在就是这样周而复始,"凡经无量浩浩之劫,悉如是矣"③。

元代全真道学者陈致虚在《太上洞玄灵宝无量度人上品妙经注》中也描述了宇宙劫运轮回的演化过程:"每劫运坏,天地荡散,山海消融,物象一空,无复形质。"此时宇宙中"上无色象,下无渊极","空洞虚无",唯独元气存在,它"混然不分,沌然始构,是云混沌"。然后从混沌中"金凤气摩而生火,四象化合而生土,博载天地,长养万物"。新的宇宙开始形成④。

上述道教以"劫"为周期"轮回"演化的思想与现代天文学中的周期性振荡宇宙假说具有一定的类似性。不同的是,振荡宇宙认为空间的膨胀和收缩是交替进行的,到了宇宙末日,是空间收缩为一点。道教的劫运轮回说强调了宇宙演化的周期性,却没有具体说明宇宙演化的规律和动力机制⑤。

宇宙生成论对于道教来说,不仅仅是说明万物的产生,更重要的是说明生命与天地都来自同一根源。人为天地万物之灵,当珍重生命,守道而求长

---

① 《道藏》第11册,第431页。
② 《道藏》第1册,第70页。
③ 《道藏》第17册,第895－896页。
④ 《道藏》第2册,第420－421页。
⑤ 胡化凯、吉晓华:《道教宇宙演化观与大爆炸宇宙论之比较》,《广西民族大学学报》(自然科学版)2008年第2期。

生。如道经所言："谛观此身从虚无中来。因缘运会，积精聚气，乘业降神，和合受生。法天象地，含阴吐阳。分错五行，以应四时。眼为日月，发为星辰。眉为华盖，头为昆仑。布列宫阙，安置精神。万物之中，人称最灵。性命合道，当保爱之。内观其身，谁尊之焉！而不自贵，妄染诸尘。不静臭秽，浊乱形神。孰观物我，何疏何亲！守道全生，为善保真。世愚役役，徒自苦辛。"① 在道教看来，人与天地有共同的源头，有同样的"基因"，因而具有家族类似性。万物之中，人最高贵，所以人应当自尊、自重、自爱，遵道贵生，保生爱生。这正如《度人经》所概括的"仙道贵生，无量度人"。宇宙发生论不仅在理论上可以认证遵道贵生，还为实现这一点的实践指明了方向。从术的操作层面来说，"在宇宙演化理论中，法术理论家要寻得法术的本源，不仅在理论上明其所自，更要通过返还的途径得其大本大源。因为与宇宙同源，所以可以执其枢机，使宇宙在乎手，万化生乎身"②。

第二节 道与神明创世记

作为宗教神学，道教进而把宇宙发生论用于论证神的存在，说明最高神的创世功能。这首先是把最高神解释为道的化身。《老子想尔注》说："一者道也……一散形为气，聚形为太上老君。常治昆仑，或言虚无，或言自然，或言无名，皆同一耳。"③ 这是把五斗米道所崇奉的最高神太上老君解释为道的化身。《洞渊集》卷一称："玉晨道君乃大道之化身也。言其有不可以随迎，谓其无复有乎恍惚。"④ 这是把本道派的最高神玉晨道君解释为道的化身。在道教早期，不少宗派都有这种倾向。后来，由于元始天尊能最完美地体现"道"的丰富内涵，即"莫知其先，强目曰元；莫知其初，强目曰始；故曰'元始天尊'"⑤。因此，元始天尊作为道教至上神的地位，为多数派别所承认。元始天尊是道教至上神——三清中地位最高的。对元始天尊创生宇宙，《道教义枢》卷一说："夫道者，至虚至寂，甚真甚妙，而虚无不通，寂

---

① 《云笈七签》，华夏出版社1996年版，第405页。
② 刘仲宇：《道教法术》，上海文化出版社2000年版，第100页。
③ 饶宗颐：《老子想尔注校证》，上海古籍出版社1991年版，第12页。
④ 《道藏》第23册，第836页。
⑤ 《道藏》第17册，第793页。

无不应。于是有元始天尊应气成象，自寂而动，从真起应，出乎混沌之际，窈冥之中，含养元和，化贷阴阳也……盖明元始天尊于混沌之间应气成象，故有物混成也。"① 这是把哲理性的道创生万物的探讨转化为神灵创造世界的神学理论。

道经中对三清也多有论述，最常见的是从本原论的角度来讨论。《太始经》描述说：两仪未分之时，宇宙"溟滓蒙鸿，如鸡子状，名曰混沌玄黄。无光无象，无音无声，无宗无祖，幽幽冥冥，其中有精，其精甚真，弥纶无外，湛湛空虚，于幽原之中而生一气焉"②。《灵宝经》曰："一气分为玄、元、始三气，而理三宝，三宝皆三气之尊神。"③ 此三宝尊神即道教的最高神灵——元始天尊、太上道君、太上老君，他们是由玄、元、始三气化生而成的，是由道向气演化的第一阶段即元初之际的产物。对此，《太真科》颇为形象地描述道："混洞之前，道气未显，于恍莽之中有无形象天尊，谓无象可察也。后经一劫，乃有无名天尊，谓有质可睹不可名也。又经一劫，乃生元始天尊，谓有名有质，为万物之初始也。极道之宗元，挺生乎自然，寿无亿之数，不始不终，永存绵绵。"④ 也就是说，三清尊神是道的实体性化身，本质上也是道创生的。

三清之中，太上老君虽然地位是最低的，但因他著《道德经》开创道家学派而与道教有了直接渊源，因而也是最重要的，道经中对他的讨论也最多。关于太上老君的出现，六朝时期的《太上洞玄灵宝天关经》认为："演自然之道，以化天地。经大劫一交，天地崩沦，又积气御运，重立乾坤，号曰无上玄老，开导兆人，经大劫之周，天地复坏，又造化二仪，号太上老君，秉持仙箓，以度十方，至一劫运，终天地复沦，又托生玄妙号高上老君，而混成天地焉。"⑤ "太上老君"的产生乃由于"演自然之道，以化天地"，"经大劫之周，天地复坏"。这一思想是把道教对天体起源的认识和理解与对太上老君所具有的神圣崇拜紧密结合起来。《太上洞玄灵宝天关经》又认为：

> 太上老君乃为元气之父母，为天地之本根，为阴阳之祖首，为万神

---

① 《道藏》第24册，第803页。
② 《道藏》第22册，第8页。
③ 《云笈七签》，华夏出版社1996年版，第18页。
④ 同上书，第19页。
⑤ 《道藏》第19册，第925页。

之帝君，为先王之柄蒂，为万物之魄魂。陶冶虚无，造化应因，衿带八极，载地悬天，游驰日月，运走星辰，呼吸六甲，御制乾坤，改易四时，推移寒温，驱使风雨，鼓奋雷云，分别青黄，历数虚盈，君臣父子，礼仪备焉。①

这种描述，在时间系列上超越了元始天尊，然而却与前述其他书对元始天尊的描述相矛盾。

杜光庭在《道德真经广圣义》中继承传统的观点，把太上老君视为元气的产物、大道的化身。他说：

无始者，所言老君也。老君生于无始，起于无因，为万道之先，元气之祖也。无光无象，无音无声，无色无绪，幽幽冥冥，其中有精，其精甚真，弥纶无外，故称大道。大道之身即老君也。万化之父母，自然之极尊也。②

在这里，太上老君是万物在时间上最早的根源，是万物存在的依据，其实就是把他视为道的化身。道教认为："老子体自然而然，生乎太无之先，起乎无因，经历天地，终始不可称载。终乎无终，穷乎无穷，极乎无极，故无极也。与大道而伦化，为天地而立根，布气于十方，抱道德之至纯，浩浩荡荡不可明也。"③ 这里进而强调太上老君超越时间和空间，永恒存在。杜光庭在《道德真经广圣义》中认为，太上老君的伟大，首先是创造天地万物和人："造天地者老君，乃天地之根本，万物莫不由之而生成，故立乎不疾之途，游于无待之场，御空洞以升降，乘阴阳以陶埏，分布清浊，开劈乾坤，悬三光育群品，天地得之以分判，日月因之以运行，四时得之以代谢，五行得之以相生。"④ 宋代谢守灏在《太上混元老子史略》类似地描述了老子作为天体产生与演化之源所发挥的作用：

太上老君乃元气之祖，万道之宗，乾坤之根。本天地之精源，混沌太无之中，凝自然之真而为体，广大无边，应化莫测，非阴非阳，能微

---

① 《道藏》第19册，第926页。
② 《道藏》第14册，第316页。
③ 《道藏》第13册，第1页。
④ 《道藏》第14册，第317页。

能彰，不古不今，不存不亡，常于无量劫运之端，太初太易之前，肇布玄元始而生太极，判太极于三才，至劫终于六合，俱消混沌为一，又复分判凝轻清以为天，积重浊以为地，阳精为日，阴精为月。日月之精为星辰。运行四时八节，安镇名山大川，二气交会，则动植万汇，更相产化，初自一气而生，三气合生九气，是为九天。①

那么，天地创生之后，太上老君还有什么作为呢？道教认为，老君代为人师，教化世人。南北朝时期成书的道教经典《太上老君开天经》说："太初之时，老君从虚空而下，为太初之师……人民之初，故曰太初……太始之时，老君下为师……太素之时，老君下为师，教示太素，以法天下……混沌之时，始有山川。老君下为师，教示混沌，以治天下……九宫之时，老君下为师……元皇之时，老君下为师……太上皇之时，老君下为师……自伏羲以前，五经不载，书文不达。唯有老君，从天虚空，无亿河沙在太清之外，不可称计……伏羲之时，老君下为师……周初时，老君下为师……三皇以前，为神化之本，吾后化为三皇五帝，为师并及三王，皆劝令修善。"② 太上老君因应世人之感，"随感而应，应有著微""应感以形，妙相随时而出"③，可以在任何必要之时下降人间，拯救世人。

道教主张，宇宙生成有劫运周期。《度人经》提及龙汉、延康、赤明、开皇、上皇五劫，前三者为大劫，后二者为小劫。对大劫与小劫的区别，成玄英引《赤书》说："劫运昼夜圆周，三十日为一交，十二交为一度。三千三百度为小劫，九千九百度为大劫。"④ 约成书于唐代的《太上妙始经》主张，道"要妙广远，弥漫不可得名"，"合则为元气，散则为天地。天地三千六百亿万岁一合会，数穷于三五七九而天地寿尽"⑤。现代宇宙学观测到，宇宙各大星系都处于不断的生灭聚散的演变之中，星体不断被吸收进入旋转的更大星系群内，处于旋转核心的星体被气化，转变成新的星体。道教的劫运周期理论与现代宇宙学中的振荡宇宙假说颇为接近。

《太上老君开天经》的宇宙观可概括如下："（1）宇宙不是从来就有的，

---

① 《道藏》第17册，第895页。
② 《云笈七签》，华夏出版社1996年版，第9页。
③ 同上书，第621页。
④ 《道藏》第2册，第225页。
⑤ 《道藏》第11册，第431页。

也不是永恒存在的，而是一个劫运相续的周期循环过程。每一劫开始后，万物重新由道化生；一劫终结，宇宙重回混沌状态，万物也随之而毁灭，只有得道的神仙才能免遭劫难，享受永恒。（2）宇宙万物及人类社会都不是神创的，而是道气逐渐化生的，它们都处于一个不断进化的自然发展过程之中。大道造化万物是按其自身的规律进行的，作为道之化身的老君只能应其时、顺其变，担负着人类文明的教化、推动等辅助作用。（3）道教建构的宇宙是一个立体式的——由大道所化生的天地人等万物处在不同的平面上，上有天仙游憩的三十六天，中为人间，下为地狱等。"[①] 据此，所谓神明创造世界，实为以道或元气为本源的宇宙发生论的宗教性表述，讲的是万物形成，存在于时空统一的多层次宇宙中。

综上所述，道教认为，三清尊神作为道的产物或化身，具体承担创生万物的功能。这是基于哲理来探讨神学理论。在三清之中，道教实质上认为，元始天尊、灵宝天尊只具有象征性的意义，真正创造万物的是道德天尊。道德天尊不只创造万物，在创造之后，还肩负着教化万民的职责。

第三节　宇宙结构理论

中国古代宇宙结构理论主要有盖天、浑天、宣夜三种，其余安天、穹天等主要是在浑天说的基础上衍生而出的。这些理论主要描述天象视运动之内的状况。葛洪《枕中书》以浑天说为基础阐述道教宇宙演化理论，在宇宙结构理论上没有突破。作为宗教，必须对天象视运动之外的宇宙结构做出说明，否则就不能张开神的世界，并以此区别于人的世界进而树立宗教的神圣性。《真诰》卷一《运象篇》记东晋杨羲手书："今请陈为书之本始也。造文之既肇矣，乃是五色初萌，文章画定之时，秀人民之交，别阴阳之分，则有三元八会群方飞天之书，又有八龙云篆明光之章也。其后逮三皇之世演八会之文，为龙凤之章，拘省云篆之迹以为顺形梵书，分破二道，坏真从易，配别本支，乃为六十四种之书也。遂播之于三十六天十方上下也。各各取其篇类，异而用之。"这里首次提及十方三十六天的概念，只是对具体内容没有阐述。接

[①] 姜生、汤伟侠主编：《中国道教科学技术史》（南北朝隋唐五代卷），科学出版社2010年版，第157-158页。

下来，《度人经》作了具体阐述。开初劫时，"梵炁弥罗，万范开张。元刚流演，三十二天。轮转无色，周围十方。旋斗历箕，回度无常。三十五分，总炁上元"。对此，严东注解说："三十二天位在四方，方有八天，合三十二天也。三天罗其上，大罗之上并皆空虚，有自然五霞，其色苍黄，号曰黄天。黄天之上，其色青苍，号曰苍天。苍天之上，其处玄黄，称空成青，曰青天。凡有三十五天，各有分野，并总系元始之炁，无上之道也。"① 三十二天即东、西、南、北各八天，东方八天为太皇黄曾天、太明玉完天、清明何童天、玄胎平育天、元明文举天、上明七曜摩夷天、虚无越衡天和太极蒙翳天，西方八天为元载孔升天、太安黄崖天、显定极风天、始皇孝芒天、太焕翁重浮容天、无思江由天、上揲阮乐天和无极昙誓天，南方八天为赤明和阳天、玄明恭华天、耀明宗飘天、竺落皇笳天、虚明堂耀天、观明端静天、玄明恭庆天、太焕极瑶天，北方八天为皓庭宵度天、渊通元洞天、太文翰宠妙成天、太素秀乐禁上天、太虚无上常融天、太释玉隆腾胜天、龙变梵度天、太极平育贾奕天。三十二天之上的三天，后世称为三清天，即太清、上清、玉清。此外，《度人经》所言"眇眇大罗"，李少微注称之为"大罗天"，在三清天之上，为最上一层天。这样，总共为三十六天。

三十六天分布于四正四维和上下十方，它的立体结构，从下层的粗浊往上而逐渐清微玄妙，分为三界内和三界外两大层次。三界内又分为欲界、色界、无色界，其中欲界六天、色界十八天、无色界四天，共二十八天。三界之内的诸天万物，当劫尽时都要灭亡。只有修道有成者能够跳出三界外，方能摆脱劫运，避免死亡。三界外有四梵天、三清天和大罗天三个层次。其中四梵天又分为太虚无上常融天、太极天、平育天、贾奕天四个层次。它又称为四种民天，意指到此境界已跳出轮回，劫尽而不死，到下一劫时可作为种民。这一说法来自于印度婆罗门教的八方三十二天之说，道教的创新在于在三十二天之上加了三清天和大罗天四层。这比此前的五方天、九天复杂、精致多了。

以上为天的结构。《无上秘要》把地分为九垒："第一垒名色润地，第二垒名刚色地，第三垒名石脂色泽地，第四垒名润泽地，第五垒名金粟泽地，第六垒名金刚铁泽地，第七垒名水制泽地，第八垒名大风泽地，第九垒名洞

---

① 《道藏》第 2 册，第 226 页。

渊无色纲维地。"① 每垒又有四个层次，共计三十六层。每垒各有一定的厚度："九地相去里数：第一地去天九十亿万里，第二地去第一垒地八十亿万里……"②

现代地理学把地球分为地壳、地幔、地核三层，其中地核又可分为外地核、过渡层和内地核三层，各层数据是：地壳平均厚度约为17公里，地幔厚度约2865公里，外地核厚度约2080公里，过渡层厚度约140公里，内地核半径约1250公里。《无上秘要》指出，地之所以不会落下，是因为"洞渊洞源，纲维天下，制使不落"。它认为，地悬浮在空中，在洞渊洞源之下，"下则无穷无境，无边无际"③。

晋代这种三十六垒的大地结构学说在唐代以后少有人提及，没有成为道教界的共识。地狱观念因与生死、善恶观念紧密相关而为道教内外所关注。九垒之下，是"九幽"，即"九幽地狱"。东面是"风雷地狱"，南面是"火翳地狱"，西面是"金刚地狱"，北面是"溟泠地狱"，中间是"普掠地狱"，东南面是"铜柱地狱"，西南面是"屠割地狱"，西北方是"火车地狱"，东北方是"镬汤地狱"④。道经说，九幽地狱"上则去第一垒地五百二十亿万里"⑤。

关于天地悬空而不会落下的原因，《太上灵宝诸天内音玉字》《无上秘要》等道经认为是"纲维之气""刚风""金刚真炁"及其旋转所致。现代科学则认为，万有引力提供了地球做圆周运动的向心力，致使地球沿着固定轨道绕太阳运转。二者有别，但也有一定的相通之处和类似性。

《洞玄灵宝自然九天生神章经》卷后附《太极真人颂》之一，说：

> 大道虽无心，可以有情求。伫驾空洞中，回眄翳沧流。净明三界外，萧萧玉京游。自无玄挺运，谁能悟冥趣。落落天汉澄，俯仰即虚柔。七玄散幽裔，返胎顺沉浮。冥期苟潜凝，阳九无虞忧。睹此去来会，时复为淹留。外身而身存，真仙会良俦。⑥

---

① 《道藏》第25册，第8页。
② 同上。
③ 同上书，第12页。
④ 《道藏》第10册，第72页。
⑤ 《道藏》第25册，第12页。
⑥ 《道藏》第5册，第847页。

《度人经》说：

> 道言：行道之日，皆当香汤沐浴，斋戒入室，东向叩齿三十二通，上闻三十二天，心拜三十二过，闭目静思，身坐青、黄、白三色云炁之中，内外萧冥，有青龙、白虎、朱雀、玄武、狮子、白鹤罗列左右，日月照明，洞焕室内，项生圆象，光映十方，如此分明。①

对《度人经》所说的"元纲流演三十二天"，后世注家说：

> 考详元纲者，乃天之根纽，炁之经躔。道源未判，元纲已肇。此乃天地之大体，妙炁之灵枢，罗络乎三十二天之中，贯通二十八宿之分。形而上者谓之道，流于末者谓之教，行之内则配合于身，施之用则旋回有法。此乃因天地之自然，象人身之体用也。②

"元纲流演图"其实是以二十八宿、诸天星斗为内容的周天图，如下二图所示。③

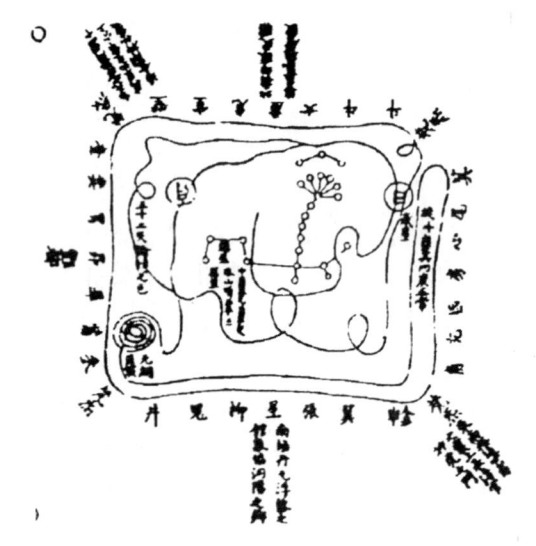

---

① 《道藏》第1册，第3页。
② 《道藏》第30册，第687页。
③ 同上书，第688－689页。

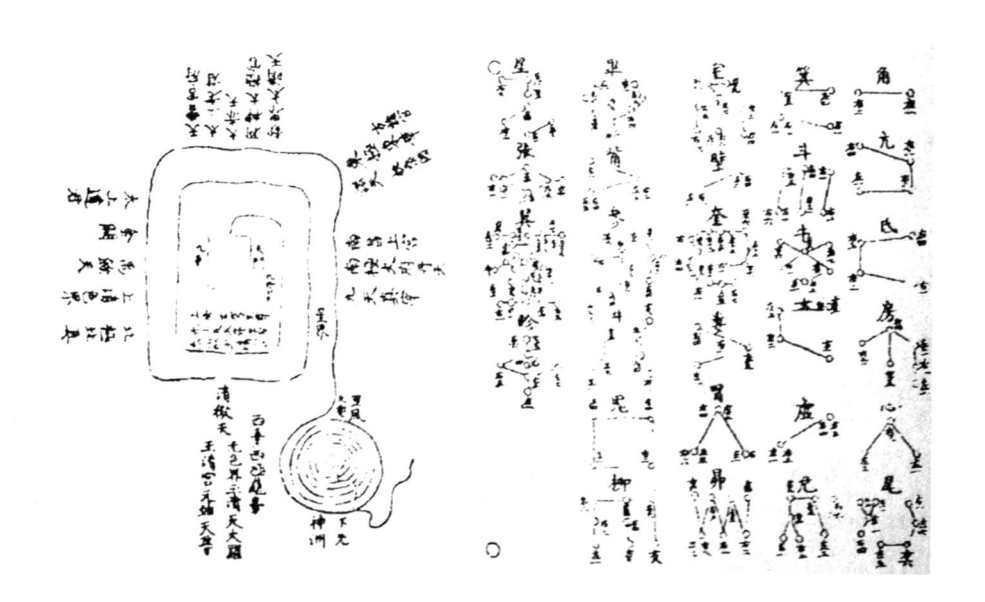

所谓"配合于身",是指人体内气脉是由元纲开通骨脉,由骨之中空而达于头上,有元纲之路;魂魄在身,一如炁在天中,循纲出入。身中各处与天界各处一一对应同构,即所谓"人身与天流演者同"①。元纲在道法上的施行,便是步星纲。"右元纲流演之图,乃梵行诸天之妙也。始于飞神蹑斗,终于谒帝朝元。若能精思按行,出入既熟、澄对不乱,可以上章奏事,役使鬼神,以致脱壳升真,混合万炁。炼形之术,朝元之方,莫先乎此。"②

道教认为,梵炁在宇宙中的分布、清浊、运动速度等方面在不同空间是有差异的。《抱朴子内篇·杂应》说,由地上升四十里名为太清,"太清之中,其气甚刚,能胜人矣。师言鸢飞转高,则但直舒两翅,弥复扇摇之而自进者,渐乘刚炁故也。龙初升阶云,其上行至四十里,则自行矣。此言出于仙人,而留传于世俗耳,实非凡人所知也"。有研究者指出,这里所呈现的"是一个不均匀的近地空间,其不均匀性主要体现在罡风对离地不同高度的物体作用效果的区别,在近地面是风对欲离开地面的物体起阻碍作用,以至于道士在法术施展中需要出神上天庭朝奏,必须用专门的'破罡风符'来穿过无处不在的清劲罡风,而在高空中罡风则对运动的物体具有承托作用,由罡风对离地不同高度的物体作用效果的区别可看出,离开地面的空间根据高

---

① 《道藏》第2册,第500页。
② 《道藏》第30册,第689页。

度的不同有着独特的不均匀性"①。这一观念在《度人经》得到了继承。《元洞玉历》谈二仪未具时的情形说："风泽洞虚，金刚乘天。"严东注释到："风泽者元始梵风之炁也。洞，通也。虚，无也。金，真也。刚，强也。风泽之炁，强于真金，故曰刚风。包于九垒，乃载九天。通达虚无，抗举澄汉之精，高而洞浮，悬而不落。金刚真炁以乘于天，致令空而悬立，地系于金刚炁也。"②

道教认为，小空间可以容纳比它大得多的物体。《后汉书·方术列传·费长房传》："费长房者，汝南人也。曾为市掾。市中有老翁卖药，悬一壶于肆头，及市罢，辄跳入壶中。市人莫之见，唯长房于楼上睹之，异焉，因往再拜奉酒脯。翁知长房之意其神也。谓之曰：'子明日可更来。'长房旦日复诣翁，翁乃与俱入壶中。唯见玉堂严丽，旨酒甘肴盈衍其中，共饮毕而出。"③ 在这个故事中，凡人所看见的小空间，其实是仙境的大空间，可以容纳比它体积大得多的人或物。这说明，仙境中空间的度量标准与凡间不同，仙境中特定体积的空间可以容纳比其体积大数百数千倍的凡间之人或物。

类似的小空间容纳大物体的故事，在《度人经》中也存在：

于是元始悬一宝珠，大如蜀米，在空玄之中，去地五丈。元始登引天真大神上圣高尊妙行真人，十方无极至真大神无鞅数众，俱入宝珠之中。天人仰看，惟见勃勃从珠口中入。既入珠口，不知所在。④

这里暗示宇宙有凡圣两层结构，圣中又有元始所居的一层和其他神所居的一层。

关于时间，葛洪《神仙传》卷九《壶公》说："长房自谓去家一日，推之已一年矣。"⑤ 也就是说，时间流逝的速度，仙界比凡间慢了三百六十五倍。这一故事的时空观，在两晋南北朝时期一再被提及。如南朝时刘义庆所著《幽明录》载，东汉明帝永平五年（62）刘晨、阮肇入天台山遇仙，山中半载，世上已过七代。《述异记》载晋代王质入山观仙人下棋，一局棋未终，斧柄（柯）已朽烂，出山时故旧已不复存在。此外有天上一日，人间百年乃

---

① 宗华：《道教文献中的时空观念》，华东师范大学硕士学位论文，2010年5月。
② 《道藏》第2册，第224页。
③ （晋）司马彪，（梁）刘昭注补：《后汉书》，吉林人民出版社2006年版，第1564页。
④ 《道藏》第1册，第370页。
⑤ （晋）葛洪：《神仙传》，上海古籍出版社1990年版，第50页。

至千年等不同说法。这说明，仙境中时间的流逝速度比凡间慢数百数千倍。

总之，在道教看来，时间和空间都不是均匀的，而且，时间与空间的尺度是可以控制的。据此，道士们可以创作出以小容器容纳大空间的法术，或者控制时间流逝的快慢和空间距离远近的法术。《神仙传》卷九《壶公》中说："房有神术，能缩地脉，千里存在，目前宛然，放之复舒如旧也。"① 后来的《金锁流珠引》载有"志人学道锁地往来之法"，其卷二十七载有一种能制造装天容器的法术，认为此术修成，"可指小器之物以盛天地，奇功至神之验，不可测之。皆壶公先生教费长房为之"②。"自然神通变化不测，可以能变一升之器，可容天地，如初造化自然之功也。"③ 该术的步骤是，佩戴符箓，用朱砂、曾青、雄黄、雌黄等八种矿物与符放于葫芦即壶中，念咒、步罡踏斗，存想而产生效果。炼丹术中，外丹与内丹均运用了这一观念，把炼丹炉或人身当作浓缩了的大宇宙。这是空间方面的比例置换。时间方面，炼丹术有时间攒簇理论，认为年、月、日、时四种时间标度系统存在着相同的结构与消长周期规律，所以内丹修炼能够把一年攒入一月中，把一月攒入一日中，把一日攒入一时之中。这样，凭一时、一日的修炼便可以夺一年的造化之功。故张伯端有"赫赤金丹一日成"的惊人结论："赫赤金丹一日成，古仙垂语实堪听。若言九载三年者，总是推延款日程。"④ 在他看来，只要节律周期相同，可以用极短时间置换极长时间的修炼，经过有限时间的内丹修炼就可以了证、获得无限的道。这实际上是在炼丹炉或人身中以人力控制时空的尺度和变化。这种时间和空间，实为模拟性的时空，或者是对时间尺度、空间标度的采用，与真实的自然时间、空间不同。但在道士看来，它们与真实的时间、空间是等价的。

第四节　"道"本论

道教以道为名，道无疑是其教义的核心范畴。从哲学本体论的角度来说，道就是本体。也就是说，道是万事万物共同存在的最根本的依据。对此，

---

① （晋）葛洪：《神仙传》，上海古籍出版社1990年版，第50页。
② 《道藏》第20册，第481页。
③ 同上书，第487页。
④ 王沐：《悟真篇浅解》（外三种），中华书局1990年版，第119页。

《道德经》首先说，作为形而上的抽象本体，道与形而下经验领域的具体事物并不相同，具有"希""夷""微"等性质，是眼睛看不见，耳朵听不到，手摸不到，鼻子嗅不到的。如果说经验领域中的事物是"有"的话，则道就是"无"，所以，《道德经》有"有生于无""有无相生"之说。如果说经验领域的事物具有"实"的性质，则道具有"虚"的性质；如果说经验领域的事物具有"动"的性质，则"道"具有"静"的性质。道虽然"静"，却又能"动"而生化万物。但这并不说明它不存在，只是它存在于抽象的思维世界中。作为本体，道的存在是先验的，如庄子所说，是"自本自根，自古以固存，在太极之先"；作为本体，道的存在是自足独立的，"道法自然"，即效法它自身，意谓道的存在是客观的，自己就是之所以如此而不是如彼的充分而必要的条件和理由，完全自足，不依赖于任何外界事物，也不受任何外界事物的影响或干扰。作为本体，道的作用范围就空间而言是无限的，覆盖它自身之外的一切，如庄子的《天地》篇所说："夫道，覆载万物者也，洋洋乎大哉！"作为本体，道的作用时间是无穷的，如《庄子·大宗师》所说，"在太极之上而不为高，在六极之下而不为深，先天地生而不为久，长于上古而不为老"。作为抽象的本体，要用语言来描述它是很困难的，《道德经》第一章说"道可道，非常道；名可名，非常名"，用道来指称它，只是一个非常勉强却又不得已的做法。

　　老子《道德经》已经谈到，对道的阐明存在着困难，因为"道可道，非常道；名可名，非常名"。庄子进而对语言的局限性做了进一步的阐发，在《知北游》中说："道不可闻，闻而非也；道不可见，见而非也；道不可言，言而非也。"这已经指出，对形而上的本体的探索，应该用肯定与否定相结合的方式。魏晋玄学秉承这一观点，基于有无关系的探讨，把道定位于无，王弼提出了"以无为本，崇本举末"的观点，阮籍、嵇康提出了"越名教而任自然"的响亮口号，郭象则基于道的完备性、自在自足性提出了"独化论"。这就把先秦以无为道之内涵的道本论推进到了基于有无关系的"玄"学阶段。

　　但玄学仍局限于在有无关系中用肯定的言说方式。在语言中，一旦对某事物肯定了它是什么，就在事实上排除了它是其他无穷减一种的可能性。而且，让人满足于这一种答案，头脑就此封闭了，思维停滞了，不再继续探索，这对形而下的经验领域的事物的研究，往往是够用的，但对形而上的探讨，却是远远不够的。看到了这一局限性，魏晋时期与阮籍、嵇康同一时期的道士孙登就开始对《道德经》中"玄之又玄"的观点展开进一步的探讨。事实上，阮籍、嵇康已拜孙登为师，可惜没有把这一点发扬光大。郭象之后，玄学余绪汇归佛教者开出五家七宗，却因与佛教的结合不伦不类，矛盾甚多，缺乏深度，很快在思想史上销声匿迹；汇归入道教者，发扬孙登的重玄之旨而逐步光大，至隋唐而蔚为大观，形成重玄哲学之潮流，代表人物有成玄英、李荣、王玄览、唐玄宗（李隆基）、司马承祯、吴筠、杜光庭等。重玄哲学对道的内涵、有无、动静、本迹等本体论问题做了深入的探讨。

对道的内涵的探讨，最有代表性的是唐玄宗。他认为最高的本体是妙本。他说："吾不知其名，但见其大通于物，将欲表其本然之德，故字之曰道。"① 它有体有用。"虚无者，妙本之体。体非有物，故曰虚无。"② 妙本的体是虚无。妙本是道的根本，道是妙本的功用："道者，妙本之功用，所谓强名，无非通生，故谓之道。"③ 妙本的用是道。宇宙万物的最高本体，并不蕴含着具体的事物。它作为最高本体的地位，是通过"妙本"而得以显现的，而"妙本"又通过"道"来表露其通生万物的根性。那么，这种"通生"作用怎么表现出来的呢？唐玄宗在继承成玄英的"归于妙本""从本降迹"的观点后，且做了进一步的阐发。他认为，一切可道可名、有欲无欲、有形无形的具体事物，都是"妙本"之"迹"。人运用语言、概念、范畴来把握的，都只是妙本的迹，不是妙本自身。妙本是无法言说，不可言说的。从有名无名来说，无名、有名是圣人勉强地用来说明本与迹的同异关系的概念，与道的本身没有关系，道本身并无所谓有名还是无名④。或者说，有名、无名不是用来描述道的性质的。"妙本"与"迹"之间的关系，从衍生与被衍生的角度来看，"自出而论，则名异，是从本而降迹也"⑤。另一方面，"自同而论，则深妙，是摄迹以归本也"⑥。既然这样，"若住斯妙，其迹复存，与彼异名，等无差别"⑦。这里"与彼异名"之名，是"非常名"。对于"妙本"，唐玄宗还从有、无的角度做了进一步的阐释。他认为，妙本在混沌之中而形

---

① 《道藏》第11册，第768页。
② 同上。
③ 同上。
④ 同上书，第750页。
⑤ 同上。
⑥ 同上。
⑦ 同上。

成，本无形质，但万物都从它而来，都得依靠它而存在、变化，它"品物流行，斯可谓有无状之形状，有无物之物象，不可名之为有，亦不可格之于无"①。如同不能用有名、无名来描述道一样，也不能用有、无来解释道。这可以结合《庄子·知北游》来理解："道不可闻，闻而非也；道不可见，见而非也。道不可言，言而非也。知形形之不形乎？"唐玄宗想要表达的意思是："道非色、声、形、法"，然而"乃于无色之中能应众色，无声之中能和众声，无形之中能状众形，是无色之色，无声之声，无形之形"②。所以，用"色"之"希"，"声"之"微"，"形"之"夷"来称谓"妙本"之"道"，只是"明道而非道"③。有与无也是如此。虽然"有之所利，利于用用必资无"，"无之所用用于体，体必资有"，而"有"与"无"又相互以为"利"④，但毕竟"涉有"只可称"器"，"约形器以明道用"，不能把"道用"之"有"，即"形器"，等同于道体（"妙本"）本身。质言之，谈论形而下的"有"只是为了把人引向对形而上的"无"之道的顿悟，是捕鱼的网，而不是鱼。得到了鱼，网就没有用了。从本体论的角度，唐玄宗不同意"有生于无"和"有无相生"的说法。他借鉴佛教大乘空宗的思想解释说："有无对法，本不相生。相生之名，犹妄执起，如美恶非自性生，是皆空故。"⑤ 也就是说，"夫有不自有，因无而有"，"无不自无，因有而无"⑥。说有说无，最终还是为了说"妙本"之"道"。"妙本不有不无"，"谓之有，则寂然无象"，"谓之无，则湛似或存"⑦。所谓"自无而降有"，其实质就是"从本降迹"⑧。

唐玄宗对于道教哲学的一个比较大的贡献是把道教哲学本体论推进了一步。老子曾经在《道德经》中提出了两个命题，一个命题是"道生一，一生二，二生三，三生万物"，另一个命题是"人法地，地法天，天法道，道法自然"。这两个命题的关系的处理对道教哲学的本体论建构而言曾是一个颇为艰深的难题。唐代初期以前，《西升经》和《升玄内教经》等道教经典一

---

① 《道藏》第11册，第759页。
② 同上。
③ 同上。
④ 同上书，第757页。
⑤ 同上书，第751页。
⑥ 同上。
⑦ 同上书，第764页。
⑧ 同上。

方面主张道是万物的本体，另一方面在解释"道法自然"时认为"道出于自然"或"道本自然"。直到成玄英也还一方面说"道即是本，物从道生"，同时又说"道是迹，自然是本"。这就受到了佛教学者们的攻击，他们认为，从哲学理论的周圆性来说，一个哲学体系只能有一个本体，道教同时有两个本体，所以是不周圆而有矛盾的。唐玄宗明确意识到这个问题并提出了解决方案："虚无者，妙本之体，体非有物，故曰虚无。自然者，妙本之性，性非造作，故曰自然。道者，妙本之功用。所谓强名，无非通生，故谓之道。幻体用名，即谓之虚无自然道尔。"① 也就是说，"虚无""自然""道"是"妙本"的三个特性，是从三个方面来说明"妙本"的。其中，"虚无"是就"体"状而言，"自然"是就"性"质而言，"道"是就"功用"而言。这样，真正的本体只有一个，即"妙本"，从妙本可以解释说明一切，道教的本体论就显得周圆多了。

　　道作为妙本之用，其功能是通生。那么，道的"通生"究竟是怎样实现的呢？唐玄宗指出："和炁冲虚，故为道用。用生万物，物被其功。论功则物凝其光大，语冲则道曾不盈满，而妙本深静，常为万物之宗。"② 这是说，道的通生功能是借助于炁来完成的，和炁源源不断地分化出来，凝聚而为物，物体现了道的功能，而物的不断衍生则说明了道之虚和妙本的深与静。至于通生的具体程序，唐玄宗在注释《道德经》的"道生一，一生二，二生三，三生万物"时说，"一"是指冲和之精气，"道生一"指的是"道动出和炁，以生于物"。但是，精气尚不能直接产生具体的事物，"应化之理，由自未足，更生阳气，积阳气以就一，故谓之二也"。精气必须有阳气配合。这还不够，精气"积阴就二"而成"三"，这样阴阳交泰，冲和化醇，万物于是产生出来。这样产生出来的万物，也就"当须负荷阴气，怀抱阳气，爱养冲气，以为柔和"③。这个过程，唐玄宗不完全是从本原论的角度来看，更重要的是从本体论的角度来看。他说："至道降炁，为物根本，故称妙本。"④ "妙本"的"生化"，一方面是"运动无穷"⑤的，另一方面是"遍于群有"而

---

① 《道藏》第11册，第768页。
② 同上书，第751页。
③ 同上书，第782页。
④ 同上书，第788页。
⑤ 同上书，第759页。

"无所偏私"①的,再一方面,道虽然生化万物,但不居功,也"不为主宰,于彼万物,常无欲心"②,也就是没有目的性,是纯粹的自然而然。

对道的有无的探讨,成玄英、王玄览的观点颇有代表性。成玄英是唐代论道的一个重要代表人物。他吸取了魏晋玄学、佛教和此前道教的理论,为道教的哲理建设做出了很大贡献。他认为,作为世界的最高本体的道是"无对待"的"至无""冥寂",它本身"不生不灭"却又能产生万物,"至精(道)感激"而生"真一","真一"生元气,元气生"天地万物之形"。就道的现象而言,道是非无;就道的本体而言,道又是非有,所以道是深远幽微、非有非无的"玄"。这样的"玄"自然是不可言说的,"至道绝言,言即乖理",所以既要排遣"滞于有"和"滞于无"的偏见,还要排遣滞于"非有非无",即"玄"。也就是要"遣之又遣",以追求"玄之又玄"的道,即"重玄之道"。这里使用的是佛教"中观学派"的正、反、离、合的四句否定论证模式,如有—无—亦有亦无—非有非无。简单地说,以病和药的关系为例,药是用来治病的,病好了,药也就没用了,所以要把药也遣去。这就是重玄之理。李荣在成玄英的基础上进一步推演道:"借玄以遣有无,有无既遣,玄亦自丧,故曰又玄。又玄者三翻不足言其极,四句未可致其源,廖廓无端,虚通不碍,总万象之枢要,开百灵之户牖,达斯趣者,众妙之门。"③王玄览把成玄英、李荣"双遣双非"的重玄之道推进了一步,认为道既离妄,又离真。"既得真妄寂,则入于环中;在中不见边,以是中亦遣。"④也就是说,矛盾的两个极端都是偏,不能执着,要守"中和之道"。但"以中为用"仍然有被执着的可能,应该把"中"也遣掉才是真正的"滞于不滞"。杜光庭直接因袭成玄英、李荣的重玄理论,并做了阐发。对"玄",他认为:"玄,深妙也,不滞也。"也就是对事物持否定态度,不执着。对"又玄",他说:"寄又玄以道玄,欲令不滞于玄,本迹两忘,是名不住,无住则了出矣。"⑤就形而上而言:"道之为无,亦无此无,德之为有,亦无此有。斯则

---

① 《道藏》第11册,第767页。
② 同上书,第775页。
③ 《道藏》第13册,第361页。
④ 《道藏》第23册,第627页。
⑤ 杜光庭:《道德真经广圣义》卷六《道可道章第一》"玄之又玄,众妙之门"疏,《道藏》第14册,第344页。

无有，无无，执病都尽，乃契重玄，方为双绝。"① 重玄的思辨方法要求人们既不执着于有，也不执着于无，因为"执无者则病于有，执有者则病于无"。但一般人要做到这一点很难。唯有"圣人知道非有非无，两无所执，能病所执，是以不病"②。不执着就是忘。根据这一点，杜光庭对重玄方法总结道："夫摄迹忘名，已得其妙，于妙恐滞，故复忘之，是本迹俱忘，又忘此忘，吻合乎道。有欲既遣，无欲亦忘，不滞有无，不滞中道，是契都忘之者尔。"③ 这里所说的"不滞有无，不滞中道"是对此前"重玄之道"思想的一个很好概括。

对道的动静的探讨，最有代表性的是成玄英。他提出"妙本虽动不动"④，"动而常寂"⑤，"动不乖寂"⑥，"动寂不殊，故能虚会"⑦。这就是说，道本体就其本性来说是静，但它是动的根源。它虽然静，但却能生化万物，这就是动。但这种动不会改变它静的本性。动是相对于形而下的万物而言的，实际上，在道那里，本无所谓动与静，或者说，动与静就道本身来说是没有差别的。

那么，作为本体的道，它有什么性质呢？先秦道家提出了虚、静、自然、无为四项性质。重玄哲学对此有所推进。杜光庭在这方面的论述具有归纳总结之功。他系统地总结了前人对道的种种描述，认为道的"形体"有"虚无""平易""清静""柔弱""淳粹""素朴"六个方面："此六者道之形体也。虚无者，道之舍也；平易者，道之素也；清静者，道之鉴也；柔弱者，道之用也；淳粹素朴者，道之干也。"他认为，能够把这六个方面作为行动的原则并遵守它们的人就是"道人"，因为他们"行与道同，故曰能顺事而不滞，悟言教而同道也"⑧。

上述六个方面中，杜光庭认为，虚无是根本性的。为此，他专门把虚无提出来与自然并列，讨论了它们与道的关系。他在《道德真经广圣义》中说："大道以虚无为体，自然为性，道为妙用。散而言之，即一为三；合而

---

① 《道藏》第14册，第347页。
② 同上书，第548页。
③ 同上书，第344页。
④ 蒙文通：《蒙文通文集》第六卷《道书辑校十种》，巴蜀书社2001年版，第408页。
⑤ 《道藏》第16册，第362页。
⑥ 同上书，第300页。
⑦ 蒙文通：《蒙文通文集》第六卷《道书辑校十种》，巴蜀书社2001年版，第406页。
⑧ 《道藏》第14册，第408页。

言之，混三为一，通谓之虚无、自然、大道、归一体耳。非是相生相法之理，互有先后优劣之殊也。非自然无以明道之性，非虚无无以明道之体，非通生无以明道之用。"① 这可视为他对虚无、自然与道三者关系的总论。其要点主要是两点：一是大道以虚无为体，以自然为性，以道为用。二是虚无、自然、道三者是相统一的，三者之间不存在着相生相法的关系，也不存在先后、优劣之别。在这个总论的指导下，杜光庭对三者作了分别论述。对于虚无，他引孔颖达《周易正义》的话解释说："义曰：道者，虚无之称也。以虚无而能开通于物，故称曰道，无不通也，无不由也。若处于有，则为物滞碍，不可常通。道既虚无为体，无则不为滞碍，言万物皆由之而通，亦况道路以为称也……无中之有，有中之无，不得指而定名。"② 正因为虚，所以能变为实；正因为无，所以能生有。道正因以虚无为体，所以能够通生万物而不会遭遇障碍而停滞。体与用是相互依存的。没有虚无之体，也就没有道之用。通生万物是道之用。对于道之用，杜光庭说："义曰：夫道之无也，资有以彰其功。无此有则道功不彰矣。物之有也，资道以禀其质，无此道则物不生矣。"③ 无通过有而表现其存在，道通过无而表现其通生万物的伟大功能。至于自然，主要表明道的存在的客观性、不可改变性。

杜光庭进而根据上述思想推导出道的三个方面的含义，即理、导、通。这并非他的首创。《道德真经广圣义》卷五《释疏题明道德义》臧玄静云："道者通物，以无为义。"又说：

"智能为道体，神通为道用也。"又云："道德一体而具二义，一而不一，二而不二。二而不二，由一故二；一而不一，由二故一。不可说言有体无体，有用无用。是无体为体，体而无体；无用而用，用而无用。然则无一德非其体，无一用非其功。寻其体也，离空离有，非阴非阳，视听不得，搏触莫辩；寻其用也，能权能实，可左可右，以小容大，以大容小。体既无已，故不可思议之；用而无功，故随方不示见。"④

这说明，杜光庭认为道有理、导、通三个方面的含义的观点，是对臧玄

---

① 《道藏要籍选刊》，上海古籍出版社1989年版，第2册，第111页。
② 《道藏》第14册，第408页。
③ 同上书，第297页。
④ 同上书，第341页。

静即臧矜思想的继承与发展。他对此做了详细的阐述。他认为，道的含义有三方面："一理也，二导也，三通也。"具体来说，"理者，理实虚无，以明善恶；导者，导执令忘，引凡入圣；通者，通生万法，变通无壅"①。"理"即客观地存在于现象背后的"虚无"之实体。在社会生活中，它是善恶规范的依据，所以具有鉴别善恶的功能。"导"的含义，一是返归真性之本而去妄情，二是"摄有用之迹，归无为之本"。这包括理身与理国两个方面。"通"是生化万物而无滞碍。

如果以体用这一对范畴而论，理为体，导、通则属于用。体为形而上，用为形而下。对二者的关系，杜光庭继承《易传·系辞上传》"形而上者谓之道；形而下者谓之器"的思想而阐发说：

> 形而上者道之本，清虚无为，故处乎上也。形而下者道之用，禀质流行，故处乎下也。显道之用以形于物，物禀有质，故谓之器。器者，有形之类也……此乃道是无体之名，形是有质之用。凡万物从无而生，众形由道而立，先道而后形，道在形之上，形在道之下。故自形而上谓之道，自形而下谓之器。形虽处道器两畔之际，形在器上，不在道也。既有形质，可为器用，故云形而下者谓之器。夫道，无也。形者，有也。有故有极，无故长存。②

在他看来，道无形无体，为无；器则有形有质，为有。道在器先，器由道立。道是体，器是用。后来五代时的道士施肩吾将这一思想简洁地概括为："形而上者谓之道，形而下者谓之器。上以下为基，道以器为用。"③

晚唐之后，内丹兴起，内丹家们把道解释为丹，不过这主要是基于把道理解为内丹修炼而言的。如宋代南宗道士陈楠说："道即金丹也，金丹即道也。"④白玉蟾认为，在以性功修炼为核心和重点的高级阶段，金丹与道之间是体与用的关系。他说："夫金丹者，金则性之义，丹者心之义，其体谓之大道，其用谓之大丹，丹即道也，道即丹也。"⑤明心见性的结果即是金丹，金丹即是道。明心见性是修心炼神的结果，所以也可以说金丹是心、神的表

---

① 《道藏》第14册，第337页。
② 同上书，第370页。
③ 《道藏》第4册，第426页。
④ 《道藏》第24册，第207页。
⑤ 《道藏精华录》下册，第七集《紫清指玄集》，第10页。

现："丹者，心也。心者，神也。阳神谓阳丹，阴神谓阴丹，其实皆内丹也。"① 总之，金丹、内丹、道都是心，一切唯心。

由此看来，对道的哲理本体论诠释，可分为四大阶段，早期的主旨是把它诠解为无，这主要是在先秦时期；中期则把它解释为玄，这主要是在魏晋时期；到了隋唐时期，则把它解释为重玄。内丹兴起后，进而把它解释为丹。

道作为本体范畴，与道教哲学的其他范畴之间有紧密的联系。为此，道教哲学家们探讨了道与气、心、德、人等范畴之间的关系。道与德的关系，本书将在伦理哲学部分探讨，这里探讨道与气、心、人之间的关系。

第一，道与气。对道与气的关系，老子、庄子只是略有涉及，语焉不详。《淮南子》说："道始于虚廓，虚廓生宇宙，宇宙生元气，元气有涯垠，清阳者薄靡而为天，重浊者凝滞而为地。天地之袭精为阴阳，阴阳之专精为四时，四时之散精为万物。"② 由此可引申出道生气的观点。那么，道与气在化生万物的过程中究竟如何在职能上分工呢？《老子河上公章句》说："言道禀与，万物始生，从道受气。"③ 这里虽然提到"从道受气"，但对于道与气的关系却说得不够清晰。《太平经》进一步指出："夫道者何等也？万物之元首，不可得名也。六极之中，无道不能变化。元气行道，以生万物，天地大小，无不由道而生者也。故元气无形，以制有形，以舒元气，不缘道而生。"④ 元气之上还有更加根本的道，"元气行道"明确把气与道的功能做了分工，道是万物的主宰，是万物变化的根据。元气则具体生化万物，但在此过程中道仍然发挥控制、规范的作用。这暗含道是元气生化万物的所以然的意思。《太平经》的这个观点对此后的道教有深远的影响，基本上奠定了道与气在化生万物过程中道是依靠气来推动而发挥作用的思想。杜光庭在此基础上作了发展，他说："道，通也，通以一气生化万物，以生物故，故谓万物之母。"⑤ 在他看来，道最根本的特性在于"通"，气最根本的特性在于"生"。"通"体现的是规律性，"生"体现的是变化性。在杜光庭看来，万物衍生的过程中，道的功能体现为衍生这一运动的规则、规范、规律、秩序，也就是变中的不变性、稳定性。气的功能体现为衍生这一运动的具体活动，即变化的方

---

① 《道藏》第33册，第115页。
② （汉）刘安：《淮南子》，河南大学出版社2010年版，第174页。
③ 《老子河上公章句》虚心第二十一释"以阅众甫"，《道藏》第12册，第6页。
④ 王明：《太平经合校》，中华书局1960年版，第16页。
⑤ 《道藏》第14册，第334页。又见：《太上老君说常清静经注》。

面、不稳定的方面、适应环境的方面。这就是说，道与气的功能是有区别的，道的功能是"通"，气的功能是"生"。道在化生万物中起控制的作用，具体地化生万物则是元气的功能。杜光庭所提出的"道通气生"的命题，对道气关系的争论做了一个总结："以其道气化生，分布形兆，乃为天地。而道气在天地之前，天地生道气之后。"①

杜光庭认为，以道通气，"通"与"生"两性相合，"道—气"则达于直接的无差别的同一。所以说："道者，虚无之气也。混沌之宗，乾坤之祖，能有能无，包罗天地。"② 把道直接等同于气，也就是把本体与本原合而为一成为"混元"，目的是把本体论和本源论统一起来，更好地解释在万物衍生过程中道与气的关系，即"混元以道气生化"。

正是基于把道解释为气，所以，道教哲学中还有学者直接把气作为本体。如，《元气论》说："道既无生，自然之本，不可名宣。乃知自然者，道之父母，气之根本也。夫自然本一，大道本一，元气本一。一者，真正至元纯阳一气，与太无合体，与大道同心，与自然同性，则可以无始无终，无形无象，清浊一体，混沌之未质……道者元气也。"③ 唐代高道司马承祯亦将"道"与"气"统一起来，指出二者是事物的一体两面，他说："夫气者，道之几微也。几而动之，微而用之，乃生一焉！故混元全乎太易。夫一者，道之冲凝也，冲而化之，凝而造之，乃生二焉。故天地分乎太极，是以形体立焉！万物与之同禀，精神著焉！"④ 司马承祯在这里将"道"的内核解释为"气"，"道"通过"气"的"几微"作用，产生冲凝混沌未分的"一"。这是将"道""气""一"视作为统一。晚唐道士杜光庭《老子说常清静经注》以"道"为"虚无之气"，他说："道者虚无之气，混沌之宗，乾坤之祖，能有能无，包罗天地。"⑤ 金全真道士马钰《丹阳真人语录》曰："道者何物也？祖气便是根源。"⑥ 不过，这种气本论不占主流，而且这种观点往往没有以气为本建立起一以贯之的哲理体系。所以，本书不拟详细探讨这种气本论。

---

① 《道藏》第14册，第334页。
② 《太上老君说常清静经注》"老君曰：大道无形，生育天地"注，《道藏》第17册，第183页。
③ 《云笈七签》，华夏出版社1996年版，第324页。
④ 同上书，第334页。
⑤ 《道藏》第17册，第183页。
⑥ 《道藏》第23册，第702页。

第二，道与心。"修道即修心，修心即修道"，是南北朝时期的《太上老君内观经》和盛唐前后的《大道论》《三论元旨》等道教经典都表达过的观点。不过它们都是从功夫修炼的角度来说。白玉蟾也是在内丹修炼的背景下得出了"心即是道"的结论。不过，他明确地把这概括、提升到哲理层次，把道等同于心，把心视为本原与本体。他认为，心如同道一样，是万物生化的本源："心者，造化之源。"① 心还是万物的本体。"一心所存，包含万象"②，道遍及宇宙万物而无穷尽，心也如此。"道无穷，心无穷，不生不灭，无成败。"③ 心无所不及，无所不包。"心与道合，心无所始，亦无所终。"④ 心无所谓始，也无所谓终；无所谓生，也无所谓灭；万古长在，永恒长存。这种以心为本体的观点，与唐代禅宗大师神秀的观点很接近，当是受禅宗影响的结果。神秀在《观心论》中说："心者，万法之根本也。一切诸法，唯心所生。若能了心，则万行俱备。犹如大树，所有枝条及诸花果，悉皆因果。"⑤ 神秀的"法"是指一切事物。白玉蟾的观点对后世道教学者有影响，如元代的李道纯也有类似的观点，他说："以心观道，道即心也。以道观心，心即道也。"⑥ 这是在哲理的层次上直接把道等同于心。这对后来王阳明的心学思想影响深远。

在"心即道，道即心"的意义上，道教哲学史上一些学者有颇为鲜明的心本论思想，即以心为本体，但他们也没有建立起一以贯之的本体论体系，本书也不拟详细探讨。

第三，道与人。隋唐时期《洞玄灵宝道要经》对道与人的关系论述为："道言，道不修人，人须修道，道本自然，不修人道，人非自然，故应精进，修自然道。"⑦ 针对这一观念，唐代的重玄哲学用感、应这一对概念做了更深的阐发。

王玄览在这方面的论述颇有代表性。他说，"其道无常性，所以感应众生修"，道能最广泛地感应每一个人，这使每一个人都有修而得道的可能，

---

① 《藏外道书》第1册，巴蜀书社1992年版，第307页。
② 同上书，第297页。
③ 同上书，第298页。
④ 同上书，第299页。
⑤ 《大正藏》第85册，新文丰出版公司1983年版，第1273页。
⑥ 《道藏》第4册，第498页。
⑦ 《道藏》第6册，第305页。

"能应众生修,是故即道是众生,即众生是道",道与众生是二而一的关系。另一方面,道与众生是一而二的关系,"道若应众生,道即离所习"①,所以众生必须修道。众生修道也是能够成功的,因为道在每一个人身上的质是相同的,人能够去掉人的习性,让本有的道性显化出来。《玄珠录》卷上说:"道与众生相中都有道性。""道之真实性,非起亦非忘。"道性不因为人心触及才存在,人心不触及就不存在,因为"道性众生性,二性俱不见。以其不见故,能与至玄同"②。人性的理想状态是道性,二者本有紧密的联系,二者的异同关系如何理解?"道与众生,亦同亦异,亦常亦不常。何者?道与众生相因生,所以同;众生有生灭,其道无生灭,所以异。"这是以佛教的相待因缘论来解说道与人的关系。道与众生当然有生与灭、常与不常的差异,所以众生应该修道。道与众生有相同的一方面,所以众生有修而得道的可能。道与众生相同的这一方面,就是道性,从体用关系来说,是体,基于对它的认识,王玄览称为"识体":"识体是常是清静,识用是变是众生。"他把"识体"落实到心中,称识体为"大一",即"心之正性",它是无性之性,无心之心,"能应一切法,能生一切知,能应一切用,而本性无增减"。所以,修道也要落实到心中。王玄览认为,灭绝执虚为实的"知见"就可达到以无心为心的境界,其诀窍是"莫令心不住,莫令住无心,于中无抑制,仁之取自在,是则为正行"。通过这样的调心功夫达到"无心定",实际上就是"坐忘炼神,舍形入真",如此可以使道体显露而"得道""解形至道"③。王玄览的这一套论述,就哲理而言不可谓不高妙,但这最多只能实现精神境界的超越,无法解决延长寿命进而长生不死这一道教最重大、最根本的问题。

  以感应概念而论道与人的关系,意味着人修道离不开心。由于道的特性和人的特性有差别,道教学者们进而探讨了人修道过程中的一些态度等方面的问题。例如,关于自然与使然,宋代道士陈景元《西升经集注》曰:"修道之士,皆由有自然,道德清虚无欲,未待师教而自然,修道无有不由自然也。若强为之则不然矣。"④ 这是强调,道性自然,故修道也必须自然,不可强为之然。北宋王雱在《南华真经新传》中进而认为:"率性者,自然也;修道者,使然也。自然者,天也;使然者,人也。在自然之中者,有也;在

---

① 《道藏》第23册,第621页。
② 同上书,第623页。
③ 同上书,第628页。
④ 《道藏》第14册,第588页。

使然之外者，无也。人安能夺其所有，益其所无哉？"① 道性自然，人性使然，人力不可抗拒自然，所以修道必须遵循自然的原则。这实际上是后世内丹学所探讨的有为与无为关系的先声。内丹家通常主张以无为为宗本，但因内丹涉及以"我命在我不在天"为原则的"颠倒坎离"工夫，故丹家如南宗多强调先有为而修炼命功，后无为而修炼性功。

道与气、心、人的关系的探讨，进一步深化了道的本体内涵，使得道本体论更加系统化了。

第五节 "道"与神仙谱

神仙信仰是道教的基本信仰。道教所信仰的神仙大致可分为"神"和"仙"两大类。这往往是与神话有渊源并互相影响的关系。上古神话中，仙除了有人修炼而成的之外，还有异类修成的，但必须取得仙籍方称为仙。神有先天神与后天神两类。先天自然之神有女娲、共工、祝融、刑天等，具体可分为天生就是神灵与生于开天辟地之前的神灵两类，两者的共同之处在于均是生而为神，都拥有强大的力量，而且他们的力量是完全属于自己的，虽然也受到自身力量所循法则的限制，但具有自主与独立性。先天神似乎级别比后天修成的神高，后天神是脱离了肉身只保留魂魄的，得道成仙的则大概是保留着肉身的，所以后天神的品级没有仙高。中古以后神话里的神与仙差别有了变化。仙是由人修炼而成的，神则不一定非要修炼，只要他的魂受封即可成为神。一旦被撤销封号和职位，就不再是神，也不再具有先前的能力。

在道教中，神是指神祇，包括天神、地祇、地府神灵、人体之神、人鬼之神等。

天神是上天之神。《说苑·修文篇》说："神者，天地之本，而为万物之始也。""天曰神，地曰祇。"《说文》称："天神，引出万物者也。"天神居住在天上，由道气所化生，分三十六天。天界三十六天由下而上分别是欲界六天、色界十八天、无色界四天、四种民天、三清境、大罗天。据《魏书·释老志》，天中间"有三十六宫，宫中有一主"，三清境各有左、中、右三宫，每宫分别有仙王、仙公、仙卿、仙伯、仙大夫等仙官（指天庭中封有官

---

① 《道藏》第 16 册，第 271 页。

爵的神仙)。《抱朴子内篇·金丹》说："上士得道，升为天官；中士得道，栖集昆仑；下士得道，长生世间。"

地祇即土地神。凡与土地有关的神灵都属地祇，如社稷、五岳、山林、川泽、河海之神。道教所信奉的地祇神，如社稷、五岳、四渎等为中国古代宗教祭祀的常制，并被纳入了国家祀典。其他如城隍、土地、门神、灶神、井神、厕神等，或护佑一方一里一户，或职掌一事的，都是土地神。地祇并非完全是先天真圣，像社稷神、五岳大帝、四渎神君等属于自然神，而城隍、土地、门神等则多由人而神，属于人格神，故也可列入人鬼之神。

人鬼之神是本着有功于民则祀之的原则，把人奉为神。包括各民族的祖先神、各地各民族的圣贤英杰、各行业的祖师、保护神，甚至各家族的先祖等。人鬼之神源于中国古代的祖先崇拜和圣贤崇拜。人鬼之神很多，如三皇五帝、孔子、孟子、关公、岳飞、木匠祖师鲁班、茶神陆羽、酒神杜康、玉器行祖师邱长春、梨园老郎神等，均为道教所崇祀。

人体之神。道教认为天地是一个大宇宙，人体是一个小宇宙，人体之内"泥丸百节皆有神"，共有三万六千神，这是道教神仙信仰的特色之一。身中四肢、七窍、五脏、六腑等均为身神。此外还有三尸神、泥丸神、脾神常在(字魂停)、肾神玄冥（字育婴）、肺神皓华（字虚成）、心神丹元（字守灵)、肝神龙烟（字台明）等。在道教的修炼方法和科仪法事中，存思体内之神是一项重要内容。三尸神也是道教神仙信仰中的一部分。守庚申，即守人身内三尸神，这种修炼术至今仍为一些修道人所运用。

地府神灵。与三十六天相对应的有三十六地。地狱九重，每重有四地，每地有神主之，共有三十六位土皇。地府神灵还包括阴曹地府之鬼神，人死为鬼，鬼归地府。中国传统的地府有泰山和丰都两处，主神分别为东岳大帝和丰都大帝，统管九幽阴曹神鬼之事。地府神灵还有十殿阎罗王：第一殿秦广王、第二殿楚江王、第三殿宋帝王、第四殿五官王、第五殿阎罗王、第六殿卞城王、第七殿泰山王、第八殿都市王、第九殿平等王、第十殿转轮王。此外，还有众多的判官鬼吏等低级鬼神。

上述神明中，天神、地祇、地府神灵、人体之神是先天存在的真圣，按照《抱朴子内篇·论仙》的说法，属于神异类，"非可学而得"。也就是说，只有人鬼之神是可以通过学习或修炼而成的。不过，他们之所以成为神，学习和修炼只是必要条件，有无神缘而获得封授是更为重要的充分条件。

"仙"指仙真，包括仙人和真人，往往被泛称为神仙。《汉书·艺文志》

解释说：“神仙者，所以保性命之真，而游求于其外者也。”道教所追求的得道成仙的"仙"就是指它。仙是经过修炼而成的具有优异功行的杰出人物。方仙道、黄老道及后世的神仙道教都以成为"仙人"为终极目标。战国以来，相继涌现出许多修仙方术、修仙理论、以道为核心的信仰和哲学，仙学体系日趋完善。不过，相对而言，汉代至唐代中期之前的道教追求成仙，确切地说，是肉体成仙；先秦道家和唐代中期之后的道教主流却是以"真人"为理想目标。真人与仙人的区别在于，仙人追求的目标是不老不死，而真人，如《庄子·大宗师》所说，是"不知说（悦）生，不知恶死"，"死生一如"，追求的是精神永恒，不是肉体的长生。宋代陈葆光在《三洞群仙录·序》中说："仙者，养形以存生也。气专志一，不以好恶累其心，不以得丧汨其和，游心于澹，合气于漠，其至也，心静而神完，德全而不亏。故能出入虚无，独与道俱，寿同天地，飞升太虚，而为真仙矣。"[①] 仙是肉身成圣，功德圆满之人，所有的物体皆可成仙。人之外的物种成仙后也就有了人形。成仙的方式有两种。其一是被动成仙，比如受仙人点化，或被仙人仙气感染，或服食道家仙丹灵药，或吸天地灵气，都可以使人、动物、植物甚至是非生物成仙。其二是主动修仙。道教认为，"凡有九窍者，皆可修仙"，所以事实上只有人和少量动物可以修仙，尤其是人。人们信奉道教，主动修炼道门正宗法术，多行善事，总有一部分人可以成功修成仙道。但如果所修炼的不是正宗法术而是旁门左道，即使略有成就，也得不了仙道，只能是妖魔。成仙之后，即使得逍遥长生之体，但如果没有受到仙界的官方承认，也只能算是散仙，未入真流。如果受到官方承认，就入真流而为真仙。此时可以奉诏在天庭为官，也可以自己找一方仙山名岛，自在逍遥，终日下棋品酒访友，没事去听听天尊们讲经，不问世事，自在逍遥，享受至乐。

在道教中，神与仙既有紧密的联系，两者又有差别。

第一，仙是道教的，神则既可以是道教的，也可以是民间信仰的或儒教的。成神的人不需要有宗教背景，不需要学习修炼相关宗教经典，更不需要去做道士或和尚。只要是阳间十分优秀的人，或是多行善事的人，或是有功于民而受人间百姓尊敬的人，都有可能在死后被天庭、朝廷、张天师封为神，派遣到天宫或地府当官任职。比如包拯、文天祥、关羽等人，他们不见得信奉道教，更没有进行宗教修炼，只因阳世影响太大，死后就被天庭吸收为神

---

① 《道藏》第32册，第233页。

了。道教中有神，民间信仰中同样也有。神并非道教专有的概念。

第二，神是靠外力，仙是靠自身。仙是靠自身天赋或后天修炼，使自身完善而达到长生不死；神则是通过与外部力量沟通，由其赋予神职或神格或神体，从而能够长生不死。既然神力得之于外界，则外界可以给予，也可以取走。被取消神职的神，神性、神力自动消失而恢复到获授神职之前的状态。

第三，仙是自己修成的，所以不受外界的束缚，逍遥自在，而神的长生不死等能力是因其神职带来的，所以不可避免地要受到神职的限制和约束。

第四，神是有职务等级的，仙则没有。与程式化、职务化、规范化的神相比，仙非常自由。神的职能分工很细致，各司其职互有界限，仅仅刮风下雨这一套就有风神、雨神、雷公、电母等等。就法力而言，神的专业法力可能要比仙强。但仙的综合能力却比神强。仙在某一个特定专业上可能不如某一个专职神灵，但对于另外一个专业，仙可能比这个神灵高强。

第五，二者的生存形态不同。神各司其职，恪尽职守，要么在天上供职，要么在地府做事，不能擅离职守，不能违背天条等规章制度，自由度不大。仙则注重修身养性、悟本归真，享受生活，来去自由。北宋之后，玉皇大帝成为众神之首，得不到他的提拔，神工作再努力也只能原地踏步。仙只要自己潜心修炼，就可以做到悟本归真步步高升。仙可能被封为神，而神（指那些并非由仙而神的神灵）被撤职或贬下界后，原有的神力自动丧失，而且成不了仙。所有的神都是玉皇大帝的下属，都得服从他的管辖。有较高品级的仙则是玉皇大帝的宾客。

第六，神有职务，所以能得到道士们的祭祀。仙在神仙世界中不管事，专以逍遥自在为乐事，虽然偶尔会管一点世俗之事，如惩恶劝善、度化有缘人等，但通常只能得到道士的尊重，却不为道士所祭祀。

第七，神与仙的等级有差异，是因为他们的圆满层次不同，修成正果的途径不同。仙多为肉身成圣，神为死后飞升。仙确实是比神的品位和圆满层次要高。仙通常是没有官职的，所以没有官衔等级。但仙与仙之间还是有品级、能力等方面的差距的。

第八，相对而言，神为正一道所重视，仙则为全真道所重视。神是道士通过法术召唤、驱使以解决问题、达到特定目的的工具，"召之即来，挥之即去"，不召不能来打扰，实际上是道士利用的对象。仙则是道士和道教信徒追求的目标，从人格风范、精神境界、价值观念等方面承载了道教在个体人格诸多方面的理想的文化内涵。

道教最早的经典《太平经》把仙人分为六等："一为神人，二为真人，三为仙人，四为道人，五为圣人，六为贤人，此皆助天治也。神人主天，真人主地，仙人主风雨，道人主教化吉凶，圣人主治百姓，贤人辅助圣人，理万民录也，给助六合之不足也。"① 晋代葛洪的《抱朴子》将仙人分为三等："上士举形升虚，谓之天仙；中士游于名山，谓之地仙；下士先死后蜕，谓之尸解仙。"② 北周时期，《无上秘要》给出了另一种仙谱。其《道人名品》是从"得道成仙"的角度，从下至上，依据其修道所达到的高度，分为八个层次，即"得鬼官道人"（为人死后的仙鬼安排的，死后也给予升位仙真的希望与机遇）、"得地仙道人""得地真道人"（即相当于洞天）、"得九宫道人""得太清道人""得太极道人"以至"得上清道人""得玉清道人"。这八个层次的划分标准是修道的程度。唐代《天隐子》则把仙人分为五类，在人称人仙，在天称天仙，在地称地仙，在水称水仙，能神通变化称神仙。《太真科》中又分为"上仙、高仙、太仙、玄仙、天仙、真仙、神仙、灵仙、至仙"九品。此外，太清境有"仙"九品，上清境有"真"九品，玉清境有"圣"九品。北宋张君房所辑的《云笈七签》卷三《三洞宗元》的"三清"条目中将神仙分为九品，称："太清境有九仙，上清境有九真，玉清境有九圣，三九二十七位也。其九仙者，第一上仙、二高仙、三大仙、四玄仙、五天仙、六真仙、七神仙、八灵仙、九至仙。真圣二境，其号次依上、高、太、玄、天、真、神、灵、至，而为次第。"③ 这与《太真科》的分类方法大致相同。与之近似的还有《墉城集仙录》，它说："世之升天之仙，凡有九品：第一上仙，第二次仙，第三号太上真人，第四号飞天真人，第五号灵仙，第六号真人，第七号灵人，第八号飞仙，第九号仙人。凡此品次，不可差越。"④ 此后，《三坛圆满天仙大戒略说》记载："天尊曰：道无二上，仙有九品：一曰混元无始金仙，一曰洞元太初金仙，一曰灵元造化真仙；人世修证，则有天仙、地仙、水仙、神仙、人仙、鬼仙。"⑤ 再后来，《仙术秘库》称"法有三乘，仙分五等"，其五等仙为天仙、神仙、地仙、人仙、鬼仙。此外，一

---

① 《道藏》第 24 册，第 463 页。
② 《道藏》第 28 册，第 176 页。
③ 《道藏》第 22 册，第 13 页。
④ 《道藏》第 18 册，第 169 页。
⑤ 《藏外道书》第 12 册，巴蜀书社 1992 年版，第 1 页。

些与道教相关的文学作品中也有与道教经典中不完全相同的神仙品位的说法[①]。总之，关于仙品的分类，大致有九等和五等两种系列，九等的具体名称差异较大，五等的名称则比较统一。

关于神的等级即神谱也有多种观点。早期探讨道教神谱的著作，颇有代表性的是梁代陶弘景所著《洞玄灵宝真灵位业图》。它纳入近七百位神仙，以世俗的"朝班之品位"排定出神仙界的"阶业"。它分成仙境、人间、阴间三大等级，每个大的等级中又有几个小的等级，总共七个等级，即玉清、上清、太极、太清、九宫、洞天、太阴，每个等级设一个中位，每个中位设一个主神，每个等级在中位之外设左位、右位、女真位、地仙散位等。陶弘景认为，这七个等级代表了道化生宇宙的七个阶段，即太无、太初、太素等由道化生万物的宇宙生成图式，尤其集中表现在第一、二、三这三个层次中。每一个层次中首领左右两旁的众神，基本上与宇宙生成图式中每一个阶段生成的日月、星辰、四时、五行有对应关系，例如五方道君、太清五帝自然之神。这显然是以道为本源的宇宙发生论为模板来构造神的等级系统，在时间上越早产生的，越重要。由此凸显了寿命的重要性，彰扬了重视生命的价值观。

与天神世界形成鲜明对比的是第七层次。有鬼官七十五职，名显者一百一十九人。北阴大帝及其属下的十殿冥王、地府七十二司圣位、判官、五岳神、力士、煞鬼，组成了一个庞大的监察系统，从生死、瘟疫、盗贼、欺瞒、忠孝、奸逆等无所不管，而且有拷掠、棒打、肢解、剥皮、破腹、火烧、汤煎、挑眼、拔舌、刀锯、锥刺等残忍的手段无所不用其极。这个监察系统的威力不可谓不大。第七层次的存在，明白无误地告诉人们，每一个人处处时时都受第七层次的鬼官的监察，只能行善去恶，求生厌死。死是痛苦的，恶是不可作的，否则就要到阴间去受无比痛苦的惩罚。

《洞玄灵宝真灵位业图》宣称："右玉清境，元始天尊为主，以下道君皆得策命学道。"[②] 这就是说，元始天尊是最高神。除他之外，其余所有的神仙都是学道修道而成的。

《洞玄灵宝真灵位业图》的神谱和《无上秘要》的仙谱，从形式上看似

---

① 宋代以后，诸如《封神榜》之类的仙话小说提出了凡人、地仙、天仙、大罗金仙、亚圣、圣人、天道圣人、大道圣人的仙谱。
② 《道藏》第3册，第273页。

有区别，一个从上至下，一个从下至上，但其内涵即得道成仙则是相同的，每个层次所列神仙亦大致相同。这两个神仙谱所编织的道教神仙体系，在道教史上意义重大。经过南北朝时期道教各派长期的酝酿与协商，到了唐代，道教确立了最高神"三清"，即玉清境元始天尊、上清境灵宝天尊、太清境道德天尊。三清之间的关系，同样是依据修道先后所体现的师徒关系："老君师太上玉晨大道君焉，大道君即元始天尊之弟子也。"① 三位一体的道教三清尊神，无非是修道有先有后的师徒三人罢了！

三清之首，即处于最高位置的是元始天尊，又称"玉清大帝"，全称"玉清圣境虚无自然元始天尊"，在宫观的"三清殿"中，其塑像居中位，大多手执混元宝珠。元始天尊的名称，是从东晋葛洪《枕中书》及《汉武帝内传》出现的盘古真人自号"元始天王"开始，经上清、灵宝派大量经书的宣扬而广为人知，到南朝陶弘景在《洞玄灵宝真灵位业图》中编排神仙体系时，遂把元始天尊列为第一中位，由此确立了元始天尊在道教中的最高神地位。元始天尊的内涵，从其名号中的"虚无自然"可明了它其实是作为本源的道的化身。《隋书·经籍志》记载："道经者云有元始天尊，生于太元之先，禀自然之气。"② 对元始天尊的内涵，道教经典屡有解释："元者玄也，玄一不二，玄之又玄为众妙门。始者初也，元始禀玄一之道于元始之初，先天先地为众妙之宗，出生之始，故曰元始。天者，一炁之最上；尊者，万法之极深。当氤氲未联之时，湛然独立，天地凭之而处尊大者，故号元始天尊。"③ 这同样是把它视为本源的道的神格化。不过当在神的意义上谈论时，它就成了道教徒顶礼膜拜的对象："元始者，祖气也；天尊者，一灵至贵，天上地下，唯此独尊也。"④ 具有至高无上的地位："元始天尊者，至圣之洪名，生成之大号，远穷溟涬，叹以为言，近寻教迹，方可立称。又元始者，言其最先，天尊者，语其高妙，故曰元始天尊。"⑤ 把宇宙万物在时间上最早的源头转化为最高的神，充分说明了道教对时间的重视，说明它对生命长长久久的期待。基于本源论，道教通常从元炁、祖炁的角度来歌颂元始天尊作为本源之道的化身的伟大："元始天尊者，即天地之精，极道之祖炁也。本

---

① 《道藏》第18册，第5页。
② （唐）魏征等撰：《隋书》第4册，中华书局1973年版，第1091页。
③ 《道藏》第2册，第252页。
④ 同上书，第592页。
⑤ 《道藏》第6册，第267-268页。

生乎自然，消即为炁，息即为神，不始不终，永存绵绵，居上境为万天之元，居中境为万化之根，居下境为万帝之尊，无名可宗，故曰大尊，始世人天矣。不可以理测，不可以言筌，生万物而不宰，化万类而不言，至尊至极曰天尊，居玉清圣境清微天宫焉。"① 据此，道教赋予了元始天尊造经、教化等功能，有多种神通与名号。关于造经，道经说："龙汉之初，吾号无形，化在玉清境，出《大洞真经》下代教化，为万天玄师无上法王；延康之时，吾号无名，化在上清境，出《洞玄宝经》下代教化，为三界医王太上真尊；赤明开运吾号梵形，又号观世音，化在太清境，出《洞神仙经》，下代教化，为十方导师至极天尊。"② 关于教化，道经记载：

> 道君告普济曰："我本师大圣元始天尊，虚无自然妙道化身，从不可名，言尘沙劫来，济度一切众生，入无上道，具七十二相、八十一好，十号圆满，或现千光相，或现无边相，或现大身相，或现小身相，或变身入黍米之中，或开毛孔纳无边世界，或掌三千大世界，或雨露洒热恼众生，或作帝王制伏暴乱，或为贤佐匡乎有道，或有圣君爱降为师，有如是功德、神通、妙相，莫能穷！叹而有十号，赞扬总名。是故十号者，无上道、元始、太极、高皇、光明、玉帝、正法王、大慈父、仙真师、天尊。"③

这是受佛教的影响而作的阐述。此外，元始天尊在历次人类遭遇劫难之时，无一例外是人类的救世主："元始天尊生于太无之先，禀自然之炁，冲虚凝远，莫知其极。天地沦坏，劫数终尽，而天尊之体，常存不灭，每至天地初开，或在玉京之上，或在五方净土，授以秘道，谓之开劫度人，然其开劫非一度矣！故有延康、赤明、龙汉、开皇，是其年号耳！"④ 为了记述元始天尊的种种神通，道教徒们给他加了种种名号："按《龙跷经》元始有十号：一曰自然，二曰无极，三曰大道，四曰至真，五曰太上，六曰老君，七曰高皇，八曰天尊，九曰玉帝，十曰陛下。"⑤

但究其实，元始天尊的地位，基本上只是象征性的。不少道教经典在阐

---

① 《道藏》第 23 册，第 835－836 页。
② 《道藏》第 6 册，第 129 页。
③ 同上书，第 130 页。
④ 《道藏》第 24 册，第 803 页。
⑤ 《道藏》第 2 册，第 208－209 页。

述道德天尊时往往认为,上述元始天尊所具有的神通功能,道德天尊也具有,并且如《太上老君开天经》等经典所强调的道德天尊"秘化之初,吾体虚无,经历无穷,千变万化,先下为师,三皇已前,为神化之本,吾后化三皇五帝为师,并及三王,皆劝令修善"① 在历朝历代代天说法,教化世人,而把元始天尊、灵宝天尊虚悬一格,道德天尊成了名副其实的道教教主。道德天尊与元始天尊不同点在于,元始天尊天然就是道的化身,而道德天尊是累劫修炼而得道的。唐代杜光庭认为"道"即老君。"老君乃天地之根本,万物莫不由之而生成,故立乎不疾之途,游于无待之场,御空洞以升降,乘阴阳以陶埏,分布清浊,开辟乾坤,悬三光,育群品,天地得之以分判,日月因之以运行,四时得之以代谢,五行得之以相生。"② "大道之身,即老君也。"在世俗民间,人们多以道德天尊,即太上老君为道教教主,如佛寺中塑造三教并祀像是"释氏居中,老君居左,孔子居右"③。元明两代编撰的《三教源流搜神大全》中谈及"道教源流",也是以李耳(即老子)为首。由此可见,在人们心目中,道教教主事实上是太上老君。

总之,道教的最高神是道的化身。其他神本质上也是道的化身。《道典论》引《老君经诫》说:"神人者,体道洞灵,变化应因,无形而形,乍亡乍存,散则为炁,聚即为人。往来无门,出入无间,升天降地,经营六合之中。有道之所,则为人征。不行自至,不呼而应,施玄功阴,泽深化阴,名不可名,故谓神人。"④

唐代王室奉道德天尊李耳为圣祖,北宋效法,利用道教神化赵氏,造作道教神仙,托言赵氏先祖为玉帝,一再加封其为"太上开天执狩御历含真体道玉皇大天帝",使得玉皇大帝不仅成为神州大地世俗民间信奉的天界最高神,而且出现了以他为首的"四御",形成了"三清""四御"为最高神的神仙体系新格局,即三清为"教门之尊",四御为"昊天三界之尊"。受此影响,宋以来的神仙谱系,基于诸多道书,可以概括为十个层次⑤:最高层次

---

① 《云笈七签》,华夏出版社1996年版,第9-10页。
② 《道藏》第14册,第317页。
③ 《道藏》第17册,第881页。
④ 《道藏》第24册,第840页。
⑤ 两宋涉及神仙谱系的道书主要是:张君房辑《云笈七签》122卷,宁全真校、王契真纂《上清灵宝大法》66卷,宁全真校、林灵素编《灵宝领教济度金书》321卷,金允中编《上清灵宝大法》45卷,吕元素集《道门定制》,留用光传、蒋叔舆编《无上黄箓大斋立成仪》57卷等。它们对此前的道教神仙谱系做了总结与评说。

是三清、四御或"六御"①；第二层次是诸天帝，如九天上帝、五灵五老天君、三十二天帝等；第三层次是日月星辰，如十一大曜真君、五斗星君、二十八宿星君等；第四层次是三官帝君、三元真君、四圣真君等；第五层次是历代传经者和著名法师，如玄中大法师、灵宝三师、三天大法师等；第六层次是雷公、电母、龙王、风伯、雨师等；第七层次是五岳、诸山神及靖庐治化洞天福地仙官等；第八层次是北阴酆都大帝、水府扶桑大帝及它们所属诸神；第九层次是各种功曹、使者、金童、玉女、香官、役吏等；第十层次是城隍、土地、社稷之神等。

在上述诸神中，除了元始天尊，其余诸神都是按照他们修道取得的成就及距离道的远近而排列的，离道越近，职位层次越高。修道水平越低，在神谱中的地位层次就越低。

神与仙都是长生不死的，都有强大的能力。神和仙在内涵上有差异，但都离不开"道"的信仰。道是宇宙万物的本原，化育天地万物，道教最高神三清都是道气所化，则所有天神、地祇当然也是道气所化。如《洞真回元九道飞行羽经》说："三清天中有三万六千天公卿等品，并各有官僚、公卿、大夫、侯伯，置署如一，更相……降生。三界各备天人，皆禀此气，各禀至道妙一之分，三公九卿，二十七大夫，八十一元士，百二十郡，千二百县，万二千乡，三万六千亭，同禀此气。或单或并，以为生神万象之主也，非是九天傍次分列也。"② 所以，道的神灵信仰本源于道。仙是学道、修道而得道成仙的人，同样也本源于道。

道士出家后的教阶品位同样是按照得道的程度及所授予的经戒法箓的等级秩序来定的。如《灵宝出家因缘经》说："道士，士者事也。事有多少，学致差殊。凡有七阶，俱称道士。一者天真，谓体合自然，内外淳净。二者神仙，谓变化不测，超离凡界。三者幽逸，谓含光藏辉，不拘世累。四者山

---

① 关于四御、六御的所指与解释，诸书记载不一。大多数的看法，六御是：统御万天的玉皇大帝、统御万雷的勾陈大帝、统御万星的紫微大帝、统御万类的青华大帝（又称太乙救苦天尊）、统御万灵的长生大帝、统御万地的后土皇地祇。这种说法源于中国古代"六合"的观念。"六合"指宇宙的巨大空间，即上、下、四方（东、西、南、北）。南宋刘用光《无上黄箓大斋立成仪》对此的排列顺序为玉清上帝、上清上帝、太清大帝、昊天至尊玉皇上帝、勾陈上宫天皇大帝、中天紫微北极大帝、东极太乙救苦天尊（即青华大帝）、南极长生大帝、后土皇地祇。关于"四御"，或认为，为了符合道经四辅（太清、太平、太玄、正一）的分类，六御中去掉"玉皇大帝"和"青华大帝"，剩下的四位，就是"四御"。

② 《云笈七签》，华夏出版社1996年版，第121页。

居，谓幽潜默通，仁智自安。五者出家，谓舍诸有爱，脱落嚣尘。六者在家，谓和光同尘，抱道怀德。七者祭酒，谓屈己下凡，救度色苦。"① 《一切道经音义妙门由起》也说道士有七等，即天真、神仙、幽逸、山居、出家、在家、祭酒。这从一个侧面昭示了道与神仙谱的关系。

神、仙本原于道。道士的职责是行道演法而解决凡俗之人的各种问题。神、仙、道士的能力表现为"化"，那让事物发生符合特定目的的变化，从效果评判来说就是"灵"。这是道教哲学实用性的表现。

第六节　道与生死观

道家高度重视人。《道德经·二十五章》说："人法地，地法天，天法道，道法自然。域中有四大，而人居其一焉。"这把人提升到了与天、地、道并居共立，同等重要的地位。道教继承了这一主张并做了发挥。《三天内解经》基于《周易》的天、地、人三才并立观阐述道："天地无人则不立，人无天地则不生。天地无人，譬如人腹中无神，形则不立。有神无形，神则无主。故立之者天，行之者道。人性命神同，混而为一，故天地人三才成德，为万物之宗。"② 现代宇宙学中的人择原理说："宇宙之所以存在，是因为人类的存在。"道教的观点，与人择原理较为接近。

具体地说，道教认为人的重要性首先表现在怀孕和出生上。《灵宝无量度人上品妙经》中的《保胎护命品》说：

说经一遍，诸天圣母同时称善，是时一国仙妃神女忆悟往因，见道本元信，知天地未生，元气肇始，神精吸粹，阴阳定胎，九十亿劫，三气混沦；九十大劫，三华始分，五老保胎，三元育魂，七窍洞开，大块乃坼，二仪出胎，始建寰海。说经二遍，胎卵湿生，毛鳞介赢，无不备成。说经三遍，喙鸣口语，呼应调顺，真协天律。说经四遍，肤革坚完，金真散灵，刚风宛转。说经五遍，道出英妙，才韵秀爽。说经六遍，至巧功成，曲遂天德。说经七遍，育婴端就，善慧滋身。说经八遍，妇人

---

① 《道藏》第24册，第728页。
② 《道藏》第28册，第413页。

怀娠，鸟兽含胎，已生未生，皆得生成。说经九遍，胎脏发泄，内宝露形。说经十遍，道用神化，自然成人。是时一国，是男是女，莫不倾心，保胎护命，咸得长生。①

这里宣称，在元始天尊连续不断的"说经"过程中，元气肇始，天地初分，自然运化，万物赋形，生命孕育。人也是在此过程中胎备圆成的。关于人的出生，《洞玄灵宝自然九天生神章经》说：

> 人之受生于胞胎之中，三元育养，九炁结形。故九月神布，炁满能声，声尚神具，九天称庆，太一执符，帝君品命，主录勒籍，司命定算，五帝监生，圣母卫房，天神地祇，三界备守，九天司马，在庭东向，读九天生神宝章九过；男则万神唱恭，女则万神唱奉；男则司命敬诺，女则司命敬顺，于是而生。九天司马不下命章，万神不唱恭诺，终不生也。②

对此，宋代高道董思靖解释说：

> 九天称庆者，盖天以生物为心，故九天之帝因其气之无夭阏而得遂成人，则赞而喜之也。太一执符者，《大丹隐书》云：太一、公子、白元、司命、桃康五神，上入紫房，各奉青玉，案上有五符，次呈帝君。此言太一执符者，乃五神则太一为首也。故《大洞玉经》云：太一神夫子，左执兆符籍。盖太一乃返胎始形之神也，名曰务犹收。人之初生，执符而混合万神也。即生，则守人玉枕之下泥丸后户。帝君品命，主录勒籍者，帝君逢凌梵，一名七灵，一名神丈人，品定命分之高下。人即生矣，则守两眉中间紫户之外宫。主录即司录君也，勒籍谓勒其命籍也。司命定算者，即中央司命丈人者，名理明初，定其算也，形生之后，则守绛宫心房之中血孔之户。五帝监生者，即五方之帝也。青帝雕梁际，赤帝长来觉，白帝彭安幸，黑帝保成昌，黄帝林虚夫，同监人之生也。圣母卫房者，即九天圣母，司其生成，故卫其房室也。天神地祇，三界备守，在天曰神，以其阴阳不测故也；在地曰祇，以其聩然示人故也。

---

① 《道藏》第1册，第286-287页。
② 《道藏》第5册，第843页。

三界即上中下、天地水三界之神，齐备卫守，谓莫不敬护也。九天司马，即总仙大司马长生法师柏成飙生也。①

另一高道王希巢也解释说：

太一者，长生之大主。盖教中有太一帝君、太一真君、太一元君、太一真人、太一尊神，此太一即非外神，乃《上清》《大洞》之太一也。形如始生之男，不着衣服，身长四寸，所谓大洞返胎始形之神也，名务犹收，恒守人玉枕之下。人之初生，执符而混合万神也。帝君者，一名七灵，又名神丈人，恒守人两肩之上。品命者，定其高下。司命即中央丈人也，守人心中，定算则注其年寿也。五帝，即东方青帝雕梁际，赤帝长来觉，白帝彭安幸，黑帝保成昌，黄帝含光露，监人之生也。圣母即九天圣母也，盖独阳不生，独阴不成，圣母即至阴之主，喜于成生，卫其房室，拔除不祥也。②

在道教看来，人出生时，周天神灵庆贺，相关神灵各司其职，共同护卫婴儿及其母亲，保佑生产的顺利进行，保佑产后母亲和孩子的健康。

道教通过生产的神圣性描述让人们对生命满怀敬畏，从而学会珍惜生命，护养生命，重视生命存在的价值。这种热爱生命的理念，是道教的核心思想之一。道教为此在天界设立了九天监生司这一神灵机构，主管生育保胎之事。《道门科范大全集》卷二七《祈嗣大醮仪》请称法位，在三清、四御、九帝、五老、五斗、三元、三省、四圣、九司等圣尊真君之后，即为"九天注生监生真君、九天司禄梓潼真君、九天卫房圣母元君"及"风雷雨部威烈圣众"，给予九天监生司很高的地位③。关于其人员构成，宋代林灵真《灵宝领教济度金书》卷五七载监生司神灵有："九天监生大神，九天卫房圣母，九天定生大神，九天感化大神，九天定胎大神，九天易胎大神，九天助生君，九天顺生君，九天速生君，九天全生君，六甲符吏，催生童子，保胎童子，速生童子，南昌分胎功曹，南昌主产功曹，南昌主死功曹，南昌起死功曹。"④共十八位神真。后世道教进一步强化这一机构的神职，其中的神灵也增加了很

---

① 《道藏》第6册，第395页。
② 同上书，第429–430页。
③ 《道藏》第31册，第820页。
④ 《道藏》第7册，第280页。

多。《道法会元》卷二一所载的监生司神灵多达百千，其中即有"九天卫房三十六圣母、注生君、催生君、乳母君、导生君、生母君、三天都禁司命君、卫房灵妃、天门紫户速生君、卫房夫人、救生玉女、抱送卫房仙女"等①。监生司护法主帅为九天监生大神。《太上洞玄灵宝无量度人上品经法》卷二曰："监生大神，即度生真人也，字扶义。"② 监生司内最重要的神是九天卫房圣母。关于九天卫房圣母的神职，《大慈好生九天卫房圣母元君灵应宝签》说：

> 九天卫房圣母元君高居九天之上，总职三界之中，宣太上好生之圣德，敕阴阳生成之号令，上自后妃，下及民妇，俱蒙敕命人物生成，录人间之善恶，察女子之贞邪。有德者奏闻玉京，敕神祇而护佑，书名仙籍，益算延年。有过者申告三官，付五雷斩勘之司，照依玉律，施行刑遭疾苦困危，魂系丰都，常沉苦海。③

妇女怀孕，尤其是临产之时，皆须恭请圣母及诸神护佑。

关于监生司的职能宗旨，《道门科范大全集》卷二七《祈嗣大醮仪》描述说：

> 生生之生，实全系于水火，苟赋形于宇内，总托化于仙乡。唯南斗之六虚，乃太微之都，纠领天枢、天机之二省，有司命、司录之尊神。延寿益算则度厄于长生大君，起死回骸则主录于韩君司马。咸彰品物，号南昌上宫。济拔三涂，置朱陵之火府。傥超离于阴境，先沐浴于天池，闻八天隐语之音，接三洞飞玄之气，玉眸炼质，黄华荡形，再返人寰，各正性命。④

宋代出现的神霄派以济世度人为传教宗旨，将保护生命、监生护胎作为一个重要的使命。它根据自己的宗派教义重新整顿了九天监生司内部机构，其中的主神有九天之帝、太一、帝君、主录、司命、五帝、圣母、司马大神、延寿益算君、回骸起死君、储福定命君、监生大神、送生童子、六甲保胎符

---

① 《道藏》第28册，第795页。
② 《道藏》第2册，第486页。
③ 《道藏》第32册，第806页。
④ 《道藏》第31册，第821页。

吏、九天一切真宰等,他们皆列位于神霄派神系之中。《九天应元雷声普化天尊玉枢宝经集注》卷下宣称:

> 世人夫妇其于婚合,或犯咸池,或犯天狗,三刑六害,隔角交加,孤阴寡阳,天罗地网,艰于嗣息,多是孤独。若欲求男,即诵此经,当有九天监生大神,招神摄风,遂生贤子。于其生产之时,太一在门,司命在庭。或有冤愆,或有鬼魅,或有禁忌,或有凶厄,致令难产,请诵此经,即得九天卫房圣母,默与抱送,故能临盆有庆,坐草无虞。凡有婴儿在于襁褓,为旃檀神王座下一十五种鬼加诸恼害,因多惊痫,宜诵此经。①

五雷使者张天君解释说:"此章为人间婚姻子嗣,系于天尊所属,凡嗣息聘嫁养育,非小事也。"②

道教认识到妇女在生育中的压力与苦难远远胜于男性,此过程中往往面临着各种各样的危险甚至死亡的威胁,因此监生司设立的主要职责就是帮助那些软弱无助的妇女。为此,普度大斋等科仪必须把监生司的职能充分调动起来。宁全真《上清灵宝大法》卷四二主张:"凡建大斋,务在广度,恐其幽爽内因产身亡,胞胎系滞,子母不分,故太上哀矜,立监生一司,专治女魂之事,出诸符法,以救济之,其功溥矣。"③ 同书卷五具体论述:"夫普度大斋,广济沉魂,其中如有生存怀孕,胞胎不解,子母未分,或子存而母亡,或子母俱亡,似此之徒,何缘解脱。当先奏闻九天生神大帝,申闻九天监生司仙宰。正斋之日,立监生司,兆先诣司请召,点酌启祝,俟召亡赴幕,请上圣监生,斯可临坛受度,安监生真文于案上,使亡人见之,自然百骸流光,攘却尸秽之光矣。"④ 道教深切关怀妇女的生活状况,希望通过大道的慈爱与道法的威力,唤起人们的关心同情,帮助那些挣扎在苦难之中和死亡边缘的妇女和婴儿。这种对生产的关注是建立在对家庭、血缘关系、种族的认同与重视的基础上的:"千生父母,有夙世之良因;万劫子孙,亦三缘之和会,共业所感,聚为一家。"所谓"三缘",是指父亲、母亲、子女三大因缘,三

---

① 《道藏》第2册,第579页。
② 同上。
③ 《道藏》第31册,第77-78页。
④ 同上书,第217页。

者合和，方成一家。"然后九气齐并，二仪同化，帝君品命，圣母履纲，道与之貌，而天与之形，阳为之魂，而阴为之魄，四肢五体各整具于形神，六甲三元悉扶承于胎命，又千和而万合，至十月以九周，惟九天司马不下命章，则万品生根莫彰于神奥，大矣哉。惊天骇地，贵亦难胜，陶魄铸魂，神灵微妙。"① 由此可见，人间的亲情与连绵的血缘是阴阳造化、万神呈灵的重要前提之一。

正因为如此，九天监生司的诸神既可以保佑生产的顺利，又可以超度那些沉陷血湖地狱之中的亡魂，并引导它们托胎化人顺产平安，正如宁全真《上清灵宝大法》卷四二所说："谨请九天监生大神、卫房圣母医治病天医等众，只今引过血湖未分娩产魂等入幕，以遂分娩，托化人天。"② 一旦生产顺利，母子平安，这些监生护胎的神真，又化为身神，终身护持着新生的一代。

道教不仅注重对生产的护佑，更对生命孕育的过程做了深入的探索。它认为生命在母体内孕育、成长的过程，是九天之元气自虚无中来，进入精血之内陶熔赞化逐渐生成的过程，道经中对此做了或详或略的描述：

> 人之生也，皆受九天之气以为胞胎魂魄，至于五脏六腑、七窍八景、三万六千神，莫不由其融结而后得生。③

> 天地交运，二象合真，阴阳降气，上应于九天，流丹九转，结气为精，精化成神，神变成人。④

> 人当父母未生身以前，男女阴阳二气交感之时，杳冥之中有一点生机自虚无中来，所谓先天真一之祖气是也。此气入于精血之内，陶熔精血，混而为一，无形而即生形，无质而生质，内而五脏六腑，外而五官百骸，变之化之，皆自然而成全，虽怀胎之妇亦莫知其所以然也。⑤

> 人之生，亦类是也。父母精血相包，自己本有，而成性命。人初结胎，在母腹中，精血未凝，飞潜不定，如珠似露。凝结之后，生形三瓣，头与四肢，男子先生左肾，次生右命门，女则反是。本性继种于两肾之间，次则上生两瞳神水，以至化生五脏六腑，凭母呼吸，气足而生。⑥

---

① 《道藏》第31册，第821页。
② 同上书，第77-78页。
③ 《道藏》第9册，第858页。
④ 《道藏》第25册，第12页。
⑤ 《藏外道书》第8册，巴蜀书社1992年版，第176页。
⑥ 《道藏》第2册，第354页。

概括而言，男女阴阳二气交感而招摄得之于虚无的先天元气，分而为阴阳二气，融入于父母精血之内，由无形而有形，由无质而有质，逐渐生五脏六腑，四肢百骸，同时神亦逐渐生成，形神合而人形成，孕期满而生产出世。

人出生后，道教认为从神学角度而言，监生司诸神转化为身内诸神而护佑人的生命。这从义理的角度来说就是"道丧而死，道存而生"。生命的运动表现在"道"之属性的遮蔽与呈现，"道存"则生，"道丧"则亡，生命与道水乳交融，休戚与共。张果在《黄帝阴符经注》中说：

> 生者，人之所爱，以其厚于身太过，则道丧而死自来矣；死者，人之所恶，以其损于事至明，则道存而生自固矣。①

这是道教乐生恶死的生死观的经典表述，其内涵包括三个方面：一是生命观的基本内容是"爱生"与"恶死"，它是道教生命价值观的基本标准。二是生命运动的基本表现形态有"道丧"与"道存"两种，道存在于人身，生命就坚固长久；人身远离了道，生命就丧失而死亡。这是不以人的意志为转移的客观法则。如果"道丧"，人虽欲生不欲死，却不得不死。三是对"乐生恶死"的追求应该具有一定的限度，超过一定的限度则适得其反，并将向其各自相反的方向转化。"人的生死只是性命的合离，性命各自不能独存；性命和合则生，性命分离则死。因此道教哲学强调形神（性命）合一，或称'生道合一'。"②"爱生""太过"则"死自来"，因为爱生"太过"则"丧道"。爱生"太过""以其厚于身"，违反了生命运动所必须遵循的客观规律。相反，"恶死""以其损于事至明"，遵循了生命运动的规律而实现了"道存"，生命因此而"自固"长久。

道教重视生命的出生，当然也重视生命的养护和维持，进而厌恶死亡，尽力回避死亡。人在世间的归宿有两途，一是魂魄合一而升仙，二是魂与魄分离，魂去梁父，魄到蒿里。对于绝大多数人来说，成仙是遥遥无期的奢梦，对这些人，道教给他们开出的安慰药方是灵魂不死，归入阴曹地府，经历地狱审判，轮回转世。

先秦时期的冥界是由黄泉构成。汉代形成了泰山治鬼的地府信仰，泰山地府的最高统治者是泰山府君，中唐之后被道教替换成了东岳大帝。以东岳

---

① 《云笈七签》，华夏出版社1996年版，第86页。
② 王卡：《生命的源泉与归宿》，《儒释道与基督教》，社会科学文献出版社2001年版，第209页。

大帝为首的地府机构有七十二司，他的主要助手是五道将军和东岳十太保，由此形成了以东岳庙为据点，以东岳庙会为主要形式的繁盛的东岳信仰。在唐代佛教"地狱观念"的影响下，泰山冥府地狱信仰出现了。泰山冥府地狱系统包括三个部分，一是地狱界河——奈河，二是丰都庙与丰都大帝，三是蒿里山阎王殿。到了宋代，鬼都被"迁址"到重庆丰都，其系统有所变化，主要是丰都天子殿和冥府十殿。宋代以后，道教的地狱系统又有变化，最终形成了以十殿阎王为首的道教地狱系统，其中民间盛传的是四大阎王，他们都是清官死后转身为阎王的。此外，还有一个由十八层地狱构成的版本流传。

道教认为，当死亡来临那一刻，亡灵流连于尘世，依依不舍。当生命终结时，魂飞魄散。黑白无常来拘魂，亡灵不得不开始漫游。先到土地爷那里注销人间户口，再上报城隍处并领取阴间路引。此时，阳世的亲人对死者眷恋不已，举行种种仪式，先是招魂以挽留亡灵，挽留不住，无奈之下，停灵以复魄，借以安慰亡灵。在亡灵进入地府前的最后一刻，煞神颇有人情味地陪同它返回故宅，阳世的亲人也举行接煞、赶煞和回煞的仪世，欢迎亡灵回家，再依依不舍地送它离家。

亡灵离家意味着真正的死亡和阴间历程的开始。阴间历程分为三大阶段。一是进入地狱。鬼门关是亡灵进入阴间的必经关卡，然后跨过忘川河和奈河，奈河桥上观望，前后是生死两重天，让亡灵感慨生之可贵，死之无奈。奈河桥边的三生石，可以照见亡灵前世今生的缘分，满足亡灵对生命回顾、总结的心理需要。然后上望乡台，遥望阳间，最后一次向亲人告别，接着踏上通向幽冥之狱的黄泉路。

亡灵在阴间历程的第二个阶段是地狱审判，在此将对亡灵在阳间的功过得失进行评判，赏善罚恶。此时，阳世的亲人们仍然非常怀念关心死者，在阳间为亡灵做"七七斋"，祭祀超度亡灵，希望亡灵不被惩罚，至少赏多罚少。亡灵首先是进入秦广王第一殿，在此计算阳世功过善恶，接着进入楚江王第二殿，在活大地狱受刑罚，相继进入宋帝王第三殿，在大黑绳大地狱受刑罚，进入五官王第四殿，在合大地狱受刑罚，进入阎罗王第五殿，在叫唤大地狱受刑罚，进入卞城王第六殿，在大叫唤大地狱受刑罚，进入泰山王第七殿，在焦热地狱受刑罚，进入都市王第八殿，在大焦热地狱受刑罚，进入平等王第九殿，在阿鼻地狱受刑罚。

亡灵在阴间的第三个阶段是投胎转世。先是进入转轮王第十殿，核定罪福轻重并据此决定投生之途。接着跨过不同的桥，这决定了转世的不同身份，可以是牲畜，也可以是人。人还有不同身份的区分。对于堕落簿上的亡灵，意味着人身不可得，只能转生成牲畜供人驱使奴役。然后喝下孟婆迷魂汤，忘却前生所有经历之事，失去所有记忆。最后到达魂归处，重回人间，另换一个躯壳、一番模样而生活。

道教为了帮助亲人们寄托哀思，发明了一系列追思仪式。从人死后，亲人们在道士的帮助下就开始了一系列送亡灵上路的步骤。先是给死者沐浴更衣打扮。第二步是丧事的公开化，即报丧。第三步是收尸入棺，称为大敛。第四步是亲人披麻戴孝，即穿丧服。第五步是送亡灵上路，即出丧。第六步是让亡灵安息，即举行种种葬亡仪式。第七步是为死者选择风水宝地，即阴宅墓地。第八步是以视死如生为原则的厚葬。第九步是为亡者请求赦免生前过失，即拜忏。第十步是通过诵经而为死者往生天界进行超度。第十一步是举行灯仪而为亡魂照亮升天之路。第十二步是举办炼度仪而帮助亡魂脱离苦难。第十三步是举行度桥仪，希望亡灵实现从地狱到仙境的跨越。对那些生前尚未婚配的亡灵，有条件的亲人们还要为他们结亲，即举行冥婚典礼。此后，逢忌日的二七、三七、四七、五七、六七、七七、百日、周年，亲人们都要通过祭祀或烧纸钱、献水饭等方式，慎终追远，表达对死者的哀思与关怀。

道教认为，生与死是连绵一体的。西方哲学家萨特认为，死处于人生的彼岸，生死是绝断的，由于死亡而消除了人生的意义[1]。与此不同，道教对于"生死"所表现的态度是"恶死乐生"："从世俗的观点来看，'死'是'生'的反面对立义，是'生'的终结，也是生的极限，因此对俗世的人生是最大的打击——终极的悲剧。"[2]《老子想尔注》曰：

> 死是人之所畏也，仙王士与俗人同知畏死乐生，但所行异耳。俗人莽莽，未央脱死也。俗人虽畏死，端不信道，好为恶事，奈何未央脱死乎。仙士畏死，信道守诫，故与生合也。[3]

---

[1] ［日］岸根卓郎著，何鉴、王冠明译：《宇宙的意志》，国际文化出版公司1998年版，第24-36页。

[2] 陈启云：《中国古代思想文化的历史论析》，北京大学出版社2001年版，第77页。

[3] 饶宗颐：《老子想尔注校证》，上海古籍出版社1991年版，第25页。

"仙王士"与"俗人"都"畏死乐生",但前者"信道守诫",后者"端不信道,好为恶事",所以有"与生合"与"未央脱死"的不同结果,"信道者生","不信道者死"。"凡天下人死亡,非小事也,壹死,终古不得复见天地日月也,脉骨成涂土,死命,重事也。人居天地之间,人人得壹生,不得重生也。"① 生死对于每个人都只有一次,"壹生""壹死"必须引起每个人的重视,并将其作为人生之"重事"认真加以对待,因为人死"脉骨成涂土""不得重生"。"人总是求生而不求死,凡是动物都是避死而营生,何况高等动物人呢?"② 葛洪在《抱朴子内篇》曰:"生可惜也,死可畏也。"③ 进而阐述道:

> 古人有言,生之于我,利亦大焉。论其贵贱,虽爵为帝王,不足以此法比焉。论其轻重,虽富有天下,不足以此术易焉。故有死王乐为生鼠之喻也。④

生命所具有的价值和意义,比人世间一切意义都大,即使"帝王"之爵位抑或富甲天下的财富也不能与之相比,因为纵使贵为"帝王",仍然不能摆脱生死,生死在王者与"生鼠"间具有同等的意义,所以做一个死去的王,还不如"乐为生鼠"。"葛洪是道教神仙理论的集大成者,他的理论正好反映了汉末到东晋处于动乱和恐惧中的人们畏惧死亡和希冀长寿的心理。他在人们对生命价值普遍认同的情况下,向人们昭示了长生的可能和神仙的可成,为人们在生与死的心理失衡间找到了平衡的支撑点;相信神仙,炼服金丹,可得长生。两千多年来,道教就是遵循这个理论,以对死亡的否定为前提,来极度扩张人类今世的生命价值。"⑤ 唐代道学者吴筠在《宗玄先生玄纲论》中则从"性不死"方面来阐述"惜生恶死"的观点,认为:"人所以死者,形也,其不亡者性也。"⑥ 形死而"性不亡"可谓唐代中期以后道教对于死亡所持的基本态度,并以此导致了宗教化的"神无死"的结论。

---

① 王明:《太平经合校》,中华书局1960年版,第298页。
② 王明:《论道教生死观与传统思想》,《道家与传统文化研究》,中国社会科学出版社1995年版,第226页。
③ 王明:《抱朴子内篇校释》,中华书局1985年版,第326页。
④ 同上书,第259页。
⑤ 徐仪明、冷天吉:《人仙之间——〈抱朴子〉与中国文化》,河南大学出版社1998年版,第103页。
⑥ 《道藏》第23册,第680页。

西方哲学中有类似的结论。柏拉图在《裴多》篇中说："由于死,他将能跳出奥裴教所说的'臭皮囊',将脱却了这个身体,它以它的快乐与痛苦及欲望与恐惧的不停交换,成为灵魂的正当职务的障碍,灵魂是要去认识它向来所爱恋的真理的。"① 与这相近,金朝全真道宗师刘处玄的《无为清静长生真人至真语录》说:

> 死者,物之形也,万物至其深秋则形死,其根不死也,万形至其百年则身死,其性不死也。无情万物可以深其根也,有情万形可以养其性也。根无其水则苗死也,性无其命则身死也,根者性也,性者根也,神者性也,性者神也。五行之数尽则其形衰死,阴阳之外则其神无死也。②

这里表达了几层意思:其一,死只是物质运动变化的一种形式,物质的形体在五行数尽后必然要死,但其性不会死;其二,形与性中,性是根本的,形是第二位的。性失去了命则形死。其三,性、命的存在与否取决于神。神是形死而性不死的主要根源。其四,形之所以死,是因为它存在于阴阳之内,受五行之数的束缚;神之所以不死,是因为它存在阴阳之外,不受五行之数的拘取。

也就是说,在通常情况下,肉体必然要死,这是人几乎无可改变的宿命。《冲虚至德真经》曰:"死生自命也,贫穷自时也,怨夭折者,不知命者也。怨贫穷者,不知时者也。当死不惧,在穷不戚,知命安时也。"③ 由于肉体的死亡无可抗拒,所以人们不得已只能承认"死生自命也"的观点。所能做的,就是"养其根",即"养其性",呈其神,把性、神不死的这一方面充分发挥出来。这同样是让生命之树长青,同样是长生不死。既然如此,面对形体的死亡,正确的态度是体知生命运动的规律,"知命""安时",进而"当死不惧",以积极的态度对待生命。"或云劳我以生,生者好物也,不可恶其生。或云休我以死,死者恶物也,不可好其死。凡人心非不好其生,不能全其生;非不恶其死,不能远其死。"④ 人之好恶表现在生死观上就是"好生恶死",即"生者好物也,不可恶其生";"死者恶物也,不可好其死"。明焦竑

---

① [法]莱昂罗班著,陈修斋译,段德智修订:《希腊思想和科学精神的起源》,广西师范大学出版社 2003 年版,第 191 页。
② 《道藏》第 23 册,第 709 页。
③ 《道藏》第 11 册,第 547 页。
④ 《云笈七签》,华夏出版社 1996 年版,第 549-550 页。

在《庄子翼》中作了更进一步的论述：

> 夫死生之变，恶能相知哉？故寝寐之间，事苟变，情亦异，则死生之愿不得同矣。故生时乐生，则死时乐死矣。死生虽异，其于各得所愿一也，则何系哉？方梦不知其梦，则当死之时亦不知其死，而自适其志也。①

这里的"乐生""乐死"体现了焦竑对于生命生死运动的积极态度和坦荡胸怀。"生时乐生""死时乐死"是道教以积极的"乐"之态度对待生命之生与死，是视死如生思想的重要体现。

好生恶死是人之常情，问题在于"凡人心非不好其生，不能全其生；非不恶其死，不能远其死"。"夫生死之道，弘之在人"②。那么，如何好生而全生，如何恶死而远死呢？这就要按照大道的规律去修炼。

第七节 道与人神观

道教处理人与神的关系，基本原理是天人感应，内外合一。实现这一点，则要靠中介。道教用来沟通人与神的中介主要有一、炁、法（术）、符、箓、咒、心、性、神等。

道教历来把"一"看成道或元气生化万物的初始阶段，由此赋予它重要的意义和功能，如视它为万物和人生的主宰，一切变化神通之本。在人神关系的阐述上，多沿用汉代形成的三一逻辑模式。如《云笈七签》卷五〇所引《金阙帝君三元真一经诀》说：

> 涓子受之东海青童君，太上曰：真人所以贵一为真者，上一而已。一之所契，太无感化；一为变通，天地冥合。是以上一为一身之天帝，中一为绛官之丹皇，下一为黄庭之元王，并监统身中二十四炁。炁以受生，生立一身，上应太微二十四真。真炁徊和，品汇成形，玄神混分，紫房杳冥。夫气者，结虚烟而成神也；神者，托三一以自生也；变化者，

---

① 《道藏》第36册，第613页。
② 《云笈七签》，华夏出版社1996年版，第549-550页。

三一之所造；得化者，皆由神之隐，混黄相成，得玄之极。①

显然，在这里，三一是道、炁、神，三者是三位一体的。"一"既是道的别名，又是一切神明之本，还是一切变化的原动力。人守三一，即守炁、守神、守道，故能感神而通，得化成仙。

有相当一部分道经则把人与神沟通的中介视为炁。例如，北宋末南宋初成书的《太上洞玄灵宝无量度人上品经法》认为："修真之人，千真和神，万道合炁，真与神混体，道与炁合形，自然成真也。"② 道教对人神关系的探讨主要存在于符箓派中。这里以神霄派为例来探讨雷法中的人神关系③。神霄派的理论大体上是由王文卿建立起来的。他以天人感应和内外合一为理论基础，说："将者，一气也。出吾之气，以合天之气。一气而生诸气。盖人身所有浊气也。吸在天之清气，混合既毕，必须炼之。夫炼气之气，专任运用五水五火之功，盖雷不得受炼，其气不神也。"④ 在他看来，雷法中的将吏实为"一气"的化身。"一气"能够生化诸气，因而将吏可以无所不能。人身中本有的是浊气，吸入天之清气，与身内之气混合锻炼，即可形成神妙莫测的"一气"。这样人就可以招摄、驱役将吏。这是传统文化中同类相从、天人感应思想的积淀。同类相从是先秦道家就有的主张。《庄子·渔父》说："同类相从，同声相应，固天之理也。"⑤ 此后，《吕氏春秋》进一步把同类相从的原因归结于气，并把这一理论与当时的方术实践有所结合。它说："类同相召，气同则合，声比则应。鼓宫而宫动，鼓角则角动；以龙致雨，以形逐影。"⑥ 这一思想孕育了西汉以董仲舒为代表的天人感应论，进而对后来产生的道教发生影响，如《太平经》明确指出天人"以类遥相感动"⑦。

在王文卿的影响下，他的后学萨守坚进而阐述说："学者无求之他，但求之吾身可也。夫五行根于二气，二气分而为五行，人能聚五行之气，运五行之气为五雷，则雷法乃先天之道，雷神乃在我之神，以气合气，以神合神，岂不如响斯答耶？"身外之物的运动遵循阴阳互化、五行生克的规律，身内

---

① 《云笈七签》，华夏出版社1996年版，第294—295页。
② 《道藏》第2册，第501页。
③ 孔令宏：《宋明道教思想研究》，宗教文化出版社2002年版，第352—360页。
④ 《道藏》第32册，第392页。
⑤ 《庄子集释》，中华书局1961年版，第1027页。
⑥ 陈奇猷：《吕氏春秋校释》，学林出版社1984年版，第1360页。
⑦ 王明：《太平经合校》，中华书局1960年版，第17页。

之气的运化同样如此。身内身外同道同理。"会此之道，参此之理，则二气不在二气，而在吾身，五行不在五行，亦在吾身。吹而为风，运而为雷，嘘而为云，呵而为雨，千变万化，千态万状，种种皆心内物质之。"① 到身内身外合一之时，人吹气即为风，运气则为雷，嘘气则为云，呵气则为雨，千变万化，种种形态，无非是身内之物的作用的表现形态罢了。在萨守坚看来，只要调拨身中的小宇宙，就能左右、统御身外的大宇宙。

法（术）也是道教沟通人神关系的一个中介，《道法会元》卷七六《汪火师雷霆奥旨序》论述说：

> 道者，具乎天地之先，混混沌沌，无形无名。法者，出乎天地之后，亘古今而神通变化。人者，生乎天地之间，禀天一之气而为万物之灵。故以吾言之，清明澄彻者运而行之，则足以通天地，感鬼神，调阴阳，赞化育。等上语之，即丹成道备，朝昆仑，薄蓬莱，亦不难矣。盖天地一身，一身天地也。其大丹法本不外乎此。夫不治其本而欲理其末者，未之有也。②

关于道与法之间的关系，以清微派的理论为例来阐述。《清微元降大法》卷二五宣称："有道中之道，有道中之法，有法中之法。道中之道者，一念不生，万物俱寂。道中之法者，静则交媾龙虎，动则叱咤雷霆。法中之法者，步罡、掐诀、念咒、书符，外此则皆术数耳。"③ 在这里看来，法（术）根据与道从近至远的关系分为道中之道、道中之法、法中之法、术数四类。

我们知道，法（术）有民间、道教、佛教三大系统。民间方士、巫师所用的命、相、轨革（以图画占吉凶）、推步等多种占验方术在中国社会上一直流传不绝，其中拉道法为虎皮者所在不少，由于行术无验，故多有败坏道教声誉者。道教中人不能不表示自己的态度，强调自己所行所为是正统道法，是与道相吻合的，其余术数则不足道。北宋以来道教以法称术，当与道门内贬抑术数的用意有关。当然，在道教之外，仍然有人称道法为方术，道士为方士的，这又是另一回事了。

法术得由人来施行，由于法术是道教团体受人之托而举行的，为了保证

---

① 《道藏》第 29 册，第 213 页。
② 同上书，第 262 页。
③ 《道藏》第 4 册，第 274 页。

其权威性和有效性，就必须对行法者进行选择。选择首先是行法者的资格认定。只有受过箓的道士才有资格被秘密授予法术，在对法术掌握熟练后才有资格施法。其次，行法者必须在宗教修炼方面已经取得了一定的成就。如果行法者修养没有达到一定的程度，精神不完，或阴德有亏，即使依样行法，也被认为不会灵验。

行法者在行法前，必须斋戒沐浴，保持身、口、意的清洁宁静。行法时，必须虔诚、聚精会神，对符、箓、图、咒、剑、印、镜、令牌、法水、药石、炉鼎等法器的操作、使用符合规范，对章、表、青词[①]等文书的使用不违背传统，演法的手段、进程准确无误，存想体内各部位诸神没有遗漏，指派它们到身外执事没有偏差。同时，借助于虔诚的存想，领略真神降临、持法力战胜妖邪的威力。

行法与戏曲表演颇有类似性。二者都有一定章法，一招一式都有特定的含义。行法者必须如演员进入角色一样，全身心投入。与演员不同的是，行法者的表演对象是能力无边的神，况且有求于神，所以，行法规范与否，不只关涉自己的身家性命，还涉及祈请者的身家性命，关系重大，容不得一丝一毫的马虎和虚假，也容不得差错，必须非常虔诚、真诚地投入。道教崇拜神灵，对神迹同样十分礼敬，常常亦步亦趋地效法和模拟，企图以此为中介与神交通。当然，在这其中，行法者并非完全被动，可以发挥自己的创造性，主动积极地表现自己，让神宽恕自己和他人的罪恶，帮助自己清除通往神仙路上的障碍，快捷地到达目的地，这就提高了自我和他人生命的价值。费尔巴哈曾经说过："宗教的整个本质表现并集中在献祭之中。献祭的根源就是依赖感——恐惧、怀疑、对后果对未来的无把握、对于所犯罪行的良心上的咎责，而献祭的结果、目的则是自我感——自信、满足、对后果的有把握、自由和幸福。"[②] 通过斋醮行法与神的沟通、交流，行法者和祈请者对未来的结果都有了把握，消除了担忧与烦恼，恢复了自信，获得了满足、幸福与自由。

符、箓、咒是人神沟通的媒介，是天神权力的象征。为什么它们具有这

---

① 即道教交通天神的表奏。作青词的大多是达官显贵乃至皇帝，因而青词往往文辞典雅。唐代以后国君颇为重视青词。北宋时，每遇节庆和皇帝本命日，都预先一月降入，马递各处宫观。若是临时建道场，即命翰林学士现场草词。明代国君，如明世宗同样很重视它。

② [德] 路德维希·费尔巴哈：《费尔巴哈哲学著作选集》下卷，三联书店1962年版，第462页。

样的功能呢？《太上灵宝净明飞仙度人经法释例》解释说："字者炁所结也，符者字之精也，咒者字之理也，含者字之音也。以丹染纸，字之与符，托此而形容也，以口念咒，由此而感召鬼神，炁之灵也，炁之和也。"① 符是以丹砂在纸上写字而成的。这与平常写字看似没有什么区别，但道教认为，符上所写的字并不是通常所写的字，而是元炁的凝聚体。咒是字之理，嘴巴发出的是字的音，以口念咒，这本身就是元炁在发挥作用。箓是道士或天神的名录，上面同样写有字，因而箓的作用与符相似，并常与符配合使用。"以道之精气，布之简墨，会物之精气，以却邪伪，辅助正真，召会群灵，制御生死，保持劫运，安镇五方。"② 符既然是元炁的载体，万物都是元炁的衍生物，符与万物的同源性保证了它们之间能够此感彼应。所以说符是"三光之灵文，天真之信也"③，具有无所不可、无所不能的莫大功效。正如《道法会元》卷六十九在解释符的原因时说："符无正形，以炁为灵也。灵者，祖炁也。"④ 元炁既是万物的本源，也是人的本源。在这个意义上，元炁又称为祖炁。正如《道法会元》卷一《清微道法枢纽》说："治病以符，符朱墨耳，岂能自灵？其所以灵者，我之真炁也。故曰符无正形，以炁而灵。"⑤ 符、箓、咒是元炁的载体，这就为符、箓类法术与内丹相通奠定了基础。

根据这一理论，道士们花了很大精力研究画符的方法。《道法会元》卷四说："天以龙汉开图，结炁成符。人以精神到处，下笔成符。天人孚合，同此理也。书符之法，不过发先天之妙用，运一炁以成符。"⑥ 道教认为，天以元炁凝结为符，人以精神所到之处下笔画符，这是天人合一的表现。所谓画符，不过是先天元炁的妙用罢了。按照这一理论，《道法会元》卷四制定了画符的方法："先澄澄湛湛，绝虑凝神，使其心识洞然，八荒皆在我闼，则神归气复，元神现前，方可执笔。以眼瞪视笔端，思吾身神光自两规中出。合乎眉心，为一粒黍珠在面前，即成金线一条，光注毫端，便依法书篆。存如金蛇在纸上飞走，定要笔随眼转，眼书天篆，心悟雷篇。"⑦ 之所以要到元

---

① 《道藏》第10册，第600页。
② 《道藏》第2册，第143页。
③ 《道藏》第22册，第41页。
④ 《道藏》第29册，第230页。
⑤ 《道藏》第28册，第674页。
⑥ 同上书，第692页。
⑦ 同上。

神显现才能执笔,是因为元神与元炁是同一存在的不同侧面,换言之,只有元神显现,元炁才会产生。这一方法,除了执笔依法书篆外,几乎与内丹修炼没有什么两样。"一粒黍珠"实为内丹修炼的丹,是元炁与元神凝结的呈现。

符、箓赋予人指挥神的权力,也是神听命于人并为人服务的凭据。《太上三五正一盟威箓》卷六宣称受太上正一八卦护身符后,能够出现一般人想象不到的众多奇迹:"天帝生我,皇天养我,日月照我,北斗辅我,山川导我,百神侍我,阴阳通我,风伯送我,天厨供我,紫云盖我,神药活我。往来无穷,入海则出天门,入河即出地户。司命举我,何求不得,何指不测。一食千岁,连命日月。与天地无穷,登升天机,驾魁乘刚,所指者亡。"① 与符、箓常常一起合用的咒也如此。《太上正一咒鬼经》宣称:"咒金金自销,咒木木自折,咒水水自竭,咒火火自灭,咒山山自崩,咒石石自裂,咒神神自缚,咒鬼鬼自杀,咒祷祷自断,咒痈痈自决,咒毒毒自散,咒诅诅自灭。"② 符、箓、咒本身的能量在很大程度上决定了人在施用它们后所能表现出来的功能。

由于斋醮之术均用到符、箓、咒等以字为主体内容的法器,所以,斋、醮、祈祷等科仪之术,也具有无限的法力,能够满足道士们各种各样的愿望。那么,道士们通过符箓类科仪之术主要是想实现哪些愿望呢?《徐仙真录》卷二表达的十愿是:

> 一愿当今皇帝寿,寿与天齐万万春;二愿臣僚资禄位,风云千载庆嘉亨;三愿儒冠多富贵,名登天府作公卿;四愿农民勤稼穑,自今岁岁喜三登;五愿百工精技艺,待诏班门听玉音;六愿生财有大道,千户封君可比伦;七愿风调并雨顺,普天率土贺升平;八愿香火常隆盛,千年庙貌显威灵;九愿九天加锡命,玉佩跄趋拜紫宸;十愿十方诸信善,皈依三宝各虔诚。③

《灵宝领教济度金书》卷十一记载的"早朝十愿"是:

---

① 《道藏》第28册,第457页。
② 同上书,第368页。
③ 《道藏》第35册,第545页。

一念为道四大、合德斋主、七世父母，免堕幽苦，上升天堂，衣食自然；二念帝王国主，道化兴隆，庠序济济，皇教恢弘，威仪翼翼，普天所瞻，民称太平，四夷宾伏，妖恶自灭，圣贤自生；三念法师，功德大建，教化明达，俱获飞仙；四念同志学人，早得仙道，更相开度；五念九亲和睦，好尚仁义，贵道贱财，行为物范；六念损己布施道士及饥寒者，天下人民各得其所；七念蠕动蚑行，一切众生咸蒙成就；八念赦贳前生今世罪对，立功补过；九念家门隆盛，宗庙有人，世生贤才；十念尊受经师，不敢中怠，平等一心广度，克获上仙，白日登天，拜见太上，永成真人，云车羽驾和与道合真。①

《灵宝领教济度金书》卷十一所载的"晚朝十愿"是：

一愿大道流行普天怀德，二愿一切有生咸皆悟道，三愿九夜悲魂一时解脱，四愿孤魂无依咸得受生，五愿天下太平五谷丰熟，六愿臣忠子孝君仁父慈，七愿四海通同冤亲和释，八愿潜胞处卵咸得生成，九愿积疾新疴旋即痊愈，十愿孤露众生丰衣足食。②

这些众多的愿望，归纳起来主要有几项：一是希望全社会君、臣、民各阶层，士、农、工、商各行业中人都能满足其愿望，实现其理想；二是希望自然环境良好，动植物茁壮成长，气候风调雨顺，没有自然灾害；三是希望社会环境良好，没有战争，伦理秩序和谐，社会心理氛围融洽，所有过错、罪业、冤仇均得到排解，天下欣乐融融；四是希望道教兴盛，天下之人都皈依道、经、师三宝，三界神仙保佑，学道者早日得道。在道士们看来，这些愿望都是通过符箓类科仪之术满足、实现的。正如《上清六甲祈祷秘法》所说："凡所欲之物，皆得如意也。"③

符箓类法术的主旨是"行符治病，济物利人"④，在民间有比较广泛的影响及较普遍的社会性，因而能够得到历代统治者的支持。上述诸符箓派往往把自己的法术吹嘘得神乎其神，万应万灵。但金允中在其《上清灵宝大法·总序》中说："盖于身中升降运用，极于泥丸，成者可以却疾延年，失者未

---

① 《道藏》第7册，第96页。
② 同上书，第97页。
③ 《道藏》第10册，第760页。
④ 《道藏》第28册，第679页。

免动神损志。然专修此法，近年成就者亦希，非可以通天彻地而成真者也。若夫火枣内药①，阴魔外绝，与道为一，身外生身，升神而面朝九清，洞视而遐观万汇，此则灵宝中见玉清圣境之时，形神俱妙，隔绝嚣尘，俟数待期，径登金阙。得至此者必不行科应世，身入斋坛。既能躬朝天真，则章表文移，折旋音韵，一切不用。此又非默朝上帝例矣。"②也就是说单纯炼内丹，成就者稀少。希图内丹与符箓共用而得道成仙，面见上帝，实也幻妄。何况，治病、救人、济物这样的目的是可以在现实中，在不长的时间内加以核查、验证的。法术的灵验与否，关系着道教的声誉，关系着行法的道士的名望和现实利益，道士们当然不能不重视。道士们认为，符箓的灵验首先取决于佩符施术者心是否诚，"心诚则灵"。心不诚，存有贰心、疑心，感应的效果就会大打折扣，符箓就很难灵验。《中庸》云："不诚无物。"不诚失真则不能"尽物之性"。道教引儒家之诚以通神。占验符箓所重者殆重主观之诚信作用，可谓源渊有自。其次取决于画符是否掌握诀窍，画得是否准确。最后取决于用符者是否能"解识之"。实在无法解释，就干脆"莫问灵不灵，莫问验不验，信笔扫将去，莫起一切念"③，取消了对符箓灵验与否的考校。但是，核查、验证法术的灵验，不只是道士一方，比道士更关注法术灵验与否的是祈请的世俗中人。他们对法术本身没有多少了解，也未必有兴趣去深究它，他们关心的仅仅是祈请的实用目的达到与否。从长时段和大范围的宏观来看，祈请的世俗中人对法术的灵验与否是左右法术生存与否、发展快慢的根本力量。就以今天的眼光来看，即使内炼功夫再怎么深厚，符箓类法术都不可能达到道士们吹嘘的无所不能的程度。不过，《道法会元》卷十四载有物验术，其中有一些物候学知识。这为法术偶然的应验提供了可能。法术总体上说达不到道士们吹嘘的那样灵验，这也是它们在明代中期以后逐渐衰落的重要原因之一。

　　心、性、神也是道教沟通人神关系的中介。王文卿认为，雷法的修炼和运用必须遵循天人、内外合一的原理。而能使天与人、内与外沟通的中介是精、气、神：

　　　　斩勘五雷法者，以道为体，以法为用。内而修之，斩尸灭鬼，勘合

---

① 按：指内气炼得周身暖和，热气腾腾。
② 《道藏》第30册，第652页。
③ 《道藏》第28册，第673页。

玄机，攒簇五行，合和四象，水火既济，金木交并，日炼月烹，脱胎神化，为高上之仙。外而用之，则斩除妖孽，勘合雷霆，呼吸五气之精，混合五雷之将，所谓中理五气，混合百神。以我元命之神，召彼虚无之神，以我本身之气，合彼虚无之气，加之步罡诀目、秘咒灵符，斡动化机，若合符契。运雷霆于掌上，包天地于身中，曰旸而旸，曰雨而雨，故感应速如影响①。

王文卿以人身小天地与宇宙大天地等同合一为理论前提，认为雷法中所召见的神将神吏，都是自身的元神、元气、元精所化。掌上所发出的五雷，是自己身中的五行之气相激剥的结果。内有所修，外才能有所用。雷霆不过是内修之神、气发用于外的结果罢了。王文卿的弟子萨守坚在所著的《雷说》中对其师的思想有所发展，把内炼与外法相结合、天人合一得以实现的关键归结为心，说："法本诸道，道源诸心。能以吾之精神，融会一气之精神，以吾之造化，适量五行之造化，则道法妙矣。"② 法以道为本，道存在于心中，靠心去发明。用心所发明的道去驾驭气，作用于五行运化的外物，法自然能够发挥功能。后来的王惟一同样继承王文卿的思想，做了更为清晰的阐发。他在《道法心传》中说，道法取决于人心，心清静则存在，心秽浊就消亡，所以精住则气住，气住则神住，精、气、神住，道法就完备，如此散而为风云，聚而为雷霆，向外发出就是将吏，向内汇合就是金丹。"精住则气住，气住则神住，三者既住则道法备，散而为风云，聚而为雷霆，出则为将吏，纳则为金丹。"③ 王惟一甚至直接把五雷解释为五脏中精、神、魂、魄、意聚合的结果，说："人有五藏，五藏之中有精、神、魂、魄、意，聚以成五雷。"④

雷法认为，正是通过精、气、心、神的沟通，人身内外能够相通，人体的生理感应与自然界的感应可以做到一一对应。王文卿认为：

> 当于呼吸上运功夫静定，上验报应。云之出也，其气蒸。雨之至也，其溺急。雨之未至也，其气炎而膀胱之气急。电之动也，其目痒，眼光

---

① 《道藏》第29册，第165页。
② 《道藏》第30册第258页。
③ 《道藏》第32册，第413页。
④ 同上。

忽然闪烁。雷之动也，三田沥沥而声，五脏悠忽而鸣。行持之士又当急心火以激之，涌动肾水以卫之，先闭五户，内验五行，此其诀也。①

王文卿认为，内丹修炼达到一定程度后，修炼中的体验与自然界的变化具有一定的相关性。雷法据此编制了预测天气晴朗和阴雨的方法。例如预测天晴的方法是："身中之验，极为紧切。当从戊己运转一番，使元气一周，再暮后而静定，看内炼如何。如是觉得有报，则心火上炎，胆水沥下，遍身烦蒸，喉中微痒，则天道必晴齐矣。"② 王惟一认为，登坛祈禳的诀窍就在于激发自己身内的阴阳之气交感，阴阳升降而成雨，阴阳激搏而成雷，阴阳凝流而为电，阴阳邻和而为雪。但激励身内阴阳、感应身外阴阳的根本还在于自己心中的"元神"，它"统御万灵"，是三界的主宰。要使元神常明，就要修炼内丹。

神霄派认为，雷法的灵验与否，取决于行法者内丹修炼的成效，而内丹修炼的药物就是精、气、神。正如《道法心传》所说："法何灵验将何灵？不离身中神、炁、精，精炁聚时神必住，千妖万怪化为尘。"③ 按照这种理论，似乎人可以为所欲为，只要心到气就到，就能立刻作用于外物。事实当然不是这么简单。邹铁壁在《雷法秘旨》中说过："有心感神，神反不应，无心之感，其应如响。"④ 这就是说，行使雷法的心，是"无心"之心，不是"有心"之心，凭"有心"之心行使雷法，只会徒劳无功。他强调："但无妄念，一片真心，不知不识，心与雷神混然如一，我即雷神，雷神即我，随我所应，应无不可。"⑤ 无心之真心，实即元神。在上述诸人看来，道法的灵验取决于内丹修炼的功力，符反而是次要的。如果不修内丹而纯粹用符，那么，所谓的灵验仅仅只是侥幸于万一，如瞎猫碰上死耗子。那么，内丹与符结合的雷法究竟是什么样呢？以祷雨为例：

> 祷雨紧（按："紧"当为"秘"）诀，若在书符遣将后，吾当坛上或静室中跌坐调息，存吾心中如未开莲花，有红炁直下两肾中间，其两肾中间存见一泓真水，想心中红炁下降，其水沸腾，包却红炁，由肝历

---

① 《道藏》第32册，第394页。
② 同上。
③ 同上书，第413页。
④ 《道藏》第29册，第276页。
⑤ 同上。

自舌根出，只见吾口中云气勃勃然出在吾面前，转过巽户，渐渐大如车轮，运转升天，其云弥满六合，耳畔有风雷之声轰轰然分明，却定息呵气九次，又如前行持九次，已觉此身肾水已升，小遗紧急，不可去，如去了则泄肾水，雨不降矣。直候风雨到坛大作，然后起身，渐渐小遗，则大雨至矣。只此行持，万无一失，可不慎之哉。①

按照这里所说，画符遣将后，仍然得运作丹功，设想心中红气下交于肾中真水而生云，意想风雷促成云落地上，于是肾水逐渐增多，以小便增多为征兆。到小便紧急，风雷兴起时，到坛上按照符法运作，即可使大雨倾盆而下。这里，符的运作仅仅存在于起始和结尾的形之于外的阶段，中间阶段的雷法实是取坎填离的内丹功夫，而且是最为重要的阶段。

对于雷法，《道法会元》卷八《清微祈祷内旨·祈祷说》阐述其理论框架："所谓天地大天地，人身小天地，我之心正则天地之心亦正，我之气顺则天地之气亦顺矣。故清微祈祷之妙，造化在吾身中，而不在乎登坛作用之繁琐也。"② 清微派与神霄派的理论当然也有些差异，例如，它把神霄派的"元神"替换为"本性灵光"，也就是把行法的根本由心进一步深入到性。"夫清微法者，乃元始一炁，父母未生前，混沌妙明之性也。不垢不净，无欠无余，空洞清虚，自然而然……《清静经》云：'人能常清静，天地悉皆归。'无想无存，自然而然，寂然不动，感而遂通。若有想有存有作用，即后天之法，非先天清微道法。"③ 在清微派看来，道法既是生化万物的本源之气，又是万物得以存在的最终依据的本体，即道。就人而言则是与道合真的本性。道寂静不动，感而遂通。人对道法的把握，同样得自然而然，无想无存，如此，本性才能彰显，道法才能呈现。道法既为人的本来真性，那么，如何解释法中用符呢？《清微道法枢纽》说："符者，天地之真信，人皆假之以朱墨纸笔。吾独谓一点灵光通天彻地，精神所寓，何者非符？可虚空，可水火，可瓦砾，可草木，可饮食，可有可无，可通可变，夫是谓之道法。"④ 符无非是道作用于万物，信实无妄，丝毫不爽的表现，只不过人借助于朱墨纸笔把它表现出来罢了。只要自身"一点灵光"能够通天彻地，那么，心意

---

① 《道藏》第 29 册，第 231 页。
② 《道藏》第 28 册，第 715 页。
③ 同上书，第 838 页。
④ 同上书，第 674 页。

所向之处，哪里不是符？"一点灵光"就是真炁，也就是本性、真性，实为道在人身中的化身。符无所不在，则清微道法无所不及，无所不能。获得"一点灵光"的途径是内丹修炼。

道教的神是执掌宇宙权力的官吏，通过内丹（以精、气、神为药物）、科仪（以符、箓、咒等为手段）等法术，道士能够部分地分掌这些权力。这与西方以皈依、祭祀神灵为特征的宗教不同，也与巫术有别。所以，掌握神界权力机构的名称、职司和打交道的方法，是道士的基本知识。正因为部分地分掌神界权力，所以，法师能够役使鬼神，即召劾鬼神。召即召而役之，劾即考察检束，有过者处分之。常召的神主要是山神、龙王、城隍、土地、功曹、玉女等。符箓各派的神系都不相同，各派科仪中所召之神自然也不相同。而且，同一宗派所行科仪往往有多种，每种科仪都有特定功能，每位神的职能不同，每个地域有本地独有的神，所以，道士所召之神，因宗派、科仪、施法目的、地域的不同而不同。

道教的神从《太平经》以来就可分为两类，即身外之神和身内之神。大致说来，灵宝派倾向于前者，上清派倾向于后者。内丹术兴盛起来后，道教符箓斋醮之术受其影响，越来越倾向于后者，并把神视为元炁凝聚的结果。如《太上老君元道真经·元道中篇》说："人者，万物之中至灵，与天地俱生于虚无之始。元炁结而成形，形既将立，则十天神降在人身中化为神矣。"① 体外之神本质上是一种看不见摸不着的气，与生俱来，而且可以任意出入人身，而人常常对此不能觉察。它们进入人体后就化为身神。

这些身神对人有什么作用呢？《上清经秘诀》引《九天生神经》云："人受生于胞胎之中，三元育养，九气结形，九月神布，气满能声，身尚神具，九天称庆，太一执符，帝君品命，主录勒籍，司命定算，五帝监生，圣母卫房，天神地祇，三界齐临，亦不轻也。"② 道教认为，人尚未出生，众多神灵已经知道，于是九天庆贺，太一神以符保佑，帝君为之品鉴命运，主簿将之登入命籍，五帝监护他的出生，圣母在产房护佑，天神地祇人仙三界神灵全部降临，为出生保驾护航，可见人是多么的不凡！人的生命多么来之不易！多么崇高、伟大！而且，这些神灵不是在人出生后就离开了，而是居住于人身中，成为身神。《云笈七签》卷三十所引《九真中经天上飞文》也说过：

---

① 《道藏》第17册，第206页。
② 《道藏》第32册，第732页。

"夫人生，结精积气，受胎敛血，所以凝骨吐津，散布流液，忽尔而立，恍尔而成，罔尔而具，脱尔而生，于是乃九神来入五藏，玄生父母唯知生育之始，而不觉神适其间也。"① 有如此之多的神灵居住于人身之中，而且，这些大大小小的身神还要为人展开全方位的服务。身神的功能无比巨大，作用范围无边无际，不受时间、空间乃至任何条件的限制。不过，道教主要强调三点：一是护卫人体，不仅担负生理功能，而且可以治病疗疾，使人长生不死。二是监督人的思想和言行。《太上洞玄灵宝三元品戒功德轻重经》称："人身行恶，身神亦奏之三官；人身行善，则度其仙名。生死罪福，莫不先由身神，影响相应，在乎自然也。"② 三是为道士作法服务。例如，道士在行斋醮科仪时必须请出自己身中的神（即"出官"），指派它前往各处执行使命（即"遣官"）。

神灵本为自然变化之玄奥莫测的实体化。所以对神灵、神迹的崇拜实际上是对天道自然的模仿。例如，在行踏罡步斗之术时要求道士"法乎造化之象，日月运行之度……一时三月九旬，是以一步一交，三迹象一时也，并足象天地交也"③。所穿法服同样要按自然现象做出规定，如要求"上清法服"的内帔广四尺九寸，"以应四时之数"，长五尺五寸，"以法天地之气"④。

踏罡步斗最初是模拟天象以取得其功能的方术，道教学者们进行理论解释后，变成了以此掌握天之枢纽。"天罡流演"理论提出后，罡斗又被解释为宇宙开辟前便存在的天象图式，踏罡步斗被说成是践履这一先天图式的方法。天罡流演形成三十二天的宇宙，进而形成人身气脉，所以，踏之可以天人合一，内外交感。道坛上经常用到灯。在不同科仪中，灯会被布置成北斗、二十八宿、十一曜等图像，具有模拟星象的性质。然而道教学者们不满足于此，做出了更进一步的理论解释，《灵宝玉鉴》卷一《请光破幽说》云：

> 燃灯破暗之法，盖为死魂一堕重阴，漫漫长夜，非有阳光照烛，超出良难。故必法天象地，燃灯告符。夫谓法天象地者，上法日月星辰之悬象，下布八卦九宫之方隅，以交接阳光，开明幽暗，使亡魂乘光得度也。非直藉此灯焰焰荧煌，为观美也。存念精专，此作则彼应也。谓之

---

① 《道藏》第22册，第218页。
② 《道藏》第6册，第879页。
③ 《道藏》第30册，第1页。
④ 《道藏》第36册，第413页。

破狱者,全在法师运自己之阳光,以混合灯光,上接九天之阳光,以遍照三界九幽。使亘天彻地,皆有光明,凡堕幽冥,皆得乘光而超出,一时神通变化。凡所谓狱,皆无有矣。①

灯光既是法天象地的象征,又是使法师的阳气与九天阳光交融混合的桥梁。在道法中真正能照亮九幽黑暗地狱的是法师体内的元炁。

此外,"在道士与世俗之人打交道时,以及公私仪式中",道教的人神关系体现了鲜明的官僚色彩,其中有最高权威、道士、地方神祇、俗人四个等级,道士是俗人与地方神祇打交道时的中介②。宋代以后,道教往往宣称它是民间诸神的管理者,并把自己的神谱凌驾于地方神祇之上。具体的运作则是通过仪式结构,尤其是其中的等级体系实现民间信仰的统一化③。借鉴这种官僚模式,道教能从地域性扩张到更大的生存空间中。实际上,它是对国家官僚系统的借鉴和模仿④。

神通常是站在正面维护宇宙秩序的。鬼、妖、魔、怪、精等则是反面,往往会给人带来种种灾难甚至"非法"剥夺人命。道教于是设立专门的神职管理约束他们,让他们"归心正道"。北极天心派认为,"人心邪佞",于是"鬼由心生,病由妄起":

> 师曰:神鬼之说,盖始以祖师收六天鬼王、五部鬼帅,乃吹妖散毒之邪人,非阴魄之鬼也。今祖师以收其五部而归正,故总摄瘟司也。但五部之鬼,自受祖师誓约之后,归心正道之久,故张元伯以忠信位雷府直符。赵公明以威直充玄坛大将。余皆为丰都丑狱之酋长,皆不复为妖也。近世人心邪佞,妄祀淫祠,自取非横。鬼由心生,病由妄起,故下土妖党、血食之鬼,受诸祭而肆行毒害,非五部受制之后,果复妄作也。盖人心虚妙,血炁周通,三部八景,莫非真中有神,故能却死生神,则曰长生大圣君也。苟一乖调摄,则九户闭塞,体不生神,行尸寄炁之鬼、

---

① 《道藏》第20册,第133页。
② [美]韩明生著,皮庆生译:《道与庶道——宋代以来的道教、民间信仰和神灵模式》,江苏人民出版社2007年版,第224页。
③ Dean Kenneth. *Taoist Ritual and Popular Cults of Southeast China*. Princeton. N. J.: Princeton University Press,1994, P17.
④ [美]韩明生著,皮庆生译:《道与庶道——宋代以来的道教、民间信仰和神灵模式》,江苏人民出版社2007年版,第225页。

无知幽魂之鬼，盖非特五瘟而已矣。今以太上收六天五部之祖法传流，盖可以镇安五瘟，馘斩魔群，故符可以涤荡一身之瘟邪，然后以天符摧伏病，以正炁安宁，此曰救世制瘟之法也。①

鬼本来并不存在，是人心"邪佞"而妄造出来的。越是信鬼重巫的地方，"邪鬼"作祟的概率越高。道教中人心里明白，但他们不是让老百姓信仰无神论，而是要他们相信道教正法荡鬼的威力：

> 师曰：鬼气盛行江南，百粤之地为最多，盖尚鬼信邪之俗，因而自作不靖，引惹妖邪，凭凌作怪，顽俗不知其害己也，故多信向，被其毒者，反谄事而不悟，所谓鬼气纵横，上干云霄气，腥焰触犯天地，天真怒而不降，魔试喜于独胜，故世上私家香火、庙宇寺观，居多假托之鬼神，不有大法主嗣行正教，其妖孽岂易荡除也。②

原因在于，如果让世人知道世上本无鬼，那道法就没有运用的市场，道教的存在就没有价值了。

总的说来，道教通过一、炁、法（术）、符、箓、咒、心、性、神等中介把人与神沟通起来，实现天人合一，内外合一。这集中表现在两个方面。第一，神对信道之士的救助，神常常帮助虔诚的信道之人解脱生活中所遭遇的种种困厄、祸害与苦难，满足他们的合理诉求。第二，人之躯体往往就是神灵居住之处所，这些居住于身中之神十分清楚人的善行恶为，能够根据人之善恶予以赏赐或惩罚，或者让人身体健康、百病不干、长寿久安，或者使人百疾缠身、灾祸重重、生命早夭，目的是从正反两方面让人归心正道。

---

① 《道藏》第4册，第89页。
② 同上书，第108页。

第三章
道教生命哲学总论

对生命的崇尚和热爱，是道教的一个重要特点。与道相合一之虚，既是生命的源头，也是生命的归宿。生命产生之后，要主动回归于虚。因而，道教的生命哲学具有极强的主体性、实证性和超越性。

第一节 生命与虚无

（一）生命来源于道，生道合一

道教继承道家而来。道家主张道是万物在时间上最初的共同源头，即本源。如《道德经》第四十二章所说："道生一，一生二，二生三，三生万物。万物负阴而抱阳，冲气以为和。"其中所谓的"一"，后世通常把它理解为作为混沌的元气。"二"则被理解为阴阳二气，"三"被理解为阴阳二气和中和之气。"万物"中自然包括人。由此看来，道是人在时间上最初的源头。此后的道教也是这样认为的。《太上老君内观经》说："从道受生谓之命。"[①] 在它看来，命就是生命。具体生化人的，在道之后是"一"，即元气。道教内丹学把它称为"先天一气"。所谓"先天"，是相对于"后天"而言的，即与道相邻的元气。李涵虚在《道窍谈·先天直指》中说："先天者，超乎后天之上，最初最始，为本为元，盖一炁之尊称也。"[②] 道教尤其重视"先天一

[①]《云笈七签》，华夏出版社1996年版，第94页。
[②]《藏外道书》第26册，巴蜀书社1994年版，第614页。

气",把它称为至虚至灵、生物生人的本源。刘一明在《修真后辩·先天真一之气》中说:"……先天之气,为生物之祖气,乃自虚无中来,为万象之主,天地之宗。无形无象,无声无臭,视之不见,听之不闻,搏之不得。然虽无形而能生形,无象而能生象。先天真一之气,是生物之祖气,是鸿蒙未判之始气,是混沌初分之灵根。夫先天真一之气,是混元祖气,生天生地生人物。其大无外,其小无内,动静如一,阴阳混成。在先天而生乎阴阳,在后天而藏乎阴阳。"① 这里,"先天真一之气""在先天而生乎阴阳,在后天而藏乎阴阳"颇为重要。它说明在人出生后,"先天真一之气"并非就不存在了,而是藏于人身中,有待于人通过修炼而把它从潜藏状态开显出来。

生命来源于道及其衍生物元气,这是道教生道合一观念的第一点。第二点是得道存身。对此,《太上老君内观经》说:"守道不失身常存。"② 这一观念是不同时期的道教学者们都屡屡强调的。唐代道教学者司马承祯在其《坐忘论》的《序言》中说:"人之所贵者生也,生之所贵者道也。人之有道,如鱼之有水。"③ 这是强调,如果离开了道,生命就会如同鱼离开水一样,立即消亡。他在《坐忘论》的《得道七》中进一步阐述说:"人怀道,形体得之永固。""身与道同,则无时而不存。"④ 那么,如何做到道在身中呢?南朝时期的上清宗师陶弘景说:"若摄气营神,苦辛注真,将得道久,道成则同与天地共寓在太无中矣。"⑤ 这是主张通过"摄气营神"而得道。那么,"摄气营神"何以可能得道?这首先涉及气、神与人和道的关系。对此,《长生胎元神用经》说:"气结为形,形是受气之本宗,气是形之根源。"⑥ 气凝结而为形,形中孕育而生神。《长生胎元神用经》以母子关系解释说:"且种以气为母,母即以神为子,子因呼吸之气而成形,故为母也,形气既立,而后有神,神聚为子也。"⑦ 这对形、气、神之间的关系做了论述。对它们与道的关系,道教有"道以气为宗""心为道之器宇"⑧ 之说。神存在于心中,故心神往往合为一个概念。《老子西升经·神生章》对形、神与道的关系做了论

---

① 《道藏》第24册,第250页。
② 《道藏》第22册,第129页。
③ 同上书,第643页。
④ 同上书,第897页。
⑤ 《道藏》第20册,第525页。
⑥ 《道藏》第34册,第309页。
⑦ 同上。
⑧ 《道藏》第22册,第896页。

述:"盖神去于形谓之死,而形非道不生,形资神以生故也。有生必先无离形,而形全者神全,神形资以成故也。形神之相须,犹有无之相为利用而不可偏废。惟形神俱妙,与道合真。"形、气、神存在,生命就存在,道也就存在。正如《太上老君内观经》所说:"道不可见,因生而明之。生不可常,用道以守之。若生亡则道废,道废则生亡。生道合一,则长生不死,羽化神仙。"①

(二) 生命来自于虚,生虚合一

道何以可能生"一"呢?《老子》没有直接回答,但《老子》第十六章在谈到道时说过:"致虚极,守静笃,万物并作,吾以观其复。"这虽然是从功夫论层次来说的,但透露出一点,道因其虚而能生元气。后世道家就是这样理解的。《淮南子·天文训》说:"道始于虚廓,虚廓生宇宙,宇宙生气。"② 司马迁评述道家时也说,"其术以虚无为本","虚者道之常也"。由此可知,道家既从本源论的角度来理解虚,把它视为道的特性,也从功夫论的角度来理解虚,把它视为实践操作中主体之人应具备的心理条件。

此后道教继承了道家的这一思想,从本源论与功夫论两个角度来理解虚。《悟真篇》云:"道自虚无产一气,便从一气产阴阳。"深受道家道教思想影响的理学家张载也说:"天地以虚为德,至善者虚也。虚者天地之祖,天地从虚无中来。"③ 他进而把虚提升为本体层次的"太虚"。

内丹主要是一种术的修炼,所以,道教内丹学虽然也从本源论来论述虚,但更多的还是就功夫论而言。丹道以得道成仙为宗旨。民国初年炼虚子蒋植阳在《修真全指》中说:"不合虚无不得仙,能到虚无可炼丹。"④ 这就把虚提升为得道成仙的前提条件了。何以见得呢?黄元吉说:

> 天地间至无之内至有存焉,至空之中至实寓焉。人能于虚无中寻出真实色相,所谓长生不老之药在是,神仙不死之丹亦在是。彼不知真空妙有者,盍即"方诸之取水于月,阳燧之取火于日"而一观之乎?但感者非从无人无我无思无虑中出,则非妙于感也,又焉能妙于应哉?总之,人能虚极静笃,始能会得本原,而后知形形色色皆后天有生有死之尸气,

---

① 《道藏》第11册,第397页。
② 《淮南子》,河南大学出版社2010年版,第174页。
③ 《张载集》,中华书局1978年版,第326页。
④ 席春生主编:《中国传统道家养生文化经典》(上卷),宗教文化出版社2004年版,第278页。

虚虚无无乃先天不生不灭之元神。可见先天大道，殆一虚而灵、无而妙耳，岂区区在后天精气神哉！①

在他看来，道因虚而灵，内丹同样必须在虚无静定中求。《唱道真言》进一步解释："夫道之要，不过一虚，虚含万象。世界有毁，惟虚不毁。道经曰：'形神俱妙，与道合真'，道无他，虚而已矣。形神俱妙者，形神俱虚也。"②如此看来，"形神俱虚"才能"形神俱妙"，进而才能"与道合真"，因为道本来就是虚而不实的、形而上的。那么，如何做到"形神俱虚"呢？《性命圭旨·移神内院端拱冥心》给出了具体的方法："复应观察自身，则心之虚空而通于身之虚空，身之虚空而通于天地之虚空，天地之虚空而通于太虚之虚空，虚虚相通，共成一片，岂不与太虚混之而为一耶？"③ 这显然是通过存想的方法来实现心、身之虚，进而追求与天地、太极之虚相通。

关于经验领域的虚与形而上领域的虚之间的联系，五代道教学者谭峭在《化书》中论述说："道之委也，虚化神，神化气，气化形，形生万物，所以塞也；道之用也，形化气，气化神，神化虚，虚明而万物所以通也。"④ 这就是说，道生化万物是从无到有，从虚到实，所以万物之间塞而不通，有隔阂，每个物都只关心自己，都只管自己，自私自利。相反，在形而上的领域，如《化书·游云》说："太虚之中，无所不有。"⑤ 谭峭认为，应该追求太虚之境。他在《紫极宫碑》中给出了上达于太虚之境的方法——"忘"，开出了具体的步骤："是以古圣人穷通塞之端，得造化之源，忘形以养气，忘气以养神，忘神以养虚。虚实相通，是谓大同。"⑥ 谭峭所谓"道之委"相对于"道之用"而言，"委"其实是"体"。元代李道纯把这说清楚了，他说："是知虚者大道之体，天地之始，动静自此出，阴阳由此运，万物由此生。是故虚者，天下之大本也。"⑦ "体"与"用"是中国古代哲学中的一对常用范畴。"体"往往是作为本体而言的。道家、道教一贯是把道既看作是本源，同时也视为本体的。道教内丹学也是这样，因而有把本体视为虚空的观点出

---

① （清）黄裳：《乐育堂语录》，上海古籍出版社1990年版，第104页。
② 《藏外道书》第10册，巴蜀书社1992年版，第777页。
③ 徐兆仁：《天元丹法》，东方修道文库本，中国人民大学出版社1992年版，第231页。
④ 《道藏》第23册，第589页。
⑤ 同上书，第591页。
⑥ 同上书，第589页。
⑦ 《道藏》第4册，第506页。

现。《性命圭旨》之《本体虚空·超出三界》说："盖本体，本虚空也。若着虚空相，便非本体虚空。本粉碎也，若有粉碎心，便不虚空。故不知有虚空，然后方可以言太虚天地之本体，不知有粉碎，然后方可以言太虚天地之虚空。"① 在内丹学看来，把形而下经验领域中实的物粉碎，才能归于虚空。这也就是自有还无的实践操作。但对本体之虚，也不可执着；对粉碎物相，同样不可执着。这样才符合道本体本性虚空之理。

清代丹道中派集大成者黄元吉进而把内丹概括为在虚实两端做功夫。《乐育堂语录》说："所以吾道教人，不外虚实两字。即如水底金生，有蓬勃氤氲之状，此实也。而上升下降，听之自然，出以无心，则实也而虚之矣。又如灵阳一气，原无声无臭可言，此虚也。而彼此感召，自归炉鼎，炼成婴胎，则虚也而实之矣。如此虚中实，实中虚，才是成仙证圣之本。无奈今之人，知养虚静，而即着于虚静一边；只知踏实，而又着于踏实一边。此为泛泛之虚，非真真之虚；为死死之实，非确确之实。何也？道本无名相也、无方所也，必要以无方无所而又似有方所行之，方合虚实兼赅之妙。"② 在他看来，实者应该虚之，虚者应该实之，对虚、实，都不应该执着，应该在虚实两端用功夫。

道教内丹学这种以虚空为本体，以无心、无为、自然为心理功夫的观点，对现代西方心理学颇有启发。心理学家，微精神分析学的创建者方迪说："西方对于心理现象的研究一般来说过于理性化和系统化，与此相比，中国文化关于虚空的概念却足以见出中式思维推移舒展中所具有的无限包容性，而虚空及从虚空中产生的各种各样的尝试正是微精神分析学的基点。当这一学科正在日益为西方世界所接受的时候，看到远在中国这个伟大的国家的研究者们对微精神分析学的思想更具天然悟性，这使我感到不胜欣喜。"③ 这一以虚空为本的生命发生论，兼具生理和心理解释，与道教内丹基于虚来解释生命的发生，进而兼重形神，主张性命双修而回归于道的观点多有相通相同之处，值得关注。

（三）长生不死

道教很早就确立了长生不死、得道成仙的终极信仰目标。陶弘景在《养

---

① 《藏外道书》第9册，巴蜀书社1992年版，第594页。
② 萧天石：《道藏精华》第六集之二，台湾自由出版社1976年版，第111页。
③ 方迪：《精神分析学与微精神分析学实用词典》，商务印书馆1998年版，卷首。

性延命录》中说："生长全足，加之导养，年未可量。"他假托老子说："人生大期，百年为限，节护之者，可至千岁。"① 张伯端基于内丹的立场，在《悟真篇》中说："人人本有长生药，自是迷徒枉摆抛。""一粒灵丹吞入腹，始知我命不由天。"② 这都强调了长生不死。道教长生不死的追求，实际上是以道家哲学把道规定为永恒长存的终极实在为前提的。在此前提之下，人如果得道，当然意味着能如道一样永恒存在，即长生不死了。像这样的能长生不死的得道者被称为仙。仙是道教徒追求的终极目标。汉代的《太平经》在道教初创时即已宣称："人无道之时，但人耳，得道则变易成神仙；而神上天，随天变化，即是其无不为也。"③ 道永恒存在，独立自存却能生化万物的性质同样也被赋予了仙，仙成了有人格的道，能够无所不为。道就是无人格的仙，仙就是有人格的道。仙的实质内涵就是道。

　　道家已经根据自己的理论对理想人格和理想境界进行了探讨。老子描述了"圣人""善为士者""大丈夫"，庄子描述了"真人""至人""神人""德人""天人""全人""大人"等。名号虽多，实际内涵却基本一致。概括起来说，这些内涵主要是如下几方面：第一，视名为粪土。第二，不追求物欲的满足和享受，"不从事于务，不就利，不违害，不喜求，不缘道"。第三，无私。第四，救人救物。第五，品德很高，自知、自爱却不自我表现、自我夸耀。第六，"法天贵真，不拘于俗"。超凡脱俗，不受形相局限，腾云驾雾，悠游于天地之外，逍遥自由。第七，有种种俗人所没有的特异功能。第八，长生不死，超越生死。第九，有种种俗人所没有的精神相貌。有婴儿一般的容貌，肌肤像冰雪一般洁白，"人貌而天，虚缘而葆真，清而容物"④，神态松弛疏脱就如同春冰将融，敦厚质朴就好像原木未雕，辽阔沉静就好像大海汪洋无边，飘逸潇洒就好像长风疾吹不止。

　　这种理想人格，在后世道教里即被统称为仙。关于仙的具体内涵，《太平经》说："白日升天之人，自有其真。性自善，心自有明。动摇戒意不倾邪，财利之属不视顾。"⑤ 天师道经典《老子想尔注》描述说："古之仙士，

---

① 《道藏》第18册，第477页。
② 《道藏》第3册，第54页。
③ 王明：《太平经合校》，中华书局1960年版，第222页。
④ 《庄子义集校》，中华书局2009年版，第378页。
⑤ 王明：《太平经合校》，中华书局1960年版，第596页。

能守信微妙，与天相通，深不可识。"① 葛洪在《抱朴子内篇·至理》中描述仙人在仙境之所为说："瑶鼎俯爨，藻禽仰鸣，瑰华擢颖，天鹿吐琼，怀重规于绛宫，潜九光于洞冥，云苍郁而连天，长谷湛而交经，履蹑乾兑，召呼六丁，坐卧紫房，咀吸金英，晔晔秋芝，朱华翠茎，晶晶珍膏，溶溢霄零，治饥止渴，百疴不萌，逍遥戊巳，燕和饮平，拘魂制魄，骨填体轻，故能策风云以腾虚，并混舆而永生也。"②《抱朴子内篇·明本》中又说："夫得仙者，或升太清，或翔紫霄，或造玄洲，或栖板桐；听钧天之乐、享九芝之馔；出携松羡于倒景之表，入宴常阳于瑶房之中；曷为当侣狐貉而偶猿狖乎？所谓不知而作也。夫道也者，逍遥红霓，翱翔丹霄，鸿崖六虚，唯意所造。"③ 宋代陈葆光在《三洞群仙录·序》中说："仙者，养形以存生也。气专志一，不以好恶累其心，不以得丧汩其和，游心于澹，合气于漠，其至也，心静而神完，德全而不亏。故能出入虚无，独与道俱，寿同天地，飞升太虚，而为真仙矣。"④

从上可见，无论是道家所描述的理想人格，还是道教所追求的仙，都可用庄子所谓的"人貌而天，虚缘而葆真，清而容物"来概括，并可进而提炼为"虚"。

但是，应该看到，肉体不死无法证实。实际上，道家早就认识到这一点。《老子》第五十九章有"长生久视"之说。但《老子》第三十三章的"死而不亡者寿"之说实际上承认了肉体不死是不可能的。道教中事实上也存在着追求长寿和追求长生不死两种观点。唐代由于大量外丹中毒死亡的例子，道教的主流不得不把不死的理解从肉体不死转变为精神不死。而道本性"虚"，正好为这一转变提供了最好的逻辑中介，使得这一转变非常自然。这样一来，"仙者心学"这一南北朝时期就已提出的观点得到了人们的广泛认可并成为共识。诚如《太上说九幽拔罪心印妙经》所指出的："众生受诸恶业，皆由自心。妄想颠倒，不悟无为，一切罪根，皆从心起。"⑤

总之，通过虚这一道的本性的阐发，道教确立了长生不死之仙的具体内涵。于是，长生久视成为没有死亡的成仙梦想，早期通过导引求长寿，挑战

---

① 饶宗颐：《老子想尔注校证》，上海古籍出版社1991年版，第18页。
② 王明：《抱朴子内篇校释》，中华书局1985年版，第111页。
③ 王明：《抱朴子内篇校释》，中华书局1985年版，第189页。
④《道藏》第32册，第233页。
⑤《道藏》第2册，第42页。

生死大限；中期则对长生不死展开外在寻求，企图服药而成仙；后期则力图通过内炼成丹而成就不死的"金身"。唐代以前，人们执着于肉体不死，中唐以后，大多数道人们已经认识到，肉体不死不可能，转而追求精神不死。对仙的认识和贯穿这一过程的，都是对道之虚的体知、体察、体认和修炼。

第二节 生命哲学的主体性与实证性

（一）生命哲学的主体性

本体论哲学在认识论上张扬主体性。主体是与客体相对而言，指对客体有认识和实践能力的人。客体则是人认识和实践的对象。主体性是个性的核心，也称自我意识，能够自觉、主动地认识和调控自己的心理和行为。主体性越鲜明，对自己的行为指向、目的、方式就越明确。主体性最根本的内容是作为主体的人所表现出来的最突出、最集中的品质。主体性是能动性与受动性的辩证统一，也就是说，主体性只有在与客体的对象性关系中才能表现出来。道教哲学是一种本体论哲学，其主体性特征非常鲜明。但是，应该看到，与西方本体论哲学的主体性主要彰显于对身外之物——对象的认识与改造不同，道教强调个体修炼，因而，其主体性的作用对象主要是主体自身——生命，表现出生命哲学的特征。

道家已经认识到，按照道生化万物的程序，人和万物一样，有生就必然有死。但是，人如果认识到道的意义，能够自有归无，返璞归真而得道，那就能够摆脱死亡的宿命，与道一样永恒存在。道教继承了这一观点，进而补充论证说，这之所以可能，是因为人是万物中最有灵气的。如葛洪所说："有生最灵，莫过乎人。"① 陶弘景《养性延命录》开篇就说："禀气含灵，惟人为贵。"而"人所贵者，盖贵于生"②。人的灵明首先表现在，能够认识道的义理，自觉地把道的义理作为价值观指引自己的思想、言论和行为。这就是《老子想尔注》所反复强调的知道意、守道真、遵道诫。

其次，道教认为，人的灵明表现在，外在之天、外在之人格性的鬼和神，都不可能解决人的问题。能够解决人的问题的，只有人自己。早期道教经典

---

① 王明：《抱朴子内篇校释》，中华书局1985年版，第14页。
② 《道藏》第22册，第228页。

《太平经》就已大声告诫人们："人命近在汝身，何为叩心仰呼天乎？有身不自清，当清谁乎？有身不自爱，当爱谁乎？有身不自成，当成谁乎？有身不自念，当念谁乎？有身不自责，当责谁乎？复思此言，无怨鬼神。"① 这是道教人本主义的精彩表述。它奉劝人们，救世主是不存在的，只有自己才能对自己的生命负责，每个人都必须对自己的生命负责。例如，《太上洞渊神咒经》卷二说："生死在我。"②《谷神赋》也说："养神在心，不死由我。"③ 是生是死，全在于主体自我抉择。

再次，道教认为，人的灵明还表现在命运的管辖权、主导权和控制权掌握在自己手中，而不是在身外之天。为此，它提出了"我命在我不在天"的响亮口号。司马承祯《坐忘论·序》说："修短在己，得非天与，失非人夺。"④ 是得是失，是生是死，是寿是夭，都取决于自己。《修真十书·杂著捷径》卷二十五《天地交神论》说："人生天地之间，本终于天寿，若不知回忌之辰，而有万死之因，非天地所杀，乃人所自杀也。"⑤ 总之，命运就掌控在自己手中。

五代谭峭《化书·术化·动静》："阴阳可以召，五行可以役，天地可以别构，日月可以我作。有闻是言者，必将以为诞。夫民之形也，头圆而足方，上动而下静，五行运于内，二曜明于外，斯亦别构之道也。"⑥ "别构之道"的意思是天地是大宇宙，人是小宇宙，大小宇宙同源同构，相通相同，二者是统一的。所以，人能够如天地一样，掌控事物的变化，让事物做出符合人的需要、满足人的目的的变化。关于这一点，《阴符经》做了很有哲理的阐述。它宣称："宇宙在乎手，万化生乎身。"人经过修炼便与宇宙等值，与宇宙同一变化。到了这一阶段，手的运用就可以推吉凶，统摄变化，以掐诀之法指挥鬼神。《阴符经》进而论述说："观天之道，执天之行，尽矣。天有五贼，见之者昌。五贼在心，施行于天。宇宙在乎手，万化生乎身……人发杀机，天地反覆；天人合发，万变定基。"⑦

---

① 王明：《太平经合校》，中华书局1960年版，第527页。
② 《道藏》第6册，第8页。
③ 《道藏》第4册，第605页。
④ 《道藏》第22册，第643页。
⑤ 《道藏》第4册，第709页。
⑥ 《道藏》第23册，第594页。
⑦ 《道藏》第1册，第821页。

道教还认为，对命运的管辖权、主导权和控制权可以从身外之天那里抢夺过来。葛洪在《抱朴子内篇·论仙》中论述说："若谓受气皆有一定，则雉之为蜃，雀之为蛤，壤虫假翼，川蛙翻飞，水蛎为蛉，荇苓为蛆，田鼠为鴽，腐草为萤，鼍之为虎，蛇之为龙，皆不然乎？若谓人禀正性，不同凡物，皇天赋命，无有彼此，则牛哀成虎，楚妪为鼋，枝离为柳，秦女为石，死而更生，男女易形，老彭之寿，殇子之夭，其何故哉？苟有不同，则其异有何限乎？若夫仙人，以药物养身，以术数延命，使内疾不生，外患不入，虽久视不死，而旧身不改，苟有其道，无以为难也。"① 也就是说，人从天地那里所禀受之气并非固定不变，而是可以改变的。在他看来，天地之间，万物都在运动变化，没有一成不变的事物。运动变化是绝对的、普遍的，静止是相对的。正因为所禀可变，所以，人只要充分发挥主观能动性、积极性和创造性，就可以促成一切变化的发生。

此外，命运的管辖权、主导权和控制权之所以能够从身外之天那里抢夺过来，是因为道并非生化万物之后就不存在了，而是内在于人身中。《太上灵宝净明中黄八柱经》明确宣称："道非他求，本自我身。"② 即是说道是潜藏在人身中的，需要人去把它发掘出来。《西升经·我命章》第二十六假托老子说："我命在我，不属天地。"李荣注称："天地无私，任物自化，寿之长短，岂使之哉！但由人行有善有恶，故命有穷通。若能存之以道，纳之以气，气续则命不绝，道在则寿自长，故云不属天地。"③ 在李荣看来，人如果用特定的方法纳气，让元气饱满充盈，道自然会呈显出来，寿命自然得以延长至无限。正是在这个意义上，《修真十书》卷二十三说："自家知自家性命事，自家了得自家性命便宜。"④

把命运的管辖权、主导权和控制权从身外之天那里抢夺过来，它的内涵在于按照自然的规律，人有生就有死，人的理想寿命就是150岁左右，而实际上绝大多数人达不到。在它看来，人可以通过自己的努力，把命运的控制权从自然界那里夺回来，自己主宰自己的命运，把自己生命的控制权牢牢把握在自己手中。达到本有的寿命当然不在话下，由此更能改变自然界给予人的必然死亡的宿命，达到长生不死的理想目标。

---

① 王明：《抱朴子内篇校释》，中华书局1985年版，第14页。
② 《道藏》第24册，第618页。
③ 《道藏》第14册，第594页。
④ 《道藏》第4册，第706页。

那么，该如何把命运的管辖权、主导权和控制权从身外之天那里抢夺过来？道教的符箓派和丹鼎派都展开了探索。符箓派认为，宇宙与人是同源、同构、同质的，所以人能够与宇宙相感、相通、相渗透。这也是道士通过使用法术夺天地造化之秘的必要性根据。同时，宇宙结构理论中的时空不均匀理论，又为道士夺天地造化之秘提供了充分的根据。所以，道士运用符箓类法术能够得道、演道、行道。

丹鼎派包括外丹和内丹。关于外丹，早在东晋时期，葛洪就引《龟甲文》来论证外丹能够夺天地造化之权而改变人的命运，让人长生不死。他说："《龟甲文》曰：'我命在我不在天，还丹成金亿万年。'古人岂欺我哉？"① 如果说葛洪时代的外丹术所主张的以类比推理得出"服金者寿如金，服玉者寿如玉"的观念还有牵强附会之嫌的话，那唐代外丹术以元气为本的自然直符理论就精致圆润多了。

关于内丹，北宋刘希岳的《朗然子进道诗》述内丹之道，认为"若要长生兼出世，到头都在自身间"。长生不老在于自身的努力，所以他劝告那些礼拜烧香者，与其祈求外在的神灵，还不如"努力自修行"，通过修炼自身的丹药，夺造化之机，"只此云霄应有路，算来人命岂由天"②。对此，谭峭做了哲理的论证。《化书·大同》说："虚合虚，神合神，气合气，明合明，物合物。达此理者，情可以通，形可以同，同于火者化为火，同于水者化为水，同于日月者化为日月，同于金石者化为金石。惟大人无所不同，无所不化，足可以与虚皇并驾。"③ "虚皇"指元始，即造化。"与虚皇并驾"即夺造化之权。如何做到？即保养本真，以内丹而言即保养从道那里继承而来的本真之虚、本真之神、本真之气。

正是基于生命哲学的主体性，道教认为，仙和人并没有本质的不同，如果说有所差异，那无非是在志向、诚心、行为上的差别导致了仙与人的差别。《老子想尔注》对此有颇为全面的论述。它说："得仙之士，但贵道言故辙，成功事遂也。"④ "贵道言"是仙与人的差别之一。"仙王士与俗人，同知畏死乐生，但所行异尔。"⑤ 行为不同，是仙与人的差别之二。"吏民怀慕，则易

---

① 王明：《抱朴子内篇校释》，中华书局1985年版，第123页。
② 王沐：《悟真篇浅解》（外三种），中华书局1990年版，第11、118页。
③ 《道藏》第23册，第595页。
④ 饶宗颐：《老子想尔注校证》，上海古籍出版社1991年版，第22页。
⑤ 同上书，第25页。

治矣。悉如信道，皆仙寿矣。"① 是否"信道"，是仙与人的差别之三。"道诚甚难，仙士得之，但志耳，非有伎巧也。"② 仙人有志向、有毅力、遵守道诫，是仙与人的差别之四。总之，仙不过是人修炼而成的，是修炼者中的"成功人士"。

（二）生命哲学的实证性

"我命在我不在天"这一口号是在道教长生不死、得道成仙的终极理想的指导下提出来的。它并非哗众取宠的空洞口号，而是踏踏实实的行动纲领。以它为基础的道教生命哲学具有极强的实证性。从原则上说，人们可以通过检验证据而确认或否定某一非规范性的描述性命题。

葛洪系统地阐释了神仙存在的观点。他的主张是："变化者，乃天地之自然。"在他看来，物质变化是客观的、绝对的。人作为万物之灵长，能发挥主观能动性认识自然的变化，能让这些变化为人所用。葛洪进一步从人工变化的有效性推出了人可以通过修炼变形为仙的结论。《抱朴子内篇·对俗》说："若道术不可学得，则变易形貌，吞刀吐火，坐在立亡，兴云起雾，召致虫蛇，合聚鱼鳖，三十六石立化为水……幻化之事，九百有余，按而行之，无不皆效，何为独不肯信仙之可得乎？"③ 葛洪进而发挥说，万物普遍联系，相互影响，各种情况都有可能出现。天地之大，无奇不有，人所未知、未见、未听说过的事物太多太多了，不能因为不知道、没见过、没听过某事物就断言它不存在，仙也如此。在他看来，仙如果不存在，那么历世记载传闻难道都是假的？他认为仙不仅存在，而且每个人都有可能修炼而成。

唐代道教学者吴筠从更高的哲理论证了仙的存在。他说："有以无为用，无以有为资，是以覆载长存，真圣不灭。故为生者，天地之大德也。"④ "真圣"即太上老君，是道的人格化崇拜对象。有与无相资互用，道生化万物的机制无时无刻不在起作用，"真圣"作为有、无转化的中介也随时发挥着作用，所以人应该效法道的机制追求长生。人能够"混同有无"的根据在于："道能自无而生于有，岂不能使有同于无乎？"道既能生化人，人当然也就能通过修炼而归返于道。当修炼到形超性彻时，就"可使有为无，可使虚为

---

① 饶宗颐：《老子想尔注校证》，上海古籍出版社1991年版，第38页。
② 同上书，第42页。
③ 王明：《抱朴子内篇校释》，中华书局1985年版，第46页。
④ 《道藏》第23册，第661页。

实"①。归返于道之人，就是仙。

道教认为，仙并非天生的，也非前世注定命中有的，更非气禀完满所决定的。道教众多的神仙中，只有元始天尊是天生的，除他之外所有的神仙，都是累劫修炼而成的。《老子想尔注》说："不劝民真道可得仙寿，修善自勤，反言仙自有骨录；非行所臻，云无生道，道书欺人，此乃罪盈三千，为大恶人。"② 也就是说，不让老百姓知道修道可得仙寿，反而说仙天生就是有骨录的人，是大恶人。葛洪更加系统地论述了神仙并非天生有种的观点："亦有以校验，知长生之可得，仙人之无种耳。"③

那么，为什么有的人对成仙有兴趣，愿意孜孜不倦地努力修炼，有的则对仙道漠然呢？葛洪在《抱朴子》中解释说，对仙道有兴趣者是因为"受命应仙"，修仙者是受命偶值神仙之气，为自然所禀。言下之意，那些对仙道漠然的人，只要改变了观念愿意努力修炼，还是可以成仙的，并非他们本来就不能成仙。嵇康的《养生论》则直接断言，仙是禀受异气，非积学所能致。陶弘景的《真诰·甄命授第一》所记录的清灵真人裴玄仁的观点则是："人生有骨录，必有笃志，道使之然。若如青光先生、谷希子、南岳松子、长里先生、墨羽之徒，皆为太极真人所友，或为太上天帝所念者，兴云驾龙以迎之，故不学道而仙自来也。过此以下，皆须笃志也。"④ 按这里所说，除了青光先生等极少数人可以不学而仙外，其他人都必须笃志苦学才有成仙的可能。这是一种调和的观点。唐代的吴筠也以"两有"的观点持调和的立场，修仙得具有仙"骨"，"禀阳灵之气"，即有先天的才质。具备这一条件才会对仙道感兴趣。这还不够，还得有慕仙之心，有后天的"学"和"炼"的功夫才成⑤。这就是说，成仙"有不因修学而致者，禀受异气也。有必待学而后成者，功业充也。有学而不得者，初勤中堕，诚不终也。三者各有其旨，不可以一贯推之"⑥。吴筠依据修炼成仙的难易程度把人划分为上、中、下三等，并把关注的重心放在中等人身上：

> 夫道本无动静，而阴阳生焉；气本无清浊，而天地形焉。纯阳赫赫

---

① 《道藏》第23册，第676页。
② 饶宗颐：《老子想尔注校证》，上海古籍出版社1991年版，第23页。
③ 王明：《抱朴子内篇校释》，中华书局1985年版，第110页。
④ 《道藏》第20册，第519页。
⑤ 同上书，第681页。
⑥ 同上书，第659页。

在乎上，九天之上无阴也；纯阴冥冥处乎下，九地之下无阳也。阴阳混蒸而生万有，生万有者，正在天地之间矣。故气象变通，晦明有类，阳以明而正其粹为真灵，阴以晦而邪其精为魔魅。故禀阳灵生者为睿哲，资阴魅育者为顽凶。睿哲惠和，阳好生也；顽凶悖戾，阴好杀也。或善或否，二气均合而生中人。三者各有所禀，而教安施乎？教之所施为中人尔。何者？睿哲不教而自知，顽凶虽教而不移，此皆受阴阳之纯气者也。亦犹火可灭不能使之寒，冰可消不能使之热，理固然矣。夫中人为善则和气应，为不善则害气集。①

他认为，道生元气，元气生阴阳。阳生天，阴成地。天地相交，阴阳融混而生万物。纯阳之气清、明、真、灵，故所生之人聪睿而为圣哲，性格平和而好生；纯阴之气晦、邪、魅、愚，故所生之人愚昧、顽固而凶恶，生性悖戾而好杀。阴气阳气混合而生的，就是介乎圣哲和顽凶之间的一般人。这类"中人"占总人口的绝大多数。吴筠说："玄圣立言，为中人尔。"② 之所以圣贤立言是为中人，不仅因为中人数量庞大，更是因为圣哲是不教而自知的，用不着教化。顽凶则即使教化也不可能有所改变，同样用不着教化，需要教化的只有中人。中人只要按照圣哲的教化行善并踏实地修行，就能够生长和气，消灭害气，成为仙人。吴筠认为，神仙之道"无为无形有情有信"，"人能思道，道亦思人；道不负人，人负于道"③。他具体指出了远于仙道和近于仙道的七种情形。在他看来，只要自己努力，方法正确，不"负于道"，则仙是可学的，学是能够成功的。吴筠的观点，代表了内丹学的基本观点。

那么，如何学道成仙呢？《老子想尔注》指出："欲求仙寿天福，要在信道，守诫守信，不为贰过。"④ "奉道诫，积善成功，积精成神，神成仙寿，以此为身宝矣。"⑤ 葛洪进行了更系统的论述，要求修仙者有无比坚定的信念和意志，勤求明师，守一合道，积功累德。要把服气、导引、房中、金丹大药、符箓法术等组合为一个术的体系，根据自身状况和修炼的不同阶段，使用不同的术。这其中，他认为金丹大药是最有价值的术。此后的内丹也强调，

---

① 《道藏》第23册，第675页。
② 同上书，第680页。
③ 同上书，第661页。
④ 饶宗颐：《老子想尔注校证》，上海古籍出版社1991年版，第31页。
⑤ 同上书，第16页。

要安炉立鼎，勤采勤炼药物，抓住时机，把握火候，进行脚踏实地的修炼。

实修实证，追求证验，是道教一贯的特点。外丹如此，内丹亦然。白玉蟾在《玄关显秘论》中说："若此修丹之法，有何证验？陈泥丸云：初修丹时，神清气爽，身心和畅，宿疾普消，更无梦昧。百日不食，饮酒不醉。到此地位，赤血换为白血，阴气炼成阳气，身如火热，行步如飞。口中可以干汞，吹气可以炙肉。对境无心，如如不动，役使鬼神，呼召雷雨，耳闻九天，目视万里。遍体纯阳，金筋玉骨，阳神现形，出入自然。此乃长生不死之道毕矣。"①

近代道教学者陈撄宁同样倡导修仙的实证性。他在《答上海钱心君七问》中指出："神仙要有凭有据，万目共睹，并且还要能经过科学家的试验，成功就说成功，不成功就说不成功，其中界限，俨如铜墙铁壁，没有丝毫躲闪的余地。譬如我自己是个学仙的人，设若侥幸将来修炼成功，必有特异之处，可以显示给大家看见，倘仍旧不免老病而死，又无丝毫神通，你们切切不要烘云托月，制造谣言，说我已经得道，免得欺骗后人。"② 在陈撄宁先生看来，神仙家走的道路就是一条实证的路，所以他说："我劝君还是走神仙家实修实证这一条路罢。"③ 总之，强调实证，是道教生命哲学的重要特色之一。

第三节　生命哲学的超越性

道教要求人们脚踏实地修炼，目的是超越当下的有限和相对，趋于无限和绝对的道。有学者指出："超越性是道教生命哲学的一个显著特性。所谓'超越'，对道教来说，就是超越生命的死亡，走向无限，到达永恒；就是超越天人对立，挣脱天加于人的生命的桎梏，实现人的生命对于自然的主宰。这是道教生命哲学超越性的内涵。因此，神仙不死是道教讲超越的关键所在。"④ 如何实现这种超越？从哲学上来说，主要就是处理好天人关系，实现天人合一，达到"天人无二"⑤。

---

① 《道藏》第4册，第617页。
② 洪建林：《仙学解秘——道家养生秘库》，大连出版社1991年版，第511-512页。
③ 陈撄宁：《道教与养生》，华文出版社1989年版，第331页、第333页。
④ 李刚：《道教生命哲学的特性》，《江西社会科学》2004年第9期。
⑤ 本节内容系根据笔者所写的《丹经之祖——张伯端传》（孔令宏、韩松涛合著，浙江人民出版社2007年版）第94-101页修改而成。

农业是中国古代社会的主导产业。农业生产与土壤、季节、气候等地理条件有紧密的联系。这样的经济基础必然会在上层建筑上有反映，其中反映在哲学上，就是天人合一的观念。这一观念出现很早，商周时期就已经在文字上有明确的记载，并在春秋战国时期诸子百家的思想学说中得到了详尽的阐发。其中，道家、与道家有关的中医药学、汉代兴起的道教等，尤其强调这一观念。道教还具体提出，"人身中自有一壶天"，天是大宇宙，人是小宇宙，是大宇宙的缩影，大小宇宙之间息息相通。

道教丹鼎派便秉承了天人相应、相合的观念。外丹术中，炉鼎的结构要效仿天地之形："金鼎者，上应乎天，中应乎人，下应乎地。天地相应，人斯昌泰矣。天倾地侧，万物斯丧矣。故易曰：先天而天弗违，后天而奉天时。"① 外丹烧炼必须合天地之象，效法天地运行的规律："故至人者，先立鼎以象天地，于是日月星辰，四象五行，因鼎而立焉。其炼之也，不失乎星点，含五行之色象，而后为至也。夫阴阳不交，天地斯闭塞矣。若天降地腾，山泽通气，不可不交，故天地有开阖焉，日月有交映焉。至人则而行之，三十有六旬一启发，涤濯增合焉。此其九转者耶。"② 唐代晚期兴起的内丹术继承了此前道教天人合一，大宇宙与小宇宙息息相通的观念，并把它具体化到自己的理论体系中去。内丹理论和实践操作功夫，内丹所涉及的炉鼎、药物、火候三要素及其关系的处理，无一不渗透着天人合一的哲学观念。

依据天人合一的观念，天与人息息相关，人如果按照天的规律进行活动，自然能够获得理想的结果。道教修炼的最终目标是追寻永恒不朽、无限长存的道，而人的生命则是有限的、短暂的。如何解决这二者之间的矛盾呢？道教很早就开始思考这个问题。道教的神仙传记中有"天上一日，尘世千年"的思想，外丹烧炼中为解决服食经过短暂烧炼的丹何以能够获得永恒的道的问题时，已提出过类似的观点。就内丹修炼而言，《道枢·入药镜上篇》记载，唐代崔希范已经提出："吾取象日月时焉，然取年行不如月行矣！取月行不如日行矣！取日行不如时行矣！时可以夺日之功，日可以夺月之功，月可以夺年之功。"③ 在综合了前人思想的基础上，晚唐五代时期，以钟离权、吕洞宾为代表的钟吕内丹学派提出了时间攒簇理论。

---

① 《道藏》第20册，第805页。
② 同上书，第770页。
③ 同上书，第810页。

钟吕学派认为，解决天永恒无限而人的寿命短促有限的矛盾的关键是以人合天。对此，《道枢·九真玉书篇》记载，吕洞宾说：

> 亥子丑之时者，应天之冬者也。阴升于天心，阳降于水府，温养于肾，变炼于骨，亦如山石受天地阴阳之气，化成金银铜铁者也。寅卯辰之时者，应天之春者也，阴降于华盖，阳升于鼎鬵之上，温养于肝，生成于筋脉，亦如于地草木受阳和之气，以生华叶苗蔓者也。巳午未之时者，应天之夏者也，阴降于水府，阳极于火宫，温养于心，变成于血脉，真阳烧炼而为白乳者也。申酉戌之时者，应天之秋者也，阳极而降地，阴复而升天，温养于肺，变换于皮肤者也。昼夜以应乎四时，阴阳以守乎一体，此入圣之道也。

他认为，作为修炼目标的道是天道。修炼要以心、肾、肝、肺四者分别对应天、地、日、月，以人的心肾交合对应天地的阴阳升降；以肝肺的传送，对应天道日月的往来。如此一来，天地日月就在人身中，只要在自己身中仿效、模拟天地日月运行之道，就可与天地日月一样永驻长存。换句话说，以人道合天道而至于天人合一，人与道就等同无间了。做到这一点，意味着人已证道、得道。

吕洞宾以子、丑、寅、卯、辰、巳、午、未、申、酉、戌、亥十二支来量度人体阴阳二气之循环状态，并将其与天地大宇宙之春、夏、秋、冬相对应。在他看来，天、地、人之所以能够这样相互参同，是因为三者遵循着同样的阴阳变化规律。正是根据这一点，钟、吕学派认为人体一日24小时的修炼可以夺天地一年二十四节气之造化。他的弟子施肩吾在《西山群仙会真记》卷一中说：

> 月者，太阴之精也，阴不得阳则不生，所以月受日魂而为明也；日者，太阳之精也，阳不得阴则不成，所以日得月魄而见也。试言乎内则犹肾气传于肝气，肝气出而肾之余阴绝矣，所以魂生于肝焉。心液传于肺液，肺液生而心之余阳绝矣，所以魄生于肺焉。于肾气之中而取真一之水，心液之中而取正阳之气，即真一之水为胎，如日魂得月魄而明也；真一之水得正阳之气为主，如月魄得日魂而照也。一岁有二十四气，一日之间，亦有二十四时焉。

后世有的内丹家进一步提出，一息之中也有春、夏、秋、冬四至。根据这一点继续推论，则一息之修炼从理论上说也可夺尽一年造化之功。

但是，人体的阴阳变化规律毕竟有自己的特殊性。对此，施肩吾在《西山群仙会真记·识时》卷一中说："岂知真炁大运随天，春在肝，夏在心，秋在肺，冬在肾。元炁小运随日，子在肾，卯在肝，午在心，酉在肺。天地之春夏秋冬，日月之弦望晦朔，人之子午卯酉，正相合也。"① 人体内气的运行在受天地自然之气的运行规律制约的同时，也有自己的独特性。真炁大运和元炁小运各自运动周期的时间标度是不一样的。施肩吾根据这一观点建立起时间攒簇理论，并力图在人体真气运行周期中寻找真阴、真阳发生之机。据《道枢·修真指玄篇》记载："天地之春夏秋冬，日月之晦弦望朔，人之子午卯酉，四时同焉。知其时候，以法致之，则丹全气足，可以长生；炼气成神，可以入圣。"② 人体时间与自然的时间是同构的。天地的春、夏、秋、冬，太阳与月亮的晦、弦、望、朔，人体的子、午、卯、酉，三种气的运行周期固然有长短之别，但都有类似的转折点和运行规律。这种共同性为在人体小宇宙中进行内丹修炼提供了一个基本的参照系。但是，内丹修炼毕竟是在人身中进行，所以必须以人体小宇宙的内在时间为依据，而不能拘泥于外在的天地大时间系统。修炼内丹不必等待一年的冬至、一月的朔日、一日的子时——天地之气运行的阳生之时，而要在一日之中寻找阴阳消长之机，即内丹家所谓的子、午二时。就一天的修炼而言，内丹修炼不应该拘泥于天地大自然的子时，即死子时，而应该寻找活子时，即人体真气自身运行的阳生之时。这样，根据时间攒簇理论，可以把天地一年的运行周期攒簇于太阳月亮一月的运行周期中，将一月的周期攒簇于人体真气一日的运行周期之中。这样，按照钟吕学派的思辨逻辑，通过气机运行周期的同构性时间标度变换，可以大大缩短内丹修炼的过程，解决人以有限的生命何以可能得无限的道的问题，并可以掌握人体的阳生之机的活子时而利用之③。

张伯端继承了钟吕学派的时间攒簇理论。《悟真篇·七言绝句》第三十五首说："日月三旬一遇逢，以时易日法神功，守城野战知凶吉，增得灵砂满鼎红。"翁葆光对此注释说："太阳太阴一月一次相交，圣人知而则之，移

---

① 《道藏》第4册，第425页。
② 《道藏》第20册，第703页。
③ 孔令宏：《宋明道教思想研究》，宗教文化出版社2002年版，第59－62页。

一月为一日，移一日为一时。"① 戴起宗也在《紫阳真人悟真篇注疏》卷四中对此解释说："以时易日者，时中自有子午，其阴阳、始终，皆与天地日月同度。"② 时间攒簇理论认为年、月、日、时四种时间系统存在着相同的结构与消长周期规律，所以内丹修炼能够把一年攒入一月中，把一月攒入一日中，把一日攒入一时之中。

张伯端认为，天地、日月与人体虽然都是阴阳之道的表现形式，但它们却各自具有独特的运行节律。故丹家在援引天道参证丹道时，不可对三者作简单比附，而应遵循时间攒簇法则，将三者的运行节律予以转换。在修炼内丹时，可将一年的造化攒入一月之中，一月攒入一天之中，一天攒入一时之中。如他以《周易参同契》所阐述的"月体纳甲说"为基础阐述说："冬至一阳来复，三旬增一阳爻。月中复卦朔晨超，望罢乾终姤兆。日又别为寒暑，阳生复起中宵。午时姤卦一阴朝，炼药须知昏晓。"③ 这是以具体卦例来阐述时间攒簇法则，即冬至一阳生为复卦，三十日增一阳爻为临卦，又三十日为泰卦，再为大壮卦，为夬卦，为乾卦，乃是阳火之候；阳极则阴生，故夏至一阴生，为姤卦，三十日增一阴爻，为遁卦，再为否卦，为观卦，为剥卦，为坤卦，乃是阴火之候。阴极而阳生，周而复始，这是一年的气候。将其移入一月之中，则以朔旦为复，至望日为纯阳，十六日为姤，一阴始生，再至坤卦，是一月气候周天大数。再将一月之候移在一天之中，则以夜半子时一阳生为复卦，午时一阴生为姤卦。张伯端认为，一日、甚至一时之中也有与一年相同的造化周期，只要找到其运行节律，则凭一日、一时的修炼便可以夺一年的造化之功。因此，他得出了"赫赤金丹一日成"的惊人结论："赫赤金丹一日成，古仙垂语实堪听。若言九载三年者，总是推延款日程。"④ 在张伯端看来，一日、一时之中有与一年相同的阴阳造化周期，如果把握了其运行节律，则凭一时、一日之修炼便可夺一年的造化之功，经过有限时间的内丹修炼就可以了证、获得无限的道。这就解决了人何以可能在短暂的生命历程中证得无限的道的矛盾问题。

---

① 董沛文主编：《悟真抉要》，宗教文化出版社2010年版，第136页。
② 同上书，第137页。
③ 王沐：《悟真篇浅解》（外三种），中华书局1990年版，第151-152页。
④ 同上书，第119页。

第四章
道教生命哲学之心性论

第一节 道性论

人得道成仙的根据和可能性的探讨,是道教哲学中至关重要的问题。我们把道教哲学中的这部分内容称为道性论。道性论是从道的本体论过渡到人生修养和精神超越的理论中介,即从天人合一经天人相分重新回到天人合一,本质上是道教生命哲学的一部分。一言以蔽之,道性论是道教本体论的引申,是本体论的升华,也是本体论的历史归结[①]。

(一) 由天道到人性

《庄子·天地》说:"故通于天者,道也;顺于地者,德也;行于万物者,义也;上治人者,事也;能有所艺者,技也。技兼于事,事兼于义,义兼于德,德兼于道,道兼于天。"这是一个循环的结构,即从天人合一到天人相分,又重新返回到天人合一。具体来说,就是由天道来理解物的产生的本源,就万物的运动变化来理解天道的本体,合理利用人身之外的万物来促进个体生命和社会的发展,这本身就是遵循天道,就是与人、物的本源和本体相统一。也就是说,人由自然的本源来,也要回归到自然的本源去;人是受自然的本体的驾驭而生,也要遵循自然的本体而存。人的生存,无非就是

---

① 本节系根据笔者所写《宋代理学与道家、道教》(中华书局 2006 年版)第 565-643 页的部分内容修改而成。

天道显示自己存在的一种方式罢了。道教也是如此。成玄英在《庄子疏·序》中阐述《庄子》的思想结构说："内篇明于理本，外篇语其事迹，杂篇明于理事。内篇虽明理本，不无事迹；外篇虽明事迹，甚有妙理，但立教分篇，据多论耳。"谈到各篇的思想顺序时，《庄子疏·序》说："所以逍遥建初者，言达道之士，智德明敏，所造皆适，遇物逍遥，故以逍遥命物。夫无待圣人……故能大齐于万境，故以齐物次之……可以摄卫养生，故以养生主次之……可以处涉人间，故以人间世次之……内外相冥，故以德充符次之……可以匠成庶品，故以大宗师次之……既而驱驶群品，故以应帝王次之。骈拇以下，皆以篇首二字为题，既无别义，今不复次篇也。"① 可见，成玄英是把《庄子》的思想视为贯通宇宙形而上和形而下、宇宙论和心性论的完整体系来看待的。其中，宇宙论是心性论的基础和根据。这个思想，《太平经钞一部》表达得很明确："夫一者，乃道之根也，气之始也，命之所系属，众心之主也。"② 既然这样，对"一"的探讨就不是目的，目的是解决人安身立命的问题。对此，杜光庭说："穷极万物深妙之理，究尽生灵所禀之性，物理既穷，生性又尽，以至于一也。"③ "一"既是宇宙的本根，也是人的终极归宿。对此，徐复观在《中国人性论史》中分析说："老学的动机与目的，并不在于宇宙论的建立，而依然是由人生的要求，逐步向上推求，推求到作为宇宙根源的处所，以作为人生安顿之地。因此，道家的宇宙论，可以说是他的人生哲学的副产物。他不仅是要在宇宙根源的地方来发现人的根源，并且是要在宇宙根源的地方来决定人生与自己根源相应的生活态度，以取得人生的安全立足点。"④ 道教则把这一点向前推进了一步，不仅要取得"人生的安全立足点"，而且要使个体生命与道一样永恒长存，即得道成仙。

天人关系是道家、道教关心的问题，天人合一是他们都赞成的。道家、道教这种关于人的实际生命体验的问题，实际上是天与人的关系问题，即天人怎么沟通的问题。

《庄子·山木》提出了"人与天一也"的命题，并解释说："有人，天也；有天，亦天也。"《庄子·达生》也说："夫形全精复，与天为一。"庄子

---

① 《庄子注疏》，中华书局2011年版，第2页。
② 《道藏》第24册，第314页。
③ 《道藏》第14册，第311页。
④ 转引自张松如等著：《老庄论集》，齐鲁书社1987年版，第86页。

所谓的天，都是无为而自然之意。他的天人合一实际上是"以天合天"①，人被忽视了。老庄对这个问题解决得不很好，所以被批评为"蔽于天而不知人"。稷下道家对此已经有明确的认识。《管子·心术下》说："一言触之，上察于天，下察于地。"② "察"是人去"察"，这就引入了人。《管子·内业》也说："天主正，地主平，人主安静。春秋冬夏，天之时也；山陵川谷，地之枝也；喜怒取予，人之谋也。"③ 这样，天、地、人被联系为一个整体，人的主观能动性也有所体现。总体来说，在处理天人关系上，道家是从天道推衍出人道。道教方面，《老子河上公章句》主张："元气生万物而不有。"④《老子想尔注》也说："有道精，分之与万物，万物精共一本。"⑤ 由于天和人都有"元气""道精"等共同的本源，所以："天道与人道同，天人相通，精气相贯。人君清静，天气自正。人君多欲，天气烦浊，吉凶利害皆由于己者。"⑥ 此后，道教丹鼎派因修炼之术的不同而分为外丹与内丹两派。外丹主张服食丹药，视实有的物质性的丹药为道的化身，服食后就可以得道，像道一样长生不灭，为此就必须说明这何以可能。所以，华阳复在《洞玄灵宝自然九天生神章经注》提出了"天人一贯"的命题。天既然与人一致，那服食与天相同的丹当然就可以与天一样不朽。那么，在具体操作上，就要如彭晓《周易参同契分章通真义·序》中替魏伯阳表达出来所说的："撰《参同契》者，谓修丹与天地造化同途。"⑦ 所谓"天地造化"，即《庄子·大宗师》所说："今一以天地为大炉，以造化为大冶，恶乎往而不可哉！"这就是说，修丹要遵循天地生化万物的机理、万物运动变化的规律。至于内丹，因为它要解决人的生命永恒存在的问题，而人生活于天地自然之中，与自然的阴阳消长、动静循环的运动变化过程息息相关，所以它强调要本着天人合一的核心原则，通过依时、合节、推气、测候，以铢爻为准则，精确地把天地万物顺而产生的程序和运动变化的节律、周期、规律搞清楚，然后颠倒它来指导修炼内丹，掌握气机变化中的衰旺、升降、浮沉、清浊，从而"与万物消息于

---

① 《庄子义集校》，中华书局2009年版，第359页。
② 梁运华校点：《管子》，辽宁教育出版社1997年版，第118页。
③ 同上书，第140页。
④ 《道藏》第12册，第1页。
⑤ 饶宗颐：《老子想尔注校证》，上海古籍出版社1991年版，第27页。
⑥ 《道藏》第12册，第14页。
⑦ 《道藏》第20册，第131页。

生长之门",甚至,要把天纳入自己的心中,正如《黄庭内景经·释题》所说:"黄者中央之色也。庭者四方之中也。外指事,即天中、人中、地中;内指事,即脑中、心中、脾中。故曰黄庭。内者,心也。景者,象也。外象谕,即日、月、星辰、云霞之象;内象谕,即血、肉、筋骨、藏府之象也。心居身内,存观一体之象色,故曰内景也。"① 无论是道家还是道教,为了使自己坚定信念、取信于人和进行修炼,必须以对天人关系的探讨作为自己价值论的基础,遵循天道。道教在具体修炼上把遵循天道作为人道,在修炼的总体方向上又企图逆反天道散生万物的方向而回归天道,从而把道家法天道以成人道的思想内在地包容进来,这就好比逆水行舟同样要识水性一样。

这一思想含有天人本为一体的意思。对此,《庄子·齐物论》:"天地与我并生,而万物与我为一。"这就意味着,在天人关系中,天为一方,人为一方,人应该起主动作用。这个思想,有一个发展的过程。在先秦道家那里,人是渺小的,只能绝对遵循天的自然规律。稷下道家开始,这个观点有了一定的变化。黄老道家则比较强调人的积极性。道教进一步强化人的积极性、主动性、创造性,提出了"我命在我不由天"的光辉命题。《西升经·我命章》假托老子说:"我命在我,不属天地。"对此,李荣注释说:"天地无私,任物自化,寿之长短,岂使之哉!但由人行有善有恶,故命有穷通。若能存之以道,纳之以气,气续则命不绝,道在则寿自长,故云不属天地。"②《修真十书·杂著捷径》卷二十三说:"自家知自家性命事,自家了得自家性命便宜。"③

对人的主动性的强调意味着人可以把握和利用天道。这必须以把天道内化于人的头脑中为前提。也就是说,必须对天道做出主观化的解释。

在道家、道教那里,生、成、养、育被视为天道的本性,但实际上,天道同时也在毁、坏、灭、绝,只取其一而不取其二本身就是一种主观的价值选择,生生不息被作为道的本性,这事实上就是对道的主观化的解释。何况,修道体道虽可以返璞归真,但道毕竟是修持对象。而且,道作为自然本体,虽然也存在于人身中,但存在于身中的毕竟只是部分,是偏而不是全。那么,作为主体的人怎么可能修成外在于人的客体呢?这在逻辑上就出了问题。庄

---

① 《云笈七签》,华夏出版社1996年版,第57页。
② 《道藏》第14册,第594页。
③ 《道藏》第4册,第706页。

子的"心斋""坐忘"暗含有通过把道主观化，在操作上以"悟"来解决这一矛盾的意思。王玄览在《玄珠录》卷上提出了"道在境智中间"的解决方案，但道在道教那里毕竟是本源和本体，也是修持的目的。所以这个方案没有被广泛接受。把道直接主观化的尝试行不通，那在道家、道教的基本概念中，就只剩下气、理两个概念了。《太平经》尝试过把气主观化为"太平气"，但气毕竟自然实体性太强，《太平经》的做法显然也不成功。唯一剩下的就只有理这个概念了。

魏晋玄学承续道家思想，把天道解释为天理，同时又融入了儒家思想。如郭象说："人之一身，亦有君臣之别，至如见色则目为君而耳为臣，行步则足为君而手为臣也，斯乃出自天理，岂人之所为乎！非关系意亲疏，故为君臣也。郭主云：时之所贤者为君，才不应世者为臣。治国治身，内外无异。"[1]

受上述思想影响，道教也持有同样的主张。华阳复在《洞玄灵宝自然九天生神章经注》中提出了"天与人无二理"的命题。唐代李约认为，《老子》的"人法地，地法天……"应断句为"人法地地，法天天，法道道，法自然"。他说，域中有四大，即天、地、道、王。王应该"法天、法地、法道之三自然妙理而理天下也"[2]，即法天道之理而治理天下。理成了沟通主观和客观的中介和桥梁。后来的道教学者继承了这一思想，进而把修一己之身与治天下之国统一起来，如杜光庭认为："会理身则知理国。"天真皇人谓黄帝曰："未闻身理而国不理者。夫一人之身，一国之象也。胃腹之位犹宫室也，四肢之别犹郊境也，骨节之分犹百官也，神犹君也，血犹臣也，气犹民也。知理身则知理国矣。爱其民所以安国也，悋其气所以全身也。民散则国亡，气竭则身死，亡者不可存也，死者不可生也，所以至人销未起之患，理未病之疾，气难养而易浊，民难聚而易散。理之于无事之前，勿追之于既失之后。"[3] 这就使得道教的基本教义与儒家的思想会合起来了。道教强调法天、治国、修身，并且把修身归结为修心、复性等。同时，对神仙说的强调又使得道教还留有自己的特质而不会被儒家所同化。

天道被主观化为理，理怎么与人结合起来呢？道家、道教把它解释为性，

---

[1] 《道藏》第16册，第292页。
[2] 《道藏》第12册，第322页。
[3] 《道藏要籍选刊》，上海古籍出版社1989年版，第2册，第46页。

即天道在物上的体现是物性，在人身上的体现就是人性。张果在《道体论》中说："问：所言道者，圆通化始，是何等始？答曰：是物性之始。何以得知？章云：得者遂成物终，则知性起于道，形生于德。"① 道与气共同完成生化万物的任务。生化完成后，道仍然存在，它落实到物上就是物性，落实到人上就是人性。之所以有物性与人性的区别，是因为它们所禀的气有清、浊、厚、薄等区别。

天人关系的另一个问题是人在宇宙中的定位。它要解决的是天道与物性、人性的关系问题，也就是人性是否有相对于物性的与天道更加接近、紧密的关系。

"人为万物之灵"是儒家的传统观点，道家却不赞成这一观点。庄子反对这一点，一方面是由他的自然宇宙意识的立场所决定的，另一方面则因为他是站在已经得道的高度来看待这一问题②。庄子的弊病，诚若朱熹所说，就是有体而无用，即少了功夫论的内容。别人对他的道，只能景仰却无法企及。他虽然强调道可修可得，却没有为人们提供出修道得道的方法和途径（除了心斋、坐忘之外，余无所及）。所以，倘若从修道的起点来看，庄子实际上也不得不赞同这一观点，否则人修道成道的可能性就不复存在了。庄子的不足，由道教吸收儒家思想来弥补了。所以，道教是明确赞成"人为万物之灵"这一观点的：

> 人乃天地之子，万物之长也。③
> 一切万物，人为最贵。人能使形无事，神无体，以清静致无为之意，即以道合。④
> 夫人是有生最灵者也。⑤
> 有生最灵，莫过于人。夫陶冶造化，莫灵于人。⑥
> 夫禀气含灵，唯人为贵。人所贵者，盖贵为生。生者，神之本；形

---

① 《道藏》第22册，第881页。
② 此即《老子》第二十五章所说的"道大，天大，地大，人亦大。域中有四大，而人居其一焉。人法地，地法天，天法道，道法自然"。"人"字帛书本、王弼本均作"王"，但王弼注仍用"人"字释"王"："天地之性人为贵，虽不职大，亦复为大。"
③ 王明：《太平经合校》，中华书局1960年版，第124页。
④ 《道藏要籍选刊》上海古籍出版社1989年版，第10册，第16页。
⑤ 同上。
⑥ 王明：《抱朴子内篇校释》，中华书局1985年版，第14、46页。

者，神之具。①

夫万物以人为贵，人以生为宝。②

道教要修炼成仙，如果不承认万物皆有道性，则外丹学烧炼金丹服食而成道和各种役使事物的道术以帮助人得道成仙的根据就不存在了。如果不承认人为万物之灵，则内丹学主张人修炼内丹而成仙的可能和根据同样也会不复存在。

（二）二重化的道性论

道家、道教为了得道修炼，靡废时日，要付出惨重的常人难以付出的代价。为此，是否能够得道，或是否能够成仙长生不死，它的根据和可能性何在，就成了道家、道教不能不给予高度重视的一个关键问题。所以，道家、道教，尤其是道教，对道性论的探讨花费了不少心血，也取得了相当大而多的成果，这给后人诸多启发。

道家、道教的道性论，围绕着先天与后天、气与理、理想与现实等矛盾，展开了广泛而深入的探讨。

"道性"一词首见于《老子河上公注》对"道法自然"一句的注："道性自然，无所法也。"③ 实际上，《老子》及《庄子》就已经谈到了道的自性及体性。《老子》中提到了"道法自然"，陈鼓应解释说："'道'法自然就是'道'性自然，'自然'是'自己如此'的意思。由'道'的自性而显示创生万物的无目的性和无意识性。"④《庄子》中对性有了比较明确的论述。《庄子·庚桑楚》："性者，生之质也。性之动谓之为，为之伪谓之失。"同样的意思在《庄子·骈拇》也有："骈拇枝指，出乎性哉。而侈于德，附赘县疣，出乎形哉。而侈于性，多方乎仁义而用之者，列于五藏哉，而非道德之正也。"对此，陆德明《经典释义》引司马彪的注释说："性，人之本体……性者，受生之质，德者，全生之本。"成玄英疏："出乎性者，谓此骈指二指，并禀自然，性命生分中有之。"⑤《庄子·天地》："形体保神，各有仪则，谓之性。"成玄英疏："禀受形质，保守精神，形则有丑有艳，神则有愚有

---

① 《道藏要籍选刊》第9册，上海古籍出版社1989年版，第397页。
② 《道藏要籍选刊》第8册，上海古籍出版社1989年版，第504－505页。
③ 《道藏》第12册，第8页。
④ 陈鼓应：《老庄新论》，上海古籍出版社1992年版，第72页。
⑤ 《庄子集释》，中华书局1961年版，第311页。

智。既而宜循轨则，各自不同，素分一定，更无改易，故谓之性也。"① 可见，道家之性指生之自然、自然而然的本性、常然、道德之正，也就是禀自先天、定然不变、能规范人后天的行为的自然、本然状态。从后天的现实来说，先天的自然是理想状态。

道家对道与性的探讨，是道性思想的萌芽。这在道教那里得到了深化。最早明确开始论述"道性"的是《老子想尔注》。它对"道常无为而无不为"的注释说"道性不为恶事，故能神，无所不作，道人当法之"②。对"无名之朴，亦将不欲"注释说："道性于俗间都无所欲，王者亦当法之。"③ 又说："道常无欲，乐清静，故令天地常正。"④ 这里把"无欲""不为恶事""乐清静"作为道性的内容，主要是就道教修炼的理想状态而言的，实际上是把修炼的要求和原则投射到道上。由于道教正处于酝酿时期，《老子河上公章句》和《老子想尔注》的道性思想并没有引起重视。它们所说的长生的信念也还没有成为共识。要使道性问题引起重视，只有到长生成仙成为共识，并已积累了一定的经验、教训后才有可能。

孙亦平概括了南朝道教对道性的四种论述⑤。第一，以清虚自然为体论道性。一些道教学者根据《老子》的"道法自然"的思想，视"自然"为道性，如南梁道士宋文明说："物之自然，即物之道性也。"宋文明在《道德义渊·道性义·自然道性》中说："论道性以清虚自然为体，一切含识各有其分。先禀妙一以成其神，次受天命以生其身。身性等差，分各有限，天之所命，各尽其极。故外典亦云：'天命之谓性，率性之谓道。'又云：'穷理尽性以至于命。'故命为性之极也。今论道性，则但就本识清虚以为言，若谈物性，则兼取受命形质以为语也。一切无识亦各有性，皆由中心生炁，由心，故性自心边生也。"⑥ 这里，把《中庸》的性命观点和郭象《庄子注》的物各有其性分、各自足其性分的思想融合在一起了。一切含识之物，皆禀道性而成其精神，又受天命而成其形质。形质受之于天之命，是不可改变的，

---

① 《庄子集释》，中华书局1961年版，第426页。
② 饶宗颐：《老子想尔注校证》，上海古籍出版社1991年版，第46页。
③ 同上书，第47页。
④ 同上。
⑤ 孙亦平：《论道教心性论的哲学意蕴与理论演化》，《哲学研究》2005年第5期。
⑥ 李德范辑：《敦煌道藏》，中华全国图书馆文献缩微复制中心1999年版，第5册，第2647－2648页。

因而命就是性分的终极。命虽不可改变,性却是可以改变的。宋文明将物性和物所禀受的道性区分开来,物性兼指妙一道性和有生形质,道性则仅指本识清虚自然的一面。所谓"本识",也就是本性之心。这暗含有心是彰显道性的器具,复归道性即修心的观点。但这个思想真正形成还有一个过程。外丹道教烧炼外丹,只需要了解药物所含的道气、真气即可。

第二,主张一切众生皆有道性。魏晋时代,道教徒们开始热衷于长生神仙术。葛洪在《抱朴子内篇·至理》中说:"亦有以校验,知长生之可得,仙人之无种耳。"① 但外丹服食以求升仙,那时失败的例子已经不少,这就促使人们探讨,是不是每一个人都能成仙?一种观点认为,只有那些秉气特异的人才能成仙。如《文选》记载,嵇康"以为神仙禀之自然,非积学所致"②。另一种观点认为,只要依法修炼,人人皆可成仙。这开启了探讨道性问题的先河。在佛教提出"一阐提人皆有佛性"的观点后,受其影响,道教开始重视道性问题并展开了探索。他们首先肯定道性的存在,如六朝道书《洞玄灵宝本相运度劫期经》就借鉴佛教的佛性论而明确提出了"大千之载,一切众生悉有道性""一切众生得道成仙,号曰世尊"③ 等说法,将道性视为一切众生皆有的禀赋或能够与道同一的不变之性。这一观点不仅从心性的角度将道性与众生性联结在一起,而且推论出众生所具有的道性是众生能够得道、悟道的依据,这就向每一个人敞开了修道成仙的大门。相比于那种只有秉气特异的人才能成仙的观点,这一观点显然具有解放思想的意义,有利于道教的传播。

第三,以"空"释道性。早期灵宝经《太上洞玄灵宝开演秘密藏经》说:"一切法性即是无性,法性道性,俱毕竟空。"④ 这种对道性的诠释明显受到了佛教般若性空思想的影响。但道教与佛教的不同之处在于,佛教强调一切皆空,要人不执着;道教则继承老子的归根复命的思想,强调众生只有通过修道去除心中的烦恼污染,才能复归于本来"毕竟空"的道性。以"空"释"道性"的结果是改变了传统道教对肉体不死的追求,对道教把修道定位在修心以追求精神超越上起到了引导作用。

第四,以善与恶来释道性。宋文明在《道德义渊·道性义》中曾说:

---

① 王明:《抱朴子内篇校释》,中华书局1985年版,第99页。
② (梁)萧统编,(唐)李善注:《文选》(下),太白文艺出版社2010年版,第1452页。
③ 《道藏》第5册,第853页。
④ 同上书,第900页。

"道性之体，冥默难见，从恶则没，从善则显。所以然者，万物之性有三：一曰阴，二曰阳，三曰和。《玄女》云：阳和清虚，阴气滞浊；阳和多善，阴分多恶。故性之多阳，知者多善，（性之）多阴，知者多恶。恶则乖道，多善则合真。合真则道性显，乖道则道性没。"①他不仅以气的变化为中介来说明万物之性有阴、阳、和三种，阳、和为善，阴气为恶，道性从善则显，从恶则没，说明现实之人为何同禀清虚道性却有善恶之分的原因，而且还以对善恶的取舍为基准来区分物性、人性和兽性。在《道德义渊·道性义》中，他还说："夫一切有识，皆含道性，何以明之？夫有识所以异于无识者，以其心识明暗，能有取舍，非如木石，虽有本性，而不能取舍也。既心有取，则生有变。若为善则致福，故从虫兽以为人，为恶则招罪，故从人而堕虫兽。人虫既其交拔，则道性理然通有也。"②一切有识，包括人类与虫兽，都有道性。有识与无识的不同在于能运用心识对善恶有所取舍。这种观点突出了人所具有的为善去恶的能力，不仅为道教强调复归于本来清虚自然的道性提供了切实可行的进路，而且张扬了道教的伦理教化功能。

　　实际上，除了上述四种观点外，还有结合道来探讨性，运用体用范畴，把道视为体，把性视为用的观点。他们认为，万物和人具有道性是因为它们都禀道而生，如陶弘景说："故道有大归，是为素真。故非道无以成真；道不成，其素安可见乎？是以为大归也。见而谓之妙，成而谓之道，用而谓之性。性与道之体，体好至道，道使之然也。"③这里把道当作人的归依，当作修炼的终极目标，当作与现实相对的自然的理想状态。基于修炼的背景，道为体，性为用，道在人身就体现为性。这也是《道教义枢》的观点："道性者，理存真极，义实圆通，虽复冥寂真源，而亦备周万物。"④

　　隋唐时期，随着重玄学的兴起，内丹学开始酝酿，道性思想开始发生变化。尤其是唐代的道教学者们从无情是否有道性、道性与众生性的关系、道性在生命修炼中的地位与作用等不同的角度丰富了道性论的内容，深化了道性论的思想。这由《升玄经》和《本际经》发其端。南朝时的《升玄内教经》（即《升玄经》）提出了"真性"的概念："道言《升玄经》者，极微极

---

① 李德范辑：《敦煌道藏》，中华全国图书馆文献缩微复制中心1999年版，第5册，第2468页。
② 同上书，第2649页。
③ 《道藏》第20册，第516页。
④ 《道藏》第24册，第831—832页。

妙，极玄极奥，分别真性，快如是乎！""真性"即道性。"思惟分别，得其真性，虚无淡泊，守一安神。""真性常一，未始暂有，未始暂无。真既非有，亦非非有；真既非无，亦非元无。"①"极微极妙，极玄极奥"是就存在状态而言，"非有非无"是就是否有其实体存在而言，"思惟分别"是就主客关系而言，"虚无淡泊，守一安神"是就人把握真性的要求而言。这从三个角度说明了，道性无形而实有，可通过人的思维去把握，为此得淡泊无欲，"守一安神"。隋代成书的《本际经》则直接用道性的概念，提出了"众生性即真道性"，即人人皆有道性的思想，说："言道性者，即真实空……而为一切诸法根本。无造无作，名曰无为，自然而然，不可使然，故曰自然。悟此真性，名曰显道。"② 这是把道的自然本性贯彻到修炼中，把自然当作修炼的规范，从而修炼也就是以清静心显露道性的过程。在这个意义上，《本际经》又把道性看作清静心。

唐代初年的《太上一乘海空智藏经》则提出"一切众生，皆有道性"，并说："道性无生无灭，无生无灭故，即是海空。海空之空，无因无果。无因果故，以破烦恼。"③ 这是从道本体的角度来说道性的。道永恒存在，道性当然也是这样。"道性亦尔，一人时和。一切众生道性不一不二，究竟平等，犹如虚空，一切众生，同共一之。"④ 这里比《本际经》高明之处就在于提出了一切人都有同等的道性的思想。与《太上一乘海空智藏经》的成书同时代的成玄英不仅提出"一切众生，皆禀自然正性"，"自然正性"即"妙理正性"，其内涵是道，还特别强调"率性而动"以复归于自然之性。他主张通过"心神凝寂"，"两忘""双遣"，"绝偏尚之仁，弃执迹之义"而恢复本真之性，说："道以虚通为义，常以湛寂得名，所谓无极大道是众生之正性也……常道者不可以名言辩，不可以心虑知，妙绝希夷，理穷恍惚。"⑤ 成玄英的创新之处在于把道生化万物的虚通之性与存在状态的湛寂之性联系在一起，进一步深化了对道性的探讨。继成玄英之后，强思齐在《道德真经玄德

---

① 《道藏》第 24 册，第 836 页。
② 万毅：《敦煌道教文献〈本际经〉录文并解说》，载陈鼓应主编：《道家文化研究》第 13 辑，北京三联书店 1998 年第 1 版，第 387 页。
③ 《道藏》第 22 册，第 641 页。
④ 同上。
⑤ 《道藏》第 13 册，第 452 页。

纂疏》中也说："所谓无极大道，是众生之正性也。"① 道体是道性的根据。成玄英和李荣以清虚自然为道体，宋文明同样也以清虚自然为道性。从思想实质来说，这二者是一致的。所以，道教的道性论是由道体论铺陈开来的。王玄览直接把道体落实到道性说："诸法若起者，无一物而不起。起自众生起，道体何曾起？诸法若忘者，无一物而不忘。忘自众生忘，道体何曾忘？道之真实性，非起亦非忘。"② 王玄览既说"道性众生性，皆与自然同"，又说"众生无常性，所以因修而得道。其道无常性，所以感应众生修"，而且还认为，"众生欲求道，当灭知见"，要求灭尽知见，"无心""净心"。唐高宗后不久出的《道门经法相承次序》也认为"一切有形，皆含道性""解众生性即真道性"③。道性即人的"清静之心"。如果就此而言，它没有为道性论增加什么新内容，但它值得一提的就是，认为人心"能为一切万法之根本，故名为本始"。这就把心提升到了道、性的高度，强调了道下坠于人为性，性则必须落实于心，而心只能是清静之心。心成了把道与性沟通起来的桥梁。唐高宗、武后时道士孟安排集《道教义枢》，对道性理论作了一些综合。他认为："道以圆通为义，谓智照圆通；性以不改为名，谓成因果。"这是把道对万物的生化功能与性对人的规范功能做了区分。关于如何具体把握道与性的关系，他在《海空经》的"非因非非因，非果非非果"的思想影响下，说："性语在因，谓有得果之性，此解虽强，亦未通理。若道定在因，则性非真道，真道非性。"也就是说，道与性的关系用因果关系来解释是不恰当的。"今意者，道性不色不心，而色而心，而心故研习可成，而色，故瓦砾皆在也。"道性必定与心有联系，否则无法把握；道性又必定存在于形体实物之中，所以万物中皆有道性，也就是人人皆有道性。他综合前人的论述，认为道性有五个特性：正中；因缘；观照（观照有无二境，因有入无，明照真境）；无为；道性以清虚自然为体，自然真空。进而他指出，道性即众生本来"澄澄清清"的神（心）。"道性以清虚自然为体，一切含识，乃至畜生果木石者皆有道性"④，只是因为被妄惑烦恼所覆障而不显，若去除它们，"妙心"即显露出来。此"妙心"非心非色而能心能色，为"妙无""妙有"的统一。"道性无生无灭，无增无减，故即是海空。海空之空，无因

---

① 《道藏》第13册，第358页。
② 《道藏》第23册，第622页。
③ 《道藏》第24册，第786页。
④ 同上书，第832页。

无果。无因无果，故以破烦恼。"① 这说明，初唐时期，对道性的思想认识仍然有鲜明的移植佛性论的特点，而且停留于空泛的议论，还没有与个人的具体修行紧密联系起来，因为这时外丹仍然占据主导地位，而外丹是不关心人的内在属性的探讨的。

关于道性，潘师正在《道门经法相承次序》中说："夫道者，圆通之妙称；圣者，玄觉之至名。一切有形皆含道性。"如果说潘师正基本重复了前人的思想的话，那么，他的弟子司马承祯和吴筠就有了较大的创新之处。司马承祯《升玄消灾护命经注》中提出了"心源是元始，更无无上道"的思想，他在《坐忘论》中更进一步把这个思想概括为"道者心之体"。把道性落实到了心上，把道性当作心的本然状态，开启了以后性体心用论的先河。但心怎么与道性联系起来，他仍然没有解决这个问题。这是他留给比他稍年轻的吴筠的课题。吴筠通过以神为心与性的中介来解决这个问题。他在《玄纲论》中说："神者，无形之至灵也。神禀于道，静而合乎性。人禀于神，动而合乎情。故率性则情凝，为情则神扰。凝久则神止，扰极则神迁。止则生，迁则死。皆情之所移，非神之所使。"神存于心，如果心不静，情就会干扰神，神就难以存在。如果心静，神就不受情的干扰而可上达于性。在这个意义上，神可看作性的至灵至妙的功用。所以神与性有时并列使用："夫人所以死者，形也；其不亡者，性也。圣人所以不尚形骸者，乃神之宅，性之具。其所贵者，神性尔。"② 吴筠还认为，心性必须依附于形体。但由于他没有直接把道、气与形、心、性联系起来做系统的探讨，导致他把心性与形体混而为一，没有区分附丽者和被附丽者，这就使得对人性的探讨很难继续深入下去。到了杜光庭，才把二者作了明确的区分，以道气关系作为探讨人性的基础，才使这个问题得到了很好的解决③。

---

① 《道藏》第22册，第641页。
② 《道藏》第23册，第680页。
③ 虽然道教受佛教天台宗、三论宗的影响，把以本体论为主导的佛性论的一部分内容及其思辨形式改造为以修养论为主导的内涵，用以充实提高自己的道性论。但真正说来，道教心性论的建立与禅宗心性论的建立大体同时甚至更早。因为《庄子》中已对心、性、真人等多有论述并影响到后人，禅宗心性论的创始人慧能生于638年，卒于713年，30多岁才到黄梅参拜五祖弘忍，几年后才得法，又过了几年才开始授徒。道教心性论在司马承祯和吴筠那里基本已经成熟。司马承祯和吴筠是同学。司马承祯生于647年，卒于735年。虽然比慧能小9岁，但司马承祯早年就师事潘师正。何况，在司马承祯之前，唐代初年道士李荣和成玄英就对道教心性论做了多方面的论述。所以，道教心性论至少是与禅宗心性论同时建立的。而且，相对而言，道性论在某些方面比佛性论更周全一些。

在司马承祯和吴筠之后，道性论得到了很大的发展。

《唐玄宗御制道德真经疏》第十六章说："人受生，皆禀虚极妙本，是谓真性。乃受形之后，六根受染，五欲奔驰，则真性离散，失妙本矣。"① 这里显然已经明确把先天与后天联系起来，把道性当作先天的本然，人受形而生之后，受各种欲望的束缚，这种本然真性就离散了，所以，要通过修炼重新回复到先天的本然状态。但这里显然没有说明，为什么人受形之后先天的真性就会离散，而且，如果真性真的已经离散，那怎么还有可能把它聚合起来呢？杜光庭在阐发《唐玄宗御制道德真经疏》的道性思想时，把这一点给明确了。他认为："人之禀生，本乎道气。"他强调要"知身是道气之子"②。按杜光庭的意思，人之受形，是气的作用，受形之后，之所以会"六根受染，五欲奔驰"，也是气的作用。在人产生的过程中和人产生之后，道都存在，只要人能在道的指导下炼气炼形，就可以逐渐回复到先天的道的本然状态。为此，杜光庭提出了"静"的主张："人生而静，天之性者，《乐记》篇之辞也。言性本清静，无欲无营。"③《黄帝中经》可谓发展了杜光庭的这一思想，把道性的获得直接称为养性，说："治生之道，慎其性分，因使抑引，随宜损益以渐，则各得适矣……夫养性者，欲使习以成性，性自为善，不习而无不利也。性既自善，而外百病皆悉不生，祸乱不作，此养性之大经也。"④ 这里突出的是把养性解释为"习以成性"而"性自为善"的观点，认为各人根据自己的实际情况（"性分"），补偏救弊，使自己的性情、习惯、生活方式均逐步符合道性。这样，自己的性也会逐渐变善。这可谓此后理学家人性论的先声。

唐代中后期以后，在禅宗的刺激和影响下，道教内丹学迅速发展并成熟起来，以道为人的真心、真性、本心、元神，基本成为道教道性论的主流。如张伯端在《悟真篇序》中说："心者，道之体也；道者，心之用也。"他把"明乎本心"作为修道之要，主张"明心见性"，同时，也不放弃炼气修命，并主张先命后性，性命双修。这样，道气合一的道性论达到了完全成熟的地步，对宋代儒家产生了深刻的影响。

---

① 《道藏》第 11 册，第 760 页。
② 《道藏》第 14 册，第 503 页。
③ 同上书，第 343 页。
④ （宋）张君房纂辑，蒋力生等校注：《云笈七签》，华夏出版社 1996 年版，第 198 页。

（三）一体两分的性体

道家从外在于人的天来寻找人性的最终根据，并认为它是道，这与老子的"道之为物……其中有信"，应该说是一脉相承的。"信"，按《说文》的解释是："信，诚也。"老子的道之信，实质是"自然"，"自然"如果不通向善而通向恶，它就不是自然而是人为了。关于这一点，《老子》第八章说："上善若水，水善利万物而不争。处众人之所恶，故几于道。"这与孟子在与告子辩论时把人性之善比喻为"水之就下"所说的"人无有不善，水无有不下"几乎是一致的。再如《老子》第二十七章所说的"圣人常善救人，故无弃人；常善救物，故无弃物"以及《老子》中反复提到的"婴儿""赤子"，足以说明老子至少有主张善的倾向。

根据老子的思想，道在创生万物即"朴散则为器"的过程中，也将它的本性赋予了万物。万物由道分得的，便是"德"。但为什么"物""器"的"德"个个不同呢？老子似乎没有回答。庄子则认为是气禀的缘故。

老子认为万物都获得了道的本性，由于不把人的生理特性视为人性的内容，天道的自然性怎么落实到人身上成为人性就成了问题。也就是说，天之善性在人身上就没有了存在的地盘，只有存在于那些能认识它的圣贤的头脑中，普通人是与它无缘的。在他之后，庄子把性视为生之质[①]，此后的道家、道教用阴阳五行之气来解释天道落实于人身上而转化为人性的办法，最终解决了天道与人性的关系问题。

道教用气来说明人性的差异，但并未停留于阴阳二气之分，而是进一步区分了气的具体性质，从而深入到气禀的层次。例如杜光庭说："有欲无欲之人同受气于天地，秉中和滋液，则贤圣而无为。秉浊乱之气，则昏愚而多欲，苟能洗心易虑，澄欲含虚，则摄迹归本之人也。"[②] 又说："得清明充朗之气，为圣为贤；得浊滞烦昧之气，为愚为贱。"[③] 这样，同样得阴阳二气，禀"中和""清明充朗"之气者成为圣贤，禀"浊乱""浊滞烦昧"之气者成为凡愚，从而显示出了人性的差异。

这就说明，要解决得之于天道的本性与后天之人性的表现之间的关系，就意味着性必须二分。这可以从道家、道教用道与气的二分来解决道性与人

[①] 庄子说："性者，生之质也。"（《庄子·庚桑楚》，《庄子义集校》中华书局 2009 年版，第 443 页）

[②] 《道藏》第 14 册，第 344 页。

[③] 同上书，第 351 页。

性关系的方法得到启发。换言之，既联系天道来说明人性的起源，又联系气来解释后天的人性的千差万别，两方面同时兼顾，就可以对人性做出全面完整的说明。先秦道家把性看作道"朴散则为器"而具体落实到人身上的自然本性，而这个过程又是与气的生化万物是同一过程的两个方面。道教也持同样的主张。他们提出了"从道受生谓之性"的命题，并把性称为"神"，即所谓的"神通性慧"①。而且，他们明确提出："性不可离于元气。"②

前已述及，要完满地解释人性就要从理和气二者的联系入手，从天道即理寻找人性的先天根据，从气说明人性的后天差异。这说明，性的内涵可以划分为与天道相关的方面和与气相关的方面。这就是天地之性与气质之性。

老子有人性二分的思想。《老子》第二十章："众人熙熙，如享太牢，如春登台。我独泊兮，其未兆，如婴儿之未孩。儽儽兮，若无所归。众人皆有余，而我独若遗。我愚人之心也哉，沌沌兮。俗人昭昭，我独昏昏。俗人察察，我独闷闷。澹兮其若海，飂兮若无止。众人皆有以，而我独顽且鄙。我独异于人，而贵食母。"这里把"我"与"众人"相对比，视自己为得道的人，描述了我与众人在人性上的差异。值得注意的是，这里所描述的"我"的人性有这样的特点：首先，与不知嘻笑的婴儿一样，顺应自然，一切均以外在环境的变动为依归。其次，"泊兮""澹兮"，清静、虚明，能力高强"无止"，与俗人的区别很大。之所以如此，是因为我"贵食母"，即能守道。如果说，这主要还是在思想、精神层面的区别，那么，《老子》第五十五章说："含德之厚，比于赤子。毒虫不螫，猛兽不据，攫鸟不搏。骨弱筋柔而握固，未知牝牡之合而朘作，精之至也。终日号而不嗄，和之至也。"这里描述了得道者在生理方面与一般俗人的人性差异。老子从身心两方面描述了人性的本然状态。生理的内容来源于先天之道，心理的内容则反映了后天之人对先天的道的认识和遵循及其所达到的程度。这就暗含人性有与先天的天道相关的方面，也有与后天的现实相关的方面的意思。这两个方面是统一的："载营魄抱一，能无离乎？"但现实中毕竟俗人多，为了由后天达到先天的本然状态，就要"返""复""归根复命"，回到本然状态。这是一个发生学进路的颠倒。庄子继承了老子自然主义的人性思想并做了新的发展，他引入气的范畴来说明人的产生，认为道落实到人的"形体"上就是性，性就是静而

---

① 《道藏》第 22 册，第 240 页。
② 《云笈七签》，华夏出版社 1996 年版，第 325 页。

无形、内在于人身中的道。具体到修炼上，它就是控制人的思、言、行的"仪则"。但若它由静而动发挥作用时，人的心"神"支配不力，让它偏离了其本来面目，它就会变为情，妨碍得道。也就是说，性可以分为先天的天地之性和后天的气质之性两个方面。

深受道家思想影响的王充在《论衡》中认为，"天地之性"就物性而言是"自然之道"，就人性而言又是至善的①。东汉《太平经·名为神诀书》说："尤其自然，共为天地之性也。""夫天地之性，半阴半阳，阳为善，主赏赐，阴为恶，恶者为刑罚，主奸伪……天地之性，半善半恶，故君子上善以闭奸。兴善者得善，兴恶者得恶。"所以，"天地之性，自古到今，善者致善，恶者致恶，正者致正，邪者致邪，此自然之术"②。还说："天地之性，万二千物，人命最重。"③ 这明显是从人性论上说的，当时还没有气质之性的说法。庄子已经用气来解释人和万物的产生。后来成为道家的共识。《韩非子·解老》第一次明确提出了气禀的概念："死生气禀焉。"后来的道教理论认为，人是由气生化出来的，性就是凝聚于人形体中的"质"。无形体之前，性是善的；有形体之后，性是恶的。这是南北朝之后道教的一般认识。《道体论》认为，鱼是水变的，但鱼有生死，水却无生死。也就是说，禀水而生的东西并不保留水的性质。谭峭的《化书·神道》说得更明确："水至清，而结冰不清。神至明，而结形不明。"④ 形是气的凝聚，从这里再走一步，就是"形而后有气质之性"。这就有了性的二分。其实，稍早时的杜光庭已明确提及性的二分，说："人之生也，禀天地之灵，得清明冲朗之气为圣为贤，得浊滞烦昧之气为愚为贱。圣贤则神智广博，愚昧则性识昏蒙，由是有性分之不同也。"⑤ 北宋初终于由金丹派南宗创始人张伯端正式提出来了。张伯端对道教的人性论思想进行了系统的综合，做了比较详细的论述：

秦皇、汉武为之，则四海疮痍；尧、舜、禹、汤为之，则天下安佚，民歌太平者，何也？圣人以无为而治天下，则天下安肃；庸人以有为而治天下，则天下扰乱。盖心者，君之位也。以无为临之，则其所以动者，

---

① 参见：《论衡》中的《龙虚》《本性》《论死》《订鬼》等篇。
② 王明：《太平经合校》，中华书局1960年版，第512页。
③ 同上书，第34页。
④ 《道藏》第23册，第592页。
⑤ 《道藏》第14册，第352页。

元神之性耳；以有为临之，则其所以动者，欲念之性耳。有为者，日用之心；无为者，金丹之用心也。以有为反乎无为，然后以无为而莅正事，金丹之入门也。夫神者，有元神焉，有欲神焉。元神者，乃先天以来一点灵光也。欲神者，气质之性也；元神者，先天之性也。形而后有气质之性，善反之，则天地之性存焉。自为气质之性所蔽之后，如云掩月。气质之性虽定，先天之性则无有。然元性微而质性彰，如人君之不明，而小人用事以蠹国也。且父母媾形而气质具于我矣，将生之际而元性始入。父母以情而育我体，故气质之性每寓物而生情焉。今则徐徐划除，主于气质尽而本元始见，本原见而后可以用事。无他，百姓日用，乃气质之性胜本元之性，善反之，则本元之性胜气质之性。①

他认为，人的精神有两种，一是元神，一是欲神。元神是先天存在的一点灵光，是先天之性。欲神就是气禀之性，即气质之性。父母构我形体时，我具备了气质之性；将要出生时，先天之性才进入我的身体。由于父母是因为情欲而生了我，所以人在接物时，总是由于气质之性而产生情欲。普通的老百姓，是气质之性胜过本元的先天之性。气质之性随着人的发育而增长。如慢慢划除气质之性，可使本源之性显现，"气质尽而本元始见"，复归元性。复归元性，就生元气，"元气生则元精产"，这是事物相互感应之理。元性就是元神，元神、元精、元气合而为一就是金丹。炼丹归根结底就是克服气质之性，复归先天的元性。道家、道教要得道成仙，就必须承认人之性得之于道而本真，但现实的人性生之于情，因而充满了情欲，妨碍得道，为此得节情乃至灭情，这在理论上就必然主张性的二分，张伯端的说法就是这种逻辑必然性的体现。张伯端的这一观点，是儒家理学家性二分法的渊源②。宋代以后，道教受理学的影响，又结合自己的实情做了阐发。

（四）性理论

道家把性视为道在物上的"生之质"。这种"生之质"就是表征具体事物的秩序、特性和运动规律的理。例如《淮南子》说："明于性者，天地不能胁也，审于符者，怪物不能惑也。故圣人者，由近知远而万殊为一。"这里的"性"就是事物之理，就是道。后来道教提出道性范畴，明确地把道与

---

① 王沐：《悟真篇浅解》（外三种），中华书局1990年版，第230－231页。
② 孔令宏：《宋代理学与道家、道教》，中华书局2006年版，第62页。

性联系在一起了。对道与性的关系，陶弘景说："见而谓之妙，成而谓之道，用而谓之性。性与道之体，体将至道，道使之然也。"又说："此说人体自然，与道气合，所以天命谓性，率性谓道，修道谓教。"① 这是把道家的传统说法与《中庸》的性命说联系起来了，认为天道与人性是一致的，可以合为一体。唐代道士王玄览在《玄珠录》中认为人性与道性不能分离。"众生无常性，所以因修而得道；其道无常性，所以感应众生修……所以众生非是道，能修而得道；所以道非是众生，能应众生修。是故即道是众生，即众生是道。"② 这里所要表达的意思就是，性即道。可惜它还没有说得很明确。由性即道到性即理，还要有一个思想发展的过程。这是与道教中理概念地位的提升相一致的。隋唐道教重玄学比此前的道教更加重视理的概念。在他们的思想中，理的地位往往已经成为本体论的范畴，几乎取代了道的地位。这样，对道性的探讨往往也就与理联系起来，开始显露出用理解释性的倾向。隋代道士刘进喜和李仲卿在《本际经》中提出了"理而未形，名之为性"的命题，说："一切众生皆应得悟，但以烦恼之所覆蔽，不得显了。有理存焉必当得，故理而未形，名之为性。"③ 至此，道教"性即理"的思想已经基本成熟。唐代开元年间（713—741）长安肃明观道士尹愔注释《老子说五厨经》的"玄理同玄际"等句时终于明确地提出了"理，性也"的命题："理，性也。此言一气存乎中而和，理出其性，性修反德，而妙畅其和，妙性既和，则与玄同际……心者，发慧之质，想受之器也。正受则发慧，邪受则生想……理者，性也；志者，心有所注也。"④ 这个思想，后来成为道教普遍认同的观点。

（五）性情论

正如道家、道教把道、理与性联系起来的目的是为了契理得道，就人的现实而言，性是内在的、隐含的，人与人、人与物相联系，直接表现出来的是各种各样的情感、欲望，那么，性与情的关系如何？它是促进性的发挥，还是阻抑性的发挥？

道家首先提及性情的是《庄子》。《庄子·德充符》说："吾所谓无情者，

---

① 《道藏》第 20 册，第 516 页。
② 《道藏》第 23 册，第 621 页。
③ 万毅：《敦煌道教文献〈本际经〉录文并解说》，载陈鼓应主编：《道家文化研究》第 13 辑，北京三联书店 1998 年第 1 版，第 387 页。
④ 《道藏》第 17 册，第 214 页。

言人之不以好恶内伤其身，常因自然而不益生也。"即所谓"有人之形，无人之情。有人之形，故群于人，无人之情，故是非不得于身"①。无情并非否定、消灭情，而是不为情所动，超越种种情感活动带来的烦恼和痛苦。这奠定了此后道家论情的主调。《庄子·马蹄》说："道德不废，安取仁义！性情不离，安用礼乐！"《庄子》的性、情都是与生俱来的本源自然性。所以，要返归它们。这个主张为后来的《吕氏春秋》《淮南子》所继承。王弼主张性为本，情为末，圣人有情而不累于情，即有情而无情。道家和玄学提倡"无情""忘情"，并不是不要情，而是主张"性其情"，即以性化情。性情本自天然，情偏离其本然状态就会危害得道，所以要回返本源的性情。这是道家对性情关系的基本看法。

道教方面，《周易参同契》卷中说："阴阳相饮食，交感道自然。名者以定情，字者缘性言。"联系它所说的"将欲养性，延命却期""性主处内，立置鄞鄂；情主营外，筑垣城郭"来看，它已经有性内情外，性制约情的主张。所以，宋代储华谷注说："情根于性，性反其根，故曰还丹。"② 这是道教明确论述性情关系的开始。其实，老子的"道法自然"而"朴散则为器"后，于万物中没有抑制，那么，万物中善恶升沉就不足为怪。周武帝平齐（571）后不久成书的《无上密要》把这种思想具体化，认为道以一气化生万物，物有形质就有本性，性动为情，有情就有彼此是非，分辨是非就有善恶观念，分辨彼此就有善恶取舍，于是需要圣人教化人民祛恶从善。这里性本无善恶可言。性发为情，情却有善有恶，是因为情在后天的环境中，在人的言行中活动。南梁道士宋文明在《道德义渊·自然道性》中说："夫有识之主，静则为性，动则为情，情者成也，善成为善，恶成为恶。《洞玄生神经》云：'大道虽无心，可以有情求。'此善情也。《定志经》云：'受纳有形，形染六情。'此恶情也。《四本论》或谓性善情恶，或云性恶情善，皆取无（按：当为"无取"）矣。"③ 也就是说，善恶不可在本性上说，而只能在情上说，在具体的言行中区分，在具体的言行中祛恶从善，复归道性。后来，唐代道士李荣的《老子注》更明确地提出了"以性制情"的命题，但缺乏系统的论述。吴筠弥补了这一点。他在《玄纲论》中说："神禀于道，静而合

---

① 《庄子义集校》，中华书局2009年版，第109页。
② 《道藏》第20册，第303页。
③ 李德范辑：《敦煌道藏》，中华全国图书馆文献缩微复制中心1999年版，第5册，第2648页。

乎性；人禀于神，动而合乎情。故率性则神凝，为情则神扰，凝久则神止，扰极则神迁。止则生，迁则死，皆情之所移，非神之所使。"① 那么，变先天之性为后天之情的罪恶魁首是谁呢？吴筠没有回答。随着内丹学逐渐酝酿成熟，性情关系的理论也日臻成熟。这个问题终于由杜光庭做出了回答："自道所禀谓之性，性之所迁谓之情。人能摄情断念，返性归元，即为至德之士矣。至德之本，即妙道也。故言修性返德，自有归无。情之所迁者有也，摄情归本者无也。既能断彼妄情，返于正性。正性全德，德为道阶，此乃还冥至道也。"② 先天之性虽大同，但由于天地生人时各人的气禀有所不同，导致情有"性分"之别。但杜光庭并不认为情都是坏的恶的，只有那些坏的恶的情才会扰神③。

唐代末年道士陆希声的《道德真经传》也以复性为宗旨，说："夫人之所谓美恶，皆生于情。以适情为美，逆情为恶，以至善不善亦然。然所美者未必美，所恶者未必恶……如此者何，情使然也。"④ 人之情各自不同，性却是一样的。"夫人之性大同，而其情则异。以殊异之情，外感于物，是以好恶相缪，美恶无主。将何以正之哉？在乎复性而已。"⑤ 而且，情是性所生，"向则情之所生，必由于性。故圣人化情复性而至乎大同"⑥。所以，"圣人将复其性，先化其情……使万物各遂其性，若无使之然者"⑦。治理国家也是如此。"夫为治者，以情乱性则难成，以性正情则易成。"⑧ 这就避免了同一时期儒家学者李翱的本善之性何以会产生恶之情的矛盾，而且，它还从道的本体论的高度进行了论证，提出了天理的概念："复，其见天地之心乎？天地以圣人之心为心也。故凡物芸芸，复则归于根；庶事靡靡，复则归于理。理者事之源也；静者动之君也；性者情之根也。人生而静，天之性；感物而动，人之情。情复于性，动复于静，则天理得矣。"⑨ "夫人之性大同，而其情则

---

① 《道藏》第23册，第680页。
② 《道藏》第14册，第403页。
③ 同上书，第352页。
④ 《道藏》第12册，第115页。
⑤ 同上书，第116页。
⑥ 同上。
⑦ 同上。
⑧ 同上。
⑨ 同上书，第120页。

异……故圣人化情复性而至乎大同。"①

总之，道家、道教性情关系论可以概括为：性为体，情为用，性动而为情，情可善可恶，要化情乃至灭情而复性。

（六）道性功夫论

前已述及，道家、道教对道性的阐述，是为了在形而上的道与形而下的人之间建立起联系，为得道的必要性和可能性进行论证。这就意味着道性论作为理论，具有指导实践的功能。

道家、道教往往基于功夫论背景，把道的内涵在价值论意义上具体化为"真"。这是基于本源论而把原初性视为最高的价值标准。例如，《庄子》主张真是人性的根本，以之"事亲则慈孝，事君则忠贞，饮酒则欢乐，处丧则悲哀"②，在日常生活中自自然然，不被儒家所倡导的礼法所拘束，按自己的本性，自由自在地过着和乐天真的生活："礼者，世俗之所为也。真者，所以受于天也，自然不可易也，故圣人法天贵真，不拘于俗，愚者反此，不能法天而恤于人，不知贵真，禄禄而受变于俗，故不足。"③ 类似地，《文子·上礼》说："循性而行谓之道，得其天性谓之德。"道家、道教要求人们在社会生活中不过多地束缚自己，不太多地压抑自己。不矫情，不做作，不雕琢，不违心，坦坦荡荡，舒心顺意，心平气和。这正如清代道教经典《唱道真言》所说："学道之士，闭口则息，开口则笑，和乐之极，动与天俱。日日在春风之中，时时在明月之下。"④

具体怎么做呢？《淮南子·诠言训》说："节欲之本在于反性，反性之本在于去载。去载则虚，虚则平，平者道之素也，虚者道之舍也。能有天下者，必不失其国；能有其国者，必不丧其家；能治其家者，必不遗其身；能修其身者，必不忘其心；能原其心者，必不亏其性，能全其性者，必不惑于道。"⑤ 在它看来，能治天下者必因他有国，有国者必因他能治家；能治家者必因他能修身，能修身者必因他能保持心的本真面貌；能保持心的本真面貌必然因他能节制欲望，能去掉心中的种种内容而包容虚、静、平实朴素，因而能够操持本真之性，从而不会违背道。

---

① 《道藏》第12册，第116页。
② （宋）吕惠卿：《庄子义集校》，中华书局2009年版，第562页。
③ 同上书，第563页。
④ 喻梅校刊：《唱道真言》，沈阳十字新闻印刷部1931年版，第55页。
⑤ （汉）刘安：《淮南子》，河南大学出版社2010年版，第481页。

道教继承道家的思想，进而联系欲、性、静等概念，把保持道性的功夫具体化，杜光庭说："夫人之正性，本自澄清，和气在躬，为至柔也。若驰骋情欲，染著代尘，为声色所诱，则正性离散，为至坚也。"① 他主张要避免受声色等诱惑，保持正性不变，让身中和气常在，心清静澄澈，至虚至柔。《唐玄宗御注道德真经》强调："人生而静，天之性；感物而动，性之欲。若常守清静，解心释神，返照正性，则观乎妙本矣。若不正性，其情逐欲而动，性失于欲，迷乎道原，欲观妙本，则见边徼矣。"② 这里明确提出要让性常在而压制住情，如果压制不住，欲望泛滥，则道对人的指导作用就会消失，人就会做出种种违背道的行为。正是在这个意义上，《七部语要》以复性为宗旨讲"灭情"，它说："情出于性而情违性，欲由于情而欲害情。情之伤性，性之妨情，犹烟冰之于水火也。烟生于火而烟郁火，冰生于水而遏水，故烟微而火盛，冰泮而水通，性贞则情销，情炽则性灭。夫明者，刳情以遣累，约欲以守贞。"③

第二节　道心论④

（一）一体两面的心体

心体　《老子·二章》已经有"虚其心"而使"心善渊"的思想，但没有把道与心直接联系起来。《庄子·人间世》则直接把它们联系起来，并把得道的功夫称为"心斋""坐忘"："唯道集虚。虚者，心斋也。"也就是以谦诚恭敬的态度使心中了无成见，悠阔宁静地接纳道的到来，使心与道合一。这就暗含有把心区分为两种状态的思想。《庄子·德充符》云："彼为己。以其知得其心，以其心得其常心。物何为最之哉？"⑤ 按这里所言，"心"和"常心"并不相同，是两种心或心的两个不同层次。《管子·内业》说得

---

① 《道藏》第14册，第482页。
② 《道藏》第11册，第716页。
③ （北齐）刘昼：《刘子》。另见：（宋）张君房纂辑，蒋力生等校注：《云笈七签》，华夏出版社1996年版，第548页。
④ 本节系根据笔者所写《宋代理学与道家、道教》（中华书局2006年版，第644－709页）的部分内容修改而成。
⑤ 这与王孝鱼点校《庄子集释》（中华书局1961年版）的句读有所不同："彼为己以其知，得其心以其心。得其常心，物何为最之哉？"

更清晰:"心以藏心,心之中又有心焉。"《庄子》的"常心"即《管子》所说的"心中之心",是"心"的深层结构,而"心"的表层结构就是《庄子》所谓的"成心""机心""滑心"等。"心"这一概念有理性功能(例如"思"和"知")的内涵,其特征是"动",即接于物而起意;至于"常心"或"心中之心",则居于心的深层,是以"无思无虑,忘知忘觉"为特征的觉解状态和精神境界,因此具有虚极静笃的特征。简而言之,前者相当于心的理智功能,是以一种"驰于万物而不反"的外向性方式追逐万物,并且按照自身设定的概念,即借助于"名"来建构有关宇宙万物的知识体系以及社会秩序和文化模式。后者则相当于在理智之外且为理智所不能把握的直觉、灵感、内心体验和实践智慧;在心性论上,它就是成玄英用来与"真常之性"相对应的"真常之心";在知识论上,它对应着"视之不见,听之不闻"而且"莫之能思"的形而上的道的真理。《管子》对后者有颇为详细的探讨,其中的《心术下》说:"心之中又有心。意以先言,意然后形,形然后思,思然后知。"《内业》又说:"心以藏心,心之中又有心焉。彼心之心,意以先言。意然后形,形然后言,言然后使,使然后治。"上引《管子·内业》提出了"心中之心"后,紧接着就说:"有神自在身,一往一来,莫之能思……敬除其舍,精将自来。"《心术上》又说:"洁其宫,开其门,去私勿言,神明若存……宫者,心也。心也者,智之舍也,故曰宫。门者,谓耳目也。耳目者,所以闻见也。"接着,《中匡》说:"道之在天者,日也;其在人者,心也。"那么,心在何种状态方能显现道的存在呢?从《管子》的《内业》《心术》等篇的相关言论来推论,它认为心有两种存在状态:其一为展现人之现实生命世界的人心;其二为以虚静为特征而与道体相贯通的人心之本真的存在状态,即道心。对于后者,后世道教思想家们常称之为真心、本心,以与心的现实存在状态相区别。

早期道教继承了道家的这一思想,对"心"的认识蕴涵了"欲心"与"真心"两个层面。不过此时尚未提出"真心"或"心体"的概念,而是以"神"或"一"等不同的语词来称呼。道教心性论的体系化是沿着三条路径而得以成熟的。这三条路径是在南北朝时期萌芽,经历隋唐的逐步发展,到金元时期全真道完善。这三条路径如下:一是"主体之心"与"真体之心"的分疏及其合一,结果是"心体"概念的提出,道教学者们往往把"心"与"性"对应论述;二是以"神"释"心",致使学者们把道教的传统概念"精""气""神"纳入心性论中。在这条路径上,学者们往往把"心"与

"神"对应论述;三是在以"神"释"性"、以"气"释"命"的基础上,提出"性命双修"的理论与修炼方法①。本节先谈第一条路径。

道家心与道合一的观点,也是道教致力于阐发的。在这个意义上,心在外丹学那里只是迎受道的清静洁净的宫舍的地位被大大提高了。如果说成玄英所提出的"万境唯在一心",王玄览所提出的"心生诸法生,心灭诸法灭"②是在佛教的刺激之下而出现的话,那么,吴筠之后,则是纯粹就道教理论而谈论了,如杜光庭说:"心难理也。"强调"唯道集虚,虚心则道集于怀,道集于怀则神与化游,心与天通,万物自化于下,圣人自安于上。"③

那么,究竟心与道的关系如何呢?南北朝时期成书的《升玄内教经》中"真一"概念的提出为隋唐道教提出"真常之心"的概念奠定了基础。成玄英使用了"真常之心"和"真心"的概念。此后,《清静心经》④是以"真常"之道为常清静,为道体。这是修炼的终极目标,认为"人能常清静,天地悉皆归",通过清静之心把道的普遍性和个体修炼实践之间的隔障打通了。唐代道士王玄览继承了《清静心经》的思想,又在佛教中观论的影响下,提出了"心为道本"的主张。他把道归结为"四句":"有、无、非有非无、非舍有无",而且说道:"一切万物各有四句,四句之中各有其心。心心不异,通之为一,故名太一。"⑤"太一"就是"正一""真一",也就是道。他以道体为"清静",以道用为"众生"。"清静"无死生,故为"常";"众生"有死生,故为"变"。修道即识体归用。"识体是常是清静,识用是变是众生,众生修变求不变,修用以归体,自是变用识相死,非是清静真体死。"⑥如果说王玄览还留有明显的接受佛教思想影响的痕迹,那么司马承祯则已经把它消弭了。在《坐忘论》中,他提出了"心体"的范畴,主张"心体以道体为本",因为"道者,心之体"。从个体修炼来说:"夫心者,一身之主,百神之帅。静则生慧,动则成昏。欣迷幻境之中,唯言实是。甘宴有为之中,谁语是非。心识烦颠痴,良由所托之地。"⑦ 为了"得道",需要"原其心体,

---

① 杨维中:《从隋唐佛道论争看道教心性思想的形成》,《佛学研究》2004年第13期。
② 《道藏》第23册,第623页。
③ 《道藏》第14册,第353页。
④ 有学者认为此书与《常清静经》为同一书的不同版本。
⑤ 《道藏》第23册,第624页。
⑥ 同上书,第625页。
⑦ 《道藏》第22册,第892页。

以道为本，但为心神被染，蒙蔽渐深，流浪日久，遂与道隔。若净除心垢，开识神体，名曰修道。无复流浪，与道冥合，安在道中，名曰归根"①。"心体"等同于大道，只是因为心神被尘垢所遮蔽，遂与道隔离。如果涤除掉这些尘垢，开显出内在的心体即神本，便可返归于道。这样，司马承祯通过对主体之心的超越树立了纯净的心体的概念，而体证这一心体的方法和过程便被其称之为"坐忘"。这个思想，被金丹派南宗创始人张伯端所继承而使得道教的心体论完全成熟。在《悟真篇·序》中，他说："心者，道之体；道者，心之用。"

如同道家、道教的道有虚、静两个根本特征一样，心体也有这两个特征："心满则道无所居"和"心安而虚，则道自来"②。关于心体之虚，《管子·心术上》说："物至则应，过则舍矣，舍矣者，言复所于虚也。"虚而能明，自然就能灵通无碍。对此，司马承祯说："夫道者，神异之物；灵而有性，虚而无象，随迎莫测，影响莫求；不知所以不然而然之，通生无匮，谓之道。"③

"虚"只是心体灵明的一个条件，另一个条件是"静"。道教学者往往重视亲身实践修炼，对这一点的感受可谓切肤真澈。司马承祯主张"主静去欲"，认为"静则生慧，动则生昏"，"学道之初，要须安心，收心离境，住无所有，不著一物，自入虚无，心乃合道"④，"安心""收心""不著一物"的效果就是静。杜光庭也说："理身者，以心为帝王，藏腑为诸侯。若安静心王，抱守真道，则天地元精之气纳化身中。"⑤ 使心安宁静谧，这既是从修道的实践来说的，也是就道本体必须由心体来呈露而言的。既然心体本静，那么，为了趋切于道，就得时时刻刻保持心的澄静状态。

心与气 考察心的所以然，同对性的考察一样，既可以从气的角度来看，

---

① 司马承祯《坐忘论》：《道藏》第22册，第893页。关于现今流传的《坐忘论》的作者，从宋代以后一直有不同说法。宋代曾慥《道枢》卷二引司马承祯所说："吾近见道士赵坚造《坐忘论》七篇，其事广，其文繁，其意简，其词辩。"《正统道藏》中有赵志坚（即赵坚）《道德真经疏义》，卷五论及"真观"，与现今《坐忘论》宗旨一致。这表明赵坚在司马承祯之前也曾作《坐忘论》，而司马承祯或许对赵坚之《坐忘论》作了修正或者吸收。曾慥在《道枢》卷二中又称："吾得坐忘之论三焉，莫善乎正一"（正一，指司马承祯）。故而道教中说"坐忘"不止一家，而以司马承祯为善，他借鉴别家，更进一步理论化、系统化、简要化，因而在诸家中独得以流传至今。
② 《道藏》第22册，第892页。
③ 同上书，第893页。
④ 同上书，第892页。
⑤ 《道藏》第14册，第443页。

也可以从道的角度来看。

先就气来考察。这种考察，当然不是考察它的实体结构，那是医学的任务。道家、道教考察心都是着眼于心是得道的工具这一作用，都是从心的功能入手的。

道家方面，《庄子·达生》初步提出了心与气的联系："未尝敢以耗气，必齐以静心。"《庄子·庚桑楚》则说："欲静则平气，欲神则顺心。"这显然是把心静作为平气的条件来看待。但这不仅仅是就聚气功夫而言，治理天下等事项同样要如此："汝游心于淡，合气于漠，顺物自然而无容私焉，而天下治矣。"① 这就把心和气的关系提高到了较高的理论层次了："气也者，虚而待物者也。唯道集虚。虚者，心斋也。"② 气、道、心被关联起来，通过虚静的心斋功夫，可以聚气，也可以得道。但心与气的关系具体是什么样的，《庄子》还没有说清楚。此后，《管子》等道家作品把心作为聚集精气的屋舍，这是把心作了形而下的实体化的理解，但也没有切断与道的联系，如《列子·仲尼》第四云："我体合于心，心合于气，气合于神，神合于无。""无"也就是道。

道教方面对心、气关系的探讨是伴随着内丹学思想的成熟而由气与神的关系转化出来的。陆修静在《洞玄灵宝斋说光烛戒罚灯祝愿仪》中说："夫万物以人为贵，人以生为宝。生之所赖，唯神与气。神气之在人身，为四体之命。人不可须臾无气，不可俯仰失神。失神则五脏溃坏，失气则颠蹶而亡。气之与神，常相随而行。神之与气，常相宗为强。神去则气亡，气绝则身丧。"③ 这个思想被后来者所继承，如吴筠说："块然之有，起自寥然之无。积虚而生神，神用而孕气，气凝而渐著，累著而成形。形立而神居，乃为人矣，故任其流遁则死，反其宗源则仙。"④ 吴筠从本源论的角度来探索气与神的关系，思辨水平大大提高了。也正是在这个意义上，他得出了"气者神也"⑤ 的命题。承此而后，《七域修真证品图》从内丹修炼的角度，把道与气相联系，把神与天相联系，把精与地相联系，用精、气、神三分的结构和天、地、人三分的结构相对应来解释气与神的关系，它说："天老谓黄帝曰：世

---

① 《庄子义集校》，中华书局2009年版，第156页。
② 同上书，第69页。
③ 《道藏》第9册，第824页。
④ 《道藏》第23册，第660页。
⑤ 同上书，第678页。

人者，道之子。禀气而生，分形而治。其生也，天与其神，地与其精，道与其气，三者相得，而人乃生。既得其身，当保其气，爱其精，存其神。三者相得，乃可长生。"① 这里强调了精、气、神三者和合不可离的关系，但究竟气与神的关系如何，仍然没有讲透。孙思邈把气与神的关系界定为母子相生的关系，《道枢》也有类似的神气相变的思想，说："故在气变神，在神变气，气在则神存，神去则气散。其气生神，神在即形去矣。"② 在此基础上，神作为中介，把气与心联系起来，就是顺理成章的了。施肩吾在《西山群仙会真记》中终于直接把气与心联系起来考虑了。他说："心为君父，气为臣子……心气一注，无气不从。"③ 这一方面突出"以气度合天度，以日用参年用"，另一方面又强调了"先圣之行道，存乎一心也"。这从一个侧面昭示了道教内丹学在心性论方面的思辨所达到的深度。

心与道 先秦道家在探讨心与气的关系时，已经把心的虚静平淡作为聚气进而得道的一个重要条件来看待。他们还认为，通过心斋、坐忘等功夫，可以得道。这含有心即道的含义。道教产生之后，继承了这一思想并一步步做了发展。

道教方面，对心与道的关系的关注经历了一个由"道意"而"道心"的发展过程。首先提出"道意"的是汉代的《老子河上公注》，它说："小人不知道意，而妄行强知之事，以自显著，内伤精神，减寿消年也。"④《老子想尔注》"道能久"注也说："天能久生，法道故也。人法道意，便能长久。"⑤ 虽然它说过："人君欲爱民令寿考，治国令太平，当精心凿道意，教民皆令知道真；无令知伪道邪知也。"但这里的"精心"显然只是指修道的态度，道意尚未与心联系起来。《太平经》开始把得道与人的主观情况联系起来，说："人之得道者，志念耳；失道者，亦志念耳。"⑥ "志念"就是人心的功能。葛洪对《太平经》的思想有所发挥，把道做了主观化的解释："夫道也

---

① 《道藏》第6册，第693-694页。
② 《道藏》第20册，第633页。
③ 《道藏》第4册，第429页。
④ 《道藏》第12册，第16页。
⑤ 饶宗颐：《老子想尔注校证》，上海古籍出版社1991年版，第11页。
⑥ 王明：《太平经合校》，中华书局1960年版，第731页。

者，逍遥虹霓，翱翔丹霄，鸿崖六虚，唯意所适。"① 认为"道意远而难识，故达之者寡焉"②，只有"体道合真"，才能成为"识道意而独修求之者"③。而这个"道"，本存在于人的心中。"人能淡默恬愉，不染不移，养其心以无欲。颐其神以粹素，扫涤诱慕，收之以正，除难求之思，遣害真之累，薄喜怒之邪，灭爱恶之端，则不请福而福来，不攘祸而祸去矣。何者？命在其中，不系于外，道存乎此，无俟于彼也。"④《道教义枢》继承葛洪的观点，把道意直接与心联系起来："道意者，谓是正道之心。"又说："道意者，入道初心，归真妙趣，断生死之累，成慧鉴之明，绝有欲之津，证无为之果。"⑤ 这是把客观的宇宙精神理解为主观的精神。《道教义枢》还把道意分为五种：自然道意，即修道者初发自然之心；研习道意，即研究学习道经，解除困惑；知真道意，指习行真智，能鉴真理；出离道意，指出离三界，至于道场；无上道意，指诸智莫过，更无胜迫。由此可见，对道意的理解已经完成了由外而内的转变。

与道家一样，道教历来认为，心具有与道相通的能力。例如，王玄览在《玄珠录》中认为："以心道为能。"他断言："恬淡是虚心，思道是本真。"⑥ 吴筠也在《南统大君内丹九章经》中说："道德之体，神明之心，应感无穷。"⑦ 这就是说，心中潜在地含有道，或者说，心的本然状态就是道。唐末五代时间丘方远所节抄的《太平经钞》把这个问题提升到了天人一体的理论高度："天行道，昼夜不懈，疾于风雨，尚恐失道意，况王者乎……相去远，应之近。天人一体，可不慎哉？"⑧ "自然守道而行，万物皆得其所矣。天守道而行，即称神而无方。上象人君父，无所不能制化，实得道意。"⑨ 治国治身，都要遵循道意。道意把心联系起来的过程，也就是内丹思想酝酿并逐渐成熟的过程。这样，出现了把道与心直接关联起来的思想。这一方面是与道性的探讨有关，即把道、道性与心三者联系起来，如《道门经法相承次序》

---

① 《道藏》第28册，第268页。
② 同上书，第196页。
③ 同上书，第182页。
④ 同上书，第268页。
⑤ 《道藏》第24册，第821页。
⑥ 《道藏》第23册，第629页。
⑦ 同上书，第674页。
⑧ 王明：《太平经合校》，中华书局1960年版，第16页。
⑨ 同上书，第21页。

称人的"清静之心"为一切法之根本,"故名为本始",也就是"道性"。另一方面则是从内丹修炼的思想探讨着眼的。如杜光庭认为,"理身"得从"炼心"入手:"理身之道,先理其心。"①"道果所极,皆起于炼心。"② 这两个方面的综合,终于出现了把"本心""心源""真性""道心"等同于道,并提出了修道即修心的观点。正是在这个意义上,盛唐前后涌现的一大批短小道经,大讲心即道,修心即修道,修道即修心的教理。《三论元旨》说:"心等于道,道能于心,即道是心,即心是道。心之与道,一性而然。"③ 这是从心体的先天本真而言的,但后天的心中仍然有道,只是被遮蔽了,只要通过修炼就可以让心中的道明亮起来。正如《太上老君内观经》说:"道以心得,心以道明。心明则道降,道降则心通。"总之,"所以通生谓之道。道者,有而无形,无而有情,变化不测,通神群生,在人之身则为神明,所谓心也。所以教人修道,则修心也,教人修心,则修道也"④。"修道则修心""修心则修道"仍是就形而上的真体,就修炼的目的而言的,现实的心当然不等于道。修炼的目的就是要使现实的心逐步等同于道,正如司马承祯说:"夫心之为物,即体非有,随用非无,不弛而速,不召而至。"⑤ 这是现实的心,需要修炼而使它与道等同。他引《西升经》说:"与天同心而无知,与道同身而无体,然后大道盛也……且身与道同,则无时而不存;心与道同,则无法而不通。"⑥ 这些思想,被后世内丹道教加以高度概括。金丹派南宗创始人张伯端的概括是:"欲体至道,莫若明乎本心。故心者,道之体也,道者,心之用也。"⑦ 全真道创始人王重阳的概括是:"心本是道,道即是心,心外无道,道外无心。"⑧

心与形而上的最高本体的关系,在先秦儒家中,孟子有把道德规范的把握与心关联起来的企图,但这没有在他手上变为现实。此后的魏晋玄学承汉代思想,更加重视的是宇宙本体论的问题,对心与道的关系,虽然王弼说过:

---

① 《道藏》第 14 册,第 404 页。
② 同上书,第 561 页。
③ 《道藏》第 22 册,第 909 页。
④ 《云笈七签》,华夏出版社 1996 年版,第 95 页。
⑤ 《道藏》第 22 册,第 893 页。
⑥ 同上书,第 891 页。
⑦ 王沐:《悟真篇浅解》(外三种),中华书局 1990 年版,第 175 页。
⑧ 《道藏》第 25 册,第 808 页。

"是以天地虽广，以无为心；圣王虽大，以虚为主。"① "复者，反本之谓也。天地以本为心者也。""寂然至无是其本矣，故动息地中，乃天地之心见矣。"② 但总体来看，玄学对心性论没有给予关注。成玄英、李荣主张"虚心证理"。张果在《阴符经注》中也说过："心冥理合，安之善也。"这已触及了心与道的关系。

道家、道教强调用聚气功夫而使心与道等同，意味着道教心、形并重，形神兼顾、性命双修，这是道教的根本原则，正如司马承祯所说："然虚心之道，力有深浅，深则兼被于形，浅则唯及其心。被形者，则神人也；及心者，但得慧觉而已，身不免谢。何则？慧是心用，用多则体劳……生致早终，道故难备。"③ 这应该说已经揭示了心与道的关系。道家、道教的道，是整体的个体生命的道，是身心兼顾而实现内在超越的。

心的能知觉与所知觉 从气和道两个角度来考察心，是为了说明心的所以然。由此不难明了心的所然，即对外物的知觉。人心的一切变化均来源于它对外物的知觉的内容。

《老子》第五十五章说："知和曰常，知常曰明。益生曰祥，心使气曰强。物壮则老，谓之不道，不道早已。""知和曰常，知常曰明"是从心的美好状态来说的。"益生曰祥，心使气曰强"是从心的不理想状态来说的。心有了欲望，就会役使气而破坏"和"的状态，从而不能知常即把握道。为此，老子说："专气致柔，能婴儿乎？"就是说，"专气致柔"可以回复到本心，即心的最理想的状态。为此，就要用"静观""玄览"的方式，就要"少私寡欲""绝圣去智"。所谓"绝圣去智"，就是说，"不自见，故明；不自是，故彰"，从而达到"知常曰明""见小曰明""复归其明"。也就是说，心有知觉的能力，即能知觉，也有知觉的内容，即道。《庄子·外物》对这个思想有所发挥，说："心彻为知，知彻为德。""德"与道是一致的。但总的来说，老庄由于反对用智不当而造成社会失去自然状态，所以主张"绝圣去智"，对知觉问题并没有给予关注。稷下道家、黄老道家在较大程度上改变了这种倾向，如《管子·心术上》说："去欲则宣，宣则静矣。静则精，

---

① 楼宇烈：《王弼集校释》，中华书局1980年版。
② 同上。
③ 《道藏》第22册，第891页。

精则独立矣。独则明，明则神矣。"虽然他们的重点仍在修心上："人皆欲知，而莫索之其所以知。（其所知）彼也；其所以知，此也。不修之此，焉能知彼。"通过修心而"致知"与老庄的"绝圣去智"是两条不同的路径。修心而致知之知的"所知"是外在客观事物的具体性质和运动变化的规律，也就是理。"所以知"就是人的心，这是与形体的产生同时而由气生化出来的，并要通过聚气来修炼的。"绝圣去智"所要知的内容是本真之我，本源之炁，本体之道。二者均需修心，即删除先入为主的偏见、成见，去掉欲望和情绪，保持心平气和。道教方面，吴筠说："夫心者，神灵之府，神栖于其间，苟心谋之，即神知之。神知之，则天地神明悉知之矣！"[1] 心神能知觉，其所知觉则是天地之间的神灵，即道的化身。臧玄静也说过："智慧为道体，神通为道用也。"[2] 把心中的小宇宙，即心的智慧，也即能知觉等同为道体，把各种道术的玄妙灵用的神通即所知觉等同为道用，这是道教对知觉问题的一种独特观解。成玄英在解释庄子的"虚室生白"时说："观察万有，悉皆空寂，故能虚其心室，乃照真源，而智慧明白，随用而生。白，道也。"[3] 但他主张，"慧能知道，非得道也。""知道"而不等于"得道"，这充分说明了内丹道教本质上是不关心心的知觉问题的。不过，通过炼气而养心，使心灵明有助于把握道，仍然是内丹道教的共识。

作为"器"与"具"的心 在《管子·内业》看来，心是精气存留的馆舍，它虽然"自充自盈，自生自成"，但由于"人不能固"而会"失之"。"其所以失之，必以忧乐喜怒欲利"，"忧喜悲怒，道乃无处"。各种欲望和情绪会使得道即精气丧失。既然这样，那么，"能去忧乐喜怒欲利，心乃反济"，只要"敬除其舍，精将自来"。为此《管子》提出了"修心""治心"的主张，也就是"敬守勿失""守善勿舍""得之而勿舍"，使精气即道"藏于胸中"。《管子》的这一思想说明，心既是容纳道或精气的器皿、容器，同时也是知觉、把握道的工具。道教也有同样的思想。司马承祯在《坐忘论》中就说过："心为道之器宇，虚静至极，则道居而慧生。"[4] 所以，在道家、道教看来，心是形而下的实体，但又能够通达形而上的大道本体，它的地位，

---

[1] 《道藏》第23册，第679页。
[2] 《道藏》第24册，第832页。
[3] 《道藏》第16册，第336页。
[4] 《道藏》第22册，第896页。

介于形而上与形而下之间。如性命双修的内丹道教,在命功阶段的心是人体的脏器之一,它的价值在于其中的气(又名龙、木);在性功阶段的心则是非实体的,既是当下活动着的人心,又可以上达或返还其本然状态,即本心、真心、真体。

心成了形而中,可以向上通达道,又可以向下与气沟通。心既是容纳道的器皿,又是上达道的工具。内丹道教要求形神并重,性命双修,当然对两个方向都给予重视。

(二)心与性

心由于有了能知觉、所知觉的内容,就会引起人的性、情的变化。这种变化,既会有有利而能上达于道的时候,也会有有弊而妨碍得道的时候,为此就得进行控制。但首先必须在理论上弄清心与性、情的关系。

心与性的关系 道家对心与性尚没有直接的论述。《庄子·天地》说:"形体保神,各有仪则谓之性;性修反德,德至同于初。同乃虚,虚乃大。"联系到庄子把心斋、坐忘作为得道的功夫来看,可以间接地推出他是以道在人身上所体现的性为体,而以心为用。《淮南子·缪称训》的"原心返性"之论已触及此,但说得还不够清楚。要真正把这个思想表达出来,需要经历漫长的思想发展历程。心性关系还没有进入外丹道教的视野,对它的探讨只有在内丹思想发展到一定程度之后才有可能。司马承祯开始把心与性联系起来,《坐忘论》说:"心为道之器宇,虚静至极,则道居而慧生,慧出本性,非适今有。夫道者,神异之物,灵而有性,虚而无象。"[①]但由于他把心作了形而下的实体化的理解,妨碍了他从形而上的高度来探讨心与性的关系。到唐玄宗时,道士们明确意识到心与性的直接联系,李荣在《道德真经注》第十三章中明确提出了"了性修心"的命题。《常清静经》创作的确切时间已无法考证,但它出现于盛唐则是无疑的。它把道性看作清静之心,说:"真常应物,真常得性,常应常静,常清静矣。如此清静,渐入真道。既入真道,名为得道。"[②] 杜光庭是《常清静经》的第一个注家。他在《常清静经注》中说:"凡欲得成真性,须修常性而为道性。得者动也,动其本性,谓其得

---

① 《道藏》第22册,第896页。
② 《道藏》第11册,第344页。

性也。"① "常性"与"道性"之间有一个"渐入"的过程。渐入就要从"心"入手。《常清静经》开通了个体与道体、个性与道性、心与性的联系，为内修内炼奠定了理论上的基础。这也是它在中唐以后倍受重视的原因。同出于盛唐的《太上老君说了心经》也说："有动从心，了心真性。"② 其实，更早的《阴符经》就说过："天性，人也。人心，机也。立天之道以定人也。天人合发，万变定基。性有巧拙，可以伏藏。"张果注释说："人谓天性，机谓人心。人性本自玄合，故圣人能体五贼也。""九窍之用，三要为机。三要者，机、情、性也。机之则无不安，情之则无不邪，性之则无不正。故圣人动以伏其情，静以常其性，乐以定其机。"③ 天性即道性，道性体现于人即"人性"，人性发动为心，而人心动，既可为智巧机灵，也可为情欲。情欲是邪，心无所谓邪不邪，性则无不正。晚唐至北宋时期出现的《养生咏玄集》在注"性为心所本同途"时说："性不可见，由心明之。心不自彰，因性方起。"④ 这个思想，终于由张伯端作了提炼概括："欲体至道，莫若明乎本心。故心者，道之体也，道者，心之用也。人能察心观性，则圆明之体自现，无为之用自成，不假施功，顿超彼岸。此非心镜朗然，神珠廓明，则何以鉴彼如如不可定之法，而使诸相顿离，纤尘绝染，心源自在，决定无生者哉？然明心体道之士，身不能累其性，境不能乱其真，则刀兵焉能伤，虎兕焉能害？"⑤ 性体心用的思想，至此达到完全成熟。此后内丹道教在心性关系上的论述大体没有超过这一点。清代内丹家黄裳说："心即气之虚灵，有知有识，思虑作为者也。"⑥ "心无性无主，性无心无依。心所以载性，性所以统心。是知心之高明广大，神妙无穷者，即性之量也。"⑦ 在他看来，心是思维器官，性则是主宰思维者。心若为物欲所惑，本来真性就会退隐而不现。

　　道教徒主张和光同尘，在现实社会中生活，"入其俗，从其令"⑧，所以也没有把形如枯槁、心如死灰，身心虚无的枯坐作为修炼的唯一手段。唐末五代道士施肩吾在《西山群仙会真记》卷二中做总结说："从道受生谓之性，

---

① 《道藏》第17册，第187页。
② 《道藏》第11册，第398页。
③ 《云笈七签》，华夏出版社1996年版，第86页。
④ 《道藏》第18册，第501页。
⑤ 王沐：《悟真篇浅解》（外三种），中华书局1990年版，第175页。
⑥ （清）黄裳：《乐育堂语录》，上海古籍出版社1990年版，第246页。
⑦ 《藏外道书》第25册，巴蜀书社1994年版，第692页。
⑧ 《庄子义集校》，中华书局2009年版，第376页。

自一禀形谓之命，所以托物谓之心，心有所忆谓之意，意有所思谓之志，事无不周谓之智，智周万物谓之虑……气来入身谓之周，气去于形谓之死，所以通生谓之道。道者有而无形，无而有精。"① 意、志、智、虑仍然是道教徒所强调的心的活动，智周万物也是道士的目的。

应该说，性体心用的观点，是儒、佛、道三教的共同观点。但儒家则是到朱熹时才有的。所以清代道士陶素耜说："儒曰存心养性，释曰明心见性，道曰修身炼性，三教圣人都教人从心性上超生死。"② 清代道士傅金铨将儒佛道关于心性的言论汇编成《心学》三卷，并在标明三教一源的前言《心学论说》中说："儒曰存心养性，道曰修心炼性，释曰明心见性，教虽分三，理无二致。"③ 老庄影响了禅宗的形成，禅宗形成后，它的心性论又对道教的内丹心性论有影响。所谓"天下无二道，圣人无二心"，心性被看作三教共同之源。但三教心性观的具体内容是不一样的。比观之下，道教与儒家比佛教与儒家的相近程度更大一些。

但性体心用的说法毕竟只是一种方便说法，严格来说是不确切的。所以，明清时期的内丹家们从不同角度做了论述。至游子提出了"性为心之源""心性同体"的观点，他说："夫道者，性之本也。性者，心之源也。心性同体，应化无边，是乃谓自然也。"④ 这里"心性同体"之体，是身体，不是与"用"相对而言的哲学概念"体"。薛阳桂则主张，谈心主要是从主宰的角度来说的，谈性主要是从"生生之理"的角度来说的，在修炼实践中，二者是紧密相关的。他在《梅华问答编》中指出："心之与性，原不可分。以其主宰而言，谓之心；以其具生生之理而言，谓之性。心必能明而后可见，性须悟而后可以复。言心而性在其中，明得心而后见得性，悟其性而后知其心，尽其心而后知其性也。"⑤ 这就是说，心与性的关系，应该基于修炼实践来探讨。下面就来予以分解。

中和 《老子》中"和"字5见，如"冲气以为和"。"和"是从自然性立论，哲理性较儒家强。《庄子·田子方》说："至阴肃肃，至阳赫赫。肃

---

① 《道藏》第4册，第429页。
② 《藏外道书》第10册，巴蜀书社1992年版，第72页。
③ 《藏外道书》第11册，巴蜀书社1992年版，第675页。
④ 《道藏》第20册，第638页。
⑤ 高雅峰：《道藏男女性命双修秘功》，辽宁古籍出版社1994年版，第472页。

肃出乎天，赫赫出乎地。两者交通成和而物生焉，或为之纪而莫见其形。"《庄子》中还有"天和"的说法。老庄都把"和"作为阴阳二气生化万物的前提条件，把"和"作为自然的"至美""至乐"，是"中"的最佳状态，与生生相联系。

"中"的概念，《老子》第五章有"多言数穷，不如守中"，《庄子》有"环中"的说法，表达的是虚静无为，以不变应万变的意思。在《庄子》看来，"环中"等同于道。《庄子·人间世》说："乘物以游心，托不得已以养中。"这里的"中"指在心里贯彻中道。"中"就事物的规律而言，是指正道，即自然中正的必然规律；就事物的变化而言，"中"就是物极必反的限度；就空间而言，中即虚，道以虚无为用，虚无中含有生机；就时间而言，中即机，即影响事物变化的关键时刻。

老庄关于"中""和"的这些思想，被后来的道家、道教所继承。《管子·内业》把"中""和"的观念作为修养聚集精气的原则，说："彼心之情，利安与宁，勿烦勿乱，和乃自成。""正心在中，万物得度。""和"是就处理心与情的关系而言，指向在心地上聚集精气的操作活动。"中守不忒，不以物乱官，不以官乱心，是谓中得。""中"则是作为一个操作上应该遵循的客观原则，与道有关，并进一步与道赋予人所表现出来的性关联起来。"和以反中，形性相葆"①。《管子》还有"中正然后和调"之说。《淮南子·泰族训》说："故圣人怀天气，抱天心，执中含和，不下庙堂而衍四海，变易习俗，民化而迁善。"与儒家相比，把中与和连用，哲理意味比较强的，仍然是道家。《文子缵义》卷六说："阴阳感而成中和，故万物生。"这把中、和直接连在一起了。《老子河上公注·天道》第七十七章也把中与和并举共用，而且把它提高到了天道的高度，说："天道损益盈谦，天道以中和为上。""除情去欲，守中和，是谓知道要之门户也。"②《老子想尔注》既继承了这个思想，又把它落实到对道的把握和学习上，说："道贵中和，当中和行之……不如学生，守中和之道。"③《太平经》把"中和之气"视为元气的三个组成部分（另两个是太阴、太阳），认为阴阳二气要生化万物就必须达到中和："阴阳者，要在中和。中和气得，万物滋生，人民和调，王治太

---

① 梁运华校点：《管子》，辽宁教育出版社1997年版，第121页。
② 《道藏》第13册，第4页。
③ 饶宗颐：《老子想尔注校证》，上海古籍出版社1991年版，第8页。

平。"① 它认为，中和之气是具有生生之仁的气。万物产生之后，人对万物的合理利用也要遵循中和的原则："中和者，主调和万物者也。"② 寇谦之从形而上的角度总结说："道以中和为德，以不和相克。是以天地合和，万物萌生，华英熟成；国家合和，天下太平，万姓安宁；室家合和，父慈子孝，天垂福庆。"③ 此后，道教重玄学由于受佛教中观论的刺激，对中、和的探讨有所加强。李荣《老子注》说："中和之道，不盈不亏，非有非无。有无既非，盈亏亦非。借彼中道之药，以破两边之病。"④ 成玄英提出了"忘智会道，妙体一中""向一中之道，破二偏之执"等命题。他说："夫善恶两忘，刑名双遣，故能顺一中之道"，"是非双遣，而得环中之道者"⑤，由此他概括为"至道以中为用"的命题。他的"一中之道"是指不执着于对待的存在或对待观念中的任一方。他认为，不唯修炼，圣人治国也要从"一中之道"："圣人持此一中之道，轨范群生，故为天下修学之楷模也。"⑥ 当然，受佛教中观论的影响，他认为，从修养的角度看，不能满足于"中"，还要"遣中"："明虽复以中为用应须遣中。"他在解释"道冲而用之又不盈"时说："冲，中也。言圣人施化，为用多端，切当而言，莫先中道……此明以中为用也……向一中之道，破二偏之执，二偏既除，一中还遣，今恐执教之人，住于中一，自为满盈。言不盈者，即是遣中之义。"⑦ 在他看来，"遣中"就是在心里不断超越现实内的一个个具体目标所达到的理想状态，从而不断趋近于道。所以他说："人欲得虚玄妙极之果者，须静心守一中之道则可得也。"⑧ "一中之道"本身就已经说明，"中"与道相关联，可静心而守的"一中之道"显然不是本然的道，而是性。对此，比观他在《道德经义疏》第五章中所说的几句话就可以看出来。他说："多闻博学，不如体真。"又说："多闻适足……不如守中。""体真"也就是"守中"，"守中"的目的是"体真"，即体认、获得人本有的道性，从而得道成仙，长生不死，所以说："守中即长生久

---

① 王明：《太平经合校》，中华书局1960年版，第20页。
② 同上。
③ 《道藏》第18册，第232页。
④ 《道藏》第14册，第40页。
⑤ 《道藏》第16册，第297页。
⑥ 蒙文通：《蒙文通文集》第六卷《道书辑校十种》，巴蜀书社2001年版，第420页。
⑦ 同上书，第384页。
⑧ 同上书，第407页。

视。"① 静心守中而体真，当然就要消弭那些会破坏心静状态、不符合中的原则而使人偏颇狭执、滞碍道性坦露的心理现象，也就是要祛除情欲。本来，《老子想尔注·体道第一》已经把它与情欲联系起来了，说："除情欲，守中和，是谓知道，要妙之门户。"② 联系成玄英和其他道教学者对道性的阐述，可以认为，他们用中和所要解释的是，在心地上用功夫时，人有本真的道性，但现实的人心中却有情欲存在并妨碍道性呈露、阻抑得道。总体来看，道家、道教认为，中和就是形神双修之道、崇高的精神境界、理想的行为准则、天地万物并存的和谐状态。也就是说，道家、道教已经把中和作为一条红线把本心与现实的人心、心与道、性与道、道性与人性、性与情、心与性等等这些关系贯穿起来了。

道教在否定现实情感中体认返璞归真的本来、自然的状态，修炼着眼于"一阳初动处，万物未生时"的"一动一静之间"的思维方式促使他们很容易指出，性为未发，心为已发。未发者为中，为体；已发者为用，为和。事实上，这样的观点与道教修炼中火候的把握即意念的控制功夫几乎如出一辙。司马承祯说："夫欲修道成真，先去邪僻之行，外事都绝，无以干心，然后端坐，内观正觉，觉一念起，即须除灭。随起随制，务令安静。其次虽非的有贪著，浮游乱想，亦尽灭除。昼夜勤行，须臾不替，唯灭动心，不灭照心，但冥虚心，不冥有心，不依一物，而心常住。"这里，意念未起，即为未发，意念出现，则为已发。"外事都绝"，"弃事则心不劳，无为则心自安"③。

未发为性，已发为心，这里的心是现实的人心，有气质、情欲存在的心。在这里，性为中，对心的活动则要求达到和。这显然没有考虑到心的本然，也没有考虑到气质之性，遗漏了情。未发为性、已发为心是从本源论的角度来说的，如果从本体论的角度来说，则是性体心用。就性情而言，是以性为体，以情为用。就心的动静而言，是以静为体，以动为用（这里的静有两个层次，本体的静是绝对的，是形而上的，与形而下的与动相对的静不是一回事）。本心、天地之性、中、性四者为一而非为四，现实的心、气质之性、和、情四者合一而非为四。这样，以心为枢纽，以"体用一源、显微无间"为原则，把形而上与形而下、体与用、静与动、寂与感、未发与已发、先天

---

① 蒙文通：《蒙文通文集》第六卷《道书辑校十种》，巴蜀书社 2001 年版，第 387 页。
② 饶宗颐：《老子想尔注校证》，上海古籍出版社 1991 年版，第 9 页。
③ 《道藏》第 22 册，第 890 页。

与后天、所然与所以然一无遗漏、完美地整合在一起了，达到了本源论、本体论与心性论的水乳交融。这些，是宋代朱熹等理学家受道家、道教思想启发而明确阐发出来的。

其实，未发已发既是就心上说，也是就性上说，但二者是有区别的。性的已发和未发是站在本体论的立场上，谈的是天地之性和气质之性，也就是性（狭义的性）与情的关系，解决的是天地之性善而气质之性恶的问题。心的未发已发是站在本源论的立场上，谈的是思虑的未萌与已萌，解决的是虚静灵明的本心与昏浊暗昧的现实之心的问题，也为在心体论中贯彻本体论而奠定基础。这两方面统体而言，即把本源论和本体论统一起来，是站在个体主体提高生命品位的立场上，解决理想与现实的关系问题。

心与性情的关系　由"中"见性之浑然，由"和"见情之中节，皆由心来通贯它们。通贯于未发，即是其寂然不动而统贯于性；通贯于已发，即是其感而遂通而统贯乎情。这两个方面综合起来，就是所谓的"心统性情"。

道家方面，《淮南子·精神训》说："达至道者则不然。理情性，治心术，养以和，持以适，乐道而忘贱，安德而忘贫。性有不欲，无欲而不得；心有不乐，无乐而不为。无益情者不以德累，不便于性者不以滑和。"① 已经表达了以心为本而理性情以达到和的效果的思想，只是还不十分清晰。道教对此问题的探讨是由《太平经》发端的："心则五脏之王，神之本根，一身之至（主）也。主执为善。"② 但真正深入地探讨这个问题的是唐代道教内丹学派。盛唐前后出现的《大道论》说："道外无心，心外无道，即心即道也。其情、识、智、意、知亦然。"③ 这确立了以心为本探讨得道的修炼中应包括情等在内的各种心理活动的思路。大约同时期出现的《关尹子》说："是以万物之来，我皆对之以性，而不对之以心。性者，心未萌也。"④ 这有性体心用的意思，并说明了性为未发，心为已发。而且，《关尹子·五鉴篇》还用水、流、波的关系来比喻心、性、情的关系："情生于心，心生于性。情，波也；心，流也；性，水也。"⑤ 这个比喻把心贯性情的思想表达得淋漓尽

---

① 原文为"而便性者不以滑和"，依刘文典《淮南鸿烈集解》改。
② 王明：《太平经合校》，中华书局1960年版，第687页。
③ 《道藏》第22册，第899页。
④ 《道藏》第11册，第518页。
⑤ 《道藏》第14册，第654页。

致。《关尹子》被唐玄宗封为《文始真经》，其思想作用也应发挥在中唐之后。宋初，在《青华秘文》中，张伯端以心为君、神为主、气为用、精从气、意为媒，谓"心者众妙之理而宰万物也，性在乎是，命在乎是"，以心的主宰作用统摄内丹学中的性与命，对道教内丹学派的心性论做出了比较系统清楚的阐发。

心统性情的理论说明，性有气和理的双重来源，因而是本性。这种本性，由气言，有其本源论上的自然性，由理言，有其本体论上的规定性、规范性、普遍性、公共性。从先天上说，这两个方面是一致的。情是性在后天现实状况下心的当下表现。这种表现应符合于得自先天的性，也就是说，从气言应符合本源的纯真性、自然性，从理言应符合本体的规定性，也即对自然物理与社会伦理作抽象之后的共性。落实到社会层次，则情既与个体生命的本真相吻合以促进生命的健全发展，又要符合社会的公共礼法规范（它应是为促进个体生命发展而制定的）以不妨碍别的个体生命的健全发展。由于情为性所发，所以情回归、符合于性是理所当然可以做到的，也是应该的。落实到操作的运用理论层次上，就是要使得心能发挥出节制情而使之合于性的功能。此即宋代朱熹代道家、道教所说出的"心主性情"。

（三）复还真心

体用兼赅的心地功夫　《老子》提出了"虚其心""不见可欲，使心不乱"[1]，不"令人心发狂"[2] 的主张，强调要使"心善渊"[3]，进而从"愚人之心"上升到"圣人之心"。"圣人常无心，以百姓心为心……圣人在天下，歙歙为天下浑其心，百姓皆注其耳目，圣人皆孩之。"[4] 老子言"愚人之心"与"圣人之心"，主要就个体修养和社会治理而言。如果从个人的成长和发展的角度着眼，或者就心的虚静与否而言，那就是理想与现实意义上的两种心。虽然老子还没有把心与道或气联系起来，但他毕竟开创了心的二元划分。庄子继其踵。根据统计，《庄子》中有180多处使用"心"的概念。宋代儒家所使用的"人心"概念首先在《庄子》中出现。如《庄子·在宥》说："不治天下，安藏人心？""慎无撄人心。人心排下而进上，上下囚杀，淖约柔乎刚强，廉刿雕琢，其热焦火，其寒凝冰，其疾俯仰之间而再抚四海之外；

---

[1]　魏源：《老子本义》，岳麓书社2004年版，第657页。
[2]　同上书，第665页。
[3]　同上书，第661页。
[4]　同上书，第702页。

其居也，渊而静；其动也，县而天。偾骄而不可系者，其唯人心乎！""人心"是因为追名逐利而产生的，它有多种表现。首先是"成心"："夫随其成心而师之，谁独且无师乎？奚必知代而心自取者有之？愚者与有焉！未成乎心而有是非，是今日适越而昔至也。"① "成心"即成见和偏见。其次是"滑心"："趣舍滑心，使性飞扬。"② "滑心"即滑乱之心。再次为"机心"。《庄子·天地》说："有机械者必有机事，有机事者必有机心。机心存于胸中，则纯白不备；纯白不备，则神生不定；神生不定者，道之所不载也。"显然，"机心"是深沉权变，企图少耗费多获得的心态，有了它，心绪就不会祥和安宁。再其次是"忧乐之心"："悲乐者，德之邪；喜怒者，道之过；好恶者，德之失。故心不忧乐，德之至也。"③ 最后，是"相害之心"："神农之世，卧则居居，起则于于，民知其母，不知其父，与麋鹿共处，耕而食，织而衣，无有相害之心，此至德之隆也。"④ 这些"人心"的表现都是与忘物、忘天、忘己的"无心"，也就是"心斋"所指向的"道心"相对而言的。正如《庄子·知北游》所说："夫昭昭生于冥冥，有伦生于无形，精神生于道。"所谓无心，是与道相关联的。《庄子·天地》说："通于一而万事毕，无心得而鬼神服。""无心"是对物"无心"。"无心而不可与谋"⑤，这样便可"通于一"，即是入于道。此时的心，就达到了"天乐"之境，也就是"圣人之心"⑥。庄子把人心与道联系起来，既从社会治理与伦理道德的角度来述说，又从个体修养得道的角度来申论。此外，前面讨论心与气的关系时已经说过，庄子把心的安静与否与得气多少联系起来了。庄子奠定了此后从道和气两个角度探讨心的思辨方式。可见，宋代儒家所讲的"道心"与"人心"二分思辨架构，即渊源于老庄⑦。此后，《淮南子·泰族训》提出了"天心"的概念："不言而信，不施而仁，不怒而威，是以天心动化者也。"天本

---

① 《庄子义集校》，中华书局 2009 年版，第 25 页。
② 同上书，第 254 页。
③ 同上书，第 303 页。
④ 同上书，第 540 页。
⑤ 同上书，第 399 页。
⑥ 同上书，第 256 页。
⑦ 《荀子·解蔽篇》中引《道经》说："人心之危，道心之微，危微之际，唯明君子而后能知之。"《道经》从其命名可推测为道家仿照《道德经》的作品，可见道心与人心的说法在荀子之前就已经出现在道家作品中了。后伪《古文尚书·大禹谟》所说的"人心唯危，道心唯微，唯精唯一，允执厥中"应该就渊源于此。

无心，天心就存在于圣人心中："故圣人者，怀天心，声然能动化天下者也。""故圣人怀天气，抱天心，执中含和。""怀天心""抱天心"，就是"原道之心"。自道心而有天心，自天心而有人心。人的思维、意识、道德，都体现天心而源于道心。

　　道教比道家重视脚踏实地的个体修炼，而修炼与心实在是有莫大的关系，道教继承了道家的道心与人心的思想。天有心，"天主善，主清明，不乐见淹污辱"①。"天者，常乐生，无害心，欲施与。"② 道教的天在重符箓、斋醮的派别中被描述成为人格神，但那只是为了增强普通人祛恶行善，遵循道、修道的自觉性的说教工具，其本质是道③。所以所谓"天之心"也就是"道"，"道者，天之心，天之首"④。"天之心"既是"万物之元首"的"道"，也是作为元气的"大化之根"⑤，因为"天气有心而仁也"⑥。遵循道，就是合乎天心，就是行善，否则就是作恶："夫为善者，乃事合天心，不逆人意，名为善。善者，乃绝洞无上，与道同称；天之所爱，地之所养，帝王所当急，仕人君子所当与同心并力也。夫恶者，事逆天心，常伤人意；好反天道，不顺四时，令神祇所憎，人所不欲见，父母之大害，君子所得愁苦也，最天下绝凋凶败之名字也。"⑦ 作恶伤了人心，就是违背了"天心"："夫不仁之人，言即逆于凡事，伤人心，不合天意，反与禽兽相似。"⑧ 可见，《太平经》已经明确把"天心"与"人心"并用对言了，可惜它还只是就伦理道德教化而铺陈，不过，第一次同时从道和气两个角度来探讨了心，这是它的创举。《老子想尔注》中屡次提及"道心"，把它与"道意""真心"看作同样或近似的概念，强调要"顺道意，知道真"。不过，真正就心地修炼而言道心与人心，只有到内丹思想趋于形成时才有可能。司马承祯把"不废道心"当作"学道""八难"中的第一难⑨。吴筠则提出了"天地之心"的概念，

---

① 王明：《太平经合校》，中华书局1960年版，第661页。
② 同上书，第645页。
③ 强调修炼的道经，往往不提神，北宋以后，道即至上神的观点基本上销声匿迹，即便提及三洞尊神，也认为他们是修道所成。
④ 王明：《太平经合校》，中华书局1960年版，第726页。
⑤ 同上书，第16页。
⑥ 同上书，第360页。
⑦ 同上书，第158页。
⑧ 同上书，第159页。
⑨ 丁福保编：《道藏精华录》，国家图书馆出版社2005年版。

他说:"静者天地之心也,动者天地之气也,心静气动,所以覆载而不极。"①所谓"天地之心",也就是"道心"。但"心静气动"之"心"仍是人心,内丹修炼,就是要通过心地上的炼气功夫,由人心达到理想状态的"道心",所以说修道即修心。

盛唐之后,继道教哲理的本源发生论被以重玄学为代表的本体道体论所取代后,本体道体论进一步深化、转化为内丹道教的第一阶段——心性自然论。这一转化,至中晚唐时已变为盛况。但此前的思想并没有被抛弃,而是被有机地融合起来了。内丹道教的修炼,首先要"明自然之理,极性命之端"②,即搞清楚宇宙的生成、生命的发生、生命的本质等问题。宇宙生成的机制,则是其中根本性的问题,为此,谭峭提出了"夺天地造化之机"的"别构"理论:"动静相磨,所以化火也;燥湿相蒸,所以化水也;水火相勃,所以化云也;汤盎投井,所以化雹也;饮水雨日,所以化虹霓也。小人由是知,阴阳可以召,五行可以役,天地可以别构,日月可以我作。有闻是言者,必将以为诞。夫民之形也,头圆而足方,上动而下静,五行运于内,二曜明于外,斯亦别构之道也。"③ 在人体内建构出一天地,模拟天地万物生、长、盛、衰、亡之象,弄清其机制,从而使人的生命运动趋生就长,保持生命力的繁盛,避衰绝死,长生不老,这是内丹道教的基本理论。从道教内修的观点来看,天地是大宇宙,人体是小宇宙。个体生命的发生是宇宙生成的缩影,宇宙的永恒是个体生命可以长久住存的根据。对此的探讨,从吴筠开始,就把它视为人要经过修炼而符合天理的过程。经过修炼而趋于本体之道或天理,也就是返回宇宙发生的本源起点,而宇宙发生的起点,也就是人性的本然。所以,这样的修炼,必然抛弃在此之前的单纯炼气炼形或通过服食外丹而企图肉体飞升成仙的做法,而强调内外兼重、形神并重、性命双修。但由于返性是根本性的目标,所以实际上又特别重视知本而修性,修性在内丹道教中也就是还虚。五代宋初内丹修炼被总结为炼精化气、炼气化神、炼神还虚三个阶段。这就确定了还虚的修性功夫是内丹修炼的终极目标。而要修性,就得知本。如施肩吾在《养生辨疑诀》中说:"有形者先须知其本,知其本则末无不通;修道者先须正其源,正其源则流无不应。若弃其本而外

---

① 《道藏》第23册,第678页。
② 《道藏》第21册,第707页。
③ 《道藏》第23册,第593页。

求，背其源以邪究，虽猎尽百家，学穷诸子，徒广虚论之功，终无摄养之效，得者观之，实为自误耳。"① 知本正源之后，那些与此不相吻合的东西，就必然被抛弃。这样，辨明真药物，否定以四黄八石为修丹根基的外丹道，内丹道取而代之就成了主流。所谓的辨明真药物，就是心中的意念是否是合于道的意念，也就是当下的心是否是真心；所谓的还虚，是通过炼神而得的，而炼神，本质就是炼心，就是去除人心，显现道心。正如《唱道真言》所谓"炼心者，仙家彻始彻终之要道也"。这是全用，是体。当然，这些是道教哲学在心性自然论阶段的基本观点。到元代全真道融汇金丹派南宗后，道教哲学进入了心性境界论的阶段，其理论形态有所变化，即在继承此前观点的基础上，吸收宋明理学心性论，做了更细致的阐发。

心中"几微"的控制 为了返还真心，道家、道教做了多方面的理论探索和实践努力。例如，杜光庭看到了"心之难理"，说："人之难伏，唯在于心。所以教人修道即修心也，教人修心即修道也。心不可息，念道以息之。心不可见，因道以明之。善恶二趣，一切世法，因心而灭，因心而生。习道之士，灭心则契道。世俗之士，纵心而危身。心生则乱，心灭则理。所以天子制官僚，明法度，置刑赏，悬吉凶，以劝人者，皆为心之难理也。无心者，令不有也。定心者，令不惑也。息心者，令不为也。制心者，令不乱也。正心者，令不邪也。净心者，令不染也。虚心者，令不著也。明此七者，可与言道，可与言修其心矣！"② 这里提出了"无心""定心""息心""制心""正心""净心""虚心"七个方面，进而强调"理身"对于修道的重要，说"理身之道先理其心。心之理也，必在乎道。得道则心理，失道则心乱。心理则谦让，心乱则交争；谦让则曲己而顺物，交争则饰躬而非过；曲己顺物者，不与物逆，物亦顺之；曲己全人，人必全之，不与物争，乃全身之道也"③。后世内丹家们把理心与内丹修炼相结合，得出了种种炼心的方法。我们这里只谈三个方面，即收心、节欲、守一。

要使现实的人心合于道，道家、道教认为，心地功夫的第一项只能是"收放心"，即使心从驰骛于外物上归来，安静下来。

---

① 《云笈七签》，华夏出版社1996年版，第543页。
② 《道藏》第14册，第353页。
③ 同上书，第404页。

《管子》首先明确论证了让心平静是使精气即道出现的前提条件。收放心只是心地功夫的第一步。心收回来了，但仍不断有情欲产生，怎么办呢？按《管子》的说法，"虚其欲，神将入舍，扫除不洁，神乃留处"，"洁其宫，开其门，去私毋言，神明若存"，"馆不辟除，则贵人不舍"。但如果真的要求无一丝一毫"欲"，恐怕难以做到，即使做到了，恐怕也人将不人了，所以《管子·内业》说："节其五欲，去其二凶，不喜不怒，平正擅匈。"《管子·心术上》也说："恶不失其理，欲不过其情，故曰君子。"也就是说，对"欲"，不是要灭，而是去节制它，使它"平正""不过"就行了。

道教中的一种观点与此相似，认为"神本从道生，道者清静，故神本自清静"。既然神本来清静，所以不能"反常相教断情欲"，因为"夫情欲，非有形质也，来化无时，不效有形之物，可得断截，使不复生。此神情欲思想出生无时，不可见知，不可预防……以是故不可得断绝"①。情欲不可断绝，那怎么对待它们呢？《老君说虚无自然本起经》提出的方案是："外道家不晓人神本清静，而反入室，强塞耳目，断情欲，不知情欲本在于心意，心意者神也。神无形，往来无时，情欲从念中生出。生出无时，以无形故不得断绝。但当晓知其本，自当断止其意，不复生。为道者当熟明此意。若不明知此，但当自劳伤其精神耳。"② 知晓情欲产生的原因，塞源自然流绝，情欲自然就消失了，即所谓"神返于心，为静之本"。此话虽则高明，却不平实，因为知本往往是远水救不了近火。具体如何操作，《三论元旨》说得比较明确："若捉心太急，急则伤心。"收心时也不能太宽，"放心太宽，宽则失理"。修心要在有意无意之间，"夫于放心之时，勿令心断；泯心之际，勿觉心著"③。总之，不执滞，"忘修而和性足"，自然一些，不要过于勉强。这里至少提出了一个可以把握的原则。

道教的另一种观点是继承道家讲守一。"守一"就是"主一""专一"。老子首先谈"得一"，即得道。庄子则把它转化为心地功夫的原则，即"守一"："我守其一以处其和，故我修身千二百岁矣，吾形未尝衰。"④ 不过，庄子把守一与性联系起来，说："壹其性，养其气，合其德，以通乎物之所

---

① 《云笈七签》，华夏出版社1996年版，第53页。
② 同上。
③ 《道藏》第22册，第909页。
④ 《庄子义集校》，中华书局2009年版，第209页。

造。"① 使心性纯一，保养纯正之气，使自己的德性与自然相合，也就能通乎道了。《庄子·人间世》还提出了具体的养气方法："若一志，无听之以耳，而听之以心。无听之以心而听之以气。听止于耳，心止于符。""一志"，即专心致一；"听之以心"，即以意领气；"听之以气"，即纯任和气自然流动；"心止于符"，就是使心附和气，而不附和耳。《庄子·刻意》还提出了"守神之道"："纯素之道，唯神是守。守而勿失，与神为一；一之精通，合于天伦。"庄子的思想为此后的道家乃至道教的守一思想奠定了基础。《管子·心术下》说："专于意，一于心。"这主要是把"一"作为守气、养气的方法。《太平经》则把"一"视为"道之根""道之纲"，从这个高度来看待"守一"，说："古今要道，皆言守一，可长存而不老。人知守一，名为无极之道。"②《太平经》反复强调，要做好"守一"，就要虚静无为，清心寡欲。它认为，"守一"还是一种道德修养行为："守一思过，复得延期。"③ 是否"守一"，是划分善恶之人的标准④，"守一"就是守善。《太平经》提倡"守一"在后代道教中有巨大的影响。葛洪的《抱朴子》将它发展为"守真一"和"守玄一"两种，此后道教形成系统的守精气神三一的理论，《云笈七签》卷四九和卷五十对此有详尽的总结。王玄览也说："归志心不移变，守一心不动散。"⑤"主一"的目的是养成一种合于道或合于理的高迈、湛然的心境定势，使心转注于道或理，以不变应万变，这就是"中"之气象。

道家、道教的道心与人心，纯粹就是否有利于个体修炼得道而言，其根本的判别标准是心静与否。这是可知晓检证的。

存天道灭人欲 "惩忿窒欲"的观点，是道家、道教一贯的主张，尤其是为中唐之后道教内丹学派所力主。《老子》探讨"欲"方面的内容主要如下：《老子》第三章说："不见可欲，使心不乱。"《老子》第三十七章说："无欲以静，天下将自定。"《老子》第十九章说："见素抱朴，少私寡欲"。《老子》第三十四章说："常无欲。"《老子》第六十四章说："是以圣人欲不欲，不贵难得之货。"《老子》第十二章说："五色令人目盲，五音令人耳聋，

---

① 《庄子义集校》，中华书局2009年版，第349页。
② 王明：《太平经合校》，中华书局1960年版，第716页。
③ 同上书，第566页。
④ 同上书，第410页。
⑤ 《道藏》第23册，第629页。

五味令人口爽，驰骋田猎令人心发狂，难得之货，令人行妨。"这六章中讨论欲，只有一章中主张"寡欲"，其他几章都含有力图祛除人欲的意思，由此可断言《老子》的主导思想是灭欲。后来的庄子、稷下道家、黄老道家均继承了这一思想。例如《庄子·马蹄》说："同乎无欲，是谓素朴，素朴而民性得矣。"《韩非子·南面》已有"任理去欲"的思想，但韩非子"去欲"的主要意思是"君无见其所欲"①。《淮南子·诠言训》主张："欲与性相害，不可两立。一置一废，故圣人损欲而从事于性。"但《淮南子》灭欲循理，主要是对统治者而言。对食色之性情，也在一定程度上加以肯定："民有好色之性，故有大婚之礼；有饮食之性，故有大飨之谊。"② 但是，从道家养生的角度来看，肉体感官的欲乐是不足取的，通过无欲，可回归于本真的生命状态："心常无欲，可谓恬矣；形常无事，可谓佚矣。游心于恬，舍形于佚，以俟天命。"③ 魏晋时期，王弼继承道家"无欲"思想，主张"和而无欲"，"苟存无欲，则虽赏不窃"④。郭象主张天理就存在于人欲中，若逐欲无节，就会灭天理："人生而静，天之性也；感物而动，性之欲也。物之感人无穷，人之逐欲无节，而天理灭矣。"⑤ 道教中的多数人也如此，葛洪、司马承祯、吴筠都明确表述过这个思想。例如葛洪把"天理"与"欲"对立起来，说："诱于可欲，则天理灭矣，惑乎见闻，则纯一迁矣。"⑥《太上老君说常清静经》同样把欲望当作扰乱心神宁静的罪魁祸首，说："夫人神好清，而心扰之。人心好静，而欲牵之。"中唐以后，随着内丹思想走向成熟，天理与人欲的对立关系逐渐成为主调。成书于晚唐光启（885—887）的《无能子》说："夫天下自然之时，君臣无分乎其间，为之君臣以别尊卑。谓之圣人者，以智欺愚也。以智欺愚，妄也……姬发之动，亦欲也，欲则妄，所谓以妄取妄者也。夫无为则淳正而当天理，父子君臣何有哉？有为则嗜欲而乱人性，孝不孝，忠不忠，何异哉？"⑦ 自然与人为、无为与有为、无心与有心，是《无能子》中的三对核心范畴。在《无能子》中，自然、无为、无心、心与

---

① 陈奇猷校注：《韩非子集释》，中华书局 1962 年版。
② 张双棣校：《淮南子校释》（增订本），北京大学出版社 2012 年版。
③ 同上。
④ 楼宇烈：《王弼集校释》，中华书局 1980 年版。
⑤ 《道藏》第 16 册，第 348 页。
⑥ 《道藏》第 28 册，第 171 页。
⑦ 王明：《无能子校注》，中华书局 1981 年版，第 17 页。

天理都是同质的概念或范畴。"无心"就是"至实""至公""本无欲而无私也","欲"与"私"、"实"与"公"被他对立起来了。"无心"就可"无为","无为则静，嗜欲则作，静则乐，作则忧"①。"无为则淳正而当天理","有为则嗜欲而乱人性"是该书中的核心命题。天理、嗜欲这两个概念及其相关思想被后来的理学家发展和系统化了。在内丹思想成熟以前，由于外丹和内丹并行而且以外丹为主，房中术等方术还有很大的市场，天理与人欲的对立关系虽然揭示出来了，但并不是所有的道教学者都主张灭人欲的。如《老君太上虚无自然本起经》②就不主张灭除情欲。但到内丹思想成熟的宋代以后，存天道灭人欲则成了道教学者们的共识。道家、道教主张无欲，是从个体心性着眼，是修炼的原则，是长生成仙的需要。道家、道教基于其自然为本的观念，在本源论上相应地承认欲存在的合理性。但它们都以道为最高的本体，都以得道为旨归，它们更重视的是本体论。所以，它们从修道、得道的角度，往往都强调无欲、祛欲、灭欲。道教发展了道家的思想，建立起心性本体论后，对此做了充分的论证。

　　道家为获得个体精神的自由而否定外在物欲对于精神自由的拖累和妨碍。它以自然无为来否定一切不合生命本真的作为，这与儒学以伦理道德来压抑、否定人为充分满足出于自然的欲望的努力，是明显不同的。道教也如此。他们对道与情欲的关系的探讨是为其炼心活动服务的。道教的炼心作为内丹修炼，本质上只是不为物役，不为外蔽，是个体对自己的本真性情的执着和守卫，当然可以完全不管现实社会。所以它强调泯灭情欲并不含有任何社会意义。从道家、道教的生命哲学的立场来看，他们主张存天道灭人欲是能自圆其说的。从实际效果而言，道家、道教的存天道灭人欲的自然无为也是能达到无不为的身心俱畅，自由自在的精神境界的。

　　道家、道教在本源论的层次是承认欲存在的合理性的。就个体修炼而言，在修炼未得道之前，他们在一定程度上也仍承认欲的自然性和合理性，但从修炼的目标指向来说，随着修行功夫的提高，越来越强化节欲、寡欲、灭欲以至于无欲。同时，基于和平、和谐的社会是个体生命存在和发展的必要条件的认识，老庄之后的道家和道教都有强烈的干预现实的企望，在处理社会问题时，他们也在一定程度上主张欲存在的自然合理性，主张节欲、寡欲，

---

① 王明：《无能子校注》，中华书局1981年版，第49页。
② 《云笈七签》，华夏出版社1996年版，第53页。

并希图随着无为而治的进行，使普通百姓也能逐步节欲、寡欲、灭欲以至于无欲。道家、道教在个体修养与社会治化这两方面的主张是相统一的。

本体是超越的绝对，是无形体、无规定、自足圆满、自因自果的。它是人价值的源泉。道家、道教的道本体，是人的本源真性的宇宙化，是人生命存在状态和人的最大福祉的终极性关怀。一方面，本体应具有无规定性，神圣性、绝对性和自足性，能作为价值之源为世界开出价值和意义，使人从终极意义上获得身心的归依之所。人是理性的动物，靠盲目信仰人格神获取终极意义迟早会受到理性的怀疑和抛弃。道教"假神以托用"，神不是严格意义上的人格神，至多是"功能神"，是道的具象化的表述，是为不懂得其教义或初入教域的人预备的连环画。具有必然性和神圣性的东西只能是外在于人的客观的东西，如果在其中掺杂了主观的东西，例如某类、某个人（圣人）设定的东西，则它就失去了神圣性。不错，最高本体的设定必须诉诸理性，但最高本体又必须不是主观的理性的产物。最高本体必定只能存在于人的心中，但它又必定只能是外在于人的东西，这两个方面的结合，就意味着最高的本体必定只能是内在于人的思意（思维）世界中的事实世界。道家、道教的道是符合这两个特征的，它的唯一特性就是虚静、无形、自然，它的特性就是没有特性。另一方面，最高的本体要成为人的价值源泉，它必须还有一个中介，通过它把外在的自然与内在的人联系起来。这在道家、道教那里就是理。理既是客观物体的纹路、具体的特性、规律，同时是它们反映到人的思维世界中的象。它把主观和客观沟通起来了。除此之外，道教力主在遵循天道的前提下发挥人的主导性、积极性、创造性和潜能，改造万物、改造环境以使之符合人的要求，所以它特别强调夺天地造化之机的各种术，要求道教徒掌握各种法术、道术。这样，最高的本体可以通过理和术顺利贯彻到人，人也可经由它们上达于最高的本体道，而且，这个上达的过程，还是身心统一的整全的生命境界的一体升华。

道家、道教由于有理作为中介，并通过实在的气的协同作用，通过术的运用，使得最高本体的道与人的双向沟通既有了可能性，也有现实性，而且可以实现身心性命的一体升华，最终达到"身安泰则命基永固，心虚澄则性本圆明，性圆明则无来无去，命永固则无死无生"①的真正与道同一，每一个人自然而然地实现了本然真性的最真实最圆满的自由境界。而且，正是因

---

① 《道藏》第4册，第50页。

为以个体为本位，不考虑与他人的关系，淡泊名利，所以道家、道教强调"真人不露相，露相不真人"，自己是否成真、成仙、得道，自己清楚，并可以通过自己的生理、心理变化来证实，用不着听别人的是非、好坏、善恶的评判，自修自证自得，用不着欺骗别人，因为欺骗别人就是欺骗自己，所以不会出现伪真人的现象。同时，由于道家、道教是以执着追求而不执着，强调无为是为了无不为，所以高扬了人在遵循天道的前提下的主体性。此外，由于本质上道家、道教不以教化世间为自己的根本任务，即便涉及要处理与他人的关系，也总是以无为自然为原则，所以用不着去教育别人甚至强迫别人，这样自然不会出现以道杀人的局面。所以，道本体所建构的，是一个真正立体的双重世界，它既是虚的意义世界，为人开出生存的意义，提供价值的指引，又是一个实的世界，为人改善生存的境况，促进身心的和谐发展。这两个世界的统一，就为人提供了有修有证、步步超升现有境界的梯子，从而使得个体生命整全、持续的发展成为可能。

第五章
道教生命哲学之形神论

在世界哲学史上，中国哲学与西方哲学、印度哲学两大系列不同，它注重研究人性和人心，这是其余两大系列哲学都不重视的。在中国哲学中，道教哲学对心性的关注是联系着人的形体来展开的，从而与儒家哲学和汉地佛教哲学有明显的区别。与世界上其他大的宗教只关心人的心理、伦理和观念不同，道教继承了道家以生命为中心的立场，从一开始就确定了形神兼顾、身心并重、性命双修的生命超越路线。这就必须在理论上对形与神、身与心、性与命等概念之间的关系做出系统深入的阐发。

第一节　"形""气""神"

形神关系是道家、道教哲学的重要内容之一。在内丹道教形成后，形神理论演化为精、气、神三元关系的探讨，并在修炼实践中简约化为性命关系的探究。这里拟在既有研究成果的基础上，力图在全面性和深刻性上推进道家、道教的形神观研究。

（一）形神先后

在中国哲学史上，《管子·内业》首先提出："凡人之生也，天出其精，地出其形，合此以为人。"在它看来，形、神均为人的重要组成部分。《荀子·天论》继承了它，进而提出了"形具而神生"的观点，肯定形在先，神在后。大约同一时期成书的中医经典《黄帝内经》也持同样观点，并对形与神作了界定。《黄帝内经·素问·八正神明论》记载："帝曰……夫子数言形与神，何谓形？何谓神？愿卒闻之。岐伯曰：形乎形，目冥冥，问其所病，索之于经，慧然在前，按之不得，不知其情，故曰形。帝曰：何谓神？岐伯曰：请言神，神乎神，耳不闻，目明心开而志先，慧然独悟，口弗能言，俱视独见，适若昏，昭然独明，若风吹云，故曰神。"① 在岐伯看来，形是指表现于身体外部的现象。神就是虽然没有听到，但眼睛一见就会豁然开朗，心中明白内蕴于中的道理和奥妙的心理状态，也就是智慧。这是从医学的角度所做的解说。

在继承前述观点的基础上，道教中的大多数人坚持形在神先的观点。例如，唐代的《长生胎元神用经》说："形炁既立，而后有神。"又说："且神以炁为母，母即以神为子，子因呼吸之炁而成形，故为母也。形炁既立，而后有神，神聚为子也。"② 多数内丹家们在谈及人出生的历程时认为，男女阴阳二气交感而招摄得之于虚无的先天元气，分而为阴阳二气，融入于父母精血之内，由无形而有形，由无质而有质，逐渐生五脏六腑、四肢百骸，同时神亦逐渐生成，形神合而人形成，孕期满而生产出世。这同样是主张形在神先。

持相反观点的人亦有，只是数量极少。他们往往是受佛教的影响，夸大心、神的作用，甚至把道等同为心，道生万物就成了心生万物，于是在形神先后问题上主张神在形先。谭峭《化书》："道之委也，虚化神，神化气，气化形，形生万物，所以塞也；道之用也，形化气，气化神，神化虚，虚明而万物所以通也。"③ 他所说的"道之委"的程序中含有神在先，形在后的意思。《道枢》云："神者，生形者也；形者，成神者也。故形不得其神，斯不能自生矣；神不得其形，斯不能自成矣。形神合同，更相生，更相成，斯可矣。"④ 这里在强调形与神相依不离的同时，还明确表达了神在形先的观点。

从学术史来说，主张形在神先的观点是主流，神在形先的观点其实是对神影响形的作用过分强调后的表述。

（二）形神主从

形神先后是从发生学意义上来说的。在形神产生后，形神关系的另一个方面是二者孰为主，孰为从；孰为重，孰为轻。道家最早开始探讨形神关系

---

① 《道藏》第21册，第115页。
② 《道藏》第34册，第309页。
③ 《道藏》第23册，第589页。
④ 《道藏》第20册，第622页。

的是庄子，他重神轻形。此后《淮南子》有更加明晰的阐述。《淮南子·精神训》认为人有精神、形骸之别，二者所禀不同，"精神者，所受于天也，而形体者，所禀于地也"，由此可引申出它在形神关系上主张"神主形从"，神起主宰作用，如《淮南子·原道训》所说："故以神为主者，形从而利；以形为制者，神从而害。"神重于形，如《淮南子·诠言训》说："神贵于形也。故神制则形从，形胜则神穷，聪明虽用，必反诸神，谓之太冲。"原因如《淮南子·精神训》所解释的："心者形之主也，而神者心之宝也。"

此后，道教同样认为形与神对生命所起的作用有大有小，两者的地位并不平衡，有主从之别。占据主流地位的观点是主张神是形的主宰。如宋初张伯端在《玉清金笥青华秘文金宝内炼丹诀·精神论》说："今独重于神，何也？神者，精气之主。"类似地，元代李道纯在《中和集》卷一中说："神者气之主，气者形之主。"

（三）形神分合

形神产生后，二者关系的再一个方面是，二者究竟是分还是合。首先讨论这一问题的是庄子。《庄子·在宥》说："抱神以静，形将自正……神将守形，形乃长生。"言下之意，形与神相依不离，对二者都有益。引申开来，这就是形神统一的观点。东晋时期，受玄学的影响，葛洪用有、无这对范畴来探讨形神之间的关系，使得形神关系的讨论更多地具有了理论思辨性。他说："夫有因无而生焉，形须神而立焉。有者，无之宫也。形者，神之宅也。故譬之于堤，堤坏则水不留矣。方之于烛，烛靡则火不留矣。"[1] 在他看来，生命的根本是神气。形神相济是修炼的基本原则。神代表道，是无；形是气生化而来，是有。有因无而生，形体必须依靠神才能存在。无必须依托于有而存在，神只能存在于形体中。"身劳则神散，气竭则命终。"[2] 身形劳累，神就会散失，气耗竭，生命就完毕了，所以"守身炼形"[3] 很重要。另一方面，为了使形神不离，需要"真知足"，恬淡守真，"全真虚器"。因为"情感物而外起，智接事而旁溢，诱于可欲，而天理灭矣，惑乎见闻，而纯一迁矣"[4]。外在的物、事会引发人的情欲。人有了欲望，心中纯正平和的状态就会被破坏，就有可能偏离道。所以，修炼的根本是无欲养神。正是在这个意

---

[1] 《道藏》第28册，第110页。
[2] 同上。
[3] 同上书，第193页。
[4] 同上书，第171页。

义上，葛洪说："命在其中，不系于外。道存乎此，无俟于彼也。"① 这是说，寿命长短取决于心，道本来就存在于心中。总之，要让形神不离，必须从身不累、心无欲两个方面去努力②。

葛洪的观点颇有代表性。道教中大多数学者认为，形神分离人就会死亡，形神相合人就能存活。汉代成书的《太平经》认为："形者乃主死，精神者乃主生。常合即吉，去则凶。"③ 在它看来，形与神虽然有主次轻重的不同，但缺一不可，二者相与为用，不能分离。《西升经集注》说："形不得神，不能自生；神不得形，不能自成。形神合同，更相生，更相成。"④ 这强调了形与神的相与为用、相互依存的关系。《道枢》亦类似地说："神者，生形者也；形者，成神者也。故形不得其神，斯不能自生矣；神不得其形，斯不能自成矣。形神合同，更相生，更相成，斯可矣。"⑤

深入来看，主张形神相守不离的观点，多是从为了得"道"而修炼的角度来说的。在他们看来，人在没有得"道"之前，形与神是不可分离的，形神一旦分离，生命也就随之消亡。要想得道，就必须形神相依，不可相离，如《大道论·保生章》说："神不离形，形不离神，神形相守，长生仙行成矣，保生之道遂矣。"⑥

言外之意，对于已经得道成仙者，"形""神"是可以分离的。南朝梁陶弘景在《答朝士访仙佛两法体相书》中，基于比较道教与佛教在形神理论上的异同，说："凡质象所结，不过形神。形神合时，则是人是物，形神若离，则是灵是鬼。其非离非合，佛法所摄；亦离亦合，仙道所依。今问何以能致此？仙是铸炼之事极，感变之理通……假令为仙者，以药石炼其形，以精灵莹其神，以和气濯其质，以善德解其缠，众法共通，无凝无滞，欲合则乘云驾龙，欲离则尸解化质，不离不合，则或存或亡。于是各随所业，修道讲学，渐阶无穷，教功令满，亦毕竟寂灭矣。"⑦ 在他看来，生命包含"形"（形体、肉体）、"神"（精神、灵魂）两大要素。二者相合，生命才能产生，

---

① 《道藏》第 28 册，第 170 页。
② 孔令宏：《论葛洪以术为底蕴的哲学思想》，《广州大学学报》（社会科学版）2006 年第 5 期。
③ 《道藏》第 24 册，第 377 页。
④ 《道藏》第 14 册，第 590 页。
⑤ 《道藏》第 20 册，第 622 页。
⑥ 《道藏》第 22 册，第 904 页。
⑦ 《道藏》第 23 册，第 646 页。

人类才会出现。二者相离，人就死亡而沦入阴间，成为鬼。佛教的缘起论认为，万法均因缘而起，形神也都是假有，人在因果轮回中循环不休，形神也或离或合，变动不止。只有通过修行佛法，证得涅槃而脱离轮回之苦，才能从因缘轮回中解脱出来，形神俱尽，入于永恒常驻寂灭之境。在佛教徒看来，修行的目的是解悟佛法，不是形神离合，所以说，非离非合是佛教的形神观。道教则不然。修炼成仙既可以采取形神永久相合的方式，如白日飞升成天仙的方法，也可以采取形神相离的方式，如尸解化质而成地仙的方法，所以说是亦离亦合。得道成仙是道教修行的最终目标，仙与凡的区别在于仙能自我驾驭形神，让它们可合可离。陶弘景明确把佛道二教"超生死，得解脱"的问题归结为形神关系问题①。这应该是入木三分的精辟之论。

《高上玉皇心印经》认为内丹修炼如果达到"精合其神，神合其气，气合其真"的程度，就能够"神能入石，神能飞行，入水不溺，入火不焚"②。修道者虽然尚未得道成仙，但却能够与神灵沟通。实现的方法是自身之神暂时性地离开肉体去漫游神仙殿堂，即所谓"神游"。据说：倘若"得《玉真之经》，其言渊澄，了性达心，足以炼气，足以飞神。唯神悠悠，三界内外，皆可平步而升"③。神游的观念，实基于形神可离可合的设想。"神游"在宋代以来的内丹和科仪中都是重要的观点。内丹术认为，在炼神还虚的阶段，阳神能出窍之后，必须让阳神即离即收，让阳神离开身体由近及远，不断锻炼，方能逐渐升华，进而炼虚得道。南宋内丹家王庆升基于形神关系把修炼者的状态划分为自有身、离合身、妙无身三种，说："身有三：一曰自有身，所谓养就婴儿我自做，非是爷精娘血者也；二者离合身，谓坐在立亡，身外有身者也；三者妙无身，所谓聚则成形，散则成气者。既证自有之身，是为地仙，仙胎飞入泥丸，泥丸为昆仑峰，乃在自己云端也。次证离合之身，是为神仙，胎仙脱壳蹑云，乃形虽处地而神在云端也。及证妙无之身，是为天仙，神超碧落，形陟太虚，乃形与神同在云端也。金液还丹之妙，至于身在云端，其为不空之空矣。"④ 自有身是人出生后本有的形神合一状态，离合身是修道有成后，形神可离可合，欲离则离，欲合则合的状态。"妙无身"是得道之时，此时形体已被炼化，与神同升太虚，皆在云端，形神俱化。科仪

---

① 钟国发：《陶弘景评传》，南京大学出版社 2011 年版，第 362 页。
② 《道藏》第 1 册，第 748 页。
③ 《道藏》第 24 册，第 611 页。
④ 《道藏》第 4 册，第 942 页。

术中，法师要基于内丹修炼的功夫，以己之神"游"于身外，与身外之神相合，"变神""合神"而实现符箓科仪的功能。"神游"还被一些道士视为神通，即特异功能。这遭到了主张形尽神不灭且以慧觉解神的佛教徒的讥刺。佛教徒耶律楚材曾写《西游录》攻击全真派宗师丘处机，其中之一即是讥其"出神之说"。"丘公尝举渠师王害风出神入梦为毕竟事。又举渠之法兄马公，常云屡蒙圣贤提将真性遨游异域。又云，'禅家恶梦境，岂知福力薄劣者，好梦不能致也'。此为彼宗之深谈也。识者闻之，未尝不绝倒也。"① 撇开耶律楚材的教派偏见不论，道教将神游视作神通之一，则是事实②。神游之说，本质上是以形神分离为基础的。

总之，道教讲形神不离，是对修炼未成，尚未得道者而言的；讲形神可离，是对修炼有成，即将得道或已经得道者而言的。概而言之，道教认为，形神是可合可离的。

（四）形神与气

道家把气视为构成万物和人的基本质料，因而对形神、身心的探讨往往是联系着气来展开的。《庄子》外篇中有气聚生成万物的观点，道教学者葛洪继承了这一思想，他在《抱朴子内篇·至理》中说："夫人在气中，气在人中，自天地至于万物，无不须气以生者也。"③ 人的形体是由气形成的，人的生命也靠气来维持。

道教进而认为，通过修炼，形可转化为气，气能进一步转化为神。神是气发展的更高阶段，能够成为控制人体生命活动的枢纽，在形、气、神三者之中地位最为重要。

道家、道教对形、气、神在人的生命中的不同功能作了探讨。较早的道家著作《文子》即已指出："夫形者生之舍也，气者生之充也，神者生之制也。一失位，则三者伤矣。"④ 此后，西汉时期的《淮南子》承袭这一思想并做了进一步的阐发。《淮南子·原道训》说：

> 夫形者，生之舍也；气者，生之元也（原作"生之充"，据王念孙校说改）；神者，生之制也。一失位，则二者伤矣（"二"原作"三"，

---

① （元）耶律楚材著，向达校注：《西游录》，中华书局1981年版，第15页。
② 刘仲宇：《道教形神观初探》，《宗教问题探索》（内部资料）1988年版。
③ 《道藏》第28册，第190页。
④ 王利器：《文子疏义》，中华书局2000年版，第163页。

据王念孙校说改)。今人之所以眭然能视,䏿然能听,形体能抗,而百节可屈伸,察能分白黑、视丑美,而知能别同异、明是非者,何也?气为之充而神为使也……是故圣人使人各处其位守其职,而不得相干也。故夫形者,非其所安也而处之则废;气不当其所充而用之则泄;神非其所宜而行之昧。此三者,不可不慎守也。①

也就是说,形体是生命的载体,气是生命的本原(源头和质料),神是生命的主宰。形应当安静,若不安静,则生命无法维持;气应当充盈,如果有所泄漏而亏欠不足,则寿命就会折损;神应该恰当地调节控制人的行为,如果调控不力、所行不宜,则行为就会有违于生命之道。总之,形不乏、气不亏、神不疲,三者都应该各处其位,各司其职,各尽其能。处理好形、气、神三者之间的关系,首先要发挥好气的基础性作用和中介作用:"苟能令正气不衰,形神相卫,莫能伤也。"② 这就需要养气。其次,要把神对人体生命活动的统率作用充分发挥出来。

早期道教经典《太平经》对形、气、神的关系做出了不同于《文子》的论述。书中阐述,人是一种有形、有气、有神的存在体,而且形、气、神三者都是人得以产生、存在所不可缺少的要素,人的生命是形、气、神的统一③。"凡事人神者,皆受之于天气,天气者受之于元气。神者乘气而行,故人有气则有神,有神则有气,神去则气绝,气绝则神去。故无神亦死,无气亦死。"④ 这里的关键在于"神者乘气而行"。意思是神依托于气才能发挥其功用。书中进一步论述说:"故形体为家也,以气为舆马,精神为长吏,兴衰往来,主理也。若有形体而无精神,若有田宅城郭而无长吏也。"⑤ 它把形体比喻为家,把气比喻为舆马,把神比喻为长吏。在它看来,形体是气和神赖以存在的物质基础,气是功能实体,神是调节、控制形、气,让生命呈现出活力的关键。

气具有基础性的地位,形、神以气贯通,所以,在内丹术形成之前,形、气、神的关系往往被约化为形神关系。

---

① (汉)刘安:《淮南子》,河南大学出版社2010年版,第149页。
② 《道藏》第28册,第244页。
③ 刘秀丽:《传统道教形神观研究》,华东师范大学硕士学位论文,2007年。
④ 王明:《太平经合校》,中华书局1960年版,第102页。
⑤ 同上书,第717页。

（五）形神俱妙

道家、道教对形神关系虽有不同的看法，但都主张形神俱妙，因为只有形神俱妙才能得道，而得道是道家和道教共同的目标。但是，道家的哲学玄思显然没有对这颇具实践色彩的问题做出太多的思考。道教则对此做了巨大的努力。例如，孙思邈《存神炼气铭》说："气为神母，神为气子，神气若具，长生不死。"① 《道法心传》说："夫自己元神即先天一炁之体，先天一炁即自己元神之用。故神不离于炁，炁不离于神，神乃炁之子，炁乃神之母。子母相亲，如磁吸铁，不可须臾离也。"② 这里，在主张神气不离，即形神不离的文字背后，内蕴着形神不离而超越，达到生命升华，形神俱妙的潜台词。大约成书于晋代的《西升经》对形、神与道的关系作了论述，说："盖神去于形谓之死，而形非道不生，形资神以生故也。有生必先无离形，而形全者神全，神形资以成故也。形神之相须，犹有无之相为利用而不可偏废。惟形神俱妙，故与道合真。"③ 这里提出的"形神俱妙，与道合真"的观点对后世具有深远的影响。

南北朝时期形神之辩主要发生在南朝，从晋宋之际至梁朝是其高潮，主要人物有牟子、慧远、何承天、宗炳、郑鲜之、范缜等。北朝佛教传播的特点是重禅修而轻理论，形神之辩的代表性人物是杜弼与邢邵。这场形神关系辩论的焦点是形尽之后，神究竟是灭还是不灭。神灭派和神不灭派都对先秦道家思想有所继承和利用。神灭派主要吸收利用了先秦道家的"道"本原论、气一元论、天道自然论，不足之处是，虽然认为神本质上也是气，但以形神为二，不能有效地反对神不灭派所主张的形粗神妙的观点。这一缺点不断暴露，至梁朝范缜，被迫对神灭派的形神观加以彻底改造，提出了"形神相即""形质神用"的观点，标志着神灭派的理论达到了顶峰。神不灭派主要是佛教僧人和信仰佛教的学者，他们以佛教信仰为基础，主张灵魂永恒存在，不因形体消亡而消亡。他们借用道家重神轻形的观点以及由此导致的神不灭论的倾向来说明形神相异、形粗神妙。例如，在道家思想影响下，慧远认为，神与形始终是同步存在的，即："神形俱化，原无异统，精粗一气，始终同宅，宅全则气聚而有灵，宅毁则气散而照灭；散则反所受于天本，灭

---

① 《道藏》第18册，第458页。
② 《道藏》第32册，第422页。
③ 《道藏》第11册，第506页。

则复归于无物，反覆终穷，皆自然之数耳。"① 神与形都是气，只是有精粗的差别。二者的关系是"精粗一气，始终同宅"，形是神之宅舍，即神是依附于形的，坚持了《管子·内业》"有神自在身，一往一来，莫之能思，失之必乱，得之必治，敬除其舍，精将自来"②的观点，也模糊地意识到了神是形的功能。同时，神不灭派以先秦道家的本体论为范本，努力提高神的地位，逐步使神抽象化为脱离形体的超验存在③。

对上述两派的观点，二十世纪许多学者基于唯物与唯心的分野，力挺神灭派而把它视为正确的唯物主义观点，鞭挞神不灭派而把它视为荒谬的唯心主义观点。今天我们跳出唯物与唯心二元对垒的框套后会发现，这两派的观点都有历史的局限性，都有问题。形尽而神是否灭的问题，事实上是"条件"和"原因"的关系问题。一个事物现实地存在，必须同时具备"条件"和"原因"，缺一不可。但是，"条件"和"原因"是不同质的，将"原因"归为"条件"，或者将"条件"归为"原因"，都是片面的。所以，佛教认为人的灵魂可以脱离肉体而单独存在的观点是不正确的。范缜提出了"形神相即""形质神用"的观点，进而从人的精神不能离开身体而单独存在这个正确前提，错误地得出了"神即形也，形即神也"的结论，把形神混同为一，同样是错误的。"形神相即""形质神用"的观点与人们的日常经验似乎比较吻合，更能为一般大众所接受。但事实上，这一观点也是错误的。范缜得出这一观点的方法同样是不可取的。其方法属于还原论，即将有待解释的现象还原为赖以存在的前提。这表现在，由于范缜过分强调神对形的依赖性，不懂得精神与社会实践的关系，在解释人们之间的精神差异时，得出了"圣凡异器"的机械的生理决定论，甚至认为，圣王尧、舜生有八彩重瞳，黄帝轩辕生有龙颜马口，比干之心与众不同，姜维之胆大如拳，所以他们都具有超越常人的智慧或气魄。这些说法，都是不符合事实的。这在一定程度上混淆了经验和超验两个视野，进而混淆了科学和哲学的界限④。

用还原论的方法由神经系统直接说明人类精神，既无法说明精神活动是一种不同于神经系统生物化学运动的新质活动，也无法说明精神支配形体。系统论告诉我们，高一层次的系统的整体性质来源于低一层次的要素之间的

---

① 《大正藏》第52册，新文丰出版公司1983年版，第4788页。
② 《二十二子》，上海古籍出版社1986年版，第155页。
③ 吴勇：《南北朝形神之辩与先秦道家》，安徽大学硕士学位论文，2005年。
④ 祝和军：《哲学是什么玩意儿》，中国长安出版社2010年版，第158页。

关联关系，即自组织性，而不是来源于无相干性的要素的堆积。也就是说，系统具有不同于要素的新质，即整体性。这种整体性反过来会影响要素。质言之，高层次的系统固然依赖于低层次系统，但是，低层次系统只是高层次系统存在的必要性条件，却不是充分性条件，也不是高层次系统之所以这样运动而不是那样运动的唯一原因。换言之，高一层次的系统对低一层次的系统具有调节控制的作用。层次结构因为这种双向关联而成为具有稳定性的结构。以形神关系而论，"精神自组织性是在神经自组织性的基础上产生的，它虽然不能先于神经系统自组织性而产生，但精神的自组织性却能反过来影响、调节、控制神经系统。精神系统的自组织性决定了精神具有能动性。因而，否认精神具有能动性，也就等于否认精神具有自组织性，否认任何系统都有自组织性"①。精神自组织性、能动性的阐述说明精神完全可以通过神经系统支配形体。事实上，战国时期，《荀子·解蔽》即已指出："心者，形之君也，而神明之主也；出令而无所受令，自禁也，自使也，自夺也，自取也，自行也，自止也。"② 这就是说，心是形体的支配者、精神活动的场所，它只发出命令而不受他物的束缚，心的各种行动和停止都是自做主宰。

正是循着类似这样的理路，道家、道教对形神关系的思考，往往是基于形的超越而思考神，再基于神的超越而思考得道。前述《西升经》的观点颇具有代表性并对后世有很大影响。所以，内丹家们往往基于这种转化的需要而大谈神、气的统一性。如黄元吉《乐育堂语录》指出元神就是"元气中之至灵处"③；《丹经指南》说："天地生人本于气，神即气之灵觉者。"④ 内丹修炼中的炼气化神就是建立在神气统一的基础之上。宋代以来，符箓派深受内丹影响而形成了"内炼成丹，外用成法"的共识，内丹中的形、气、神递进转化的观念也被移植进科仪理论中去。例如，大约南宋成书的《灵宝玉鉴》卷三十八在论述炼度时断言："以妙无真阳之气，以具无质之质，以全真中之真，成此圣胎法身，蜕然神化，超出二气五行之外。不生不灭之表者，实由夫即身之妙也。苟达即身之妙，则自然成真矣。在得鱼而后忘筌可

---

① 杜胜利：《试以系统论解析中国传统文化中的形、神范畴》，《太原师范学院学报》（社会科学版）2000 年第 3 期；曾凯、杜胜利：《现代系统论与中国传统形神观》，《南京理工大学学报》（社会科学版）2001 年第 5 期。
② 《荀子》，山西古籍出版社 2003 年版，第 213 页。
③ 《藏外道书》第 25 册，巴蜀书社 1994 年版，第 704 页。
④ 《丹经指南》，《道藏精华》第四集之三，自由出版社 1979 年版，第 161 页。

也。况道者神之主，神者气之生，气者形之主，故炼形合气，炼气合神，炼神合虚，则唯道为神，形同太虚矣。所谓金液炼形玉符保神，形神俱妙，与道合真是也。"①

那么，如何实现形神俱妙呢？内丹学提出了两条途径：其一，修炼内丹而成，即炼形（精）化气，炼气化神，炼神还虚，出"阳神"后再"面壁""炼虚合道"，既可以炼化"色身"，也可以炼化神，从而达到形神俱妙。其二，内外丹结合，即在内丹修炼有一定成就后，服食外丹点化肉体，让人变为"形神俱妙"之"化体"。对此，南宋夏元鼎论述说："内丹已成，积功累行，厌居尘世，将欲解化，奈何躯壳本是父母遗体，因其精血臭腐，生为神奇，必当赖外丹点化，使之改形换骨，补足阳神，方能乘虚步气，跨鹤腾云。"②"外丹"有两种含义，其一是指通过各种秘法把多种自然物炼成丹药，用来服食，或直接服食某些芝草，以点化自身阴质，使之化为阳气。其二，外丹指"虚空中清灵之气"，近代陈撄宁先生在《孙不二女功内丹次第诗注》中说："外界资助，当然不可少，却是在虚空中寻求。""修仙者，贵在收积虚空中清灵之气于身中，然后将吾人之神与此气配合而修养之，为时既久，则神气打成一片，而大丹始成。"③ 这两种外丹都可用以点化形体，即在内丹炼成后，以外丹点化凡躯，"改形换骨"，才能"乘虚步气"，最终成就"形神俱妙"。不管哪种途径，都是用气把"色身"从有形化为无形，从而与神实现融合，进入妙境。

这就是说，"气化"是"形神俱妙"的关键，"形神俱妙"是靠气的作用来实现的。《南岳遇师本末》说："先生曰：汝识真人否？黄巢杀人八百万，皆以为非人，后斩一白血者，曰此真人也。今汝修金丹大道，先使气凝为津，津化为血，血变为膏，日中无影，方为真人。"④ 这里认为，"真人"通过金丹大道之修炼，气量充盈，能量足够，身体就会不断发生变化，先凝为津，次化为血，再变为白膏，最后达到"日中无影"，肉体已发生质的改变的境界。《唱道真言》说得更明白："然则身之为害如此，仙家何苦要白日飞升？曰：此化体，非凡体也。化体与太虚无异，真火烹成，形质俱化，故

---

① 《道藏要籍选刊》第 8 册，上海古籍出版社 1989 年版，第 808 页。
② 《道藏》第 3 册，第 36 页。
③ 董沛文主编，盛克琦编校：《女丹仙道：道教女子内丹养生修炼秘籍》，宗教文化出版社 2012 年版，第 544 页。
④ 《丛书集成初编》，商务印书馆 1936 年版，第 6 页。

聚则为形，散则为气，聚散之间，有莫知其然而然者。"①"化体"非凡体，是形质俱化为气的无形之体，所以能"聚则为形，散则为气"。

能变凡躯为"化体"的气，其质与量都与通常之气大为不同。其量的充足自不必言，关键是其质更为精妙、纯粹。在炼神化虚的后期阶段和"炼虚合道"的阶段，需要将"阳神"归于祖窍中入寂无灭定，"虚极静笃"的状态中。此时"阳神"所感应、招摄之气的质大大提升、量大为增多，从而能够让"色身"在气的作用下不断发生质变。《性命圭旨·本体虚空超出三界》对这一过程描述道："此法只是复炼阳神，以归还我毗卢性海耳。所以将前面分形散影之神摄归本体，又将本体之神销归天谷，又将天谷之神退藏于祖窍之中。如龙养颔下之珠、若鸡抱巢中之卵，谨谨护持，毋容再出，并前所修所证者，一齐贬向无生国里，依灭尽定而寂灭之。"此后，气先变化为"神光"，使人体"八万四千窍之中，窍窍皆有神光"。继而"神光""照彻十方"、三界，再化为"舍利光"，"如赫赫日轮，从祖窍之内一涌而出，化为万万道毫光，直贯于九天之上。若百千杲日，放大光明，普照于三千大千世界。而圣也，贤也，及森罗万象，莫不齐现于舍利光之中矣"。最后，普放"宝光"："又自三千大千世界中复放无量宝光，直充塞于极乐世界。既而又升于裟婆幢界，又升于音声轮界，复直冲于胜莲华世界，得与贤胜如来相会也。自从无始分离，今日方才会面。彼此舍利交光，吻合一体，如如自然，广无边际。"② 这里所谓的"神光""舍利光""宝光"，剥离其宗教色彩后，这些光的变化，实质就是气的质和量的改变所使然。气体依次经由"神光""舍利光""宝光"转变的过程，也就是凡人之躯体变为"化体"，由"实"变"虚"的过程。

在实现"形神俱妙"时，气的作用固然重要，但也不可忽视"神"的作用。《唱道真言》认为，内丹修炼过程中最后的"炼虚"，作用是补"炼心未至之功"③，即性功未能炼至"虚"境，未见"真心""真性"，此时"阳神"已出，但胞胎里尚带有"夹杂之气"，需"再加面壁之功"，"磨洗一清"，方能道成④；如果炼心已纯，"元神""真性"已现，则"炼虚"一节功夫可

---

① 《道藏精华录》下册，浙江古籍出版社1989年版，第23页。
② 屈丽萍点校：《性命圭旨》，山西人民出版社1988年版，第268-270页。
③ 《道藏精华录》下册，浙江古籍出版社1989年版，第22页。
④ 同上书，第14页。

免。《梅华问答编》也认为，之所以"入圜温养、九年面壁之功"必需，是因为"恐性之不纯，命功仍有疏虞之故耳"，"若步步还虚，造至自然，欲脱立脱，欲化立化，已造夫虚空粉碎地位，行止得自便，何劳入圜面壁哉？"①总之，"炼心"而显"元神"、现"真性"也是实现"形神俱妙"必不可少的重要方面。而且，"形神俱妙"的"化体"，聚则成形，散则成气，或聚或散，仍需神进行调节控制。就此而言，"形神俱妙"的"化体"中，神依然存在，只不过，此时的神，已经经历气化过程的熏陶，有了质的升华而变得灵妙了。这才是"形神俱妙"，形与神均妙的本意！诚如《慧命经》所指出的，如果"能到虚空境界，真心常定，一切智观灭除，浑然无极，或一定三载，或一定九年，一点金光真火收藏于内，日久月深，则凡躯亦化而为气，神既妙而形亦妙矣"②。"形神俱妙"之"化体"，虽称之为"体"，实际上却已非肉体凡胎，已无固定之形，能随心所欲，千变万化，以神意聚则成形，散则成气，形、气、神三者高度"同一"，而非"统一"，因为三者早已融合为一，了无分别。此时，没有了肉体和精神的界限，二者了无分别，浑为一体，同一于气。同时，气亦同一于形神。形、气、神分则为三，合则为一，合于形则显，合于气则化，合于神则妙，分合神化，随意自如③。

道教内丹学认为，"形神俱妙"之所以可能，首先是因为形、气与神具有发生学意义上的同一性。《玄宗直指万法同归》指出："太极混而为气，气之一者曰精，精之妙者曰神，神之妙者曰性，气降于人是为命。在人则气为形主，气足则精足，精足则神明，神明则性极。性始也，命终也，极于斯也。"④ 这里是把形、精、气、神、性视为同质之物，均为一气所化。其次，内丹学认为，"形神俱妙"之所以可能，还因为形、气与神在质上具有同一性。《性命圭旨》认为："究竟人之本初，原自虚无中来，虚化之为神，神化之为气，气化之为形，顺则生人也。今则形复返之为气，气复返之为神，神复返之为虚，逆则成仙也。"⑤ 在这里，"形神俱妙"的实现，无非是虚化神，神化气，气化形而生人的历程的颠倒罢了，只要功夫得当，逆水行舟就可顺

---

① 《藏外道书》第 10 册，巴蜀书社 1992 年版，第 652 页。
② （明）伍守阳，（清）柳华阳：《古本伍柳仙宗全集》下，上海古籍出版社 1990 年版，第 657 页。
③ 王体：《试论道教内丹学"形神俱妙"的生命哲学思想》，《齐鲁学刊》2009 年第 2 期。
④ 《道藏》第 23 册，第 925 页。
⑤ 屈丽萍点校：《性命圭旨》，山西人民出版社 1988 年版，第 267 页。

河逆源，返回原本之虚无而成仙。在这其中，"气"处于顺逆颠倒的"枢纽"式的重要位置，"形""神""虚"都是靠"气"来关联、通约的。总之，在内丹学看来，"形神俱妙"既有理论上的依据，也有实践上的可能。通过它就能"实现道教长生不死的信仰式观念在理论上的圆融"[1]。

（六）形神理论与道教法术

总体说来，道家重理论思辨而轻实践。道教颇具功利性而重实践，故对与实践紧密相关的形神理论探讨甚多。道教认为形神经过修炼到达一定的程度，便可以达到如陶弘景所说的"众法共通，无碍无滞，欲合则乘云驾龙，欲离则尸解化质；不离不合，则或存或亡"变化随心的神妙境界。类似地，唐代吴筠曾撰写《神仙可学论》《形神可固论》，从形神观的角度论证成仙的可能性。《神仙可学论》说："块然之有，起自寥然之无。积虚而生神，神用而孕气，气凝而渐著，累著而成形。形立神居而为人矣。故任其流遁则死，反其宗源则仙。所以招真以炼形，形清则合于气；含道以炼气，气清则合神。体与道冥谓之得道，道固无极，仙岂有穷乎？"[2] 在他看来，成仙的依据在于"形立神居而为人"之后，不能"任其流遁"，而应该通过修炼使"形清会于气"，"气清则合神"，达到"表里兼济，形神俱超"。再进一步会于大道，使形神相合，"体与道冥"，达到永久。形神永固的可能是人能得道成仙的依据。此后的内丹，更是强化了这一观念。

符箓派道教类似地把其法力的来源归之于形神修炼的成果。它认为，道法的有效性在很大程度上取决于行法者的形神修炼是否有成。《灵宝玉鉴》卷三十八的"炼度更生门"论述说："灵宝大法有受炼更生之道，外则置水火，内则交媾坎离。九气以生其神，五芽以寓其气。舍三光而明景，周十转以回灵，亦各依其本法而然耳。然必以妙无真阳之气，以具无质之质，以全真中之真，成此圣胎法身，蜕然神化，超出于二气五行之外。不生不灭之表者，实由夫即身之妙也。苟达即身之妙，则自然成真矣。在得鱼而后忘筌可也。况道者神之主，神者气之生，气者形之主，故炼形合气，炼气合神，炼神合虚，则唯道为神，形同太虚矣。所谓金液炼形，玉符保神，形神俱妙，与道合真是也。其炼度更生之道，确乎无以议焉。"[3] 所谓"内则交媾坎离"

---

[1] 王体：《试论道教内丹学"形神俱妙"的生命哲学思想》，《齐鲁学刊》2009年第2期。
[2] 《道藏》第23册，第660页。
[3] 《道藏要籍选刊》第8册，上海古籍出版社1989年版，第808页。

指的是法师的内丹修炼，其功能在于实现形、气、神紧密统一和递进转化。对此，南宋郑所南《太极祭炼内法》强调："炼度是自己造化，以度幽魂。未能炼神，安能度鬼。全仗真心内事，其符其咒乃寓我之造化耳。"①"即身之妙"是指法师修炼内丹，交媾坎离，通过炼形合气、炼气合神、炼神合虚、与道合真等步骤，用法师的妙无真阳之气度化亡魂，使亡魂"具无质之质"，"全真中之真"，炼成圣胎法身，度化自然成真，达到以生度死，以己度人的目的。这是宋元以来符箓派道教异口同声地宣传"内炼成丹，外用成法"的根本原因。

总之，道教"形神相合""形神俱妙"的观念广泛而深刻地渗透到道教的教义理论和宗教实践中。道教以"得道成仙，长生不死"为终极信仰，而论证它的可能性，探求把可能变为现实的途径，都是根源于形神观。因此，形神观是道教宗教实践的前提和理论指南。由此也可看出，道教哲学大大丰富、发展了道家的形神观。

第二节　"精""气""神"

（一）形气神与精气神

神本来是与人相对成立的一对概念。如《左传·桓公六年》提及："夫民，神之主也。"后来却开始与"形"成为对偶概念，其间的转换，经历过"精"与"精神"两个范畴的过渡。

《管子·内业》："凡人之生也，天出其精，地出其形，合此以为人。"又说："思之而不能，鬼神将通之，非鬼神之力，精气之极也。"张立文说："形体由地而来，精神由天而来，精是一种细微的气，它相对于构成形体的气来说，是精气，这种精气在人体中具有思虑智慧的功能。'思之而不能，鬼神将通之，非鬼神之力，精气之极也'把人的精神活动、意识现象看作是一种特殊物质构成的，形体与精神可离为二，因为精气在形体之外独立存在，又可合一而为人。这是对形神关系的稚气的探索。"② 这里与形对立的还不是神，而是精。《庄子·知北游》说："精神生于道，形本生于精，而万物以形

---

① 《道藏》第10册，第449页。
② 张立文：《中国哲学范畴发展史》，中国人民大学出版社1988年版，第662页。

相生。"这里出现了"精神"一词,而"形本生于精","形"仍与"精"相对。《庄子·在宥》说:"抱神以静,形将自足。"又曰:"神将守形,形乃长生。"《庄子·天地》说:"留动而生物,物成生理,谓之形;形体保神,各有仪则,谓之性。"成玄英疏:"禀受形质,保守精神,形则有丑有妍,神则有愚有智。既而宜便轨则,各自不同,素分一定,更无改易,故谓之性也。"① 在后面几句话中,"抱神以静,形将自足","神将守形",这里的"神"已经成为与"形"对偶而论的概念。稍晚于庄子的荀子则很明确地把形与神作为对偶概念来使用。《荀子·天论》说:"形具而神生,好恶、喜怒、哀乐臧焉,夫是之谓天情。耳、目、鼻、口、形,能各有接而不相能也,夫是之谓天官。"②《不苟》说:"形则神,神则能化矣。"③ 形与神两者已经明确地作为对偶概念而成立。可见,从神灵到神灵抽象的"神"即神性,再到人所具备的形体之外的"精神",神的概念,由与人对立而存在的概念,转换成了人与形对立的概念。诚如张立文所说:"形与神范畴是中国哲学范畴系统中由天道部分向人道部分演变的关节点。"④

但是,自《庄子》到受其思想影响很大的《淮南子》,尽管确立了形与神作为对偶概念,但对于神的内涵,对于形与神之间的关系,认识依然不够清晰。无论是《庄子》所说的"抱神以静,形将自足","神将守形",还是《荀子》所说的"形具而神生",抑或《淮南子》所说的"神贵于形也。故神制则形从,形胜则神穷",神为"君形者",都只谈了形与神的对立存在性与相互依存性,极少有人对"神"的内涵做出明确的界定,并对其特性进行分析论述。

南朝时期,佛教高僧慧远大师弥补了这一缺憾。他说:

> 神也者,图(应为圆)应无生(应为主),妙尽无名,感物而动,假数而行,感物而非物,故物化而不灭;假数而非数,故数尽而不穷。有情则可以物感,有识则可以数求。数有精粗,故其性各异,智有明暗,故其照不同。推此而论,则知化以情感,神以化传;情为化之母,神为情之根。情有会物之道,神有冥移之功……夫情数相感,其化无端,因

---

① 《道藏》第16册,第432页。
② (清)王先谦撰,沈啸寰、王星贤点校:《荀子集解》,中华书局1988年版,第309页。
③ 同上书,第46页。
④ 张立文:《中国哲学范畴发展史》,中国人民大学出版社1988年版,第662页。

缘密构，潜相传写……火之传于薪，犹神之传于形；火之传异薪，犹神之传异形。①

李泽厚、刘纲纪在《中国美学史》中对此评论说：

> 慧远大师也承认神是"感物而动，假数而行"的，即神的活动要以"物"和"数"（自然之数，即自然运行的规律、法则、过程）为凭借，但慧远大师认为"神"不是"物"，也不是"数"，所以"物"虽灭而"神"不会灭，"数"虽尽而"神"不会尽。慧远大师通过对神的不可名言的微妙性的强调，最后把"神"看作是可以独立于物和数而存在的。其次，为了证明神可以独立于物和数而存在，慧远大师又声称化以情感，神以化传；情为化之母，神为情之根；情有会物之道，神有冥移之功。他把神与情联系起来，生的变化推移是和情的感物分不开的，而神又为情之根，因此"情"在感物化生的同时也就把"神"暗暗地移传给不断产生的新的生命了。这就是他所谓"情数相感，其化无端，因缘密构，潜相传写"。前形虽死，"神"却可以暗中传于后形，就像前薪之火可以传于后薪，不绝地燃烧下去一样。②

慧远对神的界定与论述，主旨基于佛教三世因果、六道轮回的信仰，论证灵魂存在，可通过"情"之感而实现在不同人或人的不同世中迁移，因而得出了"神不灭"的观点。

对"神"的主体间性和超越当世生活的关注，是道教不感兴趣的。道教的立场是个人当下的生命延续和品质提升。这在理论上就只能走主体的内在超越之路。前述道家、道教以气为中介来谈论形、气、神的相关性，把对偶概念发展为三元关联，就是一种理论尝试。这一尝试应该说是有价值的，只不过在论述三者的递进转化时，形转化为气的可能性在哪里，如何可能？这两个问题的回答显得比较困难。解决这一问题的方法是借鉴已有的"精"这一概念。也就是说，能转化为气的不是形的全部，而只是形中之精。

什么是"精"？《字汇·米部》云："凡物之纯至者曰精。"在道家和道教看来，形体本由气为基本质料构成。而精作为形体的"纯至者"，与气不

---

① 《大正藏》第52册，新文丰出版公司1983年版，第31－32页。
② 李泽厚、刘纲纪：《中国美学史》，安徽文艺出版社1999年版，第340页。

就有天然的紧密联系了吗？《管子》就是沿着这一思路，把精与气关联起来，论述了精气观。《管子·内业》提出：

> 精也者，气之精者也……精存自生，其外安荣，内藏以为泉原，浩然和平，以为气渊。渊之不涸，四体乃固，泉之不竭，九窍遂通，乃能穷天地，被四海。中无惑意，外无邪灾。心全于中，形全于外，不逢天灾，不遇人害，谓之圣人……凡人之生也，天出其精，地出其形，合此以为人……精之所舍，而知之所生。①

白奚在《稷下学研究》中指出：

> 作者的主要兴趣在于用"精气"来解释人的生命特别是精神现象，当古人循着从物质性的东西中寻找世界的本质和统一性这条道路摸索前进的时候，对精神现象的解释就是一个无法回避的问题。由于古人尚不能正确地把握意识的本质，因而他们把精神解释为一种细微的、特殊的物质或其作用，便是很自然的也是可以理解的了，可以说这是中国哲学发展的必由之路……是中国古代学术思想的一大特色。②

《管子》所谓的精气观，其实就是不满足于形体的局限性，提出"精"的概念，进而超越它，达至比"精"有活力的"气"，进一步削弱"气"的自然性、实体性，赋予其主观性、能动性，向"神"靠拢。这一思路对后世道家、道教和儒学都有深远的影响。不只后世道家、道教继承了它，儒学也沿袭了这一思路。宋元明清时期，几乎所有重要的哲学家都有与道家、道教相同的观点。北宋张载在《正蒙·乾称》中指出："气之性本虚而神，则神与性乃气所固有。"③ 南宋朱熹认为人的"知觉"思维是气的运动，认为"所觉者，心之理也；能觉者，气之灵也；心者，气之精爽"④。"能觉"来自"气之灵"，心是"气之精爽"。明末清初的黄宗羲认为宇宙间一切都是气，而人心是气之灵处："天地间只有一气充周，生人生物，人禀是气以生，心

---

① （战国）管仲撰，梁运华校点：《管子》，辽宁教育出版社1997年版，第140—141页。
② 白奚：《稷下学研究》，三联书店1998年版，第168—169页。
③ 李敖主编：《周子通书·张载集·二程集》，天津古籍出版社2016年版，第86页。
④ （宋）黎靖德编：《朱子语类》，中华书局1986年版，第85页。

即气之灵处。"① 方以智则把人的"精神"归结为气："精神皆气也。"② "脑生细微动觉之气"③，认为大脑的思维运动是"细微动觉之气"的运动。清代医学家王清任在《医林改错·脑髓说》中也明确地指出了"脑气"的运动是大脑的思维运动，把思维的本质最终归结为"气"。

这样，形体通过精这一概念与气进而与神紧密关联起来，它们之间的递进转化关系可以从内容和逻辑上得到圆满的说明，于是，形、气、神的三元概念就被精、气、神的三元概念代替了。从此，道教只在身、心对立的意义上抽象地谈论形神关系，具体的理论阐述和实践操作，则是谈论精、气、神。

转化人自身的精、气、神是道教生命修炼的关键之处。道教早期经典《老子想尔注》有"精结成神"之说④，唐宋以后的内丹修炼着眼于精、气、神的转化，因而把内丹修炼概括为炼精化气、炼气化神、炼神还虚、炼虚得道四大阶段。宋代以来，强调精、气、神修炼的思想广泛影响到道教各领域，符箓派道教在行科仪道法时也突出精、气、神的作用。如宋代雷法流行，它在理论上主张："一炁之妙，万道之宗，法灵须要我神灵，我神灵兮法通灵。祛禳祷祈凭神将，神将何曾有正形。道化灵，灵化精，精化炁，炁化神，所谓法行先天大道，将用自己元神。"⑤ 这样，当精、气、神递进转化而实现形神合一时，人身之神与外在的宗教性之神就合一了，神也具有了灵妙莫测的功能，神的三重内涵被水乳交融地结合在一起了。

（二）精、气与神的关系

早期道教经典《太平经》以三一论来阐述精、气、神之间的关系，说："三气共一，为神根也。一为精，一为神，一为气。此三者，共一位也，本天地人之气。神者受之于天，精者受之于地，气者受之于中和，相与共为一道……三者相助为治。故欲寿者，乃当爱气尊神重精也。"⑥ 这里立足于人的长寿而说精、气、神，主张人要长寿，需要"爱气尊神重精"。指出人的精、气、神"共一位"，作为一个整体的运动是"神根"，即人体的各种功能得以正常运行的根本。精、气、神依次来源于地、中和和天，活力依次增强。它

---

① 吴光编：《黄宗羲全集》第1册，浙江古籍出版社2005年版，第60页。
② 罗炽：《方以智评传》，南京大学出版社2006年版，第118页。
③ 《影印文渊阁四库全书》第867册，商务印书馆1986年版，第813页。
④ 饶宗颐：《老子想尔注校证》，上海古籍出版社1991年版，第12页。
⑤ 《道藏》第28册，第675页。
⑥ 王明：《太平经合校》，中华书局1960年版，第728页。

们各自发挥不同的作用，"相与共为一道""相助为治"，这个统一的整体是相互依存、相互作用的。

唐代张果在《太上九要心印妙经》中解释三一机要时也论述了精、气、神的关系，他强调了精的基础性地位，指出："一者为精也。精乃元气之母，人之本也。"① 他比《太平经》进一步指出了三者的转化关系，认为三者在人体里的运动是在神气相合、精神内守时"精散为气，气结成神，炼神合道"，精、气、神"分而为三，混而为一"②。

北宋初，张伯端更具体地探讨了精、气、神之间的关系。他认为，三者之间互相依赖，相依为用，如《玉清金笥青华秘文金宝内炼丹诀·总论金丹之要》说："精非气不盈，神非气不充；精因气融，气凭精用；气因神见，神凭气用。"③ 神因气而立，气因精而生，精能生气，气能生神。形不得神，气就不能产生，神不得气，精也不能产生。神、气离开了形不可能存在。精、气、神三者是互相依赖，相与为用的。此外，三者还互相转化。精通过修炼可转化为气，气通过修炼可转化为神。同样，神通过修炼可转化为精、气。神全则气足精旺。精、气、神三者之间，由于精是基础性的物质实体，其活力不是很强，所以，相对而言，气与神在内丹修炼中的作用更大一些。就气与神二者的关系而言，应该以气为体，以神为用，这就凸显了神的重要性。正是在这个意义上，张伯端在《玉清金笥青华秘文金宝内炼丹诀·凝神论》中有神统帅精、气的主张："神者，精气之主。""金丹之道始终以神用精气者也。"④

对气与神之间的关系，因为神存在于心中，所以，可以通过心与气的关系这一中介来理解。对心与气的关系，清代成书的《太乙金华宗旨》从以神调节呼吸的角度来论述说："自心为息，心一动而即有气。气本心之所化也。吾人动念至速，霎顷起一妄念，即一呼吸应之……盖心细则息细，心一动则动气也；息细则心细，气一动则动心也。定心必先之养气者，亦以心无处下手，故缘气为之端倪，所谓纯气之守也。"⑤ 内丹家多主张"心息相依"，认为呼吸的快慢强弱和频率都取决于心神的调节。这种对气与神关系的理解是

---

① 《道藏》第4册，第312页。
② 同上。
③ （宋）张伯端撰，王沐浅解：《悟真篇浅解》（外三种），中华书局1990年版，第251页。
④ 同上书，第252页。
⑤ 《藏外道书》第10册，巴蜀书社1992年版，第334页。

从内丹实践的角度来论述的，与纯理论的分析显然有别。

（三）精气神的先天与后天

道家、道教都追求对现实世界的超越，只不过道家主要是在抽象的思辨境界中追求哲理意义上的精神超越，而道教主要是基于实践操作追求具有实证性色彩的宗教性超越。而且，两种超越有一共同的基点，即个体生命的短暂性。对此的超越，道家追求道的永恒性存在，道教则把这具体化为得道成仙，长生不死。两种超越的路径也是一样的，都是建构本源论，进而从现在往过去回溯，自有归无，返璞归真。

这一超越落实到个体生命上，从功夫论的角度来说，就是对精、气、神的本源论思考。为此，道家、道教提出了元气、元精、元神的概念并把它们与当下肉体中存在的精、气、神相对峙起来，并探讨这两组六个概念之间的关系。

依据《说文》，"元"通"原"，"始也"，指天地万物之本原。在中国古代哲学史上，元气学说是人们认识自然的世界观，其产生可追溯至老子之"道"，基本形成于战国时期宋钘、尹文的"精气说"所阐述的气一元论，发展于东汉末年王充的"元气自然论"，道教形成后对此作了较多阐发，元气论成熟于北宋，受道家、道教深刻影响的张载建构的"元气本体论"，明末清初王夫之更有集大成的发展。

这里主要阐述道家、道教及与此相关的中医学的观点。元气又称"原气""真气"，是存在于体内推动生命活动的本原物质。《庄子·知北游》明确宣称："人之生，气之聚也，聚则为生，散则为死。"《难经·八难》说："气者，人之根本也，根绝则茎叶枯矣。"这是在根源意义上谈论气，所说之气实为元气。《黄帝内经·灵枢·刺节真邪》说："真气者，所受于天，与谷气并而充身者也。"与同一时期王充的元气自然论相呼应，《太平经》宣称："夫物始于元气。"① 守一是"元气之首，万物枢机"② 等。东晋时期，葛洪的《抱朴子内篇·至理》论行气，凡有关道术的都用"炁"字，有关呼吸的则用"气"字。大约从东晋葛洪开始，在道教文献中，经常把元气之气写作"炁"，以示与现实中水谷之气、空气之气等"气"的区别。唐代道教学者吴筠在《玄纲论》中说："元气者，无中之有，有中之无，旷不可量，微不可

---

① 王明：《太平经合校》，中华书局1960年版，第254页。
② 同上书，第743页。

察，氤氲渐著，混茫无倪，万象之端，朕兆于此。"① 它是道的衍生物，"至虚而含至实，至无而含至有"。这里颇有把元气作为本体进行阐发的蕴味。北宋张君房编集俗称"小道藏"的《云笈七签》，其中所收录的《元气论》全面、深刻地论述了元气思想，可谓元气论的集大成著述。它认为，元气是与道同一层次的产生万物的本源，说："元气无号，化生有名；元气同包，化生异类。同包无象，乃一气而称元；异居有形，立万名而认表。故无名天地之始，有名万物之母。"② 在这里，元气被提升到与道一样的本源的地位，成为化生万物的最早源头。据此，《元气论》认为，人的生命来自于元气，元气是生命的根本。人禀受元气而生，"始因父精母血，阴阳会合，上下和顺，分神减气，忘身遗体。然后我性随降，我命记生"③。人的情性形命，"禀自元气"，"性不可离于元气，命随类而化生"④。所以，元气是人体生命的根本。元气在，生命就在；元气充足，人就健康长寿；元气耗竭，生命就死亡："元神元气，不离身形，故能长生矣"，"生命之根，元气是矣"⑤。在道家、道教和中医学看来，人的生与死，即是元气的聚与散。生命活动就是元气的消长变化及升降出入运动。《景岳全书》有"人之生此由乎气"之论，《黄帝内经·素问·六微旨大论》强调："出入废则神机化灭，升降息则气立孤危。"元气的盛衰及运行正常与否，直接关系着人的生老病死。元气充足、运行正常是人体健康的前提；元气不足或气机失调，人就得病，故有"百病皆生于气""元气虚为致病之本"之说。因此，防病治病应以护养元气为本，养生本质上就是护养元气。故著名中医学家张介宾在《类经·运气类》中说："盖天地万物皆由气化，气存数亦存，气尽数亦尽，所以生者由乎此，所以死者亦由乎此。此气不可不宝，能宝其气，则延年之道也。"⑥

《元气论》指出元气在人身体内生发有一个位置，就是肾。"人之元气亦同于天地，在人之身，生于肾也。"⑦ 元气是"生气之源"，为"肾间动气"。《元气论》进一步指出"肾间动气"是"五脏六腑之本，十二经脉之根，呼

---

① 《道藏》第 23 册，第 674 页。
② (宋) 张君房纂辑，蒋力生等校注：《云笈七签》，华夏出版社 1996 年版，第 325 页。
③ 同上书，第 326 页。
④ 同上书，第 325 页。
⑤ 同上书，第 326 页。
⑥ 郭洪耀等校注：《类经》，中国中医药出版社 1997 年版，第 456 页。
⑦ (宋) 张君房纂辑，蒋力生等校注：《云笈七签》，华夏出版社 1996 年版，第 327 页。

吸之门，三焦之源……此气是人之根本"①。《元气论》尤其重视右肾，把它称为命门，认为它是"元气之系，精神之舍"②。

由于元气形成于肉体成胎之先，所以，道教中认为元气是先天的，故称之为先天气，即"炁"。炁形成于受胎之先，无形无状，细细蕴蕴，又谓"原始祖炁"，是推动胎儿内呼吸（潜气内转）循环的动力；人出生后，"炁落丹田"，成为启动脏腑经络功能活动的原动力，并司理后天呼吸之气、水谷之气、营卫之气、脏腑之气、经脉之气等。内丹中，先天炁是潜藏的内气，而后天气指形之于外的呼吸之气（外呼吸），故《入药镜》王道渊注："藏则为炁，形则为气。"③ 王道渊《入药镜》注类似地区分先天气与后天气说："先天气者，乃原始祖气也。""后天气者，乃一呼一吸、一往一来，内运之气也。"④ 先天炁至清至纯，是后天气的根源。在人体中，先天炁与后天气密不可分。人出生后"炁落丹田"而为"呼吸之根"，呼吸时，"先天元始祖炁未尝不充溢其中。非后天之气，无以见先天一炁之流行；非先天之炁，无以为后天一气之主宰"⑤。内丹修炼时要求气聚丹田，以后天气接引先天炁，让炁在任、督间循环流转，绕行周天。《入药镜》所说"先天炁，后天气，得之者，常似醉"，即指内丹状态中呼吸绵绵，二气混合，任督循环，身心酣畅的自我体验。如此可以充实元气、调理气机，治病强身，正如《素问·上古天真论》所说："恬惔虚无，真气从之，精神内守，病安从来。"⑥

元精是生命的根源物质，具有调节与主宰生殖、生长发育的作用。《老子》所说"恍兮忽兮，其中有物；窈兮冥兮，其中有精，其精甚真，其中有信"，已有元精之意。《黄帝内经》中虽无"元精"一词，但《灵枢·本神》"生之来，谓之精"、《灵枢·决气》"两神相搏，合而成形，常先身生，是谓精"，《灵枢·经脉》"人始生，先成精"之"精"，实为元精。到了东汉，道教丹经终于明白地提出了元精的概念。《古文参同契》说："元气之积厚而精英者，称为元精。"《周易参同契》说："元精眇难睹。"此精为先天无形之

---

① （宋）张君房纂辑，蒋力生等校注：《云笈七签》，华夏出版社1996年版，第325页。
② 同上。
③ 《重刊道藏辑要》虚集五，第2页。
④ 《藏外道书》第7册，巴蜀书社1992年版，第35页。
⑤ 《道藏》第2册，第881页。
⑥ （清）张志聪集注，方春阳等点校：《黄帝内经集注》，浙江古籍出版社2002年版，第2页。

精气，"抟之不得，视之不见，而能潜随化机，生成万物"①。元精因为是在肉体产生之前就存在，所以道教往往把它称为先天之精，如《寿世传真》说："元精乃先天之精，非交媾之精。"《紫清指玄集》中也说："其精不是交感精。"而是"根于父母未生前"。与先天之精相对应，道教把肉体中存在的精称为后天之精。

元精必须含于形质之精中才能存在。张伯端在《玉清金笥青华秘文金宝内炼丹诀》中说："精虽元精，然无日用之精则元精不见。又如不信，譬如有水则潮生白气，未闻白气生于地也。水乃精也，白气乃华也。"② 元精禀于先天，受之于父母而与生俱来。当父母阴阳之精结合，在母体内形成胚胎、构成身形后，元精随之藏于肾，成为维持生命活动的主要物质。人出生后，元精依赖后天水谷之精的充养而逐渐充盈，充盈至一定程度，才能具有让个体发育、繁衍后代的能力。先天元精与后天水谷之精相互滋生，无先天之元精则无以生身，无后天水谷之精则无以养身。精足则生命力强，精亏则生命力弱。诚如《素问·上古天真论》所言："肾者主水，受五脏六腑之精而藏之，故五脏盛，乃能泻。"人在出生前，先天元精已为后天之精的加工、吸收、利用等准备了机能的物质基础；出生之后，脾胃所化生的后天水谷之精，不断输送至五脏六腑，转化为脏腑之精，脏腑之精充盈后，又输归于肾，以充养先天之精。因此，《素问·金匮真言论》说："夫精者，身之本也。"

内丹学继承了中医学的上述思想并做了发展。内丹学认为，元精是内丹修炼的上药三品之一。元代内丹家陈致虚在《上阳子金丹大要》中说："夫金液还丹之精……此乃先天地之精，却为人之至宝……修仙之士，先明此精，既若明了，即可仙矣。"③ 这就是说，内丹修炼所用上药三品"精气神"中的"精"是元精，非后天水谷之精。那么，在内丹修炼中，先天元精与后天水谷之精如何区分呢？《类修要诀》有"元精足，不思欲"之论。万籁声先生说得更清楚："元精发于肾之元气，从虚极静笃生来，则精乃清；从妄念淫事中生来，则精乃浊。清浊之辨，不辨之于其精，而辨之于其神也。"④ 这就是说，神定志闲，所生之精为先天之精；淫念一动，则所生之精即为后天交感之精。逆修，后天之精就能返转为先天；如顺行，则先天之精就会落入后

---

① 《道藏》第20册，第136页。
② （宋）张伯端撰，王沐浅解：《悟真篇浅解》（外三种），中华书局1990年版，第241页。
③ 《道藏》第24册，第12页。
④ 万籁声：《武术汇宗》，山西科学技术出版社2006年版，第300页。

天。所以，保精的关键在于清心寡欲。宋代张伯端《青华秘文·神水华池说》称元精穴为"华池"："华池者，脐中气穴之下，两肾中间一窍。"由此逆升而上，则元精化为元气而为内丹之母；顺流而下，则元精化为形质之精而生男育女。《青华秘文》认为，元精也有赖于饮食之充养，故说："谷气就此而生精。""华池之窍，乃生精而降于肾者也。"先天元精与后天交感之精相反，但也相成。《性命圭旨全书》说："炼精者，炼元精，抽坎中之元阳也。元精固则交感之精自不泄漏。"①

"元气""元精"这两个概念在汉代就出现了，但"元神"则是南北朝刘宋时才出现的。元神是指与生俱来的，与出生后因外景事物为心所逐而逐渐产生的后天识神、欲神有着本质的区别。《灵枢·本神》说："生之来，谓之精，两精相搏谓之神。"《灵枢·天年》又说："血气已和，荣卫已通，五脏已成。神气舍心，魂魄毕具，乃成为人。"这就是说，父母媾精结胎成形之后，神气舍心，生命产生。此神为出生前所具有，尚未被后天染污，故为元神。正如张伯端《青华秘文》所说："夫神者，有元神焉，有欲神焉。元神者，乃先天以来一点灵光也；欲神者，乃后天所染气禀之性也。"在这个意义上，元神也被一些内丹家称为真神。例如，张三丰在《道言浅近说》中解释："神要真神，方算先天。真神者，真念是他，真心是他，真意是他。如何辨得真？诀曰：玄关火发，杳冥冲醒，一灵独觉者是也⋯⋯真神从不神中炼出，学者知之。"② 庄子把原初性称为真并加以大力褒扬，受此影响，内修家们论修炼时就以人体出生为界，出生前为先天，出生后为后天。先天的东西为真，后天的东西为假。事物因真而灵，因假而昏。

元神与识神，除了先天与后天的区别外，《黄庭外景经》石和阳注曰："元神者，心中之意，不动不静之中活活泼泼时是也。"③《脉望》说："内念不萌，外想不入，独我自主，谓之元神。"王重阳在《五篇灵文注》里说："元神者，乃不生不灭，无朽无坏之真灵，非思虑妄想之心。"④ 近人张锡纯在《人身神明诠》中说："元神者，无思无虑，自然虚灵也；识神者，有思有虑，灵而不虚也。"⑤ 这就是说，二者的存在状态也有差别。元神自然而然

---

① 屈丽萍点校：《性命圭旨》，山西人民出版社1988年版，第48页。
② （清）李西月编，方春阳点校：《张三丰全集》，浙江古籍出版社1990年版，第95页。
③ 董沛文主编，周全彬、盛克琦编校：《黄庭经集注》，宗教文化出版社2015年版，第308页。
④ （金）王重阳著，白如祥辑校：《王重阳集》，齐鲁书社2005年版，第303页。
⑤ 张锡纯著，王云凯校点：《医学衷中参西录》，河北科学技术出版社1985年版，第181页。

地存在，没有外界因素的干扰和影响，因虚而灵。识神则受外界影响，有思虑，受情欲拖累，实而不灵。《老子》所言"载营魄抱一，能无离乎？专气致柔，能婴儿乎？涤除玄览，能无疵乎？爱民治国，能无为乎？天门开阖，能无雌乎？明白四达，能无知乎？"正是描述元神所主宰的生命活动状态。

要讲清元神与识神存在状态的差别，就涉及心与神的关系。张伯端认为，内丹修炼要处理好心、意、神、精、气这五者的关系。他认为正确的关系是："心为君，神为主，气为用，精从气，意为媒。"按照陈抟《无极图》所示，无极是心，阳动阴静是神，以土来攒簇五行是意。换言之，寂然不动是心，感而遂通是神。"意生于心"，"心者，神之舍"，心是意、神的载体。"意生于神，为神之用"，意是神的功能发挥的表现形式。如果说心是大脑，脑的机能是神，脑的思维就是意。用意控制三者配合，能够起到中介的作用，所以意被称为"媒"，又叫作"意土""黄婆"①。心为现实中心灵活动的主体，神则是蕴藏在人心中的相对稳定的心体。从心的二重化区分来说，也就是道心，道教文献中也称之为"天心""真心"等。例如，王重阳在《五篇灵文》中说："天心者，妙圆之真心也。释氏所谓妙明真心。心本妙明，无染无著，清净之体……此心是太极之根，虚无之体，阴阳之体，天地之心，故曰天心。"又云："元神者，乃不生不灭、无朽无坏之真灵，非思虑妄想之心。"②可见，在全真道看来，心是主体，神是蕴含在心中的真体。其实，就理想状态而言，道性、道心、元神三者无非是看问题的角度不同，在内涵上则是相同的。诚如王喆在《重阳真人授丹阳二十四诀》中云："性者，元神也。"《武术汇宗》在论述元神时也说："此神亦谓之本性，亦谓之真意，其心必要清清朗朗，浑浑沦沦，无一毫念虑，无一毫觉知，则空洞之中，恍惚似见元神悬照于内，斯时殊觉五蕴皆空，四体皆假，而我有真我也。"③

元神与识神、欲神的关系是对立统一的。《青华秘文》说："欲神者，气质之性也；元神者，先天之性也。""元性微而质性彰"。人在少、长、壮、

---

① 按照丹法理论，火为神的代号，因木生火，所以以木代指先天元神，以火代指后天识神；水为精的指号，因金生水，所以以金代元精，以水代后天精。金水为一家，木火为一家，土为一家。这就是所谓"三家相见结婴儿"的"三家"的意思。金水合称就是精，木火合称就是神，土指意。所以，五者概括而言就是精、神、意。从功能入手，心、意、神三者可以神为代表，所以三者可归结为神。这样，心、意、精、气、神这五者的关系可简要地概括为精、气、神。
② （金）王重阳著，白如祥辑校：《王重阳集》，齐鲁书社2005年版，第303页。
③ 万籁声：《武术汇宗》，山西科学技术出版社2006年版，第32页。

老的过程中，质性日彰，元性日微，结果欲神逐渐掩盖元神，这是因为"气质之性胜本元之性"；若杂念纷纭，则元神退隐；摒除杂念，则元神彰显，正如《养真集》所说："念止神即来，念动神即去。"世俗之人的先天元神被后天识神遮蔽，昼思夜梦如云遮月，元神隐退而不得其用，识神时常主事，生命日渐耗散。如果能静定归一、无思无念，识神自然隐退，元神自然显现，真性随之呈露。神本由心，心无为则元神之性现，心有为则欲神之性现，故张伯端在《青华秘文》中说："盖心者，君之位也，以无为临之，则其所以动者，元神之性耳；以有为临之，则其所以动者，欲念之性耳。有为者，日用之心；无为者，金丹之用心也。"①

从现代心理学的角度，有学者认为元神是人的一种无意识或潜意识活动。但其实，它并非"未被意识到的意识"，而是与生俱来的带有明显自然属性的"原生无意识"，与后天生活经验潜移默化逐步积累而成的无意识（如心理定式之类）不同，是个体的一种强大而原始的内驱力来源。每个人的生命活动都在不知不觉中为它所左右，其生理基础是大脑皮层下的中枢神经，与意识（识神、欲神）有本质性的不同。当内丹修炼者进入得气状态后，意识活动暂停，那些压抑原生无意识，使之不能活动的东西不再起作用，原生无意识随即活跃起来。原生无意识的功能一旦发挥，不仅能对人体的脏腑经络、气血阴阳等进行调节，使之"阴平阳秘"，而且还能迅速激发体内之生理潜能，使机体处于最佳功能态中。

元气、元精、元神的关系非常紧密。

首先来看元气与元精的关系。元气为万物之本原，元精乃元气之"精英"，由"元气之积厚"而生，此即《素问·阴阳应象大论》所谓"气归精"，故有"元气生则元精产"②，"先天之气，气化为精"③ 之说。人出生后，元精藏之于肾，赖后天之养逐渐充盈而为元气之根，此即《素问·阴阳应象大论》所谓"精化为气"。故明代中医学家张介宾说："人身之精，真阴也，为元气之本。"医家认为，元气藏于肾而化生元精，系于命门而为肾间动气，其变化为用，一分为二而为元阴、元阳，实为性命之本、造化之机。元气虽藏之于下，而其用则布护周身，脏腑机能全赖此气之运转。这个观点

---

① （宋）张伯端撰，王沐浅解：《悟真篇浅解》（外三种），中华书局1990年版，第230页。
② 同上书，第279页。
③ （明）张介宾编者：《类经》，人民卫生出版社1965年版，第5页。

大概来源于道教。《云笈七签》所收录的《元气论》即已指出，"保精受气，寿无极也"①，"阴阳之道，精液为宝"②，要人们炼精为气，还精补脑。为此，它希望人们重视"肾间动气"，重视肾中的先天气、先天元精的保养。

元神与元气、元精的关系非常密切。元神与元气二者的差别，黄元吉说："元气无有知觉，惟神有知觉，故此元气即随神之号令，而合为一体。"③但二者又相互依靠，相互转化："元气养元神，元气化元神。"二者均是具有能动性的生命要素。白玉蟾在《海琼白真人语录》卷一中阐发说："万神，一神也。万气，一气也。以一而生万，摄万而归一，皆在我之神也。真师曰：人之一念，聚则成神，散则成气。神聚则谓之魂，气聚则谓之魄。生曰人，死曰鬼，阳曰魂，阴曰魄。"④

元神本原于先天父母之精。《性命圭旨全书》说："父母媾精之后，一点灵光……元从太虚中来者，我之元神也。"⑤元神来之于元精，这是就先天本原而论。人一出生，就转而为后天，此时，元神现则元气生，元气生则元精随之产生。如《青华秘文》所说："元神见而元气生，元气生则元精产矣。"因此，内丹修炼非常重视元神，《金丹四百字·序》宣称："炼神者，炼元神，非心意思虑之神。"内丹学根本的指导思想是"返本还元"，为此要求以先天制后天，从有为返无为，逐步消除气质之性。正如《青华秘文》所说，只要"气质尽而本元始见，本元见而后可以用事"；"以本元之性而用之，则气乃先天之气也"；"先天之气纯熟，日用常行，无非本体矣，此得先天制后天无为之用也"。祛除欲神、恢复元神，是内丹修炼的首要功夫。

道教理论始终坚持道的本根性，既然精、气、神是道在人体生命中的体现，那么它们必然具有先天性。只是在思想史上挑明此事要有一个过程。唐初孟安排编集的《道教义枢》对"三一义"解释说："精、气、神三混而为一。精者，虚妙智照为功；神者，无方绝累为用；气者，方所形相之法也。"⑥这里以源自《太平经》的三一理论来阐述精、气、神之间的关系，认为夷即是精，希即是神，微即是气，三者混三为一，三面一体，类通于道，

---

① （宋）张君房纂辑，蒋力生等校注：《云笈七签》，华夏出版社1996年版，第327页。
② 同上。
③ 萧天石主编：《道藏精华》第六集之二，台湾自由出版社1966年版，第89页。
④ 《道藏》第33册，第111页。
⑤ 屈丽萍点校：《性命圭旨》，山西人民出版社1988年版，第197页。
⑥ 《道藏》第24册，第825页。

三者的超越性已指向先天性。精的蕴涵为智慧，神的蕴涵为无所不为的灵性，气的蕴涵为构成人生命的根本要素。其中精的超越性尤其突出。在宋代以前，精的含义往往来源于对《老子》二十一章所说"道之为物……窈兮冥兮，其中有精，其精甚真，其中有信"的解释。诸多学者把这里的"精"解释为"真精"，认为它包含生长化育万物的信息和功能，是道的精微之物。如孟安排说"神之智照即是精""气之智照即是精""同以精智为体"①。进而，把精、气、神归结为精，重视真精，从魏晋以来到明清时期，一直是道教理论的要点之一。这个精，它在人体里面具有道的虚妙智照，贯通万物生长化育万物的功能，《云笈七签》引重玄学家徐素法师的话，认为精、气、神三者是"大智慧源，圆神不测，布气生长，裁成麋素，兼三为义，即一为体"②，认为人的神的虚妙智照、生命的生长化育的功能来自于"道"。据此，道教学者们把五脏的肾脏对应五常中的"智"，认为肾脏内藏先天气，是"道之精微"之所在。这种观点直接导致晚唐以后道教先天气、先天精、气、神的提出和流行。

"先天"与"后天"源自《周易·乾》，它说："夫大人者，与天地合其德；与日月合其明，与四时合其序，与鬼神合其吉凶，先天而天弗违，后天而奉天时。"这里的"先天"指先于天时而行事，有先见之明；"后天"指后于天时而行事。二者的超越性内涵并不明显，也没有以人出生为界划分二者的时间内涵。但此后这一对概念在思想史上被不断赋予了超越性意义和时间分断的内涵。在易学领域，五代以来图书象数学由陈抟兴起，至北宋邵雍而彰显先天学，先天与后天的超越性意义和时间分断的内涵都得以揭发。对先天学的超越性意义，《宋代理学与道家道教》中已有阐发③。对后者，明代杨慎在《升庵集》卷四十一《丹铅续录·三易》说得很清楚："《周礼》：'太卜掌三《易》之法。'干令升注云：'……伏羲之《易》，小成为先天；神农之《易》，中成为中天；黄帝之《易》，大成为后天。'予按：邵康节之《易》先天、后天，其源出于此。今之读《易》者，知有先天、后天，而不知有中天。"④易学对道教丹鼎派的影响自东汉《周易参同契》以来一直绵延

---

① 《道藏》第24册，第826页。
② （宋）张君房纂辑，蒋力生等校注：《云笈七签》，华夏出版社1996年版，第287页。
③ 孔令宏：《宋代理学与道家道教》，中华书局2006年版，第56页。
④ （明）杨慎撰，王大淳笺证：《丹铅总录笺证》，浙江古籍出版社2013年版，第697-698页。

不断。中唐以来，外丹在心性论勃兴的背景下，加之无验和对人体的毒害事例不断，逐渐失势，内丹术开始借鉴外丹的理论框架，把心性论和哲理本体论相结合而铸造自己的理论体系。在这一背景下，元气理论与先天、后天概念相嫁接于人体生命理论就成为理论上的必然。于是，晚唐崔希范写于唐僖宗广明元年（880）的《入药镜》把气分为先后天："先天气、后天气，得之者，常似醉。"[①] 紧接着，北宋初的张伯端进而把先天与后天的划分扩展至精和神，兼具超越性意义和时间分断内涵来探讨精、气、神三者之间的关系。他在《金丹四百字·序》中说："炼精者炼元精，非淫泆所感之精；炼气者炼元气，非口鼻呼吸之气；炼神者炼元神，非心意念虑之神。"《玉清金笥青华秘文金宝内炼丹诀·精从气说》："元神见而元气生，元气生则元精产。"把元精、元气、元神三个概念联系起来运用，张伯端确实是第一人。把精、气、神解释为元精、元气、元神，这在道教思想史上有重大的意义。此前以精、气、神三合为一凝结成丹在理论分析中存在困难，因为精往往被当作具有生殖作用的精液，气往往被当作呼吸之气，它们如何与神结合，这在理论上很难给出解释，在实践中也难以证实。把精、气解释为元精、元气，把它们非实体化了，与神的结合就是顺理成章的事。而且，由此不难解释先天的精、气与后天的精、气的关系。先天之精潜藏于机体深处，寓于元气之中，氤氲而无形，若受外感因后天念虑而动，就转变为凡精，存在于后天之气中。

其次，先天观念与内丹术相结合，对后世道教影响深远，表现在五个方面：一是修炼的目标被设定为"先天元阳"，内丹学可从先天一气而寻绎修道、体道的依据，论证内丹修炼可以成功的可能性。二是奠定了此后内丹内向追溯本源的思维特征。这一特征使得内丹修炼与哲学本源论、本体论吻合一致，逆反先天，反本还源成为内丹的核心理念，这就极大地提高了道教内丹的理论水平。三是这一思想被贯穿于丹法流程中，炼精化炁、炼炁化神、炼神还虚的三关修为步骤实际上是从有为到无为，先渐法后顿法，从后天到先天。四是定下了此后内丹发展的大势，即由重命向重性转化，进而实现本源论、本体论、心性论与功夫境界论的融合。五是基于人体生命历程，以出生为界划分先天与后天，这对此后中医学和内丹均有深远影响。例如，清乾隆四年由太医吴谦负责编修的一部医学教科书《医宗金鉴·删补名医方论一·参附汤》"治阴阳气血暴脱等之证"注："先身而生，谓之先天；后身而

[①] 《道藏》第2册，第881页。

生，谓之后天。先天之气在肾，是父母之所赋；后天之气在脾，是水谷之所化。"① 此处先天指人或动物诞生前的胚胎时期，后天则指人出生之后的时期。

这五点，可以从张伯端初步建构起来的内丹理论体系来看。道教主张道作为终极性的实体，它自身永恒存在，不会消亡。但是，由它所产生出来的万物则是有存在的具体时间的，不可能无限地永恒存在。就人而言，人虽然从道那里禀受先天元气，但先天元气首先化作阴阳二气，即分离为元精、元神。元精下滑、元神上飞必然导致先天之气逐渐耗散殆尽，生命随之衰竭死亡。要避免这一情况的出现，就只能修炼内丹，逆向修炼，归根返本，成就内丹。张伯端认为，内丹修炼首先要体认天地万物生成的本源，明了造化生成的秩序。"道自虚无生一气，便从一气产阴阳，阴阳再合生三体，三体重生万物昌。"② 修丹必须效法道，反转造化生成的顺序，盗用阴阳，逆施造化，立乾坤为鼎器，窃先天一炁作为丹，以丹炼形，逐渐达到无形而与道合一。道的存在既然没有终止，得道成仙的人，他的寿命又怎么会有终止呢？那如何逆呢？首先，归三为二，《悟真篇·七言绝句》第三十九说："要得谷神长不死，须凭玄牝立根基。"玄牝即人体阴阳交会之处。接下来，归二为一，寻找先天的本源，即先天一炁。但这仍然得在后天中寻求，因为后天的本体在人身中的存在与先天的本源是同质的。正如陈显微在《周易参同契解》中说："欲合万殊而为一者，必先于万殊之中求其一者而为基也。此金丹之法有取于用铅者，其理如此。"③ 从修炼的最终归宿来说，先天一炁也称为"真一"。如同道是恍恍惚惚、浑浑沌沌一样，真一也须从恍惚杳冥中寻求，但这不是靠主观的想象，因为真一是实实在在存在的。《悟真篇·七言绝句》第四十四说："恍惚之中寻有象，杳冥之内觅真精。有无从此自相入，未见如何想得成。"真一具有实存性，所以也可称为"真精"。《悟真篇·七言绝句》第三十九说："真精既返黄金室，一颗灵光永不离。""黄金室"即丹田，"一颗灵光"即金丹。真精返回丹田就意味着金丹炼成。所以，从内丹修炼的终极目标来看，"真一"是三位一体的，是作为本体的道、作为本源的元气和作为修炼的实体的真精的统一。先天的、形而上的元气、真精，

---

① （清）吴谦等撰，陆兆麟等点校：《医宗金鉴》，辽宁科学技术出版社1997年版，第269页。
② 王沐：《悟真篇浅解》，中华书局1990年版，第306页。
③ 《道藏》第20册，第278页。

在后天的形而下的修炼中就表现为气与精。后天之精即医家所说的精（对男子而言是精液，对女子而言是经血），丹家称之为交感精。元精可以看作交感精的精华，内丹修炼用的是先天之精，但先天之精要起作用，必须依托于交感精，或者说，要从炼交感精入手，把交感精炼为先天之精。同样，气既有禀受于大道的先天真气，即元气，也有后天之气。内丹修炼所要炼出的是先天之气，但先天之气同样有赖于后天之气。要通过后天之气的修炼，使先天之气逐步增多。修炼中对气和精的操作与调节得依靠心。心有意、神等具体表现形式。神同样分为先天与后天。先天之神又称为"元神"，是指与生俱来的禀受于先天的神，与出生后由外在事物为心所认知而逐渐产生的后天识神、欲神有着本质的区别。识神是思虑之神。世俗之人，往往识神旺而元神弱，因为他们的心中杂念纷繁，不得安宁。如果把杂念摒除，静定归一，则识神隐退，元神自然能够彰显。内丹修炼以元神为用，但元神同样要通过识神起作用，要逐步把识神转化为元神①。

此后内丹的清静派继承了这一观点，进而认为元精与元炁、后天浊精同出一源。元精静则为元炁，动而为元精，心中如有淫念则化为后天浊精。元精、元炁充足是内丹修炼的前提。精炁足否主要取决于有无泄精。若十五六岁童子，没有泄漏，则无须筑基，不须另行补足。所谓补足者，是补足所泄漏掉的生殖之精、气。采取元精，炼化为炁，使漏精之"阳关"摒闭，精不下泄，返还到十五六岁精气足旺的状态，再向上修炼。《真诠》曰："元精与淫泆之精本非二物，凡人未交感时身中无处有精。医书云：肾为精府，又云：五脏各有藏精。其实并无有精停泊于其所，盖此时精皆涵于元气中，未成形质，惟修道家能萃会元气而酝酿之，不因交感，此精自生，故名元精。常人不知酝酿，不能取此精而用之，而元精亦不能生。惟男女交感，此元气化而为精，自泥丸顺脊而下至膀胱外肾而施泄，则此精即是渣滓之物，而为交感之精矣。自其生于真一之中则为元精，漏于交媾之际则为淫欲之精，其为元气所化，则一也。歧而二之，谬矣。"② 此处认为元精涵于元气之中，为元气荟萃酝酿而生，若男女交感，则化为交感之精外泄。

内丹家们还把生化万物之原始元炁、肾中之元精、"阳生"之"先天一炁"视为三面一体的东西。他们认为，先天元精和元炁是一体的两面，生人

---

① 孔令宏：《张伯端的性命思想研究》，《复旦学报》（社会科学版）2001年第1期。
② 《藏外道书》第10册，巴蜀书社1992年版，第853页。

之元炁与生天之元炁实为同一元炁，进而，他们把肾中元精提升到原始生天生地之元炁的层次，与"阳生"之"先天一炁"相等同。《天仙正理直论增注》曰："所谓先天炁者，谓先于天而有无形之炁，能生有形之天，是天地之先天也。即是能生有形之我者，生我之先天也。"这是把先天分为天之先天和人之先天两个层次，但二者其实是同质同构的，因为"天从元炁所生，我亦从元炁所生"，所以，"修士用此先天始炁以为金丹之祖"[①]。这样一来，肾中之精被抽象为元精，进而与宇宙发生论中的原始元炁相类比而具有超越性意义，从而可以炼而转为神。其中的关键是要把握"阳生"之机，采取"先天一炁"而炼化之。成功与否则取决于能否识神退隐，元神用事。这样一来，元精、元炁、元神的内丹学意义被从形而上的本源论与本体论和形而下的功夫论两个层次发掘出来了。

（四）精、气、神的"混元"

前已述及，在内修尤其是内丹的背景下，精、气、神三者的相互关系和依次超越，何以可能和如何可能的问题，实际上也就是能否得道成仙、如何得道成仙的问题，是道教教义的根本，不可谓不重要。对此，道教提出了"混元"的理论。"混元"源自《道德经》，它说："有物混成，先天地生，寂兮寥兮，独立而不改，周行而不殆。"这是说道是"混成"的。它认为道是混而为一的恍惚状态。其第十四章说："视之不见名曰夷，听之不闻名曰希，搏之不得名曰微。此三者不可致诘，故混而为一。其上不曒，其下不昧，绳绳兮不可名，复归于无物，是谓无状之状，无物之象。是谓惚恍。迎之不见其首，随之不见其后。执古之道，以御今之有，能知古始，是名道纪。"这里主张混希、夷、微三者为一而理解道。受此影响，汉代《易纬·乾凿度》有"浑沦"之说，指称万物混然一体未分离时的状态，实即宇宙发生论意义上的本源，万物在形而上层次的本根。此后，在《太平经》三一论的影响下，混元理论得以发展，在隋唐之际得到了较多的阐发。

初唐清溪道士孟安排辑《玄门大义》（又称《玄门大论》）等道经为《道教义枢》。其中以混元一气为基点构建了一个天界生成论，《道教义枢》卷七《混元义》第二十五中说："天地混元义者，混元之时，三炁混沌，九炁未分，天地未立，乍存乍亡，三炁既显，天地运开。"又说："混元之中有

[①] 《古本伍柳仙宗全集》（上），上海古籍出版社1990年版，第103页。

粗有妙。妙者，道气惟天一，粗者，品物众多。"① 这里混元的含义是宇宙未生成前那种混沌为一的状态。其"天地未分""道气惟一"，是说道与气还为一个整体。同篇把"元"解释为"万法初首"，指的是宇宙刚开始产生之时。出于中晚唐时期的《至言总》指出："混元之气，自无生有。有曰太极，是生两仪，两仪既分，四象昭晰，阴阳变化，万物生焉。"② 混元气与道是相等同的。《道教义枢》主张混元一气的大罗天化生玄、元、始三气，进而转化为三清天，此三气各自化生三气，合为九气，成九天，九天各生三天加上本来的九天，构成三十六天。这样，道教的神学宇宙结构理论得以提升到宇宙发生论的层次，获得了较为精妙的解释。

随着心性论的高涨和内丹派的兴起，混元气思想逐渐受到重视，在宋、元、明、清时期得到了充分地发展。《云笈七签·元气论》把混元称为"气"："称混元者，气也。"或直称"混元之气"。内丹术从一开始就关注混元气。唐末钟离权在《破迷正道歌》中把混元气作为炼丹的根本："只此火候金丹诀，全凭交结在黄庭。混元一气千年药，万劫常存不夜春。"③ 北宋初内丹家张伯端宣称，采气炼丹是采"先天混元之气"④，说："抱一守中，炼元养素，采先天混元之气，朝屯暮蒙，昼午夜子，故曰行周天之火候。"⑤ 翁葆光注张伯端的《悟真篇》解释混元气时说："有物混成，先天地生，圣人强言之曰混元真一之气，视之不见，听之不闻，搏之不得。"又说："恍恍惚惚，杳杳冥冥者，混元真一之气也，生于天地之先，不可测度。"⑥ 清代刘体恕编集的《吕祖全书》认为："有物混成，先天地生。"的"混"就是"混元一气"。混元气在道教中有"混元""混元之气""混元一气""混元祖气""混元真一之气"等。"混"就是阴阳、五行未分的混沌状态，"元"是"一"的意思。混元气的内涵，早期主要是指在道的层次上宇宙万物的先天虚无之气，内丹兴起之后，更多地是指人体生命的先天精气神的混化为一的状态。

把混元气理解为先天精、气、神混化为一的状态的观点，起源也很早。

---

① 《道藏》第 24 册，第 828 页。
② 《道藏》第 22 册，第 862 页。
③ 《藏外道书》第 6 册，巴蜀书社 1992 年版，第 175 页。
④ 《道藏》第 4 册，第 620 页。
⑤ 王沐：《悟真篇浅解》，中华书局 1990 年版，第 203 页。
⑥ 《道藏》第 2 册，第 931 页。

初唐的孟安排已经基于三一论来理解精、气、神的关系，阐发了精、神、气三者混而为一的观点。《玄门大论》说：

> 《释名》云：三一者，精、神、气，混三为一也。精者，虚妙智照之功；神者，无方绝累之用；气者，方所形相之法也。亦曰希、微、夷。希，疏也；微，细也；夷，平也。夷即是精，希即是神，微即是气。精言夷者，以知万境，均为一照也；神言希者，以神于无方，虽遍得之，甚殊也；气言微者，以气于妙本，义有非粗也。精对眼者，眼见故明，义同也；耳对神者，耳空故闻无，义同也；鼻对气（者），触于体，义相扶也。①

它认为，从功能上来说，精以虚妙智照为功，神以无方绝累为用，气是方所形相之法。这是用抽象的方法来对精、气、神进行理论提升。这样抽象提升的结果是返归到《道德经》的混元义，把它们与夷、希、微相关联，夷即是精，希即是神，微即是气。因此，精以一照万，神遍无方，气为妙本。这样，它们就有了形而上与形而下，即本与迹的关联意蕴。《玄门大论》进而以本迹关系阐发精、气、神三者的关系，说："本迹皆圆，故同以三一为体也。三一圆者，非直精圆，神、气亦圆。何者？绝精之累即是神；精之妙体即是气；神之智即是精；气之智即是精；气之绝累即是神也。"② 这里"本迹皆圆"意味着精、气、神三者在本的层次上和在迹的层次上都是混化为一，圆融无隔的。《玄门大论》引南北朝时期道教学者宋文明的观点对此做了详细的阐述。宋文明从"总"和"别"两个层次阐述精、气、神，说："有总有别，总体三一，即精、神、气也；别体者，精有三智，谓道、实、权；神有三宫，谓上、中、下；气有三别，谓玄、元、始。"③ "总体"就是精、神、气，别体是指精、神、气三者各有三体，称为别体。无论是"总"还是"别"，都是混合为一的。所以说："三洞三一，本意皆为入空。"④ "所以一名三一者，一此而三彼也，虽三常一，故名三一"，是就"三一"概念的本迹而论。《玄门大论·三一诀》称："今三一者，神、气、精，希、微、夷，

---

① （宋）张君房纂辑，蒋力生等校注：《云笈七签》，华夏出版社1996年版，第287页。
② 同上。
③ 同上。
④ 同上。

虚、无、空","三一"之"三"为"精、神、气""希、微、夷"或"虚、无、空"。"一"为"道","道"之一为本,"精、神、气""希、微、夷"或"虚、无、空"之"三"则为其相状或表现形式。本与迹之间的关系应该是"非一非三,而一而三"的不舍不离,所以说其"一此三彼,虽三常一"。就"道"的质体而言,为"精、神、气";就"道"的象状而言,为"希、夷、微";就"道"的性相而言,为"虚、无、空",正是这些质体、象状、性相构成了"道"的本体。而"道"的本体则分别表现为"精、神、气","希、夷、微"和"虚、无、空"的形式,故云"分言三,不离一,故名三一"①。

随着内丹修炼思想的发展,混元气思想既继承了上述道教哲学的思想,又根据内丹修炼的实际做了改造。内丹家们始终把采炼混元气作为炼丹的根本。《吕祖全书》认为修道的根本在于混元气:"盖修道之士,不明根本……夫此根本,原于混元一气,天地未分,日月未光,混沌太无,无象无名,无声无臭。"它认为,修道者应在行住坐卧,一言一行中"细为体认"这个"有物混成,先天地生"的混元一气,它的特点是"恍惚杳冥,莫可测其端",穷究下去,必然"一点阳光,忽然发现,自然透底澄清,性天朗照,万劫积习,一时冰释"而达至"与圣为侣,与天齐年"的练功修道的目的②。刘一明认为金丹是采"先天虚无之气"③ 而炼成的,进而认为金丹就是混元祖气,即先天真一之气。他说:"丹,即本来先天真一之气……强名之曰道,曰虚无,曰先天一气,曰无极,曰太极。"④

混元气思想很好地继承了道论、元气论和精气神论的思想,在清代出现了融合元气论和精气神论的混元体概念,至此混元气思想被发展到了一个新的理论高度。用混元的概念说明先天精气神的统一体是在清朝前期。清初玉枢真人王建章在《仙术秘库》里首次提出了"混元体"的概念,把精气神相统一的思想推上了一个哲学高峰。他说:"混元者何?先天之精气神也……所谓元精、元气、元神也……虽有三,其实则一。一者,混元之义;三者,分灵之谓。一是体,三是用。盖混元之体,纯一不杂为精,融通血脉为气,

---

① 万毅:《隋代道教"三一"观新解——敦煌本〈升玄内教经〉与〈玄门大论三一诀〉》,《敦煌研究》2007年第4期。
② 《藏外道书》第7册,巴蜀书社1992年版,第294页。
③ 《道藏》第8册,第429页。
④ 《藏外道书》第8册,巴蜀书社1992年版,第33页。

虚灵活动为神，三而一，一而三。所谓上药三品者，用也；所谓其足圆成者，体也。"① 王建章之后的刘一明在《修真后辩》的《先天精气神》一节中引述了王建章的话，进而阐述道："夫先天真一之气，是混元祖气，生天生地生人物。"② 内丹家们把道层次的混元祖气与人的混元之体相关联，以前者为本体之依据，以后者为用，通过本迹或体用概念来贯通，为内丹修炼何以可能、如何可能做出了很好的理论论证。"紫清云：'其精不是交感精，乃是玉皇口中涎；其气即非呼吸气，乃知却是太素烟；其神即非思虑神，可与元始相比肩。'是即所谓元精、元气、元神也。夫以精气神而曰元，是本来之物。人未有此身，先有此物。既有此物，而后无形生形。无质生质，乃从父母未交媾之时而来也。方交媾之时，父精未施，母血未包，情合意投，其中杳冥有物，隔碍潜通，混而为一氤氲不散。既而精泄血受，精血相融，包此一点之真，变化成形，已有精气神寓于形内。虽名有三，其实则一。一者混元之义，三者分灵之谓；一是体，三是用。盖混元之体，纯一不杂为精，融通血脉为气，虚灵活动为神。三而一，一而三。所谓上药三品者，用也；所谓具足圆成者，体也。"③ 这里所谓"三而一，一而三"，"一"指先天真一之气，"三"指先天精、气、神。"一"与"三"之间，从本源论来说是母子关系，从本体论来说是体用关系，本源与本体是同一的。这两层关系在人生长发育过程和不同阶段呈现出不同的特点：人未受孕前，先天虚无本体即已存在且成为人可能受孕的根据；一旦受孕，道体即由隐变显而呈化为先天真一之气；受孕至分娩前的胎儿阶段，先天真一之气显化而有根源、功能、属性三个观察角度，因此而有精、气、神三个名称："纯一不杂为精，融通血脉为气，虚灵活动为神。"这三者均为先天无形无象之物，在混元中潜藏，三者之间相互联系，相互包含，相互渗透，一体三用。内丹家们认为，人一经分娩而出生，就进入后天阶段，后天精气神随之产生。后天精气神就是交感精、呼吸气、思虑神。它们是在先天精气神的基础上，以先天精气神为载体、动力，在生身之初或生身之后产生而聚集于人身。与先天精气神不同，它们是有形有象的，因由它们而构成人的包括脏腑血脉在内的完整形体，产生人的有情有义的种种活动。先天精气神直接来源于"先天真一之气"，后天精气神渊

---

① 朱壮涌点校：《仙术秘库》，内蒙古人民出版社1993年版，第53页。
② 《藏外道书》第8册，巴蜀书社1992年版，第497页。
③ 朱壮涌点校：《仙术秘库》，内蒙古人民出版社1993年版，第54页。

源于先天精气神而在后天形成。以阴阳而论，先天精气神为阳，后天精气神为阴。以真假而论，先天精气神为真，后天精、气、神为假。先天精气神的相互关系与后天精气神的相互关系也不同。后天精气神来自后天生灭世界，借先天精气神的存在而附着于人身，其间三物之间虽有相互联系，但无统属，仅是假合。先天精、气、神则是互相渗透，互相包含，互为体用，分则为三，合则为一，由先天真一之气统一它们。先天精、气、神是修炼的目标之一。后天精、气、神虽然是阴是假，但要恢复本有的先天精、气、神，还非得靠它们不可，这就是丹经常说的"借假修真"。内丹修炼就是要让后天精、气、神从不紧密的关系状态变得互相依存，互为体用，互相促进，互相转化，达到"三花聚顶"的状态。先天精、气、神三者之中何为重，何为轻，在不同的内丹功法和同一功法的不同阶段是不同的。一般而言，以三步功法为例，炼己时以元神复现为中心，外药了命阶段以修精气为主，内药了性阶段则以修炼虚无之性为主。但在丹法整个过程中，要以元神为主宰，以修性为中心和枢要①。

与混元气概念相联系，内丹家把修炼内丹过程中混元气在人体内集中的地方叫作"混元池""混元窍""混元穴"等。

混元气理论的意义表现在如下几个方面：

第一，混元气理论是在元气论和精气神论基础上发展起来的，比它们有更大的优越性。混元气理论以混元窍为内丹修炼的起点和下手处，已经远远超出了元气论"肾间动气"和命门的位置，其内涵得以大大地扩展和丰富，对内丹修炼的必要性与可能性的理论说服力也强多了。精气神理论虽然指出了炼精化气、炼气化神、炼神还虚三个步骤，也提出了精、气、神三者一，一者三的关系，但没有混元体概念那么清晰地指出混元气与人的精气神之间的体用关系。混元气理论基于混元体的概念来认识人的精、气、神，把精、气、神的存在归入混元体，以此展开修炼。精、气、神三者的转化是在混元中完成的，三者之体是"混元"，在体的层次上三者是没有区别的，这样就为精、气、神的转化做出了强有力的理论说明。在这个意义上，我们认为，混元体概念的提出标志着混元气思想的成熟。

第二，在混元气理论中，混元体概念至关重要。混元体概念的重要意义在于它明确指出人的生命是一个由先天精气神组成的统一的整体，它有体有

---

① 刘宁：《刘一明的精气神思想初探》，《宗教学研究》2006年第3期。

用。基于混元体概念，精、气、神是从不同角度或侧面观察混元体而给出的不同名称，从质料来看，它"纯一不杂"，称为精；从功能来说，它的用途是"融通血脉"，称为气；从特点来说，它"虚灵活动"，故称为神。体是与道合同的先天真一之气。"体"是本体、根本，人的生命的根本就是混元体；"用"具体展现混元体不同方面的功能和特点，分而为三，即精、气、神。混元体中，精是带有生命信息，能够不被后天人的各种情感和欲望干扰的先天之元精，所以说它"纯一不杂"，在后天演变为能够让人生育下一代的后天之精；气是人体生命活动中各种能量与物质交换的推动力，所以说它具有"融通血脉"之功；神是大脑的功能，凭借它而展开体察思维、逻辑思维等意念活动，所以说它"虚灵活动"。这些特点和功能是人在母腹中就基本上具有了的，是与生俱来的，所以道教把精、气、神称为先天三宝。在人出生后，这些特点和功能要靠后天的营养如水谷、呼吸等来维持、发展，还要靠人类社会的信息交换，如语言、概念思维等的培养来展现。一方面，随着这些先天功能的不断展现和运用，人可以不断地认识和改造世界，同时，伴随着这些外向性活动的展开，先天功能也不断损耗，甚至于会影响人体健康，减损人的寿命。另一方面，随着人在社会生活中的自我参照系的建立，人能够主动地支配先天的功能，而自我参照系的支配作用既可以强化人的生命功能，也可以削弱人的生命功能，如自我的不满足带来的情绪干扰可以造成心因性疾病的发生等。先天精气神在人体中紧密联系而构成一个整体，三者一荣俱荣，一损俱损。如人的元气不足，体质衰弱，精的功能弱或量少，生育功能就会下降，同时还会导致神乏，出现失眠、健忘、注意力不集中等大脑功能下降的症状；人的心情愉快轻松，人的意志品质强，疾病就会减轻，甚至能够治愈。与世俗之人不同，道门中人通过修炼，把后天关联并不紧密的后天精气神打合为一个整体，与道相融合，从后天返还先天，回归生命的根本状态，从而得道成仙。更深地思考，我们会发现，混元体是中国古代精气神整体论哲学思想的新发展。它作为一个总结性的概念，明确指出了人的生命是一个由先天精、气、神组成的统一整体，这个整体有体有用，后天的干扰对先天混元整体会产生破坏作用。这对于人们认识人的生命本质和生命功能，进而以此指导人的生命活动具有重要的意义。

　　第三，混元气理论把道与人的先天精、气、神统一起来，形成一个整体，直指道教修炼的根本。它揭示了道教修炼最为深奥的玄关窍的内涵在于混元窍的空洞无涯的整体感知。它使道教修炼理论发展到一个新的高度。正因为这样，从宋代到清代，混元气在内丹修炼中被逐渐提高到一个至高无上的地位，采炼混元气成为内丹修炼的根本。

第四，混元气理论导致道教修炼模式的创新。道教修炼模式主要有自然无为的清静法、周天搬运法、服气法、导引法等。先秦时代以自然无为的清静法为主，因为那时人们非常纯朴，社会关系简单，干扰较少，自然无为的清静模式理法简明，直指先天，容易见效。汉晋到隋唐，除虚无、守一等方法外，出现了男女合气、呼吸吐纳、调和阴阳、服食外丹等方法。晚唐以来，内丹修炼逐渐成为主流。用混元气统一表述道和人的先天精气神，明确了人的先天精气神和道的同一性，使内丹修炼在学理上更加简明，在方法上更加简便易行，修炼方法也因之越来越趋近于先秦时代的清静无为模式，实现了道教修炼模式的螺旋式回归。根据混元气理论，炼丹家将先天精气神归入混元窍，把这作为内丹修炼的起点，由此探索出了一系列内丹修炼的新观点和新方法。例如，刘一明明确反对河车搬运、周天搬运等这一传统的周天炼丹路径，认为以往方法"或闭口调呼吸以匀气，或闭息定胎息以藏气，或搬运后升前降于黄庭以聚气，或守或运等等不一，皆欲妄想结丹"①，事实上都达不到结丹的目标。他认为，真正的达本明性之道"始终修养先天虚无真一之气而已"，"采药采者是此，炼药炼者是此，还丹还者是此，脱丹脱者是此，服丹服者是此，结胎结者是此，脱胎脱者是此"②。混元气理论的形成，标志着内丹修炼的理论上升到了一个新的理论高度。而且，在这一模式指导下的内丹修炼具有下手易，见效快的特点。正如丹家所言，在虚静的状态下采混元气结丹只是"片刻"的事情："当性住之时，万虑俱息，是谓真静真虚，静极而动，虚极生白，先天之气自虚无中来，片刻之间，凝而成丹。"③

（五）精、气、神混合转化的实践意义

道教理论把精、气、神分为元精、元气、元神与浊精、浊气、浊神，划分为先天与后天，目的是为了在理论上说明内修的必要性与可能性，为了在实践中实现三者的混合与转化，从而趋近于修炼的终极目标——无形无象，空虚灵动，生化万物，为万物本根的道。

现实状态中，人体中的精、气、神联系松散且难以实现三者的混合转化。

---

① 《藏外道书》第8册，巴蜀书社1992年版，第436页。
② 同上。
③ 同上。

解决的办法，道教先是基于元气论把精、气、神抽象化而成元精、元气、元神，与此对应把现实人体中的精、气、神贬低为浊精、浊气、浊神。但显然，本为与元精、元神并列的元气如何让元精、元神与自己混合交融，在理论阐述上发生了困难。而且，基于元气论也难以说明，由元气的保养充盈如何得到另一个与自己不同的道。为此，道教理论家们继承了元气论的合理内容，引入先天与后天的二元划分，把精、气、神也划分为先天与后天，对先天精、气、神又基于中国传统哲学常用的体用概念来理解，认为三者混元之体为与道为一体两面的先天真一之气，用为精、气、神，三者混融而存在于人体中的混元窍，即玄关一窍。这样就克服了元气论的局限性，达到了理论上的完善。

不仅如此，这样的混元气理论具有很强的实践指导意义。明代成书的《性命圭旨》指出，炼丹的龙虎交媾就是使精、气、神"三元合一"，认为"一"就是"有物混成，先天地生"的"道"，人要回归大道，与道合一，必须"取精于水府，召神于灵关，使归玄牝窍中，得与祖气聚会，三家相见，合为一体"[1]。精、气、神是道的分化，以其不同的特点分别叫精、气、神，"以其流行谓之气，以其凝聚谓之精，以其妙用谓之神"[2]。精、气、神三者合一，在内丹学中用一术语来指称，即"三花聚顶"。宋代内丹家萧廷芝在《金丹大成集》中解释"三花聚顶"时说："神气精混而为一也，玄关一窍乃神气精之窍也。"[3] 三花聚顶是修炼内丹的一个步骤，修到三花聚顶，就是将精、气、神混合、融合在玄关一窍中。正是基于精、气、神混合转化的进程，内丹学把内丹修炼划分为四个阶段，即炼精化气、炼气化神、炼神还虚、炼虚合道。前三个阶段均以精、气、神的混合转化为宗旨。后一阶段则是前三个阶段修炼成果的巩固、提高与升华。正是在这一过程中，人自身精气神和道逐步得以融合，人也逐步向得道成仙的终极目标迈进。

从现代的视野来看，这样的混元气理论有合理性吗？混元体的概念相当于现代生物学所说的人体干细胞。人体干细胞已经包含了发育成一个人的全部信息，道教把它表述为由先天的元精、元气、元神混融而成的混元体。先天精、气、神中，元精是人的根本性整体存在且通过生育功能而呈显，元气

---

[1] 《藏外道书》第9册，巴蜀书社1992年版，第548页。
[2] 同上。
[3] 《道藏》第4册，第639页。

是人生命活动的能量或推动力，元神是人的思维功能。经验和科学都告诉我们，这三者的整体信息在受精卵时就已存在了。伴随着受精卵长成胎儿，胎儿降生而为婴儿，婴儿长大成人，人先天元精、元气、元神所具有的生育下一代的功能、生命的活力和思维功能不断地展现出来。男女发育到青春期，精、卵产生后，就可以生育下一代。婴儿出生后受后天的自然环境、社会环境的影响，接受教育，大脑接收的信息越来越多，思维功能不断地展现出来，认知范围越来越广泛，思考的内容越来越丰富和深入。这些说明人的生命活力很强盛。人的这种作为生育和思维的功能本身是先天具有的，而作为生命活动力的气也是先天具有的。正是在这个意义上，道教理论家们把先天的功能融合起来，聚成一个整体，以此作为修炼的起点。这是试图把人已经分化了的先天全息性重新统一成一个整体，并与生天生地生人的"道"相结合，从而道化人生，完成人生命的改造，超越人的现实生存状态，从而超越了人而成为"神仙"①。正如黄元吉在《道门语要》中所论述的："夫论人之生也，先从虚无中一点元神，堕入胞胎之中，是谓神生气，气生精，于是十月怀胎，三年乳哺合五千四八之数，而始成四大一身，此顺而生人之道也。若返老还童，成真证圣，其必炼精化气，炼气化神，于以还虚合道，此逆而成仙之功也。"②

混元体理论还对传统的形神观做出了重大的发展。元代金月崖编，黄公望传的内丹著作《纸舟先生全真直指》中的《七返七真合同图》基于形神关系把内丹修炼分为六个阶段，并在其中纳入了精、气、神关系的阶段性划分。这六个阶段是：一、形神相顾，入道初真，即指入手开始；二、形神相伴，名曰得真，即指筑基功夫；三、形神相入，名曰守真，即指炼精化气；四、形神相抱，名曰全真，即指炼气化神；五、形神俱妙，与道合真，即指炼神还虚；六、形神双合名曰证真，即指还虚以后形神两忘境地。这样一来，形神理论与精、气、神理论，人体生命的二分法与三分法实现了水乳交融。其中的关键是混元体理论所阐述的先天的元精、元气、元神三者的混合转化，由此，形与神才能由无关、分离逐渐相关、相合、相融，步步超越，逐渐升华，最终与道为一。

按照道教内丹修炼理论，精、气、神混元转化的结果是内丹，内丹有阴

---

① 常大群：《混元体：道教精气神整体论的逻辑发展》，《中国哲学史》2009 年第 1 期。
② 《藏外道书》第 26 册，巴蜀书社 1994 年版，第 562 页。

丹与阳丹之分。《海琼白真人语录》说："所谓阴丹阳丹者，即内丹也。丹者心也，心者神也。阳神谓之阳丹，阴神谓之阴丹，其实皆内丹也。脱胎换骨，身外有身，聚则成形，散则成气，此阳神也；一念清灵，魂识未散，如梦如影，其类乎鬼，此阴神也。"① 阴神不是道教要追求的目标，所以本质上来说并不是内丹。在与佛教的辩论中，道教往往认为自己修炼所得是阳神，即阳丹，佛教修炼所得是阴神即阴丹，对阴神大加贬低。其实，人的意识、潜意识作为神识，经内丹凝练而为阴神，到结丹后，性命相合，神识脱尽诸阴即可转为阳神。

内丹中，精化气，气化神，结成内丹，又称为圣胎、婴儿，即是法身，称为元神。中医学说认为人的脑部就是元神所在。明代赵台鼎在《脉望》中说："脑为上器元神所居之宫，人能握元神栖于本宫，则真气自升，真息自定，所谓一窍开则百窍开，大关通而百关尽通也。"②《锦囊秘录》则曰："脑为元神之府，主持五神，以调节脏腑阴阳，四肢百骸之用。"元神再加修炼，就转化为阳神。

阳神修成，才能离体出窍。阳神出窍一般是从泥丸宫中逸出。清代的《唱道真言》描述感觉为："阳神脱胎之先兆，有光自脐轮外注，有香自鼻口中出。既脱之后，则金光四射，毛窍晶融……一声霹雳，金火交流而阳神出于泥丸矣。"对阳神出窍，《唱道真言》有详尽的解说：

> 阴阳本无分也，阴未尽而出神太早，谓之阴神。其出之时，或眼中见白光如河，则神从眼出。或耳闻钟磬笙管之音，则神从耳出。由其阳气未壮，不能撞破天关，旁趋别径，从其便也。既出之后，亦自逍遥快乐，穿街度巷，无所不之，临水登山，何往不得？但能成形，不能分形；但能言语，不能饮食；但能游走人间，不能飞腾变化；若盛夏太阳当空，则阴神畏而避之，是以虽带仙风，未离鬼趣，岂能形神俱妙，与道合真也哉……阴神既出，不甘以小成自居，只得再行修炼，将那阴神原形粉碎，倾下金鼎玉炉，重新起火，千烧万炼，火候到时，自然阴尽阳复，真人显象。③

---

① 《藏外道书》第33册，巴蜀书社1994年版，第115页。
② 《道藏》第20册，第257页。
③ 《藏外道书》第10册，巴蜀书社1992年版，第791-792页。

出神过早，阳气不多，能量不够，此时的神还不能称为阳神，而是阴神。炼化不已，阴气去除，自然转化为阳神。阳神刚能离开肉身外出游走时，能量不够，所以要即离即收，进而修炼，再放出去到比上次稍远的地方，再收回，再修炼，再放出更远，如此不断修炼，阳神能量增强到极高程度，肉身逐渐消散化入于太虚，阳神成为形神合一之体，或飞升，或转世，需要时显形，不需要时存之于太虚，此时，人也就变形为仙，得道而长生不死。

在内丹与科仪相融的背景下，出神也成了道教法术的核心环节之一。即法师通过自己的意识与神灵沟通。《灵宝无量度人上经大法》卷四二记载："黄石赤松真人曰：天之至高至清而有日月星辰，神之至灵至圣而有仙宾羽客，其神者寄会于身，倚精炁为人，伏神为主。三者若住若聚，可以混合百神，神游太虚，上彻三境，下彻幽冥，上下无方，去留无碍，洞观一切，变化无穷，莫出此也。"① 道教出神法术源于其形神兼修的形神观，形神可分可合，出神意味着神与形暂时性地分离。出神时乘云驾龙，神随气行，上穷碧落下黄泉，朝游北海暮苍梧。在法术中，谓出神可以入天帝之庭，称为"飞神谒帝"。凡朝真、拜章都要用到。出神的关键在于目："夫人之神，乘气出入。故昼出于首，夜栖于腹，而机在目。目之所至，神气所存。故运心注目，即为出神；息心内视，即为还神。至妙之理，非穷神知化之士，其孰能与于此哉。"② 出神为形神分离，还神为形神合一。

第三节　性与命

（一）性命内涵论

在中国哲学史上，性的内涵有三个变化的阶段。首先，春秋晚期之前"生之谓性"。傅斯年尝考论"性"之古训为"生"③，"生之谓性"确实是春秋晚期以前的传统。此后虽有新观点出现，但这一观点依然有人坚持。如《荀子》指出"生之所以然者谓之性"④，"凡性者，天之就也，不可学，不

---

① 《道藏》第3册，第847页。
② 《道藏》第28册，第746页。
③ 傅斯年：《性命古训辨正》，台湾新文丰出版公司1985年版。
④ （清）王先谦撰，沈啸寰、王星贤点校：《荀子集解》，中华书局1988年版，第412页。

可事。不可学、不可事而在人者谓之性。"①

其次，道家对性作了新的诠释。"古代哲学话语中'性'的概念晚起，是从较早期'德'与'命'等概念剥落出来的"②。《老子》之"德"与"命"、"朴"与"素"、"赤子"与"婴儿"，《庄子》之"德""真"和"性命之情"等概念即相当于"性"。高亨在《老子通说》中主张《老子》所谓的"德"就是"性"③。张岱年认为，道家的"德"是"万物生长的内在依据"，即"物所得以生"的内在依据，而"这种内在根据，儒家谓之性，道家谓之德"④。苏辙直接把"朴"解作"性"，把"复归于朴"和"复命"理解为"复性"⑤。概括而言，道家所谓的"性"就是"自己如尔"的自然之性。《老子》第二十八章说："知其雄，守其雌，为天下溪。为天下溪，常德不离，复归于婴儿。""知其荣，守其辱，为天下谷。为天下谷，常德乃足，复归于朴。""朴"本义为未斫之原木，老子借它表示事物的自然状态或本来面目。老子的这种自然人性被《庄子》通过"真""伪"之辨得以深化。《庄子·马蹄》说："马，蹄可以践霜雪，毛可以御风寒，吃草饮水，翘足而陆，此马之真性也。""马之真性"是天放之性，不多不少，是"益之而不加益，损之而不加损"的"常然"⑥。成玄英把这称为"真常之性"。"真"的反面是"伪"，真、伪的关系就是天、人的关系："牛马四足，是谓天；落马首，穿牛鼻，是谓人。故曰：无以人灭天，无以故灭命，无以得殉名。谨守而勿失，是谓反其真。"⑦"真"意味着自然之性（如"牛马四足"），"伪"意味着人为，被打上了社会和文化的烙印（如"落马首，穿牛鼻"）。庄子以自然之性解真性，既说"性者生之质"⑧，近于旧说"生之谓性"，也说"形体保神，各有仪则，谓之性"，更深化了旧说，把无为心性的意蕴纳入其中。也就是说，庄子之性有两种，理想意义上的和现实状态中的。由此可知，道家自然人性论隐含了这样两个价值判断：其一，"自然的"和"本来的"就

---

① （清）王先谦撰，沈啸寰、王星贤点校：《荀子集解》，中华书局1988年版，第435-436页。
② 郑开：《道家人性论阐微》，《中国哲学》2002年第9辑。
③ 高亨：《重订老子正诂》，古籍出版社1943年版，第8-14页。
④ 张岱年：《中国古典哲学范畴要论》，中国社会科学出版社1989年版，第154页。
⑤ 《老子解》"道常无名朴""复归于朴"和"复命曰常"解。《道藏》第12册，第305页、第302-303页、第298页。
⑥ （宋）吕惠卿：《庄子义集校》，中华书局2009年版，第181页。
⑦ 同上书，第330页。
⑧ 同上书，第444页。

是"好的",也就是说自然的或本然的状态或属性是最完善的;其二,保持自然状态或本来面目,不假人为,就是"好的"。这两个价值判断部分地构成了以精神逍遥为归宿的道家伦理学的基础①。

性概念发展的第三阶段是道教,尤其是其中的内丹学。它对性的探讨是与命紧密关联起来,在与精、气、心、神、道等概念的关系中来进行的。例如,至游子《道枢》云:

> 神者,生形者也;形者,成神者也,故形不得其神,斯不能自生矣;神不得其形,斯不能自成矣。形神合同,更相生,更相和成,斯可矣。夫长生者,神与形俱全者也……形器者,性之府也,形器败,则性无所存矣,养神不养形,犹毁宅而露居者欤!夫人所恃以生者,气也。气住则神住矣。神住则形住矣。审能如是,则长生久视。丹元子曰:形以神住,神以气集。气者,体之充也;形者,神之舍也。故气实则盛矣,虚则衰矣,住则生矣,耗则绝矣。②

这是把性与形、气、神相关联起来展开探讨,强调形为性之府,形盛则取决于气是否充盈,而气的充盈又取决于神是否凝住。对这些问题,下文将有更系统的阐述。

"命"这一概念在春秋之前的内涵有两种:具有宗教色彩的"天命",世俗意义上的命运。道家哲学开始给它赋予了新的内涵。《老子》第十六章说:"夫物芸芸,各复归其根。归根曰静,静曰复命,复命曰常,知常曰明。"这里的命是与根相对而言的,实际上就是道,也就是经验层次的人所承载的先验层次的道的体现。《老子河上公章句》注释说:"言安静者是为复还性命,使不死也。复命使不死,乃常之所常行也。"王弼解释说:"复命则得性命之常,故曰'常'也。"这两个注释把"命"解释为性命,实为人的先天本然状态。总之,老子把"命"从西周以来的宗教性的天命观中剥离出来,纳入哲学中,并与道论结合起来。

"命"概念在《庄子》内、外、杂篇中共出现约 30 次(其中以"性命"的面目出现的有 12 见),绝大多数是作为命运(人面对大千世界的无可奈何

---

① 郑开:《道家心性论研究》,《哲学研究》2003 年第 8 期。
② 《道藏》第 20 册,第 796 页。

即人的现实有限性)、自然之理①的意思而言的,后者则与道联系在一起。这在此后的道家中有反映。例如《淮南子·诠言训》说:"性命可说,不待学问而合于道者,尧舜文王也。"《淮南子》还有"知道者不惑,知命者不忧"之说。这里的性命则有形而上的意味。另外的"命"则是指生命,《庄子》外篇中已有"性命之情"的说法,在谈到墨子学派时说:"愿天下之安宁,以活民命。"② 这个思想被《管子》和《淮南子》所发展。《管子·形势解》说:"道者,扶持众物,使得生育,而各终其性命者也。"③《淮南子·原道训》说:"夫性命者与形俱出其宗,形备而性命成,性命成而好憎生矣。"④这里的"性命"是指生命。在这个意义上,"复命"也就是使人的寿命达到它本来应该有的极限。这说明从一开始,道家的"命"概念就有了生命和性命的双重含义。这是基于天道自然的立场,以个体为本位的观点。

那么,性、命之间的关系如何呢?

《老子》中性字未见,"命"字三次出现。《庄子》内篇"性"字未见,"命"字十六次出现。《庄子》外、杂篇性与命直接联结对偶,约十二次出现。从《庄子》外、杂篇来看,性是被命所决定的,性与命成为由道向德擅变,即本体论向人生观转变的重要环节。庄子的性命说成为其观物论、人性论的坚实的理论基石之一,对孟子之后的儒家人性论的发展与完善起了重要的促进作用,这在《中庸》《易传》以及郭店出土的战国中后期的一批儒家简书中可以看出⑤。郭店竹简《性自命出》说:"性自命出,命自天降。道始于情,情生于性。始者近情,终者近义。知情者能出之,知义者能入之。"⑥在它看来,性命均成于天降,情义皆出于性,所以,性命说是思孟学派性情、心性论的基础。这一观点与孟子、《中庸》有关性命的论述颇为近似。《孟子·尽心下》说:"存其心,养其性,所以事天也。夭寿不贰,修身以俟之,所以立命也。"在孟子看来,人之心性皆源于命,存心养性是为了"事天",这是把性命的本源归之于天。《中庸》宣称:"天命之谓性,率性之谓道。"

---

① 《道藏要籍选刊》第2册,上海古籍出版社1989年版,第384页。
② 《庄子义集校》,中华书局2009年版,第178页。
③ 梁运华校点:《管子》,辽宁教育出版社1997年版,第174页。
④ (汉)刘安:《淮南子》,河南大学出版社2010年版,第148页。
⑤ 萧汉明:《论庄子的性命说与观物论中的道性二重观》,《江苏行政学院学报》2001年第4期。
⑥ 陈伟等著:《楚地出土战国策(十四种)》,武汉大学出版社2016年版,第281页。

这是把天视为道德之天，把天命作为性的支配力量，由此要求人顺天德而成善性，顺善性而行事，于是被称为道。《易传》也延续了类似的观点。《象传》说："火在天上，大有君子以遏恶扬善，顺天休命。"《系辞传上》说："乐天知命，故不忧。"《说卦传》精辟地概括说："穷理尽性以至于命。"这都是说，人应该顺天知命，命随天意，性随命行，穷理尽性，将受命于天与尽性于人合为一体。

但道家与儒家的性命观在同中也有异。道家以命为自然的必然性而非人格神的主观意志和前在命定，与儒家有别。道家之性指自然本性："长于水而安于水，性也。不知吾所以然而然，命也。"① 性命作为对偶范畴始于《庄子》外、杂篇，其性命思想为韩非子和《吕氏春秋》《淮南子》所继承。《淮南子》还第一次对性、命作了定义："古之圣人，其和愉宁静，性也。其志得道行，命也。命，天命也。是故性遭命而后能行，命得性而后能明。"② 它主张："审死生之分，别同异之迹，节动静之机，以反其性命之宗。"③ 性命就是人的自然、本真，也就是人由之而来的本源，因而也就是作为本体的道："性命可说，不待学问而合于道者，尧舜文王者也。"④ 受道家思想影响，扬雄在《太玄·擒》中主张"察性知命，原始见终"，王充提出性命二元一体的观点。道家之命，言为天地万物之内在义理，其成于天地未形之时，非依附于天，乃指向于天、地、人共现之特征。儒家之命则侧重于天命之外现，天命因朝代不同，因德行而异；个人命运也因时而异，因而个体在命运方面差异巨大。儒道两家的差异源于各家对天命、天道的不同观点。儒家言命自天降，天因德而辅，命之得失，全在性之善恶，因而主张人性应该趋于善。孟子以先天审视人性，故主张人性本善而应该极力向善；荀子以后天审视人性，故主张人性本恶而应该化恶为善。与儒家不同，道家认为天与人同出于道，万物自生，天性自然，各有情状，无善恶之别，全须循性而为⑤。

道教的性命思想，经历了一个发展过程。葛洪从烧炼外丹的角度认为："且夫养性者，道之余也；礼乐者，儒之余也。"⑥ 养性的目的只是静以待道、

---

① 《庄子义集校》，中华书局2009年版，第358页。
② 张双棣校：《淮南子校释》（增订本），北京大学出版社2012年版，第162页。
③ 同上书，第1444页。
④ 同上书，第1329页。
⑤ 曹胜高：《先秦诸子性命论及其价值取向》，《南都学坛》2008年第5期。
⑥ 《道藏》第28册，第196页。

守道，得道要通过服丹，得道了自然产生不死，所以命尚未进入他的视野。陶弘景的《养性延命录》虽然提到："达命之情者不务智之所无。""愚人不知此道为生命之要"①，但对命论述也不多。魏晋以来神仙道教谈归根复命，多指复返未生之初，兼有心性和形质两个方面，就形质而言则有长生不死之说。形质如何归根复命，道教早期主要是用神、气这一对范畴来解释的。从道教的历史发展来看，神、气这一对范畴是从炼形炼气的修炼术向修心养性之术转变的过程中，在修炼的重点从身外向身内转变的过渡时期出现的，实体的意味比较浓厚，不利于与形而上的哲理探讨结合起来，制约了理论水平的升华。唐代道教理论家们不得已引入了传统文化中本有的性、命这两个范畴，对它们之间的关系作了初步的探讨。

北宋之前的道教文献中也经常使用性、命这两个概念。但是，它们的内涵并没有固定，而且往往把"性"与"命"视为同一层次的语词。如成玄英说："静曰复命。命者，真性惠命也。既屏息嚣尘，心神凝寂，故复于真性，反于惠命。"②托名唐玄宗的《道德经》疏也说："木之禀生者根，归根故复命。人禀生者，妙本。今能守静致虚，可谓归复所禀之性命也！"③此二例中，性、命都是真体的另一说法。虽然显露出了与道的关联，但还未落实到实践操作的层次。在内丹术勃兴的背景下，这成为道教学者们必须思考的问题。杜光庭在《太上老君说常清静经注》中说："凡欲得成真性，须修常性而为道性。得者动也，动其本性，谓其得性也。"④稍后成书的《关尹子·四符篇》说："是以万物之来，我皆对之以性，而不对之以心。性者，心未萌也。无心则无意矣。"⑤唐末五代时期把这些理论落实到修炼实践中，提出了性命双修的主张。张伯端继承钟吕的性命双修思想，并结合陈抟《无极图》的内丹思想，对它作了发展。把性与命作为两个紧密关联的不同概念并凸显其重要性，是在北宋初期张伯端的著述中才真正开始的。在他的影响下，内丹家们逐步完善并建立了系统的性命理论。它的主要内容包含如下几个方面：性命为内丹之元；性与命的内涵，性与命的差别；性与道、心、神等概念的关系；性命与气、精、神等概念的关系；性命的先后天理论；在内丹背景下

---

① 《道藏》第18册，第475页、第477页。
② 蒙文通：《蒙文通文集》第六卷《道书辑校十种》，巴蜀书社2001年版，第408页。
③ 《道藏》第11册，第761页。
④ 《道藏》第17册，第187页。
⑤ 《道藏》第11册，第518页。

性、命与道的关系；性命修炼的功夫论。后两个方面将放在下两节讨论。

第一，性命为内丹之元。

唐宋元时期，内丹术兴起并得到长足的发展，性命之说逐渐受到重视，人是命与性的统一体的思想逐渐被道教徒们普遍接受。张伯端在《悟真篇》的自序中不仅将道教、佛教称为"性命学"，而且讲到了"修命""修性"的问题，如说："且今人以道门尚于修命，而不知修命之法，理出两端：有易遇而难成者，有难遇而易成者。"① 在他看来，修炼的核心无外乎性命二事。对此，明代天师张宇初也颇为赞成，在《道门十规》强调："学道之本，非性命二事而何？"在内丹家们看来，人们要想长生久视就必须修炼性、命。《脉望》卷八则更是从性命的角度论述了人与其他事物的本质区别："鬼神有性无命，草木有命无性，禽兽性少命多，惟人能全之。性者属知觉；命者属形质。"②《性命圭旨》则受儒学的"穷理尽性而至命"的观点影响论述说："圣人之学，尽性而至命，谓性者神之始，神本于性……命者气之始，气本于命。"③ 它指出，现实中很多人不能尽性至命，是因为"命有身累，则有生死；性受心役，则有去来。有生死，不能至命也；有去来，不能尽性也"④。所以，只能摆脱"性受心役"的局面，"尽性""至命"而不死。

第二，性与命的内涵，性与命的差别。

张伯端在《玉清金笥青华秘文金宝内炼丹诀·神为主论》中对性进行了详细的探讨：

> 盖心者，君之位也。以无为临之，则其所以动者，元神之性耳；以有为临之，则其所以动者，欲念之性耳。有为者，日用之心；无为者，金丹之用心也。以有为反乎无为，然后以无为而莅正事，金丹之入门也。夫神者，有元神焉，有欲神焉。元神者，乃先天以来一点灵光也。欲神者，气质之性也；元神者，先天之性也。形而后有气质之性，善返之，则天地之性存焉。自为气质之性所蔽之后，如云掩月。气质之性虽定，先天之性则无有。然元性微，而质性彰，如人君之不明，而小人用事以蠹国也。且父母媾形，而气质具于我矣，将生之际，而元性始入。父母

---

① 王沐：《悟真篇浅解》（外三种），中华书局1990年版，第2页。
② 《藏外道书》第9册，巴蜀书社1992年版，第619页。
③ 徐兆仁主编：《天元丹法》，中国人民大学出版社1990年版，第79－81页。
④ 同上。

以情而育我体，故气质之性，每遇物而生情焉。今则徐徐划除，主于气质尽，而本元始见。本原见，而后可以用事。无他，百姓日用，乃气质之性胜本元之性。善反之，则本元之性胜气质之性。以气质之性而用之，则气亦后天之气也。以本元之性而用之，则气乃先天之气也。气质之性本微，自生以来，日长日盛，则日用常行，无非气质。一旦反之矣，自今以往，先天之气纯熟，日用常行，无非本体矣。此得先天制后天，无为之用也。①

张伯端认为，人的精神有两种，一是元神，一是欲神。元神是先天存在的一点灵光，是先天之性。欲神是气禀之性，即气质之性。父母构我形体时，我具备了气质之性；将要出生时，先天之性才进入我的身体。由于父母是因为情欲而生了我，所以人在接物时，总是由于气质之性而产生情欲。普通的老百姓，是气质之性胜过本元的先天之性。气质之性随着人的发育而增长。如慢慢铲除气质之性，就可以使本源之性显现，"气质尽而本元始见"，复归元性。复归元性，元气就产生，"元气生则元精产"，这是事物相互感应之理。元性就是元神，元神、元精、元气合而为一就是金丹。炼丹归根结底就是克服气质之性，复归先天的元性。道家、道教道不离气、道气相即的思想运用到人性上，必然得出天地之性与气质之性的二分。道家、道教要得道成仙，必须承认人之性得之于道而本真，但现实的人性生之于气，充满了情欲，妨碍得道，为此得节情乃至灭情，这在理论上必然主张性的二分，张伯端的说法就是这种逻辑必然性的体现。

根据《悟真篇》《玉清金笥青华秘文金宝内炼丹诀》，张伯端认为，性包括这几层含义：第一，性是神全之后的状态。《玉清金笥青华秘文金宝内炼丹诀·凝神论》说："神者，元性也。"同书的《总论金丹之要》说："神者，性之别名也。"这点明了神与性是同一类事物。虽然是同类，但二者还是有区别的。同书的《心为君论》说："精固精，气固气，神亦可谓性之基也。"原因是"性则性，而基言之，何也？盖心静则神全，神全则性现。"神是性的基础，神全是性显现的前提。心静神就全，神全性就能呈现出来。在这个意义上，性实际上是人的精神意识的调控能力。第二，性是先天元神，实为先天之性。当把神理解为元神，把性理解为元性，即先天之性时，神与

---

① 王沐：《悟真篇浅解》（外三种），中华书局1990年版，第230—231页。

性就没有什么区别了。在这个意义上，张伯端在《玉清金笥青华秘文金宝内炼丹诀》中说："神者，元性也。""元神者，先天之性也。"第三，性是形而上的道落实到形而下的人身上的具体体现，是人的理性思维的体现，代表了修道者所达到的功夫和心理的稳定状态。通过明心见性，可以上达"无上至真之妙道""无为妙觉之道"或"达本明性之道"①。

　　张伯端的观点涉及性与神的关系。大多数内丹家认为神有元神与识神的二分，相应的性有真性与气质之性的二分。如明代内丹著作《性命圭旨》说："天命之性者，元神也；气质之性者，识神也。"② 对性的二分，是宋代的儒学和内丹学比较强调的。明清时期，儒学和内丹学的主流回归到性一元论。在这个意义上的性，实即先天之性。与此相应，它们对性与神的关系有了一些不同于前人的看法。《性命圭旨》引主敬道人之语说："性者神之始，神本于性，而性则未始神，神所由以灵。"③ 这主张性是神的本源。清代内丹家黄裳进而说："性寄于心，而发为神。"④ 在他看来，神以心为寄托和载体，是性的动态表现。也可以说，性是心的深层结构，神是心的表层结构，神以性为依归。不过，黄裳仍坚持把神区分为先天之神（元神）与后天之神（识神），认为"先天之神，神与性合；后天之神，神与性离"⑤。他说：

　　　　神者，心中之知觉也，以其灵明，故谓之神。而神有先后天之分：先天神，元神也；神即性也。盖神为心中之知觉，而性即心中至善之理，其始浑于一元。有生之初，知觉从性分而出，如孩提知爱，稍长知敬，知即神，爱即性也，见神即以见性，神与性未尝分也。此为先天之神……性原不在神外也，自蔽补私欲，而神失其初矣，性亦为神所蔽矣。神之所发，常与性反，此为后天之神。⑥

黄裳认为，在先天状态下，性与神是水乳交融，吻合无间的，所以是二而一的关系。在后天状态下，神与性就发生了分离，也就是说，识神、欲神与性往往是背离的。原因是人在成长过程中，目睹自然和社会环境的种种事物，

---

① 孔令宏：《张伯端的性命思想研究》，《复旦学报》（社会科学版）2001年第1期。
② 《藏外道书》第9册，巴蜀书社1992年版，第529页。
③ 同上书，第512页。
④ 《藏外道书》第25册，巴蜀书社1994年版，第726页。
⑤ 同上书，第748页。
⑥ 同上。

心神外驰，元神逐渐失势，识神逐渐占据上风，到了16岁以后，便以识神主事，"脑内终日盘旋七情六欲，名绳利锁，机诈日深，勾心斗角，层出不穷"①，导致"神之所发，常与性反"。在内丹学家们看来，个人的社会化是导致元神为识神所取代的主要原因。为了恢复元神的统治，个人必须改变价值标准以及生活态度，抛弃复杂的社会意识，只以返璞归真为念，"任天而动，率性以行"。只有"无思无虑之中，忽焉而有知有觉"，才是元神呈现，真性显露之时②。

性即先天元神，这是内丹学对性之内含的一种观点。内丹学对性还有另一种界定，即把性视为内丹修炼的目标——金丹。闵一得说："夫人之元性，即是金丹，即是大道，即是无位真人……是吾固有之物，借身中先天一炁点化，炼成纯阳之体。"③从学理上说，这种观点是有问题的。因为作为纯阳的金丹是修炼的目标，在修炼未达到这一目标之前，它是不存在于修炼者身上的。这样一来，修炼何以可能在逻辑上就成了问题。而按照性即先天元神的观点，性并非不存在于后天，只是潜伏而已，修炼者只要静心归一即可唤醒它。所以，严格来说，把性视为金丹的观点，虽然从修炼经验来看可以理解，但从逻辑上来说则是有问题的。

上述闵一得所谓"借身中先天一炁点化""元性"的观点，暗含有对性与元气关系的思考。对此，明代陆西星早在《方壶外史》就有阐述，他说："性本无生，乘气机以有生，人心之机即气机也。"④如果说陆西星的论述还颇为含混，清代黄裳的论述就很清晰了。他受宋儒张载的影响，以"太虚"为元气的本来存在状态。由此出发，他把"虚"作为元气的根本特征，说：

性者何？即太虚中虚无湛寂之妙。⑤

此性未在人身，盘旋清空为元气，既落人身为元神，要皆虚而不有。⑥

我心之虚，即本来天赋之性；外来太空之虚，即未生虚无之性。⑦

---

① 徐兆仁主编：《东方修道文库·先天派诀》，中国人民大学出版社1990年版，第27页。
② 尹志华：《浅析黄裳的内丹性命论》，《中国道教》2000年第1期。
③ 《藏外道书》第10册，巴蜀书社1992年版，第410页。
④ 《藏外道书》第5册，巴蜀书社1992年版，第211页。
⑤ 《藏外道书》第26册，巴蜀书社1994年版，第563页。
⑥ 《藏外道书》第25册，巴蜀书社1994年版，第692页。
⑦ 同上。

夫先天之心即性，先天之性即虚无元气，要之一虚而已矣。①

元气赋予人身即为人之"性"，因而"虚"是"性"的本真状态。学道之士皆以复归本真之性为得道的前提，而"性本虚也"②，因此，"但能虚静即是性，知得虚静了无物事，即是见性"③。总之，虚静就是性的根本特征。

　　关于命，张伯端的观点与当时道教中流行的观点大体一致，把它看作精、气等与身体直接相关的形质。《玉清金笥青华秘文金宝内炼丹诀·神为主论》说："盖人受天地之中气以生，所谓命也，得天地之中气以成，遂可为人。"其他内丹家大致也是这一观点。例如，刘一明在《百字碑注》中说："气者，命也。在天为气，受之于人为命。"④ 薛阳桂《梅华问答》亦曰："夫所谓命者，气之宗也。凡人之生，须藉乎气；有气则生，无气则死，故人死曰断气，气断则命绝。"⑤ 少数内丹家则更精细地指出，作为命之内涵的气不是通常意义上的气，而是"先天至精一气"。例如，元代内丹家李道纯说："命者，先天至精一气之谓也。"⑥ 明代《性命圭旨》说："何谓之命？先天至精，一气氤氲是也。"⑦ 在他们看来气分为先天至精至纯之气，即元气和后天之气两种，作为命之内涵的气，是元气，不是后天之气。这应该看作是对命之内涵的深化发展。

　　张伯端的再传弟子南宋白玉蟾明确地将"性"解释为"神"，"命"解释为"气"，金丹派南宗的观点可谓内丹学的共识。其他丹家大致没有超越这一点。例如，王重阳在《授丹阳二十四诀》中说："性者是元神，命者是元气，名曰性命也。"⑧《玄肤论》亦云："性则神也，命则精与气也。"⑨

　　在历史上，即使是界定性或命的概念，内丹家们也很少孤立地进行，往往是把二者关联起来，既探讨性和命的内涵，也探讨二者之间的异同和关联。李道纯在《中和集》里进而发挥道："夫性者，先天至神一灵之谓也。命者，

---

① 《藏外道书》第25册，巴蜀书社1994年版，第692页。
② （清）黄裳：《乐育堂语录》，上海古籍出版社1990年版，第248页。
③ 同上书，第246页。
④ 《藏外道书》第8册，巴蜀书社1992年版，第438页。
⑤ 高雅峰：《道藏男女性命双修秘功》，辽宁古籍出版社1994年版，第480页。
⑥ 《藏外道书》第9册，巴蜀书社1992年版，第512页。
⑦ 同上。
⑧ 《道藏》第25册，第807页。
⑨ 王沐选编：《道教五派丹法精选》，中医古籍出版社1989年版，第250页。

先天至精一气之谓也。精神，性命之根也。性之造化系乎心，命之造化系乎身。"① 在李道纯看来，"性"为先天之灵，其实就是"神"或"心体"，而"命"则是先天纯一之气。"性"与"心"相关，"命"与身相关。类似地，《性命圭旨》说："何谓之性？元始真如，一灵炯炯是也；何为之命？一气氤氲是也。"并说："性之造化系乎心，命之造化系乎身。"② 在它看来，性即心性，命即生命，性即是人的灵觉，命即是人的生机。内丹修炼，既要修炼人的心神品性，也要修炼人的气血身体。

对性与命之间的关联，内丹家们也做了探讨。白玉蟾论述说："命者因形而有，性则寓乎有形之后。五脏之神为命，七情之所系也，莫不有害乎吾之公道。一受于天为性，公道之所系焉。故性与天同道，命与人同欲。"③ 在他看来，命与形体俱来，性也随之潜藏于身。命是身体各器官功能的综合表现，受情感、欲望的影响；性则渊源于天，在内涵实质上趋近于道。

受北宋大儒周敦颐《太极图说》的影响，明代内丹家陆西星以无极、太极两个概念来解说性命："人之所以生也，无极之真，二五之精妙合而凝。所谓性，即无极也；所谓命，即二五之精也。二者妙合而人始生焉。"④ 周敦颐《太极图说》中的"无极而太极"一语如何理解，在南宋时期引发了朱熹和陆九渊等学者的争论，一派把无极和太极理解为两个概念，"无极而太极"被理解为"无极而生太极"，成为宇宙发生论中的两个生化万物的先后相接的阶段；另一派则把"无极"理解为形容词而非名词，"太极"被理解为"理"范畴，这样，"无极而太极"就成了"无形而有理"。显然，后一种理解是诠释过度了。道教学者们对此多持前一种观点。陆西星也如此。在这个意义上，把性理解为无极，把命理解为太极，也可以视为对性与命内涵的另一种界定。但其实，这种界定与把性视为神，把命视为精气的观点是相容的。陆西星同时认可这两种界定，说："性则神也，命则精与气也；性则无极也，命则太极也。"⑤ 就先验的万物化生而言，无极与太极是先后两个阶段。但在已经化生出来形成人之后，或者就人而言，无极与太极，也即性与命是同时存在的，并无先后，二者共同构成人的生命要素。所以，陆西星说："性者，

---

① （元）李道纯、黄廷芝撰：《中和集》，上海古籍出版社1989年版，第117页。
② 屈丽萍点校：《性命圭旨》，山西人民出版社1988年版，第11页、第12页。
③ 萧天石编：《白玉蟾全集》（上），自由出版社1987年版，第409页。
④ 《藏外道书》第5册，巴蜀书社1992年版，第363页。
⑤ 同上。

万物一源；命者，己所自立。"① 在他看来，性从内涵上通于道，是人与万物能够相统一的根据；命则是人区分于他物的标识，是需要靠人自身来确立、维系、养护的。

对性与命之间的关系，《性命圭旨》论述说："何谓之性？原始真如，一灵炯炯是也。何谓之命？先天至精，一气氤氲是也。然有性便有命，有命便有性。性命原不可分，但以其在天则谓之命，在人则谓之性。性命实非有两，况性无命不立，命无性不存，而性命之理，又浑然合一者哉。"② 在它看来，性命本不可分，无非是从天的角度看称之为命，从人的角度称之为性。性与命同时产生，并无先后可言。刘一明《修真辨难》亦谓："天以阴阳五行化生万物，气以成形，而理亦具。气即命，理即性，气不离理，理不离气，即性不离命，命不离性，焉得有性无命。"③ 在他看来性与命同时产生，相互依存，离开了性，命无法存在；离开了命，性也无存身之所。陆西星进而深化了性命之间关系的理解，他说："性非命弗彰，命非性弗灵。性，命所主也；命，性所乘也。"④ 即是说，在他的思想中性与命是两个不同的概念，就先天而言，性是无极，命是太极；性在先，命在后；性是本，命是末；就后天而言，性是神，命是精、气；性与命同时存在；性为命所主宰，命为性所驱策。黄裳进一步主张性与命的来源不同，"人受天地之元气以成性，受父母之精气以立命"⑤，结果也不同，天地之元气乃先天虚无之气，不生不灭；父母之精气乃后天阴阳之气，有生有灭。因此，"性无生灭而命有生灭"⑥，但这并不意味着"命"是无足轻重的，"非命则性无由见"⑦。"命"是使"性"得以在人身上具体实现的必不可少的条件，黄裳说："未有命时而性之理长悬天壤，既有命后而性之理已具人身。"⑧ 在人身中，性与命各有自己不可被取代的功能："夫性为一身之主宰，命是一身之运用。若不保精裕气，徒事妙觉圆明，则身命不存，性将焉寄？"⑨ 对性与命，不可偏执一方，过分夸大某

---

① 《藏外道书》第 5 册，巴蜀书社 1992 年版，第 363 页。
② 徐兆仁主编《天元丹法》，中国人民大学出版社 1990 年版，第 79－81 页。
③ 《藏外道书》第 8 册，巴蜀书社 1992 年版，第 481 页。
④ 《藏外道书》第 5 册，巴蜀书社 1992 年版，第 363 页。
⑤ 《藏外道书》第 26 册，巴蜀书社 1994 年版，第 564 页。
⑥ 同上书，第 562 页。
⑦ 同上。
⑧ 同上。
⑨ 同上。

一方的作用和地位。因此,"性也,命也,可合而不可分者也"①。总之,性与命各有自己的内涵和规定性,但相互之间又缺一不可,相互依赖,相互作用,相互影响。

第三,性与道、心、神等概念之间的关系。

心是与性有紧密联系的另一个概念。它的内涵有三个方面。首先,心是理的凝聚体或承载者:"心者,众妙之理,而主宰万物,性在乎是,命在乎是。"② 其次,心是道之体,是得道的枢纽。《悟真篇·后序》说:"欲体夫至道,莫若明夫本心。故心者,道之体也;道者,心之用也。"③ 最后,理是道在形而下的事物中的具体体现和向上通往道的阶梯。心系万理,本心与道则完全同一。本心畅明也就是得道。

关于性与心的关系,张伯端指出,心是性的载体。"心者,神之舍也。"神与性为同类,都以心为载体。性藏于心,性由心而表现出来:"盖心者,君之位也。以无为临之,则其所以动者,元神之性耳;以有为临之,则其所以动者,欲念之性耳。"④ "有为"的对象是普通人的"日用之心""人心"。"无为"的对象是修道者的"金丹之心",即"本心""道心"。心的本体是无为、不动的,动则叫作神。无为之动为元神,有为之动为识神。与无为之动相应的性是元神之性,与有为之动相应的性是欲念之性。王道渊也类似地说:"性者,人身一点元灵之神也。"⑤ 以金丹之心修炼,才能使"本性",即"元神之性"朗现,才会得道。为什么要强调以金丹之心修炼才能让"本性"显现?薛阳桂《梅华问答编》指出:"心之与性,原不可分。以其主宰而言,谓之心;以其具生生之理而言,谓之性。心必能明而后可见,性须悟而后可以复。言心而性在其中,明得心而后见得性,悟其性而后知其心,尽其心而后知其性也。"⑥ 心与性"原不可分"的"原"指的是先天理想状态。就先天而言,性是心之源。如至游子所说:"夫道者,性之本也。性者,心之源也。心性同体,应化无边,是乃所谓自然者也。"⑦ 但在后天现实状态下,心

① 《藏外道书》第26册,巴蜀书社1994年版,第562页。
② 王沐:《悟真篇浅解》(外三种),中华书局1990年版,第228页。
③ 同上书,第175页。
④ 同上书,第228页。
⑤ 《道藏》第24册,第105页。
⑥ (明)张三丰著,方春阳点校:《张三丰全集》,浙江古籍出版社1990年版,第1页。
⑦ 《道藏》第20册,第638页。

更强势，性往往被压抑而出现"性受心役"，诚如李道纯所说："性之造化系乎心，命之造化系乎身。见解智识出于心也，思虑念想，心役性也。举动应酬出于身也，语默视听，身累命也。命有身累，则有生有死。性受心役，则有往有来，是知身心两字，精神之舍也。"① 对心与性的关系，南宋大儒朱熹把它分为两种情况：未发与已发，并做了探讨。后世道教受此影响，也说："未发之前心是性，已发之后性是心。心性源头参不透，空前往迹费搜寻。"②《性命圭旨》说："性者，心未萌也。无心则无意，无意则无魄，无魄则不受生，而轮回永息矣。"③ 也就是说在未发状态下，性主宰心，在已发状态下，心制约性。所以，内丹修炼要求以无心之心进行，如此，存心就是养性。如《玉清金笥青华秘文金宝内炼丹诀·下手功夫》说："存心者，养性也。性之始见，不存心则无所养。无所养，则终乎不见矣。存心实自收心始。所谓收神者，盖收心之余用耳。行之至久……则元性彰露，而元气生矣。"④

第四，性命与精、气、神的关系。

道教对内修要素的探讨，早期谈论的是形神二元论，涉及形神的先后、主从、分合等问题。后来，随着思维的深化，引入气的概念，有了形神俱妙的主张。进而从唐代中期开始，思想的主流开始滑移到谈论精、气、神三元论。随着内丹哲学的兴起，精、气、神三元论实体意味过浓，制约思维展开的弊端日益明显，学者们于是发掘出传统文化中本有的性与命概念，对它们赋予新的解释，使内丹修炼的要素理论重新回归二元论，即性命二元论。

道教认为，"命"是形与气的统一，而"性"就是神，"性则神也，命则精与气也"⑤。如果仅仅这样，何必要运用性、命这对概念呢？所以，道教学者们指出："夫性者，先天至神一灵之谓也；命者，先天至精一气之谓也。"⑥ 引入性命这对概念的本意就在于化解精、气、神实体性浓郁，不利于作思维抽象性提升的弊端，所以他们对神、气均作了抽象化理解，即把神分为先天元神与后天识神，把气分为先天元气和后天之气，强调前者而贬低后者。哪怕是对性与命的关系，也是如此。例如，至游子说："性者，命之本也。神

---

① （元）李道纯：《中和集》，上海古籍出版社1989年版，第117页。
② 《藏外道书》第9册，巴蜀书社1992年版，第535页。
③ 同上书，第524页。
④ 王沐：《悟真篇浅解》（外三种），中华书局1990年版，第233页。
⑤ 王沐选编：《道教五派丹法精选》第3集，中医古籍出版社1989年版，第250页。
⑥ 《道藏》第4册，第503页。

者，气之子也。气者，神之母也。"① 在他看来，性与命相比，性更具有本源性的优胜地位。

内丹修炼是从经验到先验的过程，所以，它也不可能完全不谈经验层次的内修要素，所以，内丹学虽然多谈性命，但也不能完全不谈精、气、神。那么，这二者的关系如何理解呢？内丹家们的处理方式同样是引入先天与后天这一对概念。例如，王道渊说："性即神也，命即气也。性命混合，乃先天之体也；神气运化，乃后天之用也。"② 李涵虚《道窍谈》说："后天之道，神气也。先天之道，性命也。"③ 这就是说，性命是先天之道，精、气、神是后天之道。这是一种为了便于理解的方便说法。为了论证修炼从经验到先验的超越提升，道教学者们还有其他不同的说法，例如，张伯端在《金丹四百字·序》中说："精气神者，与天地同其根，与万物同其体。"白玉蟾进一步把精、气、神都区分先天与后天，在《紫清指玄集》中说："人身只有三般物，精、神与气常保全。其精不是交感精，乃是玉皇口中涎。其气即非呼吸气，乃知却是太素烟。其神即非思虑神，可与元始相比肩……岂知此精此神气，根于父母未生前。三者未尝相返离，结成一块大无边。"④ 这样一来，精有元精与交感精的区分，气有元气与呼吸气的区分，神有元神与思虑神的区分，前者为真，后者为假。虽然如此，但前者要依托后者而存在，所以，内丹修炼不得已要借假修真。

第五，性命的先天与后天。

与精气神要分先天后天一样，性命也被分为先天和后天。上文提及，张伯端把性区分为天地之性与气质之性，天地之性就是先天之性，气质之性就是后天之性。在他之后的内丹家们把命也做了类似的区分。张三丰《大道论》云："气脉静而内蕴元神，则曰真性；神思静而中长元气，则曰真命。"⑤ 刘一明《修真辨难》谓："性有气质之性，有天赋之性；命有分定之命，有道气之命。气质之性，分定之命，后天有形之性命；天赋之性，道气之命，

---

① 《藏外道书》第 8 册，巴蜀书社 1992 年版，第 438 页。
② 《藏外道书》第 7 册，巴蜀书社 1992 年版，第 38 页。
③ 徐兆仁主编：《东方修道文库》，中国人民大学出版社 1990 年版，第 17 页。
④ 盛克琦、果兆辉编校：《南宗仙籍：道教南派内丹修炼典籍汇编》，宗教文化出版社 2014 年版，第 290－291 页。
⑤ 《道藏》第 10 册，第 706 页。

先天无形之性命。"① 在道教看来，由先天精气神所产生出来的性命是先天性命，即由先天元精、元气所产生的命是先天之命，由先天元神所产生的性是先天之性；由后天形气神所产生出来的性命是后天性命，即由后天形气所产生的命是后天之命，由后天之神所产生的性是后天之性。刘一明说："性者，理也，在天为理，赋之于人为性，故名其性曰天性。气者，命也。在天为气，受之于人为命，故名其命曰天命。"② 性命一体，即是理气一体，人天、性命、理气同源同体，天人不二。那么此天人不二、性命合一的状态是永远的吗？果真如此，何须修性修命呢？所以刘一明又说："人生之初，理不离气，气不离理，理气一家，性命一事。因交后天，理气不联，性命各别也。"③ 可见这个性命一家，天人合一的状态是"人生之初"即先天的状态，是人当复归的理想状态。

在道教看来，先天性命由道直接化生而来，它离道更近，更能体现道性，是人生存在的真性、元性、本性，所以先天性命也才是真性命；相反，后天性命是由先天性命派生而来的，而且是先天性命的异化，它们有一种背离先天性命的倾向，其发展甚至会对先天性命产生危害，所以后天性命是假性命。很显然，这里说先后天性命是真假性命只是一种相对的说法，假性命并不是指后天性命是虚假的，是不存在的，而是相对于先天的真性命来说，它们是不确定的，可能是有害的，是要通过人为努力把它由假转化为真。

假性命虽然不是道教所看重的，但它事实上存在，而且是真性命的载体和依托。真性命的获得还离不开它。所以，内丹家不得已提出了借假修真的主张。修炼必须从后天的身心、神气入手。《性命圭旨·性命说》主张："君子修天赋之性，克气质之性；修形气之命，付分定之命。"④ 道教内丹把先天神、气规定为没有生灭的先天真如之灵，将身、心划为有生有灭的后天有形之物，认为人禀受先天虚空灵气形成性，禀受后天天地中和之气形成命："命有身累，则有生死；性受心役，则有去来。有生死，不能至命也；有去来，不能尽性也。"⑤ 身心在后天的环境里，种种不得已的"举动应酬"和过度的"思虑念想"使得性、命受到牵累而很快元气耗尽、生命泯灭。这就是

---

① 徐兆仁主编：《天元丹法》，中国人民大学出版社1990年版，第79页。
② 《藏外道书》第8册，巴蜀书社1992年版，第438页。
③ 同上。
④ 屈丽萍点校：《性命圭旨》，山西人民出版社1988年版，第12页。
⑤ 同上。

道家所称的"顺则生人"的生命过程。因此，必须逆而修炼，借假修真，转假为真，由后天返归先天。《性命圭旨·性命说》主张："贤人之学，存心以养性，修身以立命；圣人之学，尽性而致命。"①

人如何由现实的非理想的状态到达理想状态，是中国传统哲学所关注的核心问题之一。道家关注它，《庄子·缮性》说："及唐虞始为天下，兴治化之流，浇淳散朴，离道以善，险德以行，然后去性而从于心。心与心识知，而不足以定天下，然后附之以文，益之以博。文灭质，博溺心，然后民始惑乱，无以反其性情而复其初。"受道家影响的《管子·内业》说："凡人之生也，必以平正；所以失之，必以喜怒忧患。是故止怒莫若诗，去忧莫若乐，节乐莫若礼，守礼莫若敬，守敬莫若静。内静外敬，能反其性，性将大定。"② 西汉初期成书的《淮南子·精神训》也论述道："所谓真人者，性合乎道也。故有而若无，实而若虚；处其一不知其二，治其内不识其外。明白太素，无为复朴。体内抱神，以游于天地之樊，芒然仿佯于尘垢之外而逍遥于无事之业。"③ 儒家也注意到了这个问题。早自孟子就提出了"尽心知性知天"的主张，到宋代儒家更吸收道、佛的思想精华而提出了"穷理尽性至命"的主张并做了系统深刻的论述。这对此后的道教有深远的影响。《性命圭旨·性命说》宣称："古三教圣人，以性命学开方便门，教人熏修，以脱生死。儒家之教，教人顺性命以还造化，其道公；禅宗之教，教人幻性命以超大觉，其意高；老氏之教，教人修性命以得长生，其旨切。"④ 但是，应该看到儒、道、佛三家对性、命及其关系的看法并不相同。例如，儒家的性主要是指人的道德心性，佛教的性主要指佛性，道教的性则指人的一般心性，也就是整个人的精神意识，即神。儒、道、佛三家对如何尽性至命的路径也有互不相同的看法。儒家主张通过涵养道德品质，由内而外，提升精神境界来实现；佛教通过戒、定、慧三学来实现；道教则主张通过心中的虚、一、静、定来实现，诚如元代金月崖编，黄公望传的内丹著作《纸舟先生全真直指》说："念念相续，专炁致柔，照一灵而不昧，返六用以无依，守一忘一，至虚而静极，静极则性停，性停则命住，命住则丹成，丹成则神变无方矣。

---

① 屈丽萍点校：《性命圭旨》，山西人民出版社1988年版，第11页。
② （战国）管仲撰，梁运华校点：《管子》，辽宁教育出版社1997年版，第141页。
③ 何宁撰：《淮南子集解》，中华书局1998年版，第521页。
④ 屈丽萍点校：《性命圭旨》，山西人民出版社1988年版，第7页。

人之化仙，与物之念坚触忝而变化无有异也。"① 这其实就是通过内丹修炼而得道的功夫。

（二）性、命丹道论

道家、道教探讨性的种种问题，都是为其提出回归与天道、天理相一致的性的操作手段服务的。命是与人的终极归宿有关的概念，也是与性有紧密联系的一个概念。在道家、道教这里，复性只是手段，不是目的，目的是"至命"。

道教"重生""贵生"追求长生不死意味着对生命的重视，自然要考虑生命的意义。如果说外丹道教对此还没有足够的重视的话，那么，随着以个体自修自炼为根本的内丹思想在隋唐时期的产生，命的概念及生命的意义的探讨必定就会受到重视。这种探讨，就内丹修炼而言，必定会向两个方向展开，一个方向是气与命的关系，另一个方向是命与道的关系（生命的意义是其中一项内容）。就气与命的关系而言，吴筠《形神可固论》引《龟甲文》说："故《龟甲经》曰：'我命在我不在天。'不在天者，谓知元气也。"这是说，通过炼气，可以改变人的寿命的极限，延长自己的寿命。这是就形而下层次而言。在形而上层次，道教在隋唐之际或稍前已有气化精，精化神，神因其玄妙灵通而与道相接近的思想。另一方面，形神相须，不即不离的思想在南朝时也已经形成②。所以，内丹修炼思想产生之后，炼形炼气便与心联系起来，如《云笈七签·元气论》说："仙经云：'我命在我。'保精受气，寿无极也。又云：无劳尔形，无摇尔精，归心清静，可以长生，生命之根本，决在此道。"③ 进一步神与心联系起来，出现了用神来解释性，用气来解释命的理论，如《无能子》说："夫性者神也，命者气也，相须于虚无，相生于自然。"④ 所以命一方面来源于自然，另一方面人可以通过炼气返本而延长寿命。道家、道教的本体是道，性与道的关系，前面已经论述过。那么，在命与气的关系被揭示后，命必定要上升到本体论的高度来考察，这就需要弄清命与道的关系。李荣开始明确把命与道联系起来。说："身将神合，命与道同，故云长久。所言不属天地，其行如是，遂与道同。"⑤ 这是说，当形神和

---

① 《道藏》第 4 册，第 382 页。
② 《道藏》第 23 册，第 646 页。
③ （宋）张君房纂辑，蒋力生等校注：《云笈七签》，华夏出版社 1996 年版，第 327 页。
④ 《道藏》第 21 册，第 709 页。
⑤ 《道藏》第 14 册，第 594 页。

合，寿命达到本有的极限时，命就与道等同无间了。

道家、道教对命的理解，含有性命和生命的二重含义。从命乃气之生化的角度着眼，道家、道教的养气延命之说认为通过养气至少可以在一定程度上打破后天气质的局限，尽可能地延长人的寿命。这是就形而下而言。另一方面，在形而上的层次，就所值者而言，命是理的体现。命与理的关系进而可以沟通性和命的关系。

对生命的探讨，是形而下的问题；对性命的探讨，是形而上的问题。道家、道教哲学从二者一体贯通的角度都做了探讨，但重点还是在性、命所涉及的形而上的问题。道家对此已有探讨。《庄子·天地》说："泰初有无，无有无名；一之所起，有一而未形。物得以生，谓之德；未形者有分，且然无间，谓之命；留动而生物，物成生理，谓之形；形体保神，各有仪则，谓之性。"道教哲学比道家更关注实践，因而对这一涉及实践的必要性和可能性的重要问题更关心，探讨也更多。

道教道论经历了道气论、道心论和内丹性命学三个阶段。道气论作为道教道论的第一个形态以"以气解道"为特征，这在汉代就已形成①。唐代之前，道气论一直是道教道论的典型形态。但道气论的盛行在推动道教炼养术发展的同时，也因其局限性而暴露出弊端。这主要表现在道气论大大降低了"道"的形上品味，削弱了"道"的终极超越性，所以它只能在经验层面强化却无法突破道教肉体长生的理念。但肉体长生的目标在道教炼养中从南北朝以来多被证伪。

所以，与道气论同一时代的部分道教学者看到了这一点，提出了道意这一概念，开始把修道与人自己联系起来，由此与气相联系，发展出了神、气这一对范畴。但它是过渡性的，用以说明外丹炼制就已经显得不太适宜，因为它有脱离外丹而靠近内丹的倾向。用来说明与精神境界紧密相关的内丹也显得勉强，因为它只是就事论事，理论抽象程度并不高。沿袭道意这一概念，在佛教心性论的刺激下，隋唐之际道教道论由道气论向道心论转化。《太上老君内观经》《三论元旨》等道经的出现，标志着道心论的确立。道心论有力地促进了道教思潮向心性论方向转化，在哲理思辨方面积极地缩小了与佛教的距离，提高了道教哲学的思辨水平。

但是，应该看到道心论的确立在纠正道气论缺陷的同时却又在根本上解

---

① 郭健：《先性后命与先命后性——道教南北宗内丹学研究》，《宗教学研究》2002年第2期。

构着道教传统的贵生观念，有从特质上消解道教的危险。为此，道教学者不得不把道气论和道心论在道教传统的形神观视野下加以整合。事实上，早在南朝时期，一些富有思维洞察力的道教学者就已开始这一工作了。例如，刘宋时期道士徐氏所撰的《三天内解经》说："天地无人则不立，人无天地则不生。天地无人，譬如人腹中无神，形则不立；有神无形，神则无主。故立之者天，行之者道。人性、命、神同混而为一，故天地人三才成德，为万物之宗。"① 这是把形神与性命两对概念嫁接起来的尝试。稍后萧梁时期的陶弘景则注意吸收儒家的心性思想来丰富自己的学说。在《真诰》中，他依据《中庸》的性命观念来解释"道"。他在引裴清灵《道授》的"见而谓之妙，成而谓之道，用而谓之性。性与道之体，体好至道，道使之然也"时，专门作注说："此说人体自然，与道炁合。所以天命谓性，率性谓道，修道谓性。今以道教，使性成真，则同于道矣。"② 这两位道教学者都是以道为基点来会通儒佛，建立道教自己的心性学说。唐代，重玄哲学对道教本体论的挖掘不遗余力且成果丰硕，道心论得以完全确立，唐代中期之后，外丹的弊端充分暴露，道教思潮开始向心性功夫论转化，内丹的酝酿开始结出果实。在这过程中，性命逐渐取代形、神、气等概念的主流地位，开始凸显出它的价值和重要性。

这种把神、气与性命相贯通的论述，可以《太上老君内观经》为代表。它说：

> 从道受分，谓之命；自一禀形，谓之性。所以任物，谓之心。心有所忆，谓之意。意之所出，谓之志。事无不知，谓之智。智周万物，谓之慧。动而营身，谓之魂。静而镇形，谓之魄。流行骨肉，谓之血。保神养气，谓之精。气清而驶，谓之荣。气浊而迟，谓之卫。总括百神，谓之身。万象备见，谓之形。块然有阂，谓之质。状貌可则谓之体，大小有分谓之躯。众思不测，谓之神。邈然应化，谓之灵。气来入身，谓之生。神去于身，谓之死。所以通生，谓之道。道者，有而无形，无而有情，变化不测，通神群生。在人之身，则为神明，所谓心也。所以教人修道，则修心也。教人修心，则修道也。道不可见，因生而明之。生

---

① 《道藏要籍选刊》第 8 册，上海古籍出版社 1989 年版，第 385 页。
② 《道藏》第 20 册，第 516 页。

不可常，用道以守之。若生亡则道废，道废则生亡。生道合一，则长生不死，羽化神仙。人不能长保者，以其不能内观于心故也。内观不遗，生道长存。①

此外，它还有"性命合道，人当爱之"②之说。从这里可以看出，"性命"和"神气"具有可通约性，"性命"侧重于内修的本体论层面，"神气"侧重于内修的功夫论层面，尽管名称不同，但都是指内修的要素。"性命""神气"与"道"在学理上的关系的打通，不仅使道教修真理论以逻辑严密的性命学的形式表现出来，而且在内容上继承并升华了道教传统的神气运炼思想，使道教内炼体系达到了前所未有的高度③。具体说来，性命这一对范畴终于凸显出来，既可以说明外丹，也可以说明内丹，并可以体用、本迹等范畴与本源论和本体论沟通，有很高的理论概括力。但神气的范畴并没有消失，神成为沟通道与性的中介范畴，气成为沟通道与命的中介范畴。道与气，从本体论和本源论两个角度，把性命联系起来了。就本源论而言，《云笈七签·元气论》把气与性和命都联系起来了。它说："夫情信性命，禀自元气。性则同包，命则异类。性不可离于元气，命随类而化生。"④ 这里指出了性和命都共同来源于元气，但性是人、物均相同的，命则随物类的不同而不同，并体现在物类的生存历程中。这是力图从元气的形而上的高度来看待性命关系。但形而下的人在后天实践中性、命的关系如何，它没有讲到。晚唐崔希范的《入药镜》既是就本体论而言，又弥补了这一点。它说："是性命，非神气。水乡铅，只一味。"王道渊解释说："性即神也，命即气也。性命混合，乃先天之体也。神气运化，乃后天之用也。故曰是性命，非神气。"⑤ 联系《入药镜》所说的"先天炁，后天气，得之者，常似醉"来看，意思是说当神气在先天意义上使用时，性命即是神气；在后天意义上使用时，则性命不是神气。性与道相联系，是人的生命产生、存在的依据和运动变化所须遵循的规律，命与气相联系，是人的生命的产生者，是维持人的生命的存在和运动变化的实体，所以杜光庭说："人生天地之间，各成其性……夫性者，命之源，命

---

① 《道藏》第22册，第128页。
② 同上。
③ 孙功进：《道教内丹学"先命后性"与"先性后命"再辩》，《西南科技大学学报》（哲学社会科学版），2010年第4期。
④ （宋）张君房纂辑，蒋力生等校注：《云笈七签》，华夏出版社1996年版，第325页。
⑤ 洪丕谟编：《道藏气功要籍》（上），上海书店1991年版，第78页。

者，生之根，勉而修之，勤而炼之。所以营生以养其性，守神以养其命。"①这里既谈了先天的性命，又谈了后天的实践。《阴符经》原文中说："性有巧拙，可以伏藏。"这里的性，应该说也是就先天和后天两个角度而言的。李筌注释的《阴符经·序》说得更加明白："所谓命者，性也。性能命通。""性能命通"中的"性"，是后天之性，即气质之性，"命"也是就后天的修炼实践而言的。可见，道教与道家一样，仍然是以个体的人为本位，但它是站在先天的宇宙本体的高度，从普遍性、抽象性出发，以回归本源和本体为旨归，把先天的普遍性和抽象性作为最高理想，以道和气的双向来论述现实中个体的人性与生命的关系，并力图为回返本源和本体设计出一套切实可行的操作方案。唐末五代道士施肩吾在《西山群仙会真记》中说："从道受生谓之性，自一禀形谓之命，所以任物谓之心，心有所忆谓之意，意有所思谓之志，事无不周谓之智，智周万物谓之虑……气来入身谓之生，气去于形谓之死，所以通生谓之道。道者有而无形，无而有精。"②这已把后天修炼所涉及的各方面都联系起来了。《钟吕传道集》《入药镜》《灵宝毕法》等等，对性命问题的探讨几乎已经达到系统精深的程度。张伯端则起到了集大成的作用，明确把道教标榜为性命之学，主张心、性、命圆通。他所说的"虚心""凝神"相当于修性，"实腹""采药"相当于修命。张伯端的再传弟子白玉蟾则明确地说性即神，命即气。白玉蟾的再传弟子李道纯进一步发挥说："天性者，先天至神一灵之谓也。命者，先天至精一气之谓也。精神，性命之根也。性之造化系乎心，命之造化系乎身。"③道教还主张，通过修炼，实现性命和合，就可以得道，即所谓"性命打成一片为丹成。"④丹也就是道的化身。

在唐代末年五代后，道教钟吕金丹派内丹术兴起之后，他们把性与命做了区分，主张"神是性兮，气是命"，提倡性命双修。但他们的主张实际上是性命合一即道，即以心为性，以气为命，道具体体现在人身上，就是性命合一的统一体。《悟真篇》所说的"人人本有长生药""此般至宝家家有"的"长生药""至宝"指的就是道。当然，道教学者们也指出，道在人身上的存在是潜藏而不发的，要让它由潜变显，就必须修炼内丹。为此，他们指

---

① 《道藏》第18册，第572页。
② 《道藏》第4册，第429页。
③ 《道藏》第6册，第52页。
④ 同上书，第28页。

出，与先天之道有紧密关系的性与命早已潜藏于身中了。例如，《大丹直指》说："金丹之秘在于一性一命而已。性者，天也，常潜于顶。命者，地也，常潜于脐。顶者，性根也。脐者，命蒂也。一根一蒂，天地之元也，祖也。"① 所以，内丹修炼的重要阶段就是在顶和脐之间实现性命的交融，此即周天功的实质。接着是复性，如伍冲虚说："皆是本性而成仙，能复真性者即是仙也。"② 这里的复性即是结丹。进而是还命，即炼虚得道的功夫。道教所理解的命通常指"命体"，即人物之体，也就是人、物的元气，而且与个体的寿命紧密相关，指向其长生不死的终极目标。肉体有形质，属于经验层次，自然不可能永恒长存。只有具有虚、无属性，存在于形而上层次的道，才能永恒存在。所以，晚唐以来，道教的主流思想对长生不死的理解，就是精神不死而非过去的肉体不死了。清代内丹家黄裳主张，内丹修炼以"性命合一"还于虚无之体为最高境界。这种境界并不是肉体永存，而是精神不灭："至若凡身脱化，真灵飞升，亦犹凡人之死。但凡人之死，死则神散，而圣人之死，死犹神完。形虽死而神如生，乌得不与天地同寿耶！"③ 这说明黄裳的内丹思想是向《老子》"死而不亡者寿"思想的复归。

性、命的关系，在形而上的层次，实即探讨道、性与命的关系。总之，道教哲学认为，从形而上的角度来看，道、性、命三者实为一，从形而下来说，三者又各有区别。后天的修炼，就是要努力使得三者本源上的等同，重新实现本体上的合一。

从哲理上说，命就本源而言有客观必然性。由本源出发，以气生化出形体之生命，就是这种客观必然性得以贯彻的表现。在这个生命产生的过程中，道（理）已经作为这种客观必然性的化身（具体内容）在起作用了。某一个具体生命所呈现出的所有特性的集合，就是性。但这是后天之性，即气质之性。与此对应，先天之性也就是天地之性，在内涵上就是道。气质之性所依附于其间的形体的存在状态，如时间上的长短、与天地之性吻合的程度，就是命。这个命，也是就后天而言。从命的角度来看，还存在着与后天之命相对应的先天之命。就人而言，人一旦出生，就已经处于后天状态，所以要以后天之性为着手的前提和基础，操作好后天之命，使之回归到最理想的状态，

---

① 《道藏》第4册，第402页。
② 《藏外道书》第9册，巴蜀书社1992年版，第779页。
③ 《藏外道书》第22册，巴蜀书社1994年版，第39页。

即先天之命。当后天之命尽其所能回归到先天之命时，也就意味着气质之性尽而复还天地之性。在这个意义上说，复性也就是复命。就先天状态而言，道、性、命三者在内涵上是完全等同的，都是同一对象从不同角度进行指称的符号。

宋代以来，性命学说是儒、道、佛三家都极尽渲染之能事的话题。所以，性命学说成为揭示三者异同关系和宣传三教融合的入手处之一。例如，在性命关系上，儒家和道家、道教的相通相同之处，张伯端早就看到了。《悟真篇·自序》说："老释以性命学开方便门，教人修种，以逃生死……其次《周易》有穷理尽性至命之辞，鲁语有毋意必我之说，此又仲尼极臻乎性命之奥也……至于庄子推穷物累逍遥之性，孟子养浩然之气，皆切几之。"确实，禅宗讲"明心见性"，张伯端讲"全性养命"，周敦颐则讲"复性明理"。心理上追求清静虚明，无私无虑，生活上追求自然恬淡，少私寡欲，养气守神是儒释道三家都一致的。总之，正如《悟真篇·自序》所说："教虽分三，道乃归一。"① 所以他直截了当地宣称"三教合一"。由此可以看出性命学说在中国传统哲学史上的重要地位。

（三）性命功夫论

上述内容是性命学说的理论层面。道教以得道成仙这一具体、实在的目标为终极信仰，具有很强的功利性。这决定了它特别重视实践。所以，对性命学说，它也发展出了功夫论，主要是性命双修、性命轻重、指导原则、性命先后等四个方面。

1. 性命双修。

性命双修从唐末宋初开始逐渐成为一条重要的基本修道原则。

既然性、命同为生命要素、不可分离、缺一不可，相互间有着紧密的联系。那么内丹修炼就不能只偏于一隅，必然性命双修，不可舍弃其中任何一方。张伯端明确反对只修命不修性的做法。他在《悟真篇·序》中讥笑那种离开心而认精气为铅汞的做法是"认他物为己物，呼别姓为新儿"，在《悟真篇拾遗·禅宗歌颂诗曲杂言》中明确反对只修金丹的做法："此恐学道之人不通性理，独修金丹。如此，既性命之道未修，则运心不谱，物我难齐，又焉能究竟圆通，迥超三界？"② 在《玉清金笥青华秘文金宝内炼丹诀·采取

---

① 王沐：《悟真篇浅解》（外三种），中华书局1990年版，第1-2页。

② 《道藏》第2册，第1030页。

图论》中，他认为，金丹只是命功，性功得从心地上下功夫："心者，万化枢纽，必须忘之而始觅之……但于忘中生一觅意，即真心也。恍惚之中始见真心，真心既见，就此真心生一真意，加以反光内照，庶百窍备陈，元精吐华。要在乎无中生有，有中生无。到这境界，并真心忘而弃之。"① 这一点在钟、吕内丹功法中没有重视，却恰好是陈抟的"复归无极"所强调的。论述金丹派南宗内丹功法的《丹经极论》中有一段话，可以视为对性命双修的注释。它说：

> 夫变化之道，性自无中而有，必藉命为体；命自有中而无，必以性为用。性因情乱，命逐色衰，命盛则神全而性昌，命衰则性弱而神昏。夫性者，道也、神也、用也、静也，阳中之阴也；命者，生也、（气也）、体也、动也，阴中之阳也。斯二者相需，一不可缺，孤阳不立，孤阴不成，体用双全，方为妙道。②

这是把命与性的关系理解为器与道、阴与阳、体与用、静与动的关系。

全真道亦持此说。他们认为，性、命不可分离，是人生命之本的两个方面。从这种见解出发，全真道积极提倡将类似于禅宗的"明心见性"功夫与炼化精气神以结丹成仙的炼命功夫结合起来。在《钟吕传道集》中，钟离权指出，上丹田为藏神之所，下丹田为藏精之所，中丹田为藏气之所，而炼精可以化气，气生于下丹田，而且性为神、气为命，性常存于上丹田，命常潜于下丹田。《大丹直指》继承了钟离权这一思想："性者，天也，常潜于顶；命者，地也，常潜于脐。顶者，性根也；脐者，命蒂也。一根一蒂，天地之元也、祖也。"③ 从后天来讲性命之所在，性潜于顶，而命藏于脐，既然如此，修性养命之功，要靠修炼"顶中之性"与"脐中之命"来完成，由此，《大丹直指》提出了自己独特的内丹修炼之法，即"昼炼命、夜炼性"之法："但每日天明至黄昏为昼时，自昏至五更煞点时为夜时。不拘行住坐卧，但昼时则行命蒂脐中之道，夜则行性根顶门之道。无早无晚，不饥不饱之时，常行之。"④ 从丘处机所提出的这种炼养性命的方法来看，在性命关系上，他

---

① 王沐：《悟真篇浅解》（外三种），中华书局1990年版，第238页。
② 洪丕谟编：《道藏气功要集》（上），上海书店1991年版，第319页。
③ 《道藏》第4册，第402页。
④ 同上。

是赞成"性命双修"的。这就是宋代以后道教心性之学向实践层次转化的功夫论的重要内容——性命双修的宗旨。这一点的揭示意味着道教心性论体系已经完全成熟。明清之后，道教在心性论领域大体上只是守成，虽略有开拓，但成果有限。

无论是修性还是修命，充当修炼者主体的都是心。当修炼者的心注重的修炼对象是精或气，即命体时，此时的修炼就是修命。当修炼者的心注重的修炼对象是神或虚，即性体时，此时的修炼就是修性。这就是说，炼精、气就是修命，炼心、神就是修性。精、气、神互炼，就是性命双修。如此看来，在修炼的任一阶段，性与命都不能截然分开。张伯端的后学、号称内丹中派丹法之祖的元代高道李道纯，在其《中和集》卷四《性命论》中对道教内丹学性命双修论作了堪称经典的概括。他说：

> 性无命不立，命无性不存。其名虽二，其理一也。嗟乎！今之学徒，缁流道子，以性命为二，各执一边，互相是非，殊不知孤阴寡阳皆不能成全大事。修命者不明其性，宁逃劫运？见性者不知其命，末后何归？仙师云："炼金丹，不达性，此是修行第一病。只修真性不修丹，万劫阴灵难入圣。"诚哉言欤。高上之士，性命兼达。先持戒、定、慧而虚其心，后炼精、气、神而保其身。身安泰则命基永固，心虚澄则性本圆明。性圆明，则无来无去，命永固则无死无生。至于混成圆顿，直入无为，性命双全，形神俱妙也。虽然，却不可谓性命本二，亦不可做一件说，本一而用二也。①

这里，李道纯受全真北宗的影响，把吕洞宾《敲爻歌》中的"只修性，不修命，此是修行第一病。只修祖性不修丹，万劫阴灵难入圣"改为"炼金丹，不达性，此是修行第一病。只修真性不修丹，万劫阴灵难入圣"，以彰显北宗先性后命的宗旨，但他对性命双修内涵的理解确实非常深刻。

2. 性命轻重。

性命功夫论的另一个方面是性功与命功孰轻孰重。首先探讨这个问题的是张伯端。就性功和命功修炼的作用来看，他更加看重性功。在他看来这是因为：第一，心性修炼是修道的更高层次。《悟真篇·西江月又一首》说：

---

① 《道藏》第4册，第503页。

"丹是色身至宝，炼成变化无穷。更能性上究真宗，决了无生妙用。"只有通过修性才能进一步还虚得道。第二，作为修炼的下手功夫的止念入静，既是命功修炼的入手功夫，也是性功的修心之本。张伯端在《悟真篇·提要七条》中强调，要把修心炼性贯穿到整个炼丹过程中，即把"外静内澄，一念归中，万缘放下"的"凝神定息丹法""始终用之"。《玉清金笥青华秘文金宝内炼丹诀·下手功夫》说静坐修炼要先行"抑息之道"，"抑息千万不可动心"。心动之后就会去追逐气息而扰乱修炼。只有心静无事，才能做到心息相依，神凝息定，心、神融于精气之中，耳、目之形与心两相忘，元性彰露而元气产生。第三，心性功夫直接影响着火候的把握。内丹修炼的火候把握是以神为体，以意为用，这要求修炼者有很强的心性调控能力。《悟真篇·西江月》第三说："要假修成九转，先须炼己持心。依时采取定浮沉，进火仍防危甚。"《玉清金笥青华秘文金宝内炼丹诀·总论金丹之要》也说："金丹之道，始然（疑为'终'字误——引者注）以神而用精气也。故曰神为重。"第四，心性中的品德修养是排除魔障，保证修炼顺利进行的重要条件。《悟真篇·七言绝句》第五十六说："大道修之有易难，也知由我也由天。若非积行于阴德，动有群魔作障缘。""由天"指先天的条件和外在的机遇。"由我"指个人的主观状况和修炼上的努力。"德行修逾八百，阴功积满三千，均齐物我与亲冤，始合神仙本愿。"[1]有很高的道德修养水平，有良好的心理素质，妥善地处理好内外物我各个方面的关系，确实是修道成仙的重要条件。第五，心性修炼对巩固修道的成果有直接的意义。张伯端在《悟真篇·后序》中说，人们都因为妄情而执着于自己的生命，这就不可避免地会遭遇祸患，如果不执着于一己之身，祸患又从何有呢？但是，"世人根性迷钝，执其有身而恶死悦生，故卒难了悟。黄老悲其贪著，乃以修生之术顺其所欲，渐次导之，以修生之要在金丹"[2]。实际上，仅仅修金丹是不够的，还要把对生死的执着破除，才能真正得"无为妙觉之道"。从上述性功的重要性出发，张伯端强调，在整个修炼过程中，必须以本源真觉之性为统帅，通过明心见性来体认形而上之道。道既作为性理存在于修炼过程中并指导修炼的进行，也作为修炼的目标指引着修炼的方向。到最后的阶段，金丹与道合二为一，金丹就是道。从这个意义上说，张伯端显然在性与命孰轻孰重的问

---

[1] 王沐：《悟真篇浅解》，中华书局1990年版，第155页。
[2] 同上书，第175页。

题上主张性重于命①。

如果说金丹派南宗主张在修炼的初期重命轻性，在后期重性轻命的话，则全真道就比较明显地主张重性轻命。丘处机早年和中年多讲性命双修，晚年则多讲性功修炼法，主张"学人但能回光"，"此光即元始威音也"②。光者即性，回光即复性，回光之法即炼性之法，其关键在于两目。丘处机论述说："自两目外皆死物也，一目中，元精、元气、元神皆在，可不重欤？"③ 这种方法以专意眉心代替了精、气、神的修炼，具有明显的以性代命的致思倾向。《太乙金华宗旨》提出"注想天心"、守"玄关一窍"的修炼方法，便是对丘处机这一修炼方法的继承与发展，但与丘处机主张"性命双修"不同，《太乙金华宗旨》以"直提性功，不落第二法门"④ 为宗旨，完全抛弃丘处机"昼行命蒂"之法，充分表现了丹道理论由"性命双修"到"重性轻命"，再到"只言性学"的发展理路⑤。

3. 性命修炼的指导原则。

命功与性功各自修炼的内容不同，修炼的指导原则也不同。张伯端说："一粒金丹吞入腹，始知我命不由天。但见无为为妙道，不知有为作根基。"道教历来强调无为，丹鼎派，包括晚唐以来的内丹学派则多谈有为，这就遇到了怎样处理无为和有为的关系问题。张伯端根据内丹修炼的特点提出了自己的观点。按照他的看法，在命功阶段是有为，在性功阶段才是无为。或者说，要以有为为无为奠定坚实的基础。由于命功修炼耗时长，见效慢，所以张伯端在这一阶段更强调积极有为。他在《悟真篇·自序》中说："复阳生之气，剥阴杀之形，节气既周，脱胎神化，名题仙籍，位号真人，此乃大丈夫功成名遂之时也。"⑥ 在"复阳生之气，剥阴杀之形"的阶段，属于逆水行舟，必须加倍用力，积极有为，修炼才能积累功效。到了"节气既周，脱胎神化"即结丹靠岸的阶段，当然就只需默默温养，用无为之功。这就是说，有为是命功修炼的指导原则，无为是性功修炼的指导原则。

---

① 孔令宏：《道教新探》，中华书局2011年版，第202－203页。
② 《藏外道书》第11册，巴蜀书社1992年版，第286页。
③ 同上。
④ 王魁溥：《纯阳吕祖功理功法诠释·太乙金华宗旨今译》，外文出版社1994年版，第57页。
⑤ 赵卫东：《全真性命论及其哲学义蕴》，《山东师范大学学报》（人文社会科学版），2003年第3期。
⑥ 王沐：《悟真篇浅解》（外三种），中华书局1990年版，第3页。

此外，内丹家们还提出，性功修炼要以"以道全神"为指导原则，命功修炼要以"以术延形"为指导原则。《存神固气论》主张："自古修性命者，莫不由大药而获度世也。然知性而不知命，则执空而无变化。故钟离先生云：只修真性不修丹，久后多应变化难。知命而不知性，则形气无宰。故茅真君曰：但明行气王，便是得仙人。则知性与命独修则不成。欲修性者，必以道全其神；欲修命者，必以术延其形。道术相符，则性命会合矣！故《太平经》云：神以道全，形以术延，以可证也。"[1] 性与命都重要，如果只知性而不知命，或知命而不知性，性命各别，阴阳不和，生机有息，大道难成。修命是以术延长寿命，化后天而复先天，是长生之道；修性之学，以道全形，破虚空超三界，是无生之道。性命双修，道法两用，内外相济，既得长生，又能无生，形神俱妙，了命了性，与道合真，不生不灭，这才是终极境界。

4. 修炼性命的先后顺序。

首先探讨性命修炼先后顺序的学者是张伯端。他在《玉清金笥青华秘文金宝内炼丹诀·直泄天机图论》中说："先就有形之中，寻无形之中，乃因命而见性也。就无形之中，寻有形之中，乃因性而见命也。先性故难，先命则有下手之处。譬之万里虽远，有路可通。先性则如水中捞月，然及其成功同也，未容轻议。"[2] 这是他先命后性思想的集中体现，也是他传道、修丹的实践经验的总结，说明性与命是你中有我、我中有你，两者互渗互含和互相作用的关系。因此，张伯端认为"先性后命""先命后性"两种方法都可以达到最后"性命双修"的终极目标。如果不考虑下手的先后次序，只就最终的成果来说，那么两种方式都同样可得道。这两种方式都既有优点，但如使用不当，也都不能得道。对这两种方式中的任何一种，都不可妄加菲薄。他在《悟真篇·自序》中说："释氏以空寂为宗，若顿悟圆通，则直超彼岸。如有习漏未尽，则尚徇于有生。老氏以炼养为真，若得其要枢，则立跻圣位；如其未明本性，则犹滞于幻形。"[3] 在此，他对佛教的"顿悟圆通"之法作了肯定，而顿悟圆通在道教丹法中相当于性功的觉悟，觉悟之后再进一步修炼至"漏尽通"，这相当于先性后命。通过"炼养为真"而渐次"得其要枢""明于本性"，相当于"先命后性"。这两种途径都能够让修炼者"直超彼

---

[1] 《道藏》第10册，第706页。
[2] 王沐：《悟真篇浅解》（外三种），中华书局1990年版，第243页。
[3] 同上书，第1页。

岸"或者"立跻圣位"。当然，若顿悟而习漏未尽或炼养而未明本性，都不可能达到性命双修的圆满境界。

清代内丹家刘一明继承了金丹派南宗先命后性的修炼方法，指出："古真云：性命必须双修，功夫还要两段。盖金丹之道，一修命一修性之道。修命之道，有作之道；修性之道，无为之道。有作之道，以术延命也；无为之道，以道全形也。故金丹之道，必先有为，于后天中返先天，还我本来命宝；命宝到手，主宰由我，不为造化所移，于是抱元守一，行无为之道，以了真空本性，直超最上一乘之妙道矣。"①

全真道的做法与金丹派南宗正好相反，主张先性后命。有全真学统的李道纯在《中和集》里说："高上之士，性命兼达。先持戒定慧而虚其心，后炼精气神而保其身。身安泰则命基永固，心虚澄则性本圆明。性圆明则无来无去，命永固则无死无生。至于混成圆顿，直入无为，性命双全，形神俱妙也。"②"先性后命"在明清之际由北宗所衍变的众多内丹流派中普遍存在，其中尤以清康熙年间问世的《太乙金华宗旨》对"先性后命"阐述最详，其法以守眉间祖窍而见"性光"为核心，是标准的以性引命之道③。闵一得同样是在坚持性命双修基本原则的前提下主张先性后命的修炼顺序，说："命无性不灵，性无命不呈，谓必性命双修也。据我见，修得一分性，保得一分命。盖以性命两字不可分也。实以有时偏乎性而命在其中，偏乎命而性在其中，有如形影然，得可分乎？第凡修道，先一我志，性功之始基也；惜身如命，命功之始基也。从而进之，止念除妄，性功也；调息住息，运行升降，命功也。"④ 在修炼次序上，黄裳主张先性后命。他说："先得性真，继加命学。"⑤"始以性立命，继以命了性，终则性命合一，以还虚无之体。"⑥ 其理由是若"人性学未至，一片私心所炼之精气神皆是后天污浊之物，不惟无益，且必邪火焚身"⑦。因此，修道之士必须先将心地打扫干净，然后才能按命功口诀次第展开。

---

① （清）刘一明著，羽者等点校：《道书十二种》，书目文献出版社1996年版，第155－156页。
② （元）李道纯：《中和集》，上海古籍出版社1989年版，第117－118页。
③ 曾传辉：《黄庭经今译·太乙金华宗旨今译》，中国社会科学出版社1996版，第195－198页。
④ 《藏外道书》第10册，巴蜀书社1992年版，第346页。
⑤ （清）黄裳：《乐育堂语录》，上海古籍出版社1990年版，第249页。
⑥ 《藏外道书》第25册，巴蜀书社1992年版，第702页。
⑦ （清）黄裳：《乐育堂语录》，上海古籍出版社1990年版，第211页。

研究者们通常认为，内丹两大派金丹派南宗和全真道的修炼理论有共同之处，都主张不能单修性或修命，而要性命双修，形神俱妙。但在具体修炼顺序上正好相反，金丹派南宗主张先命后性，以修命为主，全真道则主张先性后命，以修性为主。其实，先性后命与先命后性的争论往往是错位对话的结果。因为先性后命的"性"与先命后性的"性"的内涵并不完全相同。张伯端所强调的先命后性里的"性"是包含命功的性命合一的"性"，是大彻大悟的性命双圆的"性"。修命是以"心"修"精气"之"命"，命功阶段的"炼精化炁"同样要进入虚极静笃的状态才能完成。可见，命功修炼必须具备一定的心理条件。广义的"性功"包括一切心理意识的修炼①，就此而言，可以认为在张伯端所谓的命功之前事实上也有"性功"的修炼，只不过这里的"性"不是大彻大悟、性命双圆之"性"，而是一般泛指的"性"，相当于先性后命中的"见性"之性。虽然不能说先性后命里的"性"和先命后性里命功的"炼己"完全相同，但就都是命功修炼的心理条件来说，二者确有相通之处。只不过"见性"吸收了禅家"明心见性"的顿悟之法，比一般"炼己"要高明、彻底，但却比先命后性的圆通之"性"差了一层。《乐育堂语录》说："始以性立命，继以命了性，终则性命合一，以还虚无之体。"② 这可以看作是对先性后命与先命后性所做的整合，充分彰显了两种修炼道路异曲同工的关系。

更深一层来看，有研究者指出，"先命后性"和"先性后命"依据谈论的语境不同各有两层含义。首先，"先命后性"是指从"命功"到"性功"的内丹修炼过程，"先性后命"在于强调修"后天性"在内丹修炼论中的基础地位，这是"先命后性"和"先性后命"的一个基本含义；其次，更为重要的是"先命后性"和"先性后命"还分别对应着"先天性命"修炼的两种入手方式，即"由命而性""以命制性"和"由性而命""以性制命"的不同，这才是南北宗丹法的差异所在③。

虽然如此，但由于内丹本质上是一门实践的学问，所以，对性命关系的处理，必然根据修炼者的实际情况和修炼的进程灵活处理。张伯端在《玉清金笥青华秘文金宝内炼丹诀·蟾光论》中说："方其始也，以命而取性，性

---

① 戈国龙：《道教内丹学探微》，巴蜀书社2001年版，第100页。
② 《藏外道书》第25册，巴蜀书社1994年版，第702页。
③ 孙功进：《道教内丹学"先命后性"与"先性后命"再辩》，《西南科技大学学报》（哲学社会科学版），2010年第4期。

全矣，又以性安命，此是性命天机括处，所谓性命双修者，此之谓也。"① 之所以要"先命后性"，《悟真篇·自序》的解释是因为："命之不存，性将焉存？"② 命是性的载体，没有命作为坚实的基础，性也难以存在。从内丹修炼的实际来说，修炼是要具备一定的条件的。一般来说是越早开始修炼越好，但内丹事实上是一种主要适合知识阶层的修炼方式，没有一定的知识素养，很难自觉地研究、修炼内丹，而且要求修炼者勘破世情，淡泊名利。要做到这两点，年龄不达到其至超过中年几乎是不可能的。但中年以后，人的身体已经开始逐渐衰颓，已经达不到内丹修炼所需要的精足、气满、神旺的基本要求。这样，只能先通过命功补全亏虚。正是在这个意义上，《悟真篇·七言绝句》第十说："虚心实腹义俱深，只为虚心要识心，不若炼铅先实腹，且教守取满堂金。"③ 从实践经验来看，能够满足内丹修炼的基本要求，适合走先性后命路子的人极少，而且操作起来比较困难。先命后性则比较朴实，可以一步一个脚印地逐渐达到最高境界。在张伯端看来，先修性功未尝不行，但容易落空而收不到实效。这也是他的思想与禅宗有渊源关系却不同于禅宗的表现之一。他针对受禅宗影响的人容易忽略修命的倾向强调说："始于有作人难见，及至无为众始知；但见无为为要妙，岂知有作是根基。"④ 必须进行"有作"的命功修炼，补炼元精，打好基础后，才能进行"无为"的性功修炼，"以命取性"。质言之，性命必须双修。但强调性命双修并不等于时时刻刻都把二者同等看待，必须区分具体情况。一般而言，在修炼的早期，应该以命功为主，为后面的修炼奠定坚实的基础，再逐渐转向以性功为主。他用"有作""实腹"代指命功，用"虚心""无为"代指性功，先命后性，以术证道。

总之，"性命""神气"和"道"在理论上的贯通，"性命"的先天、后天划分以及性命功夫论，确立了内丹性命理论及功夫境界的自足性、系统性，在中国古代哲学乃至世界哲学中都具有独具一格的特色，有重要的学理价值和崇高的历史地位。

---

① 王沐：《悟真篇浅解》（外三种），中华书局1990年版，第245页。
② 同上书，第1页。
③ 同上书，第45页。
④ 同上书，第263页。

第六章
道教的伦理哲学

第一节 "道""德"关系论

现代汉语在伦理意义上的道德概念来自于道家和道教。在道家和道教中，"道""德"是两个不同的范畴。道家把道与德作为哲学范畴始于老子。

关于道，老子以它为天地万物和人由此产生的最初源头，同时是万事万物赖以存在的最根本的依据，即道既是宇宙发生论的本源，也是本体论的本体。对于德，老子没有专门给出定义，但有一些描述，如《老子》第五十五章说："含德之厚者，比于赤子。青虫不螫，猛兽不据，攫鸟不博，骨弱筋柔而握固。未知牝牡之合而朘作，精之至也。终日号而不嗄，和之至也。"由此看来，德因其自然无为，与客观规律同一，所以是事物完美纯和的内在本质。"德"的增大提高是一个自然而然的过程，无须勉强。《老子》第五十四章说："修之于身，其德乃真；修之于家，其德乃余；修之于乡，其德乃长；修之于国，其德乃丰；修之于天下，其德乃普。"老子进而依据无为与有为把德分为上德与下德，《老子》第十八章说："上德不德，是以有德；下德不德，是以无德。上德无为而无以为也。上仁为之而无以为也。上义为之，而有以为也。上之而莫之应也，则攘臂而乃（扔）之。故失道而后德，失德而后仁，失仁而后义，失义而后礼。夫礼者，忠信之薄，而乱之首也。""上德"亦称为"玄德"。上德之人即悟道（认识了事物的一般规律）之人，他听顺自然，不用德去表现自己，所以能真正地拥有德；相反，下德之人，因未循道、体道而力图借德去表现自己，恰恰反映了他的无德。"上德"之人无为而因任自然，并无主观动机，"上仁"之人则等而次之，要靠人为去体现仁。"上义"之人又次之，其所施为，带有明确的功利目标。至于"上礼"则是一种明显的虚伪表演，故"人莫之应"而不遵循。礼是忠信等行为规范败坏以后不得已再加上的一种规范，是违反道德的一种虚伪，因而是祸乱社会的首恶。在儒家那里，礼与仁相为表里，是德的核心内容，而老子却以礼违反客观的自然规律而做了完全相反的道德评价。关于道与德的关系，老子有"道生之，德畜之"，"孔德之容，惟道是从"等语。老子以道为天地万物的本体，以德为道的功用，是道的功能的体现。或者说，德是道的外化，是道的本质的体现。老子主张"德"与"道"要无隙无间，后天的现实社会人生中的"德"必须是合乎人类的自然本性的"德"。

庄子对德的内涵的论述比老子有所发展。关于德，他强调了老子所说的赤子之和，说："夫德，和也。""德"是众美之和，或称为"天和"，是宇宙的一种完美、精纯、和谐的品质，"德者，成和之修也"①。庄子还就具体事物而探讨"德"，在这个意义上，"德"是指具体事物的本质属性。形形色色各有差异的事物，均因独特的"德"而成其为独特的自己。物如此，人亦然，林林总总，因德性不同而千差万别。《庄子·盗跖》说："凡天下有三德。"《庄子·天运》说："行之以五德，应之以自然。"《庄子·列御寇》说："凶德有五。"这都是就"德"之差别言。《庄子·人间世》说："有人如此，其德天杀，与之为无方，则危吾国，与之为人方，则危吾身。"这是言其人之德恶，"虚无恬淡，寂寞无为"，"原于人而成于天"，这是言其人"合天德"，具备了"帝王天子之德"。"火弗能热，水弗能溺，寒暑弗能害，禽兽不能贼"，以其能"察乎安危，宁于祸福，谨于去就"，被称为"至德"。应该指出，《庄子》有时也在儒家的语义上使用"德"的范畴，但毫无疑义，其非仁义而言"德"是主流的一面，不可不察。

庄子对道与德关系的论述也比老子有所发展。他的主要论述如下：

> 通于天地者，德也；行于万物者，道也……形非道不生，生非德不明。存形穷生，立德明道，非至德者邪？②

---

① 《庄子义集校》，中华书局2009年版，第107页。
② 同上书，第231页。

君原于德而成于天。故曰玄古之君天下，天德而已矣……故通于天者，道也；顺于地者，德也；行于万物者，义也；上治人者，事也；能有所艺者，技也。技兼于事，事兼于义，义兼于德，德兼于道，道兼于天……无为为之之谓天，无为言之之谓德。①

澹然无极而众美从之，此天地之道，圣人之德也。故曰：夫恬淡寂寞虚无无为，此天地之本而道德之质也，故圣人休焉。休则平易矣，平易则恬淡矣。平易恬淡，则忧患不能入，邪气不能袭，故其德全而神不亏……虚无恬淡，乃合天德，故曰：悲乐者，德之邪；喜怒者，道之过；好恶者，心之失。故心不忧乐，德之至也。②

毁道德以为仁义，圣人之过也。③

纵观《庄子》论道与德，可以概括出如下主要观点：其一，从"德兼于道，道兼于天"，"德在乎天"，"无为为之之谓天，无为言之之谓德"等语可知，"德"因于"道"，是道的体现。故《庄子》多有道德、天德、玄德、至德等语。其二，"道"是"德"的归宿。《庄子·庚桑楚》说："道者，德之钦也；生者，德之光也；性者，生之质也。"王先谦的《庄子集解》释"钦"为"钦仰"，郭庆藩的《庄子集释》释"钦"为"陈列"，"钦仰"表明"道"是"德"的归宿。其三，《庄子·徐无鬼》说："故德总乎道之所一。而言休乎知之所不知，至矣。道之所一者，德不能同也。"这是说，道具有统一性，德则没有；德与具体事物有关联，道则没有。其四，如果说"道"是无名、无形的天地万物之本（也称为"一"），"德"则是所以生成天地万物的根据，是不得不然的客观必然性。既生之后，"德"便是万物内在的本质属性。所谓"物得以生之谓德"，"动以不得已之谓德"即是这个意思。《庄子·庚桑楚》中说："不得已之类，圣人之道。"此所谓"不得已"，是指事物发展之不以人的主观意志为转移的不得不然，亦称为"命"，故"知其不可奈何而安之若命，德之至也"。其五，与"道"具有一般或普遍规律的含义相应，作为体现"道"的"德"，也有一般与具体之分。所谓一般的"德"，指由"道"所派生的天地万物之自然美，具有一种崇高的审美价值，

---

① 《庄子义集校》，中华书局2009年版，第228页。
② 同上书，第248页。
③ 同上书，第184页。

即所谓"淡然无极而众美从之，此天地之道，圣人之德也"①。所谓具体的德，即前述反映种种具体事物本质属性之德。结合甲骨文的字形，德可以引申为通过眼睛而得道之意。

与庄子类似的意思，文子也有表述。《文子·精诚》说："闭九窍，藏志意，弃聪明，反无识，芒然仿佯乎尘垢之外，逍遥乎无事之际，含阴吐阳而与万物同和者，德也。是故道散而为德，德溢而为仁义，仁义立而道德废矣。"②

此后，《管子·心术上》对道与德关系的论述更是切中肯綮："德者，道之舍。物得以生生，知得以识道之精。故'德'者'得'也。得也者，其谓所得以然也，以无为之谓道，舍之之谓德，故道之与德无间。故言之者不别也。""德"即"得"，但得要合于道。《管子》还认为，修身摄德而得道是道家处理个人与社会关系的总原则。"形不正者，德不来；中不精者，心不治。正形饰（摄）德，万物毕得。"③"定心在中，耳目聪明，四枝坚固，可以为精舍……形不正，德不来；中不静，心不治。正形摄德，天仁地义则淫然而自至。"④ 修身也好，摄德也罢，都只是手段，不是目的，目的是得道。总之，在道家看来，"德"应该是符合人类生命本性的，是与道相一致的。

韩非子是目前已知的第一个注释《老子》的学者。他对道与德的关系也有自己的观点，《韩非子·解老》说："道有积而德有功，德者，道之功。"他认为，"道"是有的积聚而形成的，积万物之理而为道；"德"是有功用的，通过功用表现其存在。但凡用必定是体之功用，"德"便是"道"体之功用。故二者的关系是体与用的辩证关系。这一"道"与"德"关系的诠释应该说是颇为精辟的。关于"道"与"德"之间的关系，《韩非子·解老》进一步说："德者，内也；得者，外也。"由此可知，"德"是"道"在具体事物上的驻留。"德"是一种"得"，但却不是外在的"得"，而是内在的"得"，得到的是"道之功"。事物因为有"道"在其中驻留，或曰得"道之功"，有"德"，才能够存在，才能够生存。因此可以说"德"就是"道"赋予个体（个别事物）的内在品性，或者说是个体（个别事物）从大"道"

---

① 《庄子义集校》，中华书局2009年版，第299页。
② 《道藏》第16册，第681页。
③ 《二十二子》，上海古籍出版社1986年版，第155页。
④ 同上书，第158页。

中得到的自我品性①。道家这种对其"道德"的理解提醒我们,所谓道德不仅仅是社会人伦层面上的东西,它还应当有超越形而上的依据。

黄老道家继承了老子、庄子德论的基本思想,吸纳了先秦儒、墨诸家德论的基本内容,并力图熔铸二者于一炉。关于德的内涵,黄老道家在继承此前道家主张的自然性之外,因受儒、墨的影响而增加了社会性的内涵。首先,就"德"的本质言,其自然性表现为"静寞恬淡""和愉虚无"、无知无欲、无为不争,含吐阴阳与万物同和。社会性表现在:"德者,爱勉也。"② 守中而毋过极,守常而毋变故,与刑、虐相对立统一,覆载无私,参赞天地、循道而行、爱养百姓、守善逐淫,生养畜长,亲爱敬贵,"得其天性谓之德"。其次,就"德"的功能言,其自然性表现在"长养万物""化育万物","物得以生生";其社会性表现在"用其德"而"民可得"③,"循道行德,汤武虽贤,无所建其功"。"明德"可"王天下",而致"天下太平"是谓"积德成王""德积者昌"。至于人"德积则福生",据德则"外不乱内","性得其宜,静不动和,德安其位"。故"养生经世,抱德终年",功莫大焉。可见德的本质和功能均体现了自然性与社会性的统一。关于德与道的关系,黄老道家认为,"德者道之舍",道寓于德,德是道的载体。舍德,道无从体现,舍道则德无从长养、化育万物。道与德二者因紧密的联系而具有统一性。如同阴阳互相渗透一样,"德之中有道,道之中有德,其化不可极",故"道之与德无间",二者是对立统一的。"德没有道的统一性,道无法表征德的社会性。"④ 二者都有存在的必要性且不可混而为一,但二者之间又有统一性。总之,黄老道家对"德"范畴的讨论具有集大成之功。

先秦诸子对德有专门探讨的除了道家还有儒家。儒家所谓德,具体内容就是仁、义、孝、悌、智、勇、忠、信等一系列伦理道德范畴,其核心概念是"仁义",其具体表现形式是"礼"。仁义道德的精神,具体落实在"礼"所确立的一系列礼仪习俗和行为规范之中。《礼记·曲礼上》说:"道德仁义,非礼不成。"《荀子·劝学》说:"礼者,法之大分,类之纲纪也。故学至乎礼而止矣,夫是之谓道德之极。"可见在儒家看来,道德就表现在"礼"

---

① 徐克谦:《论先秦道家的道德哲学》,《江苏行政学院学报》2010年第6期。
② 陈鼓应:《黄帝四经今注今译》,商务印书馆2007年版,第56页。
③ 同上书,第53页。
④ 卢敏:《先秦道家"德"之内涵探析——以〈老子〉和〈庄子〉为基础》,《学术论坛》2011年第11期。

里面,"礼"就是"道德之极"。

儒家对德的这种观点,是道家不能认同的。先秦道家,不论老子、庄子,都有明显的否定儒家的仁义礼智的倾向。《老子》第十八章说:"大道废,有仁义;智慧出,有大伪;六亲不和,有孝慈;国家昏乱,有忠臣。"《庄子·知北游》也说:"道不可致,德不可至。仁可为也,义可亏也,礼相伪也。故曰:'失道而后德,失德而后仁,失仁而后义,失义而后礼。'礼者,道之华而乱之首也。"当然,在字句表面的否定背后,是不是他们就完全不要道德呢?也不是。他们不过是从仁义道德沦为社会上一些权贵阶层攫取、掠夺他人的、公共的利益的工具的角度进行批判。也就是说,他们揭露了仁义道德的局限性和负面作用。要解决它,就要知晓其所以然,所以《庄子·天运》说:"夫六经,先王之陈迹也,岂其所以迹哉!"社会是不可能完全不要仁义道德的。老子把他的著作分为《道经》和《德经》两部分就说明了这一点。"道生之,德畜之"之"德"就是从后天的现实社会人生来强调合乎人类的自然本性的"德"。"德"要解决的是人从环境获取利益的合理性、合法性、正当性、公平性、合宜性,而它们的根据都是同一的道。也就是说"德"与"道"应该是一致的。《老子》第十六章说:"知常,容。容乃公,公乃王。王乃天,天乃道,道乃久,殁身不殆。"《庄子》中同样反复表达过这个意思。如《庄子·渔父》所说:"礼者,世俗之所为也;真者,所以受于天也,自然不可易也。"《庄子·天地》也说:"通于天地者,德也;行于万物者,道也……形非道不生,生非德不明。存形穷生,立德明道,非至德者邪?"但究竟怎样才能既发挥仁义道德的积极作用,又避免其消极负面作用的出现,老子、庄子没有深入探索以求解决这一问题,因为他们追求的是道——形而上的宇宙大全和根本的玄道。他们超越了现实而沉迷于玄思的精神王国中,但他们毕竟没有主张出世,所以这给此后生活于俗世中的道家后人留下了继续探索的课题。

依据德的自然性与社会性的区分,黄老道家对此前道家批判、贬抑儒家仁义礼智之德的观点有所保留,有所修正。它认为,"德"与儒家所尚的仁义礼智等只是层次的区别而不存在本质上的矛盾,在层次上看,"道"处于最高层次,"德"次之。道与德是一切伦常关系的根源。没有道德的生长滋养便没有万物和人类社会,更遑论君臣、父子、登降揖让、贵贱尊卑、亲疏大小等社会关系和道德规范!所以《黄帝四经·微明》说:"道灭而德,兴德而仁义生,故上世道而不德,中世守德而不坏,下而绳绳唯恐失仁义。"

这与老学尤其是与庄学在一定程度上是相悖谬的，但它却把道家的德论与儒家的德论有机地统一起来了。

在道家看来，"德"是指事物之本质属性，世间的万千事物，皆因"德"而成其为自己，人亦如此。人之所以有善恶之别，就是由于德性不同。故人之性，有"善德"与"凶德"之分。"道德"通常是指善德，就是合道之德，或称为"道德"。儒家同样称善德为"道德"，如《礼记·曲礼》云："道德仁义，非礼不成。"但道家的"道德"不只停留于善德的层次，它进而把从必然性中获得自由称为"道德"，如《庄子·天道》云："夫虚静恬淡，寂寞无为者，天地之本而道德之至，故帝王、圣人休焉。"

道家认为，道失而后强调德，德失而逐次强调仁、义、礼、智，故应尊道而贱德，尊贵道德遂成为观念发展在逻辑上的必然结果。与之同时，孔子也主张："道之以德，齐之以礼，有耻且格。"[1] 这里的"道"即导引、主导之意，有树立合于天德之典型的意思。孔子还主张，君子应"志于道，据于德，依于仁，游于艺"[2]，即应以"道"为志向，以"德"为根据，以"仁"为准绳，活动于"礼""乐"等六艺之中。这是强调以道德、仁义为修身处世的原则，这也是"道德"范畴得以形成的思想前提。在这一点上，儒、道显学可谓"殊途同归"[3]。

此后，魏晋玄学本于《周易》《老子》《庄子》，把《周易》作为沟通道家与儒家的中介，在有与无、名教与自然等范畴的关系中探讨了道与德的关系。

道教产生后，以"长生不死，得道成仙"为根本信仰，既坚守道为本源、本体和终极信仰，同时为了在世俗社会中存身而把自己所追求之道具体界定为"理身理国之道"，这为德的社会性内容的容纳提供了可能。相应地，道教思想家们在三一论哲学、玄学的背景下，深化了心性论的探讨，援引佛教，在隋唐时期发展出重玄哲学，在这一背景下对道与德的关系做了深入细致的探讨。这以晚唐的杜光庭为代表。

杜光庭之前，李荣、成玄英、王玄览等重玄哲学家已指出，道以无为成先，德以有为居次；道无形，德有形；道因生以立称，德由教以立名；道居

---

[1] 《论语正义》，中华书局1990年版，第41页。
[2] 同上书，第257页。
[3] 罗炽：《"道""德"与"道德"》，《郧阳师范高等专科学校学报》2002年第1期。

先而处上，德居后而处下。道有理、导、通三义，德有得、成、不丧三义；道理贯生成，德任其自得，无不遂性；道以冥冥，德以昭昭。杜光庭继承了这些思想，认为道与德是两个独立的范畴，它们之间是有区别的。从有无来说："有无者，无则为道，有则为德。"① 从各自的内涵来说，道有理、导、通三个方面的含义，与之相对应的德也有得、成、不丧三个方面的含义。

杜光庭进而指出，道与德的关系可以从本迹、理教、境智、人法、生成、有无、因果七个方面来看待：

> 一、本迹者。本则为道，迹则为德。本为道者，以大智慧源常寂真身为体。迹为德者，以上德之君太上应身为体。二、理教者。理则为道，教则为德。理为道者，悟说正性为体。教为德者，悟说正经为体。三、境智者。境则为道，智则为德。智理为道体，理智为德体。四、人法者。人则为道，法则为德。人为道者，以本迹二身为体。法为德者，以理教二法为体。五、生成者。生则为道，成则为德。道以应气化生万物，以应气为体。成为德者，德以成就众生，法教为体。六、有无者。无则为道，有则为德。无则为道，以因地空观果地空智为体。有为德者，以因地有观果地有智为体。七、因果者。果则为道，因则为德。果为道者，以果地万德为体。因为德者，以因地万行为体。以上七义互相交络，二而不二，一而不一，是知道德为正体，非果非因，非本非迹。不本不迹，而开本迹，欲明显本由迹；不果不因，而开因果，欲令修因趣果。其余五双不言自显。明义用第三，德是不有之有，既能理无，亦能理有；道是不无之无，既能理有，亦能理无……明道之为无，亦无此无，德之为有，亦无此有，斯则无有无无，执病都尽，乃契重玄，方为双绝。②

杜光庭认为，上述七个方面所显示的道与德的关系可以归结为因待、互陈两个方面。

就因待而言，他说："因待释者，明非德无以言道，非道无以言德。"③"因待"指的是对立的任何一方都不可能摆脱另一方而成为独立的、无所依靠的存在，其存在、性质、地位需要借另一方才能取得规定性。也就是杜光

---

① 《道藏》第14册，第60页。
② 同上。
③ 同上书，第59页。

庭所说的:"道非德无以显,德非道无以明。"① 以生成而论,道主生,德主成,道之义在理、导、通,德之义在得、成、不丧。仅靠前者不能生化万物,须赖有为之后者,"虚无不能生物,明物得虚无微妙之炁而能自生。是自得也,任其自身,故谓之德也"②。虽然说道是无,德是有,但是道作为虚无,不能产生万物。道只能通过德来显示自己的存在。德作为有,能够产生万物,但如果没有道,德产生万物的功能同样也不能完成。这被杜光庭概括为:"道者,德之通;德者,道之功。"这就是说,道与德是两个有紧密联系的概念,它们之间存在着"因待"关系。杜光庭这一思想的直接来源是成玄英,成玄英说过:"道体窈冥,形声斯绝,既无因待,亦不改变。"③ 不过,成玄英所谓的"因待",只是说明事物之间有依赖、联系的性质,并不是说对立面双方能互相可以得到说明和印证的意思,杜光庭对成玄英所用的这一概念显然是有所体会,因而能够创发新义。

除了"因待","互陈"也是杜光庭对矛盾同一性的另一种描述。如果说"因待"概念侧重于描述矛盾双方的依赖和印证关系的话,那么,"互陈"概念则重在描述矛盾双方的交叉关系,即你中有我、我中有你,二者不离不散。对道与德的关系,他说:"道资于德,德宗于道,是互陈也。互者,交也,差也。陈者,布也。互观其理,皆过精微,斯所谓不可散也。"④"互陈"就是"互观其理"。"互观其理"就是对立着的矛盾双方交互显示对方所存在的根据,呈现对方所具有的内涵。就道与德而言,"外分道、德之殊,而经有互陈之义"⑤。通过"互陈",明了"道与德有相资相禀之义"⑥,于是可以断言道、德不可分为绝对离散之两体,杜光庭把这种关系称为"道德相须"。这是对道与德关系提出的一个崭新命题。

杜光庭把"因待""互陈"两方面综合起来,进而以同异这一对范畴来描述道与德的关系。他说:"道德不同不异而同,而异不异而异。用辨成差不同而同,体论惟一。不异异者,《经》云:道德混沌,玄妙同也。知不异而异,无所可异,不同而同,无所可同,无所可同,无所不同,无所可异,

---

① 《道藏》第14册,第52页。
② 同上书,第51页。
③ 《道藏》第13册,第298页。
④ 《道藏》第14册,第54页。
⑤ 同上。
⑥ 同上书,第57页。

无所不异也。"① 道与德既对立又同一。"同"描述了同一的方面，"异"描述了对立的方面。以同异而论，道与德既不同，也不异，但究其本则是同；二者是两个相异的概念，虽然就其本来说是同，但毕竟还是异。这就是说，同是就体而言的，异是就用而言的。体为形而上，用为形而下。体通过用而呈现其存在，并对用有统御之能。所以说"不异而异，无所可异"，"无所可异，无所不异"。用虽然千差万别，但终究都以体为本，并以体为终极归宿。所以说"不同而同，无所可同"，"无所可同，无所不同"。

这样看来，道与德的同异关系可以通过体与用的关系而得到更清楚的说明。为此，杜光庭着力阐述了道与德之间的体用关系。这首先涉及体用这一对范畴的内涵。他推崇唐玄宗《御注道德经》，其中说道："知道者德之体，德者道之用。"② 杜光庭疏曰："真实凝然之谓体，应变随机之谓用。杳冥之道变化生成，不见其迹，故谓之体也，言妙体也……此妙体辗转生死，生化之物，任乎自然，有生可见而不为主，故谓之用，此妙用也。子曰：'昭昭生于冥冥，有伦生于无形'是也。"③ 他还说过："有以无为本（体），无以有为用，道德相须为上下二经之目也。"④ 综合这两方面可见，在他看来"体"可谓无、精、本、朴，"用"可谓有、粗、末、器，即所谓："精粗先后，可两言之，体精而为本，朴也，用粗而为末，器也。"⑤

杜光庭认为，道与德之间，一般来说道是体，德是用。但是，对道与德的这种体用关系，不能笼统地泛泛而论。在他看来，体与用的关系可以从分与合（"混一"）两个方面来看。谈论体与用的关系，是就分而言的。"分而为二者，体与用也，混而为一者，归妙本也。"⑥ 以分而论，体与用确实是有差异的两个互不相同的事物。"体用虽异，是何故也。相资而彰，不可散也。"⑦ 就此而言，体与用有紧密的联系。这种联系表现在二者有"相资""相明"之义。杜光庭说："可道可名者，明体用也。义云：体用者，相资之义也。体无常体，用无常用，无用则体不彰，无体则用不立，或无或有，或

---

① 《道藏》第 14 册，第 59 页。
② 同上书，第 52 页。
③ 同上。
④ 同上。
⑤ 同上书，第 53 页。
⑥ 同上。
⑦ 同上。

实或权，或色或空，或名或象，互为体用，转以相明，是知体用是相明之义也。"①"相资"即互相依赖，缺一不可。"相明"即相互作为认识对方的出发点和依据，相互开显。在杜光庭看来，体与用的关系中有三点是必须要注意的。一是二者相互依赖，缺一不可。二是二者相互转化，无与有、实与权、空与色、名与象可以"互为体用，转以相明"。三是二者各自在肯定自己的同时包含着否定的因素，即隐含着对立面的否定的因素。如他引臧玄静的话说："无体为体，体而无体，无用为用，用而无用，然则无一德非其体，无一用非其功。"② 体用关系具体表现在无有、实权、色空、名象等方面，可以通过它们对道与德的体用辩证关系有一个系统的认识。

就分而论体用，应该说是很简单、很容易的。要把二者之合说清楚，可就不那么简单容易了，而且这是更重要的方面。如前所述，体与用相互依存，缺一不可，无体则用无法显现，无用则体的存在无法判明，二者"相资而彰，不可散也"。这是以合而论体用的方面之一。既然体与用是"相资""相明"的，那么，对二者就不能偏废。为此，杜光庭提出了"体用双举"的原则："无为有为，可道常道，体用双举，其理甚明。"③ 这一观点，应该说是很有实在意义的。因为玄学有"崇本息末"的观点，学者们很容易受其影响而出现崇体息用、重体轻用的弊端。杜光庭"体用双举"的观点，显然有纠正这一偏弊的实际意义。体用双举的学理意义在于它考虑到了事物及其性质的多维性、复杂性和可变性，对事物的认识可以变换立场、角度和认识方法，以此情形下以无为体，以有为用，以另一情形下以有为体，以无为用。不过，如果忽视了事物质的差异性，例如随意把有定为无，把无定为有，那就容易出错，这样一来，辩证法就成了诡辩法了。

在上述体用内涵及其关系的基础上，杜光庭对道与德之间的体用关系阐述道：

> 不可说言有体无体，有用无用。盖是无体为体，体而无体；无用为用，用而无用。然则无一德非其体，无一用非其功。寻其体也，离空离有，非阴非阳，视听不得，博施莫辩；寻其用也，能权能实，可左可右，以小容大，以大容小。体既无已，故不可思而议之；用而无功，故随方

---

① 《道藏》第 14 册，第 65 页。
② 同上书，第 59 页。
③ 同上书，第 70 页。

不示见。今不异此，但知道德不同不异，而同而异。不异而异，用辩成差；不同而同，体论惟一。不异异者，《经》云：道生之，德蓄之也；不同同者。《西升经》云：道德混沌玄妙同也。知不异而异，无所可异；不同而同，无所可同。无所可同，无所不同；无所可异，无所不异也。①

体用之合的本义是"混一"。由此，杜光庭秉承重玄思想的精义，对道与德的体用之义开出了新义。在他看来，就体而言，它既不是空，也不是有，既非阴，也非阳，人的感觉器官不能直接感觉到；就用而言，它既是权，又是实，可左可右，能以小容大，以大容小。体没有一成不变的实体，所以不可以理性思维去谈论它；用无所不能而不见其功，所以就某一事物而言看不到它的存在。也就是说，对体、用，不可执着。为了更清楚地说明这一点，杜光庭说："于体用门中，分为五别，一曰以无为体，以有为用，可道为体，道本无名，可名为用，名涉有也；二曰以有为体，以无为用，室车器以有为体，以无为用，用其无也；三曰以无为体，以无为用，自然为体，因缘为用，此皆无也；四曰以有为体，以有为用，天地为体，万物为用，此皆有也；五曰以非有非无为体，非有非无为用，道为体，德为用也。"② 体与用既然不可执着，则对道与德也同样。所以说，从体用来看，道与德是混沌玄妙的同一。

与体用有紧密联系的范畴还有本迹。此前的道教学者已经有较多论述。成玄英所提出的本迹相即、从本降迹、摄迹归本的思想对后来唐玄宗疏解《老子》颇有影响，如玄宗解释"同谓之玄"说："玄，深妙也。自出而论则名异，是从本而降迹也；自同而论则深妙，是摄迹以归本也。归本则深妙，故谓之玄。"③ 受这一思想的影响，杜光庭首先对本迹的内涵做了界定，说："本者，根也；迹者，末也。"④ 本为要，迹为末。然后，他也如成玄英一样阐述了本迹关系的三个方面。一是由本降迹，摄迹归本，说："标宗一字为名之本，可名二字为名之迹。迹散在物，称谓万殊，由迹归本，乃合于道。是知道为名之本，名为道之末，本末相生，以成化也。"⑤ 不可名为道，即本，可名为德，即迹、末。由迹降本即道产生万物。由迹归本即万物遵守道

---

① 《道藏》第14册，第338页。
② 同上书，第345页。
③ 同上书，第344页。
④ 同上书，第341页。
⑤ 同上书，第332页。

的规律而运动变化。这主要是从本源论的角度来说。二是本迹相即。杜光庭说："无名有名者，明本迹也。义云本迹者，相生之义也。有本则迹生，因迹以见本，无本则迹不可显，无迹则本不可求，迹随事而立，以为本迹。"① 本与迹相互依存，不可分离。有本则迹生，因迹而见本，无本则无迹，无迹则本不可见。本迹共同存在于事物之中。这是力图把本源论与本体论统一起来。不仅如此，杜光庭还开出新意，即如体用关系有"相明"之义一样，本迹关系也有相明之义。他在《道德真经广圣义》卷六说："本迹门中分为二别，以无为本，以有为迹，无名有名也。以有为本，以无为迹，互相明也。万物自有而终归于无也。"② 以无为本，以有为迹，这是无名与有名之别，是站在本源论的立场上，就道产生万物而言的。在万物和人产生之后，是以有为本，以无为迹，是就有而及迹，是就认识论而言的，目的是摄迹归本，这是本体论的反映。把这两个方面综合起来，本迹互为有无，互相发明，合为一体。这就是本迹相即之义。进一步，杜光庭提出，还应该"本迹俱忘"。他说："夫摄迹忘名，已得其妙，于妙恐滞，故复忘之。是本迹俱忘又忘，此忘吻合乎道。有欲既遣，无欲亦忘，不滞有无，不执中道，是契都忘之者尔。"③ 这就是说，执于迹当然要否定，"摄迹忘名"已得其妙，但有执着的可能，所以也必须否定，做到"本迹俱忘"。但即使这样，也还有可能执着，所以，必须更进一步"不滞有无，不执中道"，达于"重玄之境"。

正是在上述"有无互陈""无同无异""体用双举""本迹相明"等一系列命题的基础上，杜光庭把"道德相须"的思想作了深化和发展，提出了"道资于德""德宗于道"的观点。如果根据前述他的重玄理论进路，其实还应该有"道德俱忘"的结论。这对道教中的道与德的关系做了一个非常系统深入的总结，可谓道家、道教"道""德"关系论的最完善的范本，代表了道教哲学在这一领域的最高水平。

总之，道家、道教对"道""德"范畴及其关系的探讨可谓系统而深入，对建构和发展伦理哲学、伦理学，对伦理实践都深具启发意义，是不可轻视、忽视的重要思想资源之一。

---

① 《道藏》第14册，第341页。
② 同上书，第345页。
③ 同上书，第341页。

第二节　"道性"平等的伦理价值观

道是道家、道教哲学的本体、本源，是人性的来源，因而也是人类社会的价值源泉。道是至高无上的终极价值，其他的都是由道衍生出来的，是后天的，因而只是相对的、有限的价值。道家创始人老子在《道德经》第五十一章提出了"万物莫不尊道而贵德"的观点："道之尊也，德之贵也，夫莫之爵而恒自然也。"《庄子·则阳》也有"道，物之极"的观点。道家认为人法地、地法天、天法道。道是人的行为准则和生存根据。道生养万物却不以生养者自居，是万物存在的终极依据却不主宰万物，即"生而不有，为而不恃，长而不宰"。老子还从道、德、仁、义、礼之间的价值递减关系来说明道的价值至上性。《道德经》第三十八章宣称："失道而后德，失德而后仁，失仁而后义，失义而后礼。"在老子看来，从远古至德之世到春秋战国时代，社会历史的发展表现为一个从道到礼的价值递减过程。当人们无法践履最高的道德价值的时候，只好退而求其次行仁行义。一旦仁、义也难以实行的时候就只有抓住礼。礼只是形式化的东西，是外在的带有强制性的社会规范，礼的盛行正是内在精神原则彻底衰落的结果。与道相比，形、德、名、功、仁、义等都是次要的。此后道家、道教形成了"尊道贵德"的最高价值观。这一价值观落实到个体生命身上，便是"轻物重生"，即重生命价值，轻宰制个人身心的外物的价值。道家反对"人为物役"，反对把外物的价值看作是高于人的生命价值的做法。外物的价值本来是为了维护和实现人的生命价值的。但由于人们把外物的价值无限放大，这就势必淹没或失落人的生命价值。"轻物重生"的价值选择论正是针对这种本末倒置现象而提出来的。

但是，一般人不容易做到"轻物重生"。为此，道家提倡对一切事物的价值或功用作平齐等同看待，提出了价值的相对论。

老子认为，美丑、善恶、祸福、高下、贵贱、大小等价值区分都是相对的，是特定时间、空间中的产物。《道德经》第二章说："天下皆知美之为美，斯恶也；皆知善之为善，斯不善矣。"第二十章说："美之与恶，相去若何。"美与丑、善与恶等价值之间的区分是相对的，而且是相比较而言的，没有一方，另一方也不存在。而且，它们之间在一定条件下是会互相转化的。

以祸和福为例，《道德经》第五十八章断言："祸兮福之所倚，福兮祸之所伏。"这样一来，世俗社会中种种价值对立的绝对性被瓦解了。庄子沿着老子的思想进而提出了齐物论，宣扬社会价值的相对论。在庄子看来，价值并非纯粹客观的事实，某物有无价值以及价值大小，取决于人们用什么标准来看待该物和用什么方式使用该物。《庄子·秋水》说："以道观之，物无贵贱；以物观之，自贵而相贱；以俗观之，贵贱不在己。"从道的观点看，万物是齐同的、价值上是相等的，没有什么大与小的区分；从每一物的自我立场出发，往往认为他物没有价值、只有自我才有价值，或者他物价值小、自我价值大；从世俗社会的角度来看事物的价值，常常是众人认为高贵、尊贵、昂贵的就有价值，众人以为低贱、低俗、低廉的就无价值。由于这些具体标准的时效性和适用范围是变化的，因而事物之间的价值并没有普遍意义上的高低、贵贱、大小之别。正如《庄子·齐物论》所说："毛嫱丽姬，人之所美也，鱼见之深入，鸟见之高飞，麋鹿见之决骤，四者孰知天下之正色哉。"这就是说，在形而下的经验世界里，没有一个具体的东西可以用作普遍的价值标准。事物的功用价值是如此，人类的道德价值、认识价值和审美价值莫不如此。人们不应该执着于某种既定的、狭隘的价值观，应该有开放的心胸、豁达的态度、乐观的精神，敢于否定自己，战胜自我，改造自我，常新常胜，从社会意识形态中为自己争取自由。

在相对价值论的基础上，道家提出了"无物无用"，"因物尽用"的普遍功用观。在老子看来，一切事物都是有价值的，如《道德经》第二十七章说："善人，不善人之师也；不善人，善人之资也。"所有的人都有他自身的价值，所有的物也同样。《淮南子·道应训》记载，老子明确断言："人无弃人，物无弃物，是谓袭明。"一个人或物的价值往往是相对于特定的人或物，在特定的历史条件下而言的。《庄子·逍遥游》指出："宋人资章甫而适诸越，越人断发文身，无所用之。"宋人卖帽子给越人，越人不用，这并不能说明帽子无用，而是因为越人的风俗是断发纹身，本来就不戴帽子。《淮南子·主术训》进而明确说："无小大修短，各得其所宜；规矩方圆，各有所施；殊形异材，莫不可得而用也。"《楚辞·渔父》也说："沧浪之水清兮，可以濯吾缨；沧浪之水浊兮，可以濯吾足。"固执于某种狭隘、僵化的价值观，不知变通，往往会一叶障目，不知因物尽用，对人或物的使用就会不当，或者大材小用，或者弃人、弃物而无用，更谈不上用物之长、之宜。反之，

"权而用其长",就可以最大限度地发掘事物的价值①。道家这种普遍功用观充分肯定了一切物与人都有其独到的物质与精神的价值,倡导价值的多元化,反对对价值做直线性、简单化、狭隘化的理解。道家这种多元化的价值观显然为社会的平等化、多元化、民主化、和谐化奠定了坚实的基础。

道教同样继承了这种基于道性平等的价值观。例如《度人经》说:"乾坤静肃,日月合明,昆虫遂性,至化无边。"② 按这里所说,大到太阳和月亮,小到昆虫,都来源于道而具有同等的道性。因此相互之间是平等的。《太上无极大道三十六部尊经》之一的《太清境太清经》更明确地宣称:"凡天下之民均同是性。天性既善,悉生万物,无不置也;地性既善,养生万物,无不置也。圣人悉乐理天下而实法天地,故万物皆受其功,大善。神仙真人助天地而不敢轻,尊之、重之、爱之、佑之。"③ 在道教看来,既然所有的人和万物都来源于道,都具有同等的道性,那么,相互之间就是平等的。这是就先天而言。就后天而言,即使是已经得道的神仙、真人、圣人,与那些没有得道的人和物同样也是平等的,神仙、真人、圣人同样也要尊重、爱护、保佑那些没有得道的人和物。这是道教特有的伦理价值观,是理解道教伦理观的前提之一。

第三节 "善"的价值标准

道家、道教伦理哲学进而把道性平等的伦理价值观落实到价值标准的提出和论证上。这就是以善、恶作为标准来分判是否合乎与道相一致的"德"。与道相一致的行为就是善的,其品类就是德,否则就是恶的。诚如所论:"仁义礼智,即道之德,缘次而至,无异大戒,备五德而犹独称智慧也,合通而言之,则五德皆道也。"④ 这一伦理价值标准,是道家也认同的。但在作为宗教形态的道教那里,又有几种具体表述形态。

第一,把"合天心,不逆人意"视为善,把"逆天心,常伤人意"称为

---

① 朱哲:《道家哲学的价值观初论》,《社会科学研究》1996 年第 6 期,第 37-43 页。
② 《道藏》第 1 册,第 25 页。
③ 同上书,第 597 页。
④ 《三洞珠囊》卷七引《太真科》所引《隐注经》,《道藏要籍选刊》第 10 册,上海古籍出版社 1989 年版,第 129 页。

恶。《太平经》从宗教神学的层面对"善"与"恶"作了诠释，指出："夫为善者，乃事合天心，不逆人意，名为善。善者，乃绝洞无上，与道同称；天之所爱，地之所养，帝王所当急，仕人君所当与同心并力也。夫恶者，事逆天心，常伤人意；好反天道，不顺四时，令神祇所憎，人所不欲见父母之大害，君子所得愁苦也，最天下绝洞凶败之名字也。"[1] 在《太平经》看来，遵循天道、"事合天心"为善，违背天道、"事逆天心"为恶。这落实到人与人之间的关系："不逆人意"为善，"常伤人意"为恶；落实到人与天地、神祇的关系，善者，为天地所爱，恶者，令神祇所憎。《太平经》还就具体德行做了讨论，例如，以仁为例，它说："夫不仁之人，言即逆于凡事，伤人心，不合天意，反与禽兽相似，故古者圣贤不与其同路也。"[2] 在它看来，不仁之人，言行不合天意，伤害他人之心，这样的人不足以称为人，而是与禽兽相类。类似的观点，后世的《妙真经》也说过。它认为，人如果"动合天心，静得地意，无言而不从谓之善也"；如果"不识元首，不睹本根，诈天轻地，罔鬼欺神，属辞变意，抱嫌履疑，谓之不善"。这里的善就是天地和人关系的相顺，不善就是相逆和对抗。顺的结果是"吉阳之所舍，万福之所往来，流而不滞，用而不绝"，逆的结果则是"动与天逆，静与地反，言伤人物，默而害鬼"[3]。当然，关于"善"与"不善"的标准，即相顺和相逆的标准仍是"道"。概括而言，按照这种观点，人如果能处理好天、地、人、鬼、神等周围环境的关系，相互和谐融洽，共存共生共长，就是善的。否则就是恶的。也就是说，善与恶并非仅仅是相对于人与人、人与社会的关系而言，而是被扩展到了人与天、地、人、神、鬼等人所处的物质的、精神的、信仰的"环境"了。

第二，把善恶与生死联系起来，宣称善可生，恶则死。《老子想尔注》说："道设生以赏善，设死以威恶。"[4] 在它看来，生存是对善的奖赏，死亡是对恶的惩罚。这一观点固然有尊重生命、强化伦理的作用，但却难以解释绝大多数人终究难以逃脱死亡的命运，但这些人中的绝大多数人并没有太多、太大的恶。

第三，或许是有见于上一种观点难以信人，所以道教中人又提出第三种

---

[1] 王明：《太平经合校》，中华书局1960年版，第158页。
[2] 同上书，第159页。
[3] 《道藏要籍选刊》第1册，上海古籍出版社1989年版，第25页。
[4] 饶宗颐：《老子想尔注校证》，上海古籍出版社1991年版，第25页。

善的价值标准，即认为长生不死之仙必定是善良的，凡人行善可成仙，也就是把行善视为成仙之途。例如，净明道明确宣称："善立则道备，道备则所闻所见自然廓开，所应所修自然顺适，此得灵宝净明飞仙度人之基也。"① 这是定性而言。还有的道教著作为了增强说服力而力图把这定量化。例如，《真诰》宣称，人如在上一世善德达到一定程度，就能成仙。卷十六说："其中宿运先世有阴德惠救者，乃时有径补仙官或入南宫受化，不拘职位也。在世之罪福多少，乃为称量处分耳。大都行阴德，多恤穷厄例，皆速诣南宫为仙。"陶弘景在下面注解到："在世行阴功密德，好道信仙者，既有浅深轻重，故其受报亦不得皆同：有即身地仙不死者；有托形尸解去者；有既终得入洞宫受学者；有先诣朱火宫炼形者；有先为地下主者，乃进品者；有先经鬼官，乃仙化者；有身不得去，功及子孙，令学道，乃拔度者。诸如此例，高下数十品，不可一概求之。"② 经中明确列举了"举行获仙"的五种途径，其中忠、孝、贞、廉为成仙所需的道德品性，而它们均为善的具体行为表现。

为了增强人们遵循以善为本的伦理价值观的动力，道教除了如上所述从理论上阐述，以期让人们在理解的基础上自觉自愿地遵循它之处，还力图把这些落实到内在的心性层次，再以外在的神的存在为前提，强化神的监督、奖赏，也就是把自律与他律相结合。例如，宋、元、明、清时期，如其他道教宗派一样，符箓类道教宗派大讲特讲伦理。它们的伦理思想的特点是，把外在的神与内在的心合二为一，用这说明欺心即欺神，心的善恶伴随着吉凶之神的降临；把动机与效果结合起来，认为心善可以使神明安定，使过错、罪孽消除，使福气到来；心恶则正好相反。正如《关圣帝君觉世经》说："凡人心即神，神即心，无愧心，无愧神。若是欺心，便是欺神。"那如何做到无愧于心呢？《云笈七签》卷九《释太上上皇民籍定真正箓》认为，道是无为，心不能做到无为，就应该感到惭愧；不能报答父母的养育之恩，不能习术使父母不死而成为神仙，也应该感到惭愧。此外，违背师训，不能尽忠，没有遵守伦理规范，没有脚踏实地地修炼，如此等等，都应该感到惭愧。有了惭愧之心，心就能安定下来，"定由惭愧。惭愧既立，常在心中。心中有惭愧，俯仰思道。思道不忘须臾，则神明定乎内。"心安定下来，就能思道。思道不止，一旦神明"内定则罪去，罪去则福来，福来则成真，成真则入

---

① 《道藏》第10册，第27页。
② 《道藏》第20册，第583－584页。

道，入道由惭愧，惭愧则入神也"①。这里，惭愧之心的内容是纲常名教，这是第一步。心神的安定则是最重要的第二步，到了这一步才能见到德性涵养的效果。这就是通过道德认识确立道德信念，进而把道德信念与作为终极真理的道结合起来，如此心中必然充满了行善的动力。心与神始终是合二为一的，这是内在与外在，他律与自律的统一。神实际上是自己的异化，其实质内容是以善为标准的伦理德性，以神的面目出现，可以为德性伦理主体树立起权威与尊严。

第四节 "中和""无欲"的伦理原则

在思维和行为准则方面，儒学讲"中庸"，道家和道教则讲"中和"。

中和说是道家哲学顺应自然的思想，但其中融入了道教哲学"我命在我不在天"的"夺天工"的精神。前面说过，道家、道教的"中"，与存在于心里的性相关联，并间接与道相联系。质言之，本心、道性、道处于同一层次，当"中"落实到用即"守中"的层次时，它又有规范的意思，成玄英的"守中"即指"处心中正，谦和柔弱"②。"中"有体，也有用。"中"不完全是心地功夫的操作法则，成玄英所说的"妙体一中，为物楷式"③ 也同样如此。"和"是指性、情同时并存而相与为用的意思。不过，道教多把"和"与"合"并用。如《慧命经》说："和者，乃心中之阴气去和肾中阳气，阴气得此阳气，则有安心立命之所，故曰和矣。合者，是肾中之阳气承受心中之阴气。阳气受此阴气，则成敛收坚固之体，故曰合矣。"④ 这里，和与合虽然都是论两个事物之间在运动过程中的相互关系，但表达的却是相反方向的不同运动，说明了生命运动的复杂性。如果说这是二元和合，还不够细密的话，张伯端《悟真篇》中则有"和合四象"之说，把它推进到了四元和合的程度。张伯端以含眼光为青龙象，调鼻息为白虎象，缄舌气为朱雀象，凝耳

---

① （宋）张君房纂辑，蒋力生等校注：《云笈七签》，华夏出版社1996年版，第48页。
② 《道德经义疏》第四十二章，释"冲炁以为和"。参见蒙文通：《蒙文通文集》第六卷《道书辑校十种》，巴蜀书社2001年版，第463页。
③ 《道德经义疏》第二十二章第2标题。参见蒙文通：《蒙文通文集》第六卷《道书辑校十种》，巴蜀书社2001年版，第420页。
④ 《藏外道书》第5册，巴蜀书社1992年版，第887页。

韵为玄武象,水、火、金、木四象以身意戊己即真土为媒介和合而为真胎之丹。道教的"和合"往往指性命和合,虽然可以细微地刻画生命运动的复杂性,但实体的意味毕竟浓重得多。

中和思想要求人们充分发扬主体能动性,细致入微地感知心中的意念、欲望等心理活动,把不符合于道的心理活动消灭于萌芽状态中。《太平经》主张:"夫人能深自养,乃能养人。夫人能深自爱,乃能爱人。有身且自忽,不能自养,安能厚养人乎哉?有身且不能自爱重而全形,谨守先人之祖统,安能爱人全人?"① 善念善行同样也是每个人都应该主动去做的。净明道徒在《真诠·明善诚身章第三》说:"天下事理之大者,莫大于善。天下珍奇之重者,莫重乎身。若善不知为,身不知修,徒参心性,心何以神?性何以明?神明未达,何以曰道?"② 在净明道看来,善与身同等重要,身为生命之本,善为为人之本。善要为,身要修,才能让心神性明,才有可能得道。

为此,首先要控制好眼、耳等感觉器官,控制好情绪。《无上秘要》所引《妙真经》说:"视过其目明不居,听过其耳精泄漏,爱过其心神出去。牵于欲,事汲汲。遽为于利,动惕惕。惧结连党,友以自助。此非真也。虽非道意,虽得之,天不佑也。"③ 这就是说,受眼耳所见所闻的制约,人们往往利欲熏心。这就遮蔽了人的本真,不可能得道。所以,必须明白心是伦理和修炼的关键。"夫心者,万法之宗,九窍之主,生死之本,善恶之源,与天地而并生,为神明之主。"④ 这种心为善恶之源的观点,诸多道经都有强调。例如,《太上说九幽拔罪心印妙经》:"众生受诸恶业,皆由自心。妄想颠倒,不悟无为,一切罪根,皆从心起。"⑤ 所以,良好的道德品质的培养,首先要从心开始。《墉城集仙录》卷一《圣母元君》教人洗心改恶:"夫人觉有一恶,急宜改而不犯者,去道近矣。若为魔邪所干者,当洗心责己,悔过自参,即可反恶为善矣。"⑥ 通过自我反省,洗心革面,悔过自参,这样就可弃恶归善。在心中弃恶归善,这只是治标,只是得病之后的治病救人,是不够的。治本则要预防在先,防微杜渐,让心安定下来。《云笈七签》卷九

---

① 王明:《太平经合校》,中华书局1960年版,第56页。
② (清)胡之玫编:《净明宗教录》,江西人民出版社2008年版,第174页。
③ 《道藏》第25册,第22页。
④ 《道藏》第32册,第368页。
⑤ 《道藏》第2册,第42页。
⑥ 《道藏》第18册,第166页。

《释太上上皇民籍定真正箓》认为，定心才能定仙名。定心之要在于常怀惭愧之心，即惭愧没有做到无为无累："心有神识，识道可尊。尊由无为，而我有为，有为有累。志愿无为，无为无累，不可便及，力尽苦迟，负累稍至，为此惭愧，不离心中。"① 让心安定下来还不是真正的目标，让心无为无累，回归心本来具有的灵明、坦荡，才是根本。诚如白玉蟾在《上清集·大道歌》中所说："神仙肚里无闲愁。"

道教对中和无欲的伦理原则的强调还有可贵之处，它要求人们对善与恶的区分不要执着、拘泥。隋唐时期的重玄哲学更是主张要善恶两忘，二者双遣，回归真常。成玄英在《庄子·刻意疏》中说："善为福先，恶为祸始。既善恶双遣，亦祸福两忘。"② 之所以如此，是因为生命和伦理相比，生命更重要，不允许强势的伦理成为害人害命之具，不提倡舍己效人。他在《庄子·养生主疏》解释说："善恶两忘，刑名双遣，故能顺一中之道，处真常之德，虚夷任物，与世惟迁。养生之妙，在乎兹矣。"③ 他进一步说："雉居山泽，饮啄自在，心神长王，志气盈豫。当此时也，忽然不觉善之为善。既遭樊笼，性情不适，方思昔日，甚为清畅。鸟既如此，人亦宜然。欲明至适忘适，至善忘善。"④ 成玄英的观点，概括而言就是孟安排《道教义枢》所提出的"自然真空，即是道性"，也就是主张离界内四染、断界外氤氲，以复归清虚自然之道性。这一观点，更简洁地说，就是要回归本真，守住人的本真，如《庄子·渔父》所主张的，"道德"要"真"："真者，精诚之至也。不精不诚，不能动人。"道家要人们警惕伦理的虚伪性，嘴上说一套，行动做的又是另一套，这就不"真"。道家之所以不满意儒家的礼教，原因之一就是认为它不"真"。早期儒家经典里确实连一个"真"字都找不到，"真"这个字是在《庄子》书中才开始大量使用的。而道家的"道德"是属"天"的，是天然的"真"："礼者，世俗之所为也；真者，所以受于天也，自然不可易也。故圣人法天贵真，不拘于俗。"⑤

---

① （宋）张君房纂辑，蒋力生等校注：《云笈七签》，华夏出版社1996年版，第47页。
② （晋）郭象注，（唐）成玄英疏：《庄子注疏》，中华书局2011年版，第292页。
③ 同上书，第64页。
④ 同上书，第68页。
⑤ 《庄子义集校》，中华书局2009年版，第563页。

第五节　道、儒会通的伦理规范

儒道二家关于伦理问题的最大差别就在于，如果说道家、道教谈论伦理问题是在元哲学的层次上，那么，儒家则是在哲学或伦理哲学的层次上就事论事。

老子主张"德"与"道"要无隙无间，现实社会人生中的后天的"德"必须是合乎人类的自然本性的"德"。《庄子·马蹄》主张："毁道德以为仁义，圣人之过也。"《管子·心术上》则更是切中肯綮："德者，道之舍。物得以生生，知得以识道之精。故'德'者'得'也。其谓所得以然也。""德"即"得"，但得要合于道。《管子·心术下》还认为，修身摄德而得道是处理个人与社会关系的总原则："形不正者，德不来；中不精者，心不治。正形饰（摄）德，万物毕得。"《管子·内业》还认为，身体健康，心安神宁是培养高尚的德行品质的前提。它说："定心在中，耳目聪明，四肢坚固，可以为精舍……形不正，德不来；中不静，心不治。正形摄德，天仁地义则淫然而自至。"修身也好，摄德也好，都只是手段，不是目的。目的是得道。道家、道教认为，"德"应该是符合人类生命本性的，是与道相一致的。"德"的增大提高也是一个自然而然的过程，无须勉强。如《老子》第五十四章说："修之于身，其德乃真；修之于家，其德乃余；修之于乡，其德乃长；修之于国，其德乃丰；修之于天下，其德乃普。"正是基于以上思想，谭峭《化书》卷一指出，儒家伦理有欠缺，它说："道德有所不实，仁义有所不至，刑礼有所不足，是教民为奸诈，使民为淫邪，化民为悖逆，驱民为盗贼。"[1]"三皇，有道者也，不知其道化为五帝之德。五帝，有德者也，不知其德化为三王之仁义。三王，有仁义者也，不知其仁义化为秦汉之战争。"[2]卷二指出，君子作礼乐来防小人，小人则盗取礼乐以僭君子。仁义者常行之道，行之不得其术以至于亡国；忠信者常用之道，用之不得其术以至于获罪；廉洁者常守之道，守之不得其术以至于暴民[3]。不仅如此，儒家伦

---

[1] 《道藏》第 23 册，第 591 页。
[2] 同上书，第 591-592 页。
[3] 同上书，第 596 页。

理还有负面作用。它认为作为老子三宝之一的"俭"可弥补儒家五常之不足:"夫仁不俭,有不仁;义不俭,有不义;礼不俭,有非礼;智不俭,有无智;信不俭,有不信。"① "俭为五常之本,五常为俭之末。"② 在俭约束下,"仁不荡,义不乱,礼不奢,智不变,信不惑"③。

在伦理方面,道家有深刻的伦理哲学思辨,但缺乏具体的伦理规范。儒学有具体的伦理规范,但缺乏形而上的哲理铺垫。这就为二者的互相补充、互相吸收提供了可能。"魏晋以降,在深刻思想渊源背景下,与社会现实秩序状况紧密相关,道教伦理沿着两个方向发展。一种是认同世俗伦理道德的合理性与秩序功能,并通过戒律的建设融摄吸纳世俗道德,建构道教伦理体系,以此参与到社会秩序的协调中去。另一种是基于对现实社会秩序的怀疑与厌弃,发挥始自《老子》的崇道轻德思想,以自然无为的哲学理论彻底否定世俗道德;有些人不仅限于思想上的阐发,更以实际的姿态来实践,如河上公那样隐遁世外、规避世俗伦理羁绊的道士比比皆是。总体上,巩固礼秩成为主流,但反礼秩也不时呈现,形成两种伦理观;而到了后期道教阶段,随着道教世俗化程度的加深,三教合一大潮的兴起,其对世俗伦理的趋同已经十分彻底,反礼秩的潜流也终于绝源,这约略可视为道教内部伦理思想发展的基本线索与整体面貌。"④

道家对儒学伦理规范有尖锐的批评。儒者往往认为道家是主张无道德主义。例如,唐代大文豪韩愈在《原道》中说:"凡吾所谓道德云者,合仁与义言之也,天下之公言也。老子之所谓道德云者,去仁与义言之也,一人之私言也。"⑤ 道家、道教的本义真的是完全毁弃仁义道德吗?对道家,前已述及。东汉道教产生后,为了同儒家竞争以获取生存的权利,不得不采取与儒家的伦理道德观调和的立场。例如,《太平经》引入了许多儒家的伦理道德规范作为戒条,并强调要遵循它们,否则就会遭到"承负"报应。为了对此做出理论说明,它在以气炼形修道的理论中指出,有一种叫作"太平气"的气,它具有公正无私,平均博爱的性质⑥。此后的道教,无论哪一宗哪一派,

---

① 《道藏》第23册,第596页。
② 同上书,第604页。
③ 同上。
④ 刘绍云:《魏晋至隋唐道教伦理分歧例谈》,《学术论坛》2005年第3期。
⑤ (唐)韩愈:《韩昌黎文集校注》,上海古籍出版社1986年版,第13页。
⑥ 王明:《太平经合校》,中华书局1960年版,第148页。

在这个问题上，虽然有言辞表达上的差异，但在实质上都没有什么不同。例如，唐代道教学者李荣说："道德者，道之宝也；仁义者，道之华也。"① 吴筠在《玄纲论》中说："然则道德为礼智之本，礼智为道之末。执本者易而固，执末者难而危。故人主以道为心，以德为体，以仁义为车服，以礼智为冠冕，则垂拱而天下化矣。若尚礼智而忘道德者，所为有容饰而无心灵，唯乾乾惕惕而天下蔽也。"尊道贵德，是道家、道教的根本思想，尤其是道教，基本上是直接承认儒家的伦理道德规范，只不过他们更强调要使伦理道德与根本的道密合无间，不让伦理道德的消极作用出现。

道教承认儒家的伦理道德，并不仅仅是为了生存而不得不采取的权宜之计，而是其根本思想的表露。因为道家追求大道，道教也同样如此。只不过道教把这种追求落实到个人长生成仙的操作实践中，以是否长生成仙为得道的检验证据，为此它就不得不处理个人与社会、人与自然万物的关系，以求解决成仙得道的理想与个人、自然、社会的关系不合于道的现实这二者之间的矛盾。所以，道教学者们还从哲理的高度为承认儒家的道德规范作了精致的论证。例如，晋代《正一法文天师教戒科经》中的"正一五戒品"直接引入了儒家的仁义礼智信，但在儒家伦理内涵的基础上有了新的发展：其所谓"仁"，是要求人们慈爱不杀，放生度生，并对己身加以养护，使"肝鬼相安"；其所谓"义"，是要赏善罚恶，谦让于公私，不犯盗窃，使"肺鬼相安"；其所谓"礼"，是要求敬老恭少，阴阳静密，贞正无淫，使"心神相和"；其所谓"智"，即是化愚学圣，节酒无昏，使"肾精相合"；而其所谓"信"，是指守忠抱一，幽显效征，不怀疑惑，始终无忘，使"脾志相成，成则名入正一，一入无复忧虑"。在这里，人体"五脏"的存在状况，健康与否同道徒们日常的伦理行为联系在一起，起到了伦理规范的作用②。类似地，南宋丹家白玉蟾说："真土归位则金丹自然大如黍米，日复一粒，神归气复，充塞天地。孟子曰：善养吾浩然之气者也。肝气全则仁，肺气全则义，心气全则礼，肾气全则智，脾气全则信。若受气不全，则不仁不义不礼不智不信，岂人也哉！"③ 更进一步《慈善孝子报恩成道经》把孝的道德规范与道家的宇宙发生论结合起来，用本源论为孝的道德规范进行理论论证，说：

---

① 蒙文通：《道书辑校十种》，巴蜀书社2001年版，第616页。
② 姜生：《汉魏两晋南北朝道教伦理论稿》，四川大学出版社1995年版，第128－129页。
③ 《道藏》第33册，第143页。

> 大道幽虚，寂寥无名，孝出于无，秉元受生，生形法孝，无名曰道……有形之类，非道不生，非孝不成。故大道生元气，元气生太极，太极生天地，天地生万物。万物之类，人居其长，万灵之中，大道最尊，仁孝尊道，故名孝道。道为万物父，亦名万物母，又曰：道生一，一生二，二生三，三生万物。万物得道则昌，失道则亡。精微柔弱，忍辱雌孝，进修中道，必无懈倦，以孝自牧，上报元恩，玄父玄母，二亲大恩。故名行孝，行孝道也。①

在这里，父母生育子女，子女当孝顺父母。道生化万物，被视为万物的父母，作为万物中的一员，人也应当遵循道。这样，对道的遵循和对父母的孝顺被统一起来了。也就是说，孝既是人对道的遵循，也是对父母的顺从，均为人的生存之所需。如果说这仅是个别道经的一家之言，那么，宋元时期的净明道则是作为一个道教宗派，把儒家道德规范与本派教义的融合上升到了自觉的高度。它以"净明""忠孝"为基本教旨，提出"净明只是正心诚意，忠孝只是扶植纲常"，以此为基础进而把追求"作世间上品好人"为本派的信仰目标。明清时期，在宋明儒学理学的影响下，道教伦理思想的儒学化更趋明显。张三丰认为，"大道以修心炼性为首"，主张"修道以修身为大，然修身必先正心诚意"。"正心诚意"是《大学》八条目之二。但他对"正心诚意"的理解是以内丹修炼为背景的，内涵是扫除杂念、清心寡欲，与儒家不完全一样。他主张"全于人道，仙道自然不远"，把人道作为仙道的前提条件。他认为，人道的主要内容是"忠孝两全""仁义博施"等儒学道德规范。天师张宇初推崇儒家道德性命之学，宣扬"心统性情"，提出了"以清静为本"的修道原则，同时，他还要求"由仁义，操礼节"，讲"崇德积善"，以求得国泰民安。龙门派道教学者王常月也类似地主张"欲修仙道，先修人道"，强调"济度众生"，以求得"功德圆满"。受宋明理学的影响，他把心性论与伦理学结合起来，提出"命在性中"，"以见性为主"，要人们"穷理尽性以致于命"。为此，要"清净身心""绝缘舍爱"。清代内丹家刘一明讲性命双修，但也讲道心、人心，要求以道心制人心，具体方法是"神室八法"，即"刚""柔""诚""信""和""静""虚""灵"，以此作为修炼心性、成就大道之法。他还阐述了学道者在性命修持方面必须打通的五十个关

---

① 《道藏》第 6 册，第 303 页。

口，并且明确提出"积德修行乃修道者之要务"。

魏晋南北朝时期，道教吸收儒家道德规范，把它与道教得道成仙的信仰和具体修炼相结合，转化为各类清规戒律，宣扬善恶报应，对人之善行的奖赏，恶行的监督和惩罚更为具体。葛洪指出："欲求仙者，要当以忠孝和顺仁信为本。若德行不修，而但务方术，皆不得长生也。行恶事大者，司命夺纪，小过夺算，随所犯轻重，故所夺有多少也。"①《赤松子中诫经》说："天上三台、北辰、司命、司寿，差太一直符，常在人头上，察其有罪，夺其算寿。"② 它进而对做了不同数量的善事或恶事所得到的不同程度的善报或恶报，逐一做了具体的规定，指出：

人为一善，神意安定；为十善，气力强盛；为二十善，身无患害；为三十善，所求遂意；为四十善，殷富娱乐；为五十善，子孙昌盛；为六十善，不遭误犯、恶人牵累；为七十善，所学显贵；为八十善，获地之利；为九十善，天神护之；为一百善，天赐其禄，逢遇圣贤；为二百善，扬名后世，子孙受禄；为三百善，三世子孙富贵利乐；为四百善，四世子孙富贵迁禄；为五百善，五世子孙受封超爵；为六百善，世世子孙忠孝富贵；为七百善，世世出贤哲人；为八百善，出道德人；为九百善，出圣人；为一千善，出群仙，古迹善政，天道所录，见身加算，进位登仙，福及子孙，生贤出圣也。若人为一恶，意不安定；为十恶，气力虚羸；为二十恶，身多疾病；为三十恶，所求不遂；为四十恶，坎坷衰耗，凡事乖张；为五十恶，终无匹偶；为六十恶，绝灭子息；为七十恶，阴鬼谋害；为八十恶，水火为灾，非横烧溺；为九十恶，贫寒困弱，疮疥风颠，为一百恶，天气害之，横事牵引，刑法恶死；为二百恶，地气害之，盗贼为灾；为三百恶，世世出下贱人；为四百恶，世世子孙穷贱贫乞；为五百恶，子孙绝嗣；为六百恶，世世子孙盲聋瘖痖，出痴颠人；为七百恶，出五逆不孝犯法子孙；为八百恶，出叛臣逆子，诛灭亲族；为九百恶，出妖孽之人，夷灭族类；为一千恶，世世子孙异形变体，为禽兽不具之状，积恶之殃满盈，祸及数世矣。③

---

① 王明：《抱朴子内篇校释》（增订本），中华书局1985年版，第53页。
② 《道藏》第3册，第445页。
③ 同上书，第446页。

后来，杜光庭所撰《墉城集仙录》对此做了进一步的增补①。为了增强说服力，道教还在清规戒律中强化生与死的对立，主张善恶报应，行善死后升天，作恶死后入地狱受惩罚。《太上洞玄灵宝智慧罪根上品大戒经》在叙述了"十善戒"之后说："此十戒，普教十方无极世界，度一切人。能奉之者，功书十天，福延七祖，拔出长夜九幽之中，上升南宫，身入光明，因缘不绝，克得神仙。"② 在叙述了"十恶戒"之后，又说：

> 此十恶之戒，不能离身犯之者，身遭众横，鬼神害命，考楚万痛，恒无一宁，履善遇恶，万向失利，死入地狱，幽闭重槛长夜之中。不睹三光，昼夜流曳，抱铜柱、履刀山、循剑树、入镬汤、吞火食炭，五苦备经，长沦九幽，无有生期。纵得解脱，还生六畜之中，不得人道。恶恶相牵，善善相因。罪福之对，如日月之垂光，生死之不灭，如影之随形，缘转相加，如车之轮。③

类似这样把道德规范具体化、条文化、定量化，增强可操作性的做法，在《太上感应篇》为代表的宋元时期的道教劝善书上表现得淋漓尽致。这些劝善书涉及道德领域的诸多方面，包括个人品德修养、家庭伦理、社会公德、职业道德以及生态伦理等，具有儒学世俗性、神学教化性、追求得道成仙、定量化与可操作性等特征。

第六节　"承负"与善恶报应的伦理信仰

中国历史上自来就有因果报应的思想，例如《周易》说："积善之家，

---

① 《墉城集仙录》指出："凡人有一千恶者，后代妖逆；二千恶者，为奴仆；三千恶者，六疾孤穷；四千恶者，疫病流徙；五千恶者，为五狱鬼；六千恶者，为二十八狱囚；七千恶者，为诸方地狱徒；八千恶者，堕寒冰狱；九千恶者，入边底狱；一万恶者，堕薜荔狱……堕薜荔狱者，永无原期。"与此相反，"人有一善，则心定神安；有十善，则气力强壮；有百善，则宝瑞降之；有千善，则后代神真；有二千善，则为真仙将吏；有三千善，则为圣真仙曹掾；有四千善，则为天下师圣仙主统；有五千善，则为圣真仙魁师；有六千善，则为圣真仙卿大夫；有七千善，则为圣真仙公王；有八千善，则为圣真仙皇帝；有九千善，则为元始五帝君；有一万善，则为太上玉皇帝"。（《道藏》第18册，第166页）

② 《道藏》第6册，第6页。

③ 同上书，第7页。

必有余庆；积不善之家，必有余殃。"《国语》有"天道赏善而罚恶"、《韩非子》有"祸福随善恶"之说，西汉刘向《说苑·说丛》讲"贞良而亡，先人余殃；猖蹶而活，先人余烈"，《文子》说得更清楚："夫有阴德者，必有阳报；有隐行者，必有昭名。树黍者不获稷，树怨者无报德。"① 这些都是佛教传入中国之前的思想，所以，不能把善恶因果报应的观点简单地说成是印度佛教的观点。

到了东汉，道教在继承上述传统观点的基础上，提出了善恶报应的承负说。

《太平经》宣称："夫天地之性，自古到今，善者致善，恶者致恶，正者致正，邪者致邪，此自然之术，无可怪也。"② 这是明确讲善恶因果报应。当有人问，有的人在胎中便夭折，有的人只有几岁就死亡，他们并没有恶行，为什么会死亡呢？《太平经》的解释是："此乃祖宗之罪，遗殃乃后。"③《太平经》说人有罪过，"或身即坐，或流后生"④，这样就把为善为恶者与得善得恶者在一定程度上分别开来了，也就是说，报应不再仅限于个体自己，而是扩大到血缘承继关系上，后代要承担前人的罪恶。《太平经》曰："凡人之行，或有力行善，反常得恶；或有力行恶，反得善。因自言为贤者非也。力行善反得恶者，是承负先人之过，流灾前后积来害此人也。其行恶反得善者，是先人深有积畜大功，来流及此人也。"⑤ 意思是说有的努力行善，反而处处遭殃；有的恶贯满盈，反而平安无事。努力行善反而处处遭殃的人是承受了祖先的罪过；恶贯满盈，反而平安无事的人是享受了祖先积累的阴功。

《太平经》说："承者为前，负者为后；今承者，乃谓先人本承天心而行，小小失之，不自知，用日积久，相聚为多。今后生人反无辜蒙其过谪，连传被其灾，故前为承，后为负也。负者，流灾亦不由一人之治，比连不平，前后更相负，故名之为负。负者，乃先人负于后生者也；病更相承负也，言灾害未当能善绝也。"⑥ 如此说来，每个人不但要承受自己行为所造成的后果，还要承受祖先所积累的罪业和福泽。《太平经》中所谈的承负有四种，

---

① 《道藏》第16册，第107页。
② 王明：《太平经合校》，中华书局1960年版，第512页。
③ 《道藏》第3册，第3页。
④ 王明：《太平经合校》，中华书局1960年版，第241页。
⑤ 同上书，第22页。
⑥ 同上书，第70页。

其一，后人为前人承负，主要体现在："夫先人但为小小误失道，行有之耳，不足罪也。后生人者承负之，畜积为过也。"① 这侧重在有血缘关系的人之间。后人还得为前人的邪说所承负："今一师说，教十弟子，其师说邪不实，十弟子后行各为十人说，已百人伪说矣；百人复行各为十人说，已千人邪说矣；千人各教十人，万人邪说矣；万人四面俱言，天下邪说。"② 这是从文化传承上来说的。第二，人为天地承负，主要体现在："天地生凡物，无德而伤之，天下云乱，家贫不足，老弱饥寒，县官无收，仓库更空。此过乃本在地伤物，而人反承负之。"③ 第三，人为自然界的活动承负，主要体现在："南山有毒气，其山不善闭藏，春南风与风气俱行，乃蔽日月，天下彼其咎，伤死者积众多。此本独南山发泄气，何故反使天下人承负得病死焉。"④ 第四，在古代社会政治方面，后代的社会和政权要为前代的社会和政权承负："今先王为治；不得天地心意，非一人共乱天也。天大怒不悦喜，故病灾万端，后在位者复承负之。"⑤ 也就是后一朝代为前一朝代承负治乱兴衰⑥。这四种承负，完整地包含了人与人、人与文化、人与社会、人与自然的关系，是一个完整的因果报应理论体系。

为什么会有承负这种现象呢？《太平经》吸收了汉代的气化流行论，认为天地由元气化生。"元气有三名，太阳、太阴、太和；形体有三名，天、地、人。"⑦ "天地与中和相通，并力同心，共生万物。"⑧ 具体地说："元气恍惚自然，共凝成一，名为天也；分而生阴而成地，名为二也；因为上天下地，阴阳相合施生人，名为三也。三统共生，长养凡物名为财，财共生欲，欲共生邪，邪共生奸，奸共生猾，猾共生害而不止则乱败，败而不止不可复理，因穷还反其本，故名为承负。"⑨ 在三气基础上形成了不同的气，气不仅有自然属性，还有善恶的伦理社会属性，有"仁气""道气""义气"等多

---

① 王明：《太平经合校》，中华书局1960年版，第515页。
② 同上书，第58页。
③ 同上。
④ 同上书，第59页。
⑤ 同上书，第55页。
⑥ 陈焜：《试论〈太平经〉中之承负说》，《宗教学研究》2002年第4期；刘晓明：《浅谈道教的承负说》，《宜春学院学报》2013年第4期。
⑦ 王明：《太平经合校》，中华书局1960年版，第19页。
⑧ 同上书，第148页。
⑨ 同上书，第305页。

个种类①。《太平经》把不同的气和神、人联系对应,"凡事各以类相理。无形委气之神人与元气相似,故理元气……凡民乱愦无知,与万物相似,故理万物"②。人和凡物相交引而生欲望,有了欲望就有可能产生邪恶、奸猾、混乱、失败等,到不可收拾的程度,穷极返本,就发生了承负。这是用天道和社会的变化循环来解说"承负"。《太平经》还说:"夫南山有大木,广纵覆地数百步,其本茎一也。上有无訾之枝叶实,其下根不坚持地,而为大风雨所伤,其上亿亿枝叶实悉伤死亡,此即万物草木之承负大过也。"③这是用自然界的变化循环来解说"承负"。此外,人和天均由元气所生,天人之间存在相互感应,天上的神会根据世人的表现,赏善罚恶。行善人得长寿,行恶人就早夭。自己的善行和恶行不仅会影响自己,还影响到子子孙孙。正如葛洪所说:"若算纪未尽而自死者,皆殃及子孙也。"④ 由此看来,承负说不只是一种"自作他受"的报应思想,它既有自受,又有他受,是一个比较完备的报应思想体系⑤。

按照善恶转相承负的观点,每个人在开始自己的生命活动之前,就已承受了祖先留存的一定数量的善恶积累,这是被决定了的。当然,从逻辑上说,也可能存在着祖先的善恶在量上正好平衡的事例,但在这种情况下,也就无所谓承负了。所以,在承负报应所讨论的范围以内,是必定有着祖上留存的、可被其后辈子孙承负的一定量的恶或者善的。就后辈子孙不得不接受祖上遗留的善恶积存这一点来说,承负报应思想颇有点命定论的意味了。但是,它与命定论又是截然不同的。其根本的分别就在于承负报应仍然强调善有善报,恶有恶报,认为个人掌握着为善为恶的主动性,因而在某种程度上掌握着自己的命运。所以,承负报应思想仍然具有鼓励人们通过自己的为善来获得好的命运(善报)的积极劝世的社会功用。在承负报应思想的鼓吹中,希望之光仍在闪烁,吸引人们从善弃恶⑥。

正是在这个意义上,承负说虽然是一种前辈的果报影响后人的理论,但《太平经》并不认为承负是一种宿命,而是主张承负可解。它提出了五种解

---

① 王明:《太平经合校》,中华书局1960年版,第690页。
② 同上书,第88页。
③ 同上书,第60页。
④ 同上书,第126页。
⑤ 刘晓明:《浅谈道教的承负说》,《宜春学院学报》2013年第4期。
⑥ 陈静:《太平经中的承负报应思想》,《宗教学研究》1986年第1期。

除承负的方法。第一，天地由元气化生，所以只要养气就可以消除承负之责："气得，则此九人俱守道，承负万世先王之灾悉消去矣。"① 养气的具体方法是守一。《太平经》认为解除承负的最好方法就是"守一"："欲解承负之责，莫如守一。守一久，天将怜之。一者，天之纪纲，万物之本也。思其本，流及其末。"② 为什么说解除承负的最好方法是"守一"呢？关于"一"，《太平经》说："一者，数之始也；一者，生之道也；一者，元气所起也；一者，天之纲纪也。"③ 可见，"一"即是"道"，"守一"就是守道。正是在这个意义上，《太平经》明确指出："夫守一者，可以度世，可以消灾，可以事君，可以不死，可以理家，可以事神明，可以不穷困，可以理病，可以长生，可以久视。"④《太平经》讲了许多"守一"的方法，大致可分为两类：一类是讲养生术的；另一类则是讲道德修养的。就后者而言，《太平经》说："守一之法，为善，效验可睹。""守一之法，外则行仁施惠为功，不望其报。忠孝亦同"，"守一之法，内常专神，爱之如赤子"⑤。归结起来，"守一"就是行善与修道。可见《太平经》所谓"欲解承负之责，莫如守一"，就是要通过行善与修道，解去承负。

第二，信奉、念诵、传扬《太平经》，行太平道可以消除承负之灾。《太平经》认为："承负之责最剧，故使人道书，使天下人得行之，俱思其身定精，念合大道，且自知过失之从来也，即承负之过除矣。"⑥ 在《太平经》看来，自己是承道之书，讲的是真理，所以，信奉、念诵、传扬自己，让普天之下所有的人的思、言、行都与道相吻合，承负即可解除。在这个意义上，《太平经》主张，只知而不行显然不够，更重要的是在实践中推行太平道："得行此道者，承负天地之谪悉去。"⑦

第三，《太平经》认为，作为得道者的天师能与天感通，所以天师行法术可以消除承负："师既为皇天解承负之仇，为后土解承负之殃，为帝王解承负之原，为百姓解承负之过，为万二千物解承负之责。"⑧

---

① 王明：《太平经合校》，中华书局1960年版，第88页。
② 同上书，第60页。
③ 同上。
④ 同上书，第743页。
⑤ 同上。
⑥ 同上书，第74页。
⑦ 同上书，第68页。
⑧ 同上书，第57页。

第四，做善事可以解除承负。《太平经》说："能行大功万万倍之，先人虽有余殃，不能及此身也。"① 在《太平经》看来，如果能够相比于先人成倍地积善累功，就可以抵消先辈的恶孽，就可以解去承负。由此看来，劝人行善是《太平经》宣扬承负说的目的之一。

其五，得道者不再受承负之苦。《太平经》说："或有得真道，因能得度世去者，是人乃无承负之过。"② 这就是说，只要得道，承负自然消失。由此看来，劝人修道得道也是《太平经》宣扬承负说的目的之一。

承负说最根本的目的还是希望借此让人心变善。《太平经》认为，人心善良了，可以辅助天地、帝王来感化万物，而不去破坏万物，这样，天地就会清明，帝王就会快乐无忧，所以就积累了功德。如果一个人教化了一百个人，这一百人又每人教化了一万人，这样下去，教化的人数就很多了。做这样的善事，功德无量。《太平经》曰："其心善，则助天地帝王养万二千物，各乐长生；人怀仁心，不复轻贼伤万物，则天为其大悦，地为其大喜，帝王为其大乐而无忧也，其功增不积大哉？夫一人教导如此百愚人，百人俱归，各教万人，万人俱教，已化亿人，亿人俱教，教无极矣。此之善，上洽天心，下洞无极，人民莫不乐生为善。"③ 那么，同理，人们如果都怀仁爱道德之心，则天下太平。《太平经》指出："帝王行道德兴盛，日大明，少道德少明；皇后行道德，月大光明，少道德少光明；众贤行道德，星辰大耀，少道德少耀。四根俱行道德，天下安宁，瑞应出，大光远。遥观天象，风雨时善，夷狄归心，灾害自消。"④ 由此，上至皇族大臣，下至百姓苍生，如果大家都遵守道德规范，则日月星辰闪耀光明，风调雨顺，四海同心，一片祥瑞。

承负说作为一种伦理信仰还是有积极意义的。这主要表现在如下四个方面：

第一，承负说认为自己的个人行为会影响、改变自己的命运。古人们在这一思想的影响下，行善去恶，在一定意义上有利于自我修养，有利于社会教化。其实这种善有善报、恶有恶报的果报思想除去神秘色彩以后，揭示的就是一种现实社会环境中的因果关系。《易经》说："同声相应，同气相求。"从因果关系来看，行善的人得到好报是一种大概率事件，因为行善的人对人

---

① 王明：《太平经合校》，中华书局1960年版，第22页。
② 同上书，第372页。
③ 同上书，第244页。
④ 同上书，第30页。

友善，社会通常也会用友善来回报。行善而无回报的事也是有的，但是概率比较小，极端的恩将仇报的事发生的概率就更小了。行恶的人受到恶报是自己一手造成，如果人行恶事，对他人造成伤害，破坏自然环境，扰乱社会秩序，违背自然和社会的运行规律，自然界和社会往往也会以恶的方式来回报他。古话云："多行不义必自毙。"承负说作为民间流传的一种因果报应观念，在教化老百姓上还是有积极作用的。

第二，承负说立足于家庭关系来论述善恶因果理论体现了古代中国的传统特色，对维护社会秩序，保持社会安定有着很大的积极意义。以血缘关系为本的宗法制是中国古代社会的根本制度之一，"家国同构"是中国古代社会的基本特征。在这样的环境中产生了儒家思想。在宗法制和儒家思想的共同影响下，中国人特别重视亲人，特别重视家庭。国家之名，也是以国为家，即国是家的放大。所以，承负说把行为主体的善恶行为与父母妻子等亲人联系起来，就给了重视家庭的中国人以道德的牵制。用家庭来牵制行为主体的道德选择，在尤其重视家庭的传统社会中是非常实际的一种德育方式。因此，承负说对维持社会秩序，保持社会安定有很大的作用。

第三，承负说将人与天地自然联系起来，认为人和自然息息相关。一方面人要为天地、自然界的灾害承负，这提醒人们注意保护自然，保护树木植被、保护动物，以免除承负。另一方面，承负说也促使人们积极避免人与自然的矛盾，或者寻求解决人与天地自然矛盾的方法。从这些方面来看，承负说具有保持生态平衡，促进环境保护的积极意义。

第四，承负说对避免伦理虚伪现象的出现有积极意义。善恶与报应之间在数量上具有抵消关系。如果某一善或者恶的行为已经得到了相应的回报，也就被抵消了。《老子想尔注》说："既为忠孝，不欲令君父知，自默而行，欲蒙天报。设君父知之，必赏以高官，报以意气，如此功尽，天福不至。是故默而行之，不欲见功。"[1] 为了得到上天的报应，就有必要把自己的善行悄悄地隐藏起来，以免被君父的世俗报赏所抵消了[2]。道教的根本信仰是长生不死，得道成仙。道教徒的最大目的也是这一点。与此相比，其他的都是不值得计较的小的利益。为此，他们在大小相较中当然取大而不取小。这也就是道教一直宣扬行善做好事不留名的重要原因。这一点，在宋代以来非常盛

---

[1] 饶宗颐：《老子想尔注校证》，上海古籍出版社1991年版，第24页。
[2] 陈静：《太平经中的承负报应思想》，《宗教学研究》1986年第1期。

行的《太上感应篇》《文昌帝君阴骘文》《关圣帝君觉世真经》等劝善书中体现得淋漓尽致。例如《关圣帝君觉世真经》说："一切善事，信心奉行；人虽不见，神已早闻。"

同样是讲善恶因果报应，《太平经》所宣扬的承负说与佛教讲的轮回因果报应有何异同呢？就共同点而言，二者都是要消除人们对善恶报应不能立即显现的怀疑。道教承负说的理由是如此，佛教也同样。东晋著名和尚慧远写《三报论》，其副标题就是"因俗人疑善恶无现验作"。其次，不论是承负说抑或业报轮回说，其说教的目的都在于劝导人们弃恶从善。

除此以外，二者的差异点很多。首先要认识到道教和中国本土其他学派的思想均无轮回的观念。轮回是理解佛教因果报应论的根本。慧远说："业有三报：一曰现报，二曰生报，三曰后报。现报者，善恶始于此身，即此身受。生报者，来生便受。后报者，或经二生三生，百生千生，然后乃受。"①据此观察，承负说与业报轮回说的差异表现在：

第一，从产生果报的原因来看，承负说主张有施报者，施报者因承负的种类不同而不同，但总有一个施报者存在。但业报轮回说则认为，有情众生对世界万有的无明是产生果报的根本原因，也就是说不存在所谓的施报者。

第二，从受果报的主体来看，承负说主张行善作恶，自身及子孙受其报；业报轮回说则主张自作自受。佛教的轮回报应基本上是个体自身的报应。人人都要对自己的行为负责，不论为善为恶都将有相应的报应。同时，每个人只需要对自己的行为负责。不论是善报恶报，还是现报、生报或后报，都只是为善为恶者自己的事，来世变牛或变马，或托生富贵人家享受荣华富贵，都与他人没有关系。相比较之下，承负报应思想加重了个人行为的社会意义。个人的行为不仅影响自己，还要影响与自己有血缘关系的后辈子孙；同时，个人不仅要对自己的行为负责，还要对祖祖辈辈的行为承担责任。这种思想为个人行为加上了强烈的社会约束力，比佛教的轮回善恶报应观具有更强大的劝善戒恶的社会功效②。

第三，从判定善恶的标准来看，承负说主要为忠、孝，具有浓厚的社会伦理色彩；业报轮回说则强调了个体之间的关系，社会性要淡一些。

第四，从解脱果报的方式来看，承负说倡导"行大功德、行太平之道"，

---

① 严可均：《全上古三代秦汉三国六朝文》，中华书局1958年版，第4795页。
② 陈静：《太平经中的承负报应思想》，《宗教学研究》1986年第1期。

注重宏观的社会效果；业报轮回说则更强调般若智慧，注重个体的宗教目的。

承负说从中国传统的报应思想发展而来，深深植根于民众之中；与之相比，业报轮回说在形式和内容上都更加广博精微，其来世思想和彼岸世界对灾难深重的下层人民有着巨大的诱惑力。所以，东晋中叶以后，道教开始吸收佛教的业报轮回理论以完善自己的教义。如晋宋之际出现的《灵宝经》就宣扬人生罪福都是由前生宿业所致的观点。受佛教轮回转世，因果报应之说的影响，道教追求肉体不死而长生的观念也逐渐转向追求精神不死，即"与道合一""体道合真"的境界。但不可忽视的是随着佛道二教此后的广泛传播，承负说和业报轮回的理论都在中国民间产生了深远的影响[①]，二者相互补充，相与为用，在宋代以后劝善书、功过格等伦理普及的运动中发挥了重大作用。

综上所述，道教伦理信仰有两个特点：

第一，基于多神论的宗教信仰，道教宣称有众多的神在不同的时刻、不同的空间方位，全时段、全方位地监督人的行为。《赤松子中诫经》宣称："凡人动息，天地皆知。"具体地说，"天上三台北辰、司命、司禄，差太一直符，常在人头上，察其有罪，夺其算寿"[②]。实际上，除了人颈上的太一直符外，监督人的神还有灶神、厕神、门神、路神、山神、城隍、阴间之神等众多神灵。他们无微不至，无所不及地观察、监督、记录人的善恶行为。《赤松子中诫经》说："清朝常行吉气，专心记念，善语、善行、善视，一日之内，三业不生，三年之内，天降福星，皆为福报也。如人清朝常行恶语、恶行、恶视，教人为恶日造，三年之内，祸患及身，亡财减口，地加妖气，人必衰矣。"[③] 这就是说，提高道德修养，自律固然必不可少，承负说就大大地强化了这一点。但仅仅靠自律是不够的，还要有他律。神的监督就是强有力的、重要的他律手段之一。

第二，道教把伦理信仰与养生修炼、长生不死、得道成仙的信仰紧密结合在一起，把道德修养作为修炼成仙的前提、重要方面甚至途径。《无上秘要》所引《妙真经》说：

---

① 徐明生：《"承负"与"轮回"——道教与佛教两种果报理论的比较》，《江苏科技大学学报》（社科学版）2008年第2期。

② 《道藏》第3册，第4页。

③ 同上书，第5页。

夫道德治之于身，则心达志通，重神爱气，轻物贱名，思虑不惑，血气和平，肌肤润泽，面有光莹，精神专固，身体轻强，虚实相成，鬓发润光，佼好难终。治之于家，则父慈子孝，夫信妇贞，兄宜弟顺，九族和亲，耕桑时得，福实积殷，六畜繁广，事业修治常有余矣。治之于乡，则动合中和，睹正纲纪，白黑分明，曲直异理，是非自得，奸邪不起，威严尊显，奉上化下，公如父子，爱敬信向，上下亲喜，百姓和集，官无留负，职修名荣，没身不殆。治之于国，则主明臣忠，朝不隐贤，士不妒功，邪不蔽正，谗不害公，和睦顺从，上下无怨，百官皆乐，万事自然，远人怀慕，天下向风，国富民实，不伐而强，宗庙尊显，社稷永康，阴阳和合，祸乱不生，万物丰熟，界内大宁，邻家托命，后世繁昌，道德有余，与天为常。①

在这一观念下，道德修养被赋予了理身、理国的宽泛内涵，注重生命的健康长存与社会的太平繁荣，而这恰恰是"理身理国同道"，得道是终极信仰和目标的根本观念的体现。

第七节 伦理与行善成仙

道教的伦理内涵来源于德，即道之用的规范性。这就与术有了内在的联系。早期的伦理主要是作为修道成仙所涉及的主体方面的行为规范。到了晚唐时期，在儒学的影响下，一些道教思想家强化伦理的作用，把伦理视为修仙之术，成仙之途。杜光庭就是例子之一。杜光庭在传统的成仙的三种途径，即白日升天、山林隐化、尸解成仙之外，增加了积善成仙一途。这在道教史上是第一次明确把伦理作为成仙的一种术。他编写的《仙传拾遗》四十卷、《墉城集仙录》十卷，记述了真仙们行善的多种方式。

宋代，《太上感应篇》等劝善书和《太微仙君功过格》等功过格开始出现，至明清时期大为兴盛。明末至清代道教劝善书的流传以《三圣经》和功过格为主流。日本学者酒井忠夫将这一时期的劝善书分为两类：一是基本善书：《太上感应篇》《阴骘文》与《觉世经》，三书合称《三圣经》，它们的

---

① 《道藏》第25册，第142页。

注释本与《太微仙君功过格》都归为"古典善书";二是继《感应篇》及《太微仙君功过格》之后产生的善书,多依据这些善书的写法与模式编成,以扶乩启示的形式著造为主流,可称为"新善书"①。

功过格最初指道士逐日登记行为善恶以自勉自省的簿格,后来流行于民间,泛指用分数来表现行为善恶程度,使行善戒恶得到具体指导的一类善书。功过思想最早可追溯至《周易》所说:"积善之家,必自余庆;积不善之家,必有余殃。"《太平经》把它发展为承负说。道教强调积善立功,有一套计算衡量功过的办法,《抱朴子·对俗》引《玉钤经中篇》称要想成天仙,须积一千两百善,想成地仙,须要积三百善。1171 年成书的《太微仙君功过格》属南宋净明道首创的功过格,是道士自记个人善恶的簿册。功过格所奉行的是一种积极的"立命之学"。到了明代末叶,功过格的印行,不仅是某些知识分子个人积功修德所为,而且受到了善会、善堂及一些地方性相关团社的积极推助。如《汇纂功过格》的宣传和推广即与兴善堂、云起会、云间社有密切的关系。17－18 世纪中叶,有多种功过格编写而成,常见的有万历三十三年(1605)袾宏编写的《自知录》、万历三十五年(1607)袁黄编写的《阴骘录》、天启二年(1622)颜茂猷编写的《迪吉录》、崇祯十二年(1639)陈智锡编写的《劝戒全书》、康熙五年(1666)李国昌编写的《崇修指要》、康熙九年(1670)史玉涵编写的《感应类钞》、康熙十年(1671)胡振安编的《汇编功过格》、康熙五十五年(1716)李士达所编《功过格辑要》、雍正十二年(1734)黄正元所刊《太微仙君纯阳五祖功过格》(又名《御虚阶》)、乾隆十七年(1747)徐本序《立命功过格》、乾隆十七年(1752)醒半子序《石音夫功过格》、乾隆二十八年(1763)江文澜《晨钟录》、乾隆五十四年(1789)刘山英《信心应验录所收太微仙君功过格》、乾隆五十七年(1792)佚名《功过格分类汇编》等②。

劝善书和功过格是道家世俗化的产物,传播对象更多的是世俗人士,因此劝善书和功过格很快就受到儒学和佛教的侵染而具有三教合一的色彩,继而出现了深具佛教色彩的《自知录凡例》和《了凡四训》,后者把劝善书和功过格合为一体,它不是简单将神的监督作为劝善的依据,而是以亲身经历来详细说明功过善恶和自身命运的密切关系,说服力和感染力更强。此书因

---

① 游子安:《善与人同——明清以来的慈善与教化》,中华书局 2005 年版,第 21－22 页。
② 同上书,第 45－46 页

而广为传播。在它的影响下，很多家规、家训也采取了劝善书和功过格相结合的方式，奉劝人们通过累积功德改变命运①。

劝善书宣称行善可以成仙。《太上感应篇》说："所谓善人，人皆敬之，天道佑之，福禄随之，众邪远之，神灵卫之，所作必成，神仙可冀。"② "欲求长生，先须避过"，"欲求成仙，还当立善"③。在内丹兴盛之后，受其影响，有的劝善书用内丹修炼成仙的原理来阐述，《起生丹》就是例子。它宣称用善行可以炼就仙丹，说："见人之得如己之得，见人之失如己之失。此皆由一片天然血心所发。以此由浅及深，便能将千般利欲化成一种仁慈。久而久之，何患道不得、仙不成。金丹妙诀，无人指引也。但能体会其言，遵信奉行，待到功满缘成，自有金仙渡脱尘嚣。生等其各鉴诸，勿蹈伊人之习也可。"④ 行善可以成仙的依据在于仙是善而非恶。善当然不是仙的全部品质，但仙必定是善良的，否则是妖、魔、鬼、怪。

劝善书早期宣传行善的目的是成仙，后期受儒学、佛教影响后，更多地强调获得福报。善行可以获得福报，其哲理是天人合一，具体地说是天人感应。《太上感应篇》开篇宣称：

> 太上曰：祸福无门，唯人自召；善恶之报，如影随形。是以天地有司过之神，依人所犯轻重，以夺人算。算减则贫耗，多逢忧患，人皆恶之，刑祸随之，吉庆避之，恶星灾之，算尽则死。又有三台北斗神君在人头上，录人罪恶，夺其纪算。又有三尸神在人身中，每到庚申日，辄上诣天曹，言人罪过，月晦之日，灶神亦然。凡人有过，大则夺纪，小则夺算。其过大小有数百事，欲求长生者先须避之。⑤

天人感应在道教中具体化为神灵的监察和赏罚。这样一来，就转化为《太平经》的承负理论和佛教所宣传的因果报应理论。道教掌管监督的神灵无所不在。天上有司命的三台星座和北斗星座，地上有灶神和三尸神等。灶神居于厨房，密切观察个人及其家庭成员的行为。三尸神盼望人死去，人死

---

① 陈芷烨：《明清社会劝善书及功过格的历史作用及价值——以〈太上感应篇〉〈太微仙君功过格〉〈文昌帝君阴骘文〉为例》，《广西社会科学》2008年第5期。
② 汤一介主编：《道学精华》（下），北京出版社1996年版，第1539页。
③ 同上。
④ 《藏外道书》第28册，巴蜀书社1994年版，第622页。
⑤ 汤一介主编：《道学精华》（下），北京出版社1996年版，第1538页。

了它就能获得自由，于是上、中、下三尸神殷勤地随时向司命神报告人的恶行和恶念。

《太上感应篇》认为"善恶之报，如影随形"，即行善作恶立刻便有报应，如同影子时刻跟着形体一样。这一说法无法解释行善者不得福，为恶者未遭祸的现象。为此，《阴骘文》受佛教三世因果报应理论的启发，提出了"近报在身，远报儿孙"的观点，通俗明了地解决了这一问题。

虽然司命神灵对罪恶行为会进行严厉的惩罚，但是，劝善书告诉人们，犯了错以后，还是可以采取措施补救的。"其有曾行恶事，后自改悔，诸恶莫作，众善奉行，久久必获吉庆，所谓转祸为福也。"① 当然，补救罪恶，肯定要付出更大的代价，即用更多更大的善行来抵消、弥补。

行善去恶的总体目标是长生成仙与避祸趋福，但仅仅这样尚缺乏说服力，所以要把目标与善行的关系具体化。《太上感应篇》已经注意到了这一点，说："欲求天仙者，当立一千三百善；欲求地仙者，当立三百善。"② 不同的善行数量对应着不同等级的目标，这显然增强了说服力。不过，《太上感应篇》对善恶行为的数量与报应目标等级的规定还是显得比较原则、宽泛，后来出现的《太微仙君功过格》则把它精确化、定量化了。南宋时期出现的《太微仙君功过格》有"功格三十六条"和"过律三十九条"。"功格三十六条"内，尊敬父母祖先值十功，"旦夕朝礼，为国为众焚修，一朝为二功"，"章醮为国为民为祖先为孤魂为尊亲，祈禳灾害、荐拔沉魂，一分为二功"，并且"为国为民，或尊亲先亡，或无主孤魂，诵大经，一卷为六功"③。葬一具尸体得五十功，捐鳏寡孤贫者一百钱一功，赈饥一餐一功，为寒冷和无家可归者提供住处，一宿一功，为造船桥济渡捐一百钱一功，等等。救济门十二条中有"救有力报人之畜一命为十功，救无力报人之畜一命为八功，虫、蚁、飞蛾湿生之类一命为一功"。"过律三十九条"之下，不仁门十五条中有："故杀有力报人之畜一命为十过，误杀为五过；故杀无力报人之畜、飞禽走兽之类一命为八过，误杀为四过；故杀虫、蚁、飞蛾湿生之属一命为二过，误杀为一过；故杀伤人害物者，恶兽毒虫为一过，（谓虎狼蛇蝎青虫之

---

① 汤一介主编：《道学精华》（下），北京出版社1996年版，第1536页。
② 同上书，第1561页。
③ 《道藏》第3册，第450页。

属）使人杀者同上论。"①《太微仙君功过格》要求人们把它放置在床头，每天睡前记录当天的善行和恶行，赋分，累加，看功过相互抵消后，功、过各结余多少，然后逐月逐年累积。功过格强调，这种记录和计算一定要真实才有效，夸大功德、隐瞒罪恶的企图是徒劳的，而且这种行为本身就是一种罪过。

显然，劝善书及功过格对道德价值的看法是功利化的，定量化的计算方式更加强化了这一点。这种功利化的计算方式偏重伦理的实用价值，所以，劝善书和功过格受到了一些儒家人士的批判。不过，儒学一贯偏重强调道德动机（善、良知等），这也是有其弊端的，所以，劝善书和功过格这样的功利化处理也可以说是对儒学伦理学的一个有益的纠正与补充。

道教劝善书条分缕析地罗列了人与人之间、人与社会之间、人与自然之间应该遵循的基本伦理道德规范，张扬忠孝诚信，勤奋节俭，利物济人，慈命爱物，主张士农工商、官长乡绅各执己业，蕴涵了早期的职业道德规范。例如，《警世功过格》分"功格"与"过格"。"功格"有"意善""语善"和"行善"；"过格"有"意恶""语恶"和"行恶"。其中"语善"中有"劝化人弋猎屠钓回心，不从一功，从者十功，改者百功"；"行善"中有"救一禽、鱼、虫、蚁物命一功"和"热水泼地留心不伤虫蚁，一次一功"；"行恶"中有"教人渔猎三十过"，"毒药杀鱼三十过"，"杀禽、鱼、昆虫，一命三过"②等等。总之，劝善书和功过格因其流通量大，普及程度高，说服力强，为维持当时社会的人心秩序、伦理秩序和社会秩序做出了巨大的贡献。

---

① 《道藏》第 3 册，第 449－453 页。
② 《藏外道书》第 12 册，巴蜀书社 1992 年版，第 71－85 页。

第七章
道教的语言哲学与文化哲学

语言文字崇拜是道教哲学思想的重要方面之一，引起了龚鹏程、吕鹏志①等学者的关注。本章在他们既有成果的基础上，力图较为系统地对道教哲学的语言文字及文化现象作一探讨。

第一节　宇宙发生论与天书信仰

前已述及，道教哲学的宇宙发生论，从实质来说是道创生万物，但从形象来说是神明创造万物，因为神是道的具象化。事实上，道教哲学的宇宙发生论除了这两层含义之外，还有第三层次含义，即天文创造万物。

道教认为，宇宙生成的第一阶段，"道炁"或元炁经无形而有形，诞生元始天尊。如《太真科》所说："混洞之前，道炁未显，于恍莽之中，有无形象天尊，谓无象可察也。后经一劫，乃有无名天尊，谓有质可睹，不可名也。又经一劫，乃生元始天尊，谓有名有质，为万物之初始也。极道之宗元，挺生乎自然，寿无亿之数，不始不终，永存绵绵，消则为炁，息则为人，不无不有，非色非空，居上境为万天之元，居中境为万化之根，居下境为万帝之尊，无名可宗，强名曰道。"②元始天尊出现后，过了一劫，宇宙由"无神

---

① 龚鹏程：《道教新论》，台湾学生书局1991年版；吕鹏志：《道教哲学》，四川大学博士学位论文，1999年。
② 《道藏》第2册，第8页。

无鬼,溟涬濛鸿,无所分别"的混沌状态逐渐"元炁始结,而成玉字"。对此玉字,严东描述说:"玉字始出,本形如印,八角垂芒,文彩焕耀,洞应无穷。"① 玉字出现,元始天尊知道开劫时间已到,于是把玉字"炼之以洞阳之炁,治之于流火之庭"。因为洞阳之炁为赤色,所以称为"赤文""赤书"或"赤文真书"。"赤文真书"是"开运祖始之劫,化生三十二天"的根源,而"真文之质即道真之体为文,故云唯道为身也"。成玄英注释说:"举真文之体,为诸天之根本,禀元始妙炁之自然,而化成大道之法身。妙炁自成,不复更有先祖也。"②

赤书真文形成后,化生宇宙的过程正式开始。这也就是所谓的"元始祖劫,化生诸天"。"元始祖劫"即龙汉。"化生诸天"的第一步是"开明三景",即赤文真书生成日月星辰,并让它们发出各自的光芒。第二步是"五文开廓,普植神灵"③。"五文"即赤书真文五篇。第三步是"梵炁弥罗,万范开张;元纲流演,三十二天;轮转无色,周回十方"④。"梵炁"即有神性之炁,"梵"明其神性。薛幽栖说:"布真梵之炁于十方,开玄化之文于宇宙,故天下品类,触物齐兴。"⑤ 这就是说,梵炁弥漫无所不在,万物由此而开出、赋形。什么是"元纲"呢?严东注说:"元纲者,元炁之纲纪也,敷演三十二天中也。"⑥ 薛幽栖的注释:"元者,星也。纲者,星纲也。既二仪开朗,三景齐明,故星罗流转,上照三十二天;日月递明,下朗百亿世界。"⑦ 也就是说,梵炁作为元纲弥漫扩散,开玄化之文于宇宙生成三十二天及其中的万物,一个新的充满生机的世界将按照每一劫内宇宙自身的逻辑开始运转,直到其毁灭的劫运终点,继而在新的一劫中,开始宇宙万物新的一次创生、演变、衰亡的过程。

---

① 《道藏》第 2 册,第 200 页。
② 同上书,第 202 页。
③ 同上书,第 201 页。
④ 同上书,第 224 页。
⑤ 同上书,第 225 页。
⑥ 同上。
⑦ 同上。

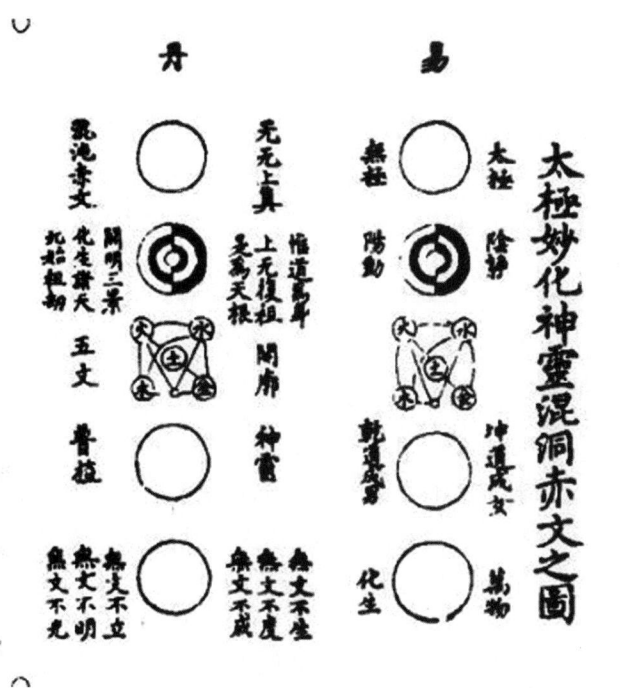

太极妙化神灵混洞赤文之图①

　　文字参与宇宙化生万物的过程，并非个别道经的一家之言。事实上，众多道经反复论说，没有文字，就没有宇宙的开创、天地的展开。《度人经·元洞玉历》清楚地指出了文字与天地开创之间的因果关系："龙汉延康，渺渺亿劫。混沌之中，上无复色，下无复渊，风泽洞虚，金刚乘天，天上天下，无幽无冥，无形无影，无极无穷。溟滓大梵，寥廓无光。赤明开图，运度自然。元始安镇，敷落五篇，赤书玉字，八威龙文。保制劫运，使天长存。梵炁弥罗，万范开张。元纲流演，三十二天。"② 正是借助于"赤书玉字""八威龙文"等等文字，元始之炁才开始弥漫整个宇宙，"梵炁弥罗，万范开张，元纲流演"，形成"三十二天"，天地展开，万事万物的原型、文理开始慢慢显现。类似地，《灵宝无量度人上品妙经》记载："百魔隐韵，离合自然。混同赤文，无无上真。元始祖劫，化生诸天。开明三景，是为天根。上无复祖，唯道为身。五文开廓，普殖神灵。无文不光，无文不明，无文不立，无文不

---

① 《道藏》第 2 册，第 233－234 页。
② 《道藏》第 1 册，第 414 页。

成，无文不度，无文不生。是为大梵，天中之天。"① 据此，《混洞赤文》化生诸天，开明三景。《混洞赤文》有《赤书玉字》《元始五老赤书玉诀》《五篇真文》《元始洞玄灵宝赤书玉篇真文》等异名，成书于《灵宝五符》之前，约为汉末。后世在它的基础上扩衍而成《元始五老赤书玉篇真文天书经》。它论述真文的产生及其功能时说：

> 元始洞玄灵宝赤书玉篇真文，生于元始之先、空洞之中，天地未根，日月未光，幽幽冥冥，无祖无宗，灵图晻蔼，乍存乍亡，二仪待之以分，太阳待之以明，灵图革运，玄象推迁，乘机应会，于是存焉。天地得之而分判，三景得之而发光，灵文郁秀，洞映上清。发乎始青之天，而色无定方，文势曲折，不可寻详。元始炼之于洞阳之馆，冶之于流火之庭，鲜其正文，莹发光芒，洞阳气赤，故号赤书。灵图既焕，万帝朝真，飞空步虚，旋行上宫，烧香散华，口咏灵章②。

据此，真文玉字是从道或氘自然而然地生成的，元始无非是把它冶炼后让它焕发光芒，然后万神方来朝宗。于是，宇宙之原、万神之宗、经书之祖三者都统一在同一理论模型中。这就如同基督教圣父、圣子、圣灵三位一体之说，佛教的法身、报身、应身三身一体之说一样。此后，每当新的一劫开始，元始天尊都要说经演法度人："二当明元始敷落五篇，赤书玉字，八威龙文，经法中一应符箓皆始于此。学者当究其妙，则其功用如经所云。"③ 这里明确说《五篇真文》和所有符箓均从赤书玉字演变而来："三当明灵宝经法皆出于混洞赤文。混者，二五合凝之未兆也；洞者，无色无渊之谓也。由是而化生诸天，开明三景，五文开廓，普植神灵，变化无穷矣。四当明灵宝经法乃万法之宗，自五劫开化之后，三洞四辅诸经箓，总而三十六部支而万八千篇，故自老君流传于世，灵宝之品独多。"④ 按这里所说，所有灵宝经法都是从混洞赤文衍生出来的，所以灵宝经法是万法之宗。正是因为这一点，道教所有经籍之中，灵宝经书最多。

总之，道教认为，天上的文字参与了宇宙创造万物的过程。宇宙之原、

---

① 《道藏》第1册，第32页。
② 同上书，第776页。
③ 《道藏》第10册，第33页。
④ 《道藏》第1册，第33页。

万神之宗、经书之祖三者是三位一体的。宇宙之原是从思想义理上说的，让人明了宇宙在时间顺序上从最早源头开始往下，万物产生的各个具体阶段；万神之宗是从宗教信仰的意义上说的，让人明了作为最高层次的神明，因在时间上占据了最早的阶段，因它创造万物，为万物之父而拥有最伟大的神力；经书之祖是从宗教义理的角度说的，让人明了道教所有的经书事实上均可基于时间顺序追溯到最早阶段的先天的赤书真文，具有客观的自然属性，讲的都是客观的宇宙真理，人们不会不相信、理解、接受。

第二节　语言的道与术

（一）《太平经》的文字哲学

《太平经》认为，天师是"善师""明师"。从师的目的是学法。法以文字的形式记载于书上。法、书、师三者的价值是同等的。不仅如此，文书是太平气可到的保证。"见天师言，承知太平气真真已到矣。其所以致之者，文已出矣。"文书还是太平之治出现的前提。"君子且兴，天必子（予）其真文、真道、真德，善人与其俱共为治也。"①"文"与"道""德"具有同等重要的地位。文书既为致太平之具，当然也是延年之方。《太平经》认为，经书有许多种，首先是天经，其次是圣经、德经、贤经等。天经是如何产生的呢？是人用综合的方法去除各家"家法"之局限、偏颇、弊病，集众家之精华于一身。方法近于编辑类书：先拘校搜辑古今道书、文章，得一善字、得一善诀就录出来，以类聚之，去其重复，"因次其要文字而编之"即成为卷，合多卷即成为天经。编圣经、德经、贤经等，也是用同样的方法。

既然是人编的书，为什么说是天书呢？《太平经》的解释是："合众人心第一解者集之，以相征明，而起合于人心者，即合于天地心矣。"② 在它看来，天人是一一相应的，人心与天地之心若合符契。人心以其本来面目表达于书上，故众人之书的精华即为天书。所以它有"吾文者，纯天语"，"吾书即天心也"③ 之说。总之，文书虽然经过了人之手，但本质上是自然成文的。

---

① 王明：《太平经合校》，中华书局1960年版，第141页。
② 同上书，第354页。
③ 同上书，第129页。

文书是自然形成的，当然就是天书："天地有常法，不失铢分也。远近悉以同象，气类相应，万不失一，名为天文记，名曰天书。"①《太平经》认为，天地有自己的语言。"灾变善恶是天地之谈语"。天上、天下、地上、地下、五行、四时、六甲十干等的"自然元气阴阳"均"与吾文相似"。人的语言与天地的语言是一一相应的②。人以自己的语言书写的文书，与天的语言所书写的天书是一致的。简而言之，人的文书就是天书。既然如此，那么，读书即可知天、知道，即"诵读吾书，惟思其上下意，以类相从，更以相证明，以相足也。乃且大解，知吾道所指趣也"③。读书还可知善，即"凡文善者，皆可以赐之，使其诵习象之，化为善也"④。读书还可得道，即"详案吾文，道将毕矣"⑤。根据这种观点，文书、经典就非常重要了。

天书观念的产生，是道教形成的一个重要标志。巫术是没有文书、经典的。重视文书把巫术形态转为经典传习的传道诵经形态。《太平经》建立经典、宣导教义、养成宗教戒律的伦理生活、训练道士，都是为着同一个目标，即促使巫术、方术经过理性化的洗礼，转变为文明时代的宗教。所以，天书观念的重要性，不只在于它蕴涵了自然成文的性质，而且在于它是道教形成的标志。

天书观念实际上是一种语言崇拜。《太平经》明确宣称："夫正文正辞，乃为天地人万物之正本根也。是故上古大圣贤案正文正辞而行者，天地为其正，三光为其正，四时五行乃为其正，人民凡物为其正。是则正文正辞，乃为天地人民万物之正根大效也。"⑥它对语言的崇拜，使它相信语言本身是一种实体，具有生命灵性，有物理、心理，甚至超自然的功能。万物因语言而生，人也因语言而生，并因语言而延续存在。人可由天师、圣贤的言论而获知真理。它的这一主张，与《老子》"道常无名"，"始制有名，名亦既有，夫亦将知止"的观点相反，而与《尹文子》《吕氏春秋》吸收儒家思想后的主张类似。

《太平经》强调有名。它说："天文正，天亦正；地文正，地亦正；人文

---

① 王明：《太平经合校》，中华书局1960年版，第177页。
② 同上书，第692-694页。
③ 同上书，第299页。
④ 同上书，第230页。
⑤ 同上书，第82页。
⑥ 同上书，第416页。

正，人亦正。天地人俱正，万物悉正。"① 在它看来，语言不通，宇宙间就充满了隐瞒、欺骗、猜疑、怨恨，人和万物都处于封闭、黑暗、愚昧之中。治疗语言环境，促使其相互沟通，就可以让万物各得其所，人各居其位，平治天下。治疗语言环境先要"正文"，使得"文"保持其本来面目，即"真文"。这首先要去妄谈。"子既学慎言，无妄谈也。夫妄谈，乃乱天地之正文，不可为人法，慎之。"② 其次，要去掉邪文、伪文。"欲得疾太平者，取决于悉出真文而绝去邪伪文也。"③ 在正文的基础上，《太平经》认为治疗语言环境的关键是"力通其言"④，广传书文，促使天下万物生机通畅，人人心意相通，在社会上形成一个和衷共济的局面。

"吾之文疗天地之病，解帝王之愁苦。"⑤ 文是治国的重要工具。"人以书为文以治"⑥ 是《太平经》治国论的一个重要观点。它认为邪道伪文流行，就会导致种种灾难。治国须知天意，天意可从天地之文中察知。天文与人文相符，天下不治是因为文不正或不能据文而治。"故当反本守元，正字考文，以解迷惑也。故能使天地长安，国家乐也。"⑦《太平经》的上述思想是根据汉代政治现实的情况，沿着汉代主要社会思潮的倾向进行系统的推衍和发挥而形成的。其中的关键是把先秦儒家的正名理想与汉代天人气类相感的宇宙观结合起来，前所未有地把"名"提高到一个本体论的地位，把名教政治理论推到了极端。

把巫术、方术改造为道术，成为延长寿命，长生不死的工具，是《太平经》的重要内容。它宣称："太平道，其文约，其国富，天之命，身之宝。"⑧ 所以，它同样把天书观念、文字崇拜、真文观念用于后一方面。

以口为工具，用语言规定行动、宣示神意、改变祸福状况，是巫觋行法的特点。到了汉代，以口发出声音为主的局面发生了变化，文字书写的运用开始增多。汉代方术对文字的运用很广泛，镇墓文、符箓都是例子。陈槃在

---

① 王明：《太平经合校》，中华书局1960年版，第709－710页。
② 同上书，第33页。
③ 同上书，第512页。
④ 同上书，第205页。
⑤ 同上书，第659页。
⑥ 同上书，第152页。
⑦ 同上书，第387页。
⑧ 同上书，第697页。

《敦煌木简符箓试释》中经考证认为，西汉初期已有符箓之作①。方士的文字崇拜曾经影响过封禅典礼。《后汉书》卷七《孝桓帝纪》第七记载："九年，沛国戴异得黄金印，无文字。遂与广陵人龙尚等共祭井，作符书，称太上皇。伏诛。"② 道教产生时，符于是被搜罗进来。在汉代，符书之作的运用，越到后期越广泛。这说明汉代逐渐出现一种趋势，即从语言崇拜中分化出言说与文书两种活动，而且后者逐渐取代前者占据主导地位。《太平经》以革巫术之命为志，更鲜明地体现了这一点。它说："天地不语而长存，其治独神；神灵不语而长仙，皆以内明而外暗，故为万物之端……夫用口多者竭其精……大人将兴，奇文出。"③ 在它看来，文字比声音更有价值。

文字的用途，一是书符。以丹砂书符之后即可以水吞服。服符时，必须"随思其字，终古以为事身"④。服了符字，就等于跟所服之字订了契约，要时时存思其字。生命与字，若合符契，字与生命是同一的。不间断地存思符上之字就能杀虫治病，导正开神，保住精神，护养生命。二是复文。《太平经》卷一百四至一百七收"复文"四卷。复文即几个隶体字的合体，分为"兴上除害""令尊者无忧""德行吉昌""神佑"四类，有二千一百四十三个。复文的含义大体上是清楚的，如"令尊者无忧"一类复文中，有"言事""分职""于事先"等，是请神为位尊者、位上者言事分职，使位尊者、位上者可以在事情发生之前有先知之明。这样位尊者、位上者当然"无忧"了。复文实为符之一种，功能与符类似。三是记过。"天上亦三道集行文书以记过，神亦三道行文书以记过，故人亦三道行文书以记过。"⑤ 后世五斗米道张修的请祷之法必须书写三通文书，大概即由此发展而成。四是簿记生死，这是由天上之神根据人的行为的善恶而做出的。五是守一。《太平经》认为，守一需要通过读书。六是上章，即利用章奏向天官沟通意见、请求协助、乞求替患者、伤者解免痛苦。总之，书符、复文、记过、簿记生死、守一、上章等信仰及活动，都是《太平经》"以文治世"的手段或表现。

由此看来，在《太平经》这里，"书写"已替代了巫师的祝告。由言说到书写的转换真正得以实现了。这是语言观的重大变革。此前的道家和儒家

---

① 《"中央研究院"民族学研究所集刊》第三二期，1971年。
② （晋）司马彪撰，（梁）刘昭注补：《后汉书》，吉林人民出版社2006年版，第173页。
③ 王明：《太平经合校》，中华书局1960年版，第26页。
④ 同上书，第380页。
⑤ 同上书，第673页。

认为，语言是人与人之间沟通意见和交流思想的工具。据此，声音是本源性的真理，文字只具有记录语言符号的意义，说话者说话时，听受者是在场的，只有不在场时才需要用文字，所以言说比书写具有优越性。《太平经》却强调"不在场"，以书写、以文字作为其本源真理的展现者、表达者，于是，文字不再是工具，而是世界的本体。

《太平经》的成书说明，道教此时虽然仍保留有若干原始宗教的遗迹，但已初步建立了文书信仰，谛构了文字信仰的体系，以言说为本的咒术等都消融于其中，而且不再具有优越性。《太平经》扭转了汉代早期巫术祝诵的言说主导传统，并以文字取而代之，所以其哲学意涵、世界观、形上价值体系，均与巫觋不同。道教于是以"盟威清约之正教"的面目展现在世人面前。用以实现由原始宗教到文明宗教的宗教革命的，正是"改行章奏"！因为，文书超越了声音只是记录说话者的话，说话者不在场则无法记录的局限性。这就大大增强了道教扩散、传播的可能性。文书是无个性特征的语义领域，文书的意义与作者的心理意向的割裂使得解释成为可能，而且这种可能性非常大，这又使得人们能够超越具体作者的局限而去理解更广阔的世界，从而使得道教具有了哲理上的抽象性和宗教上的超越性。

由此，《太平经》的文字哲学在后世产生了深远的影响。

（二）南北朝以后道经中的文字崇拜

哲学以追索万物的本源为志职。那么，从哲学的角度来看，道教经书是从哪里来的呢？按照一般的观点，经书当然是人写的。但是，道教并不这样看。三皇派经典《三皇经》对于自己的出世是这样说的："皇文帝书，皆出自然，虚无空中，结气成字，无祖无先，无穷无极，随运隐见，绵绵常存。"[1] 这就是说，三皇派经典是从自然虚无中因气结字而成文的。类似地，《上清外国放品青童内文》卷下描述自己的出世说："生于九玄之先，结飞玄紫炁，自然之章。"[2] 这是上清派的观点。看来，经书形成于万物产生之先，是气凝聚作用的结果，是道教普遍的看法。如洞真部方法类《灵宝无量度人上经大法》卷一断言："三洞之经，四辅符箓，皆因赤书玉字而化，禀受灵宝之气而成。"[3] 具体地，"三洞所起，皆有本迹。洞真之教，以教主天宝君

---

[1] 《道藏》第22册，第96页。
[2] 《道藏》第34册，第8页。
[3] 《道藏》第3册，第615页。

为迹，以混洞太无元高上玉皇之气为本；洞玄之教，以教主灵宝君为迹，以赤混太无元无上玉虚之气为本；洞神之教，以教主神宝君为迹，以冥寂玄通元无上玉虚之气为本也"①。在道教看来，三洞经文是本，三清尊神只是迹，他们的功能是说经。经典的产生，是元始天尊化为天宝君，在玉清境说洞真经；化为灵宝君，在上清境，说洞玄经；化为神宝君，在太清境，说洞神经。三洞真经皆归于三位教主所说。至于太上老君，乃是道教最主要的先知，所以太清部、太平部、太玄部、正一部这四辅都是老君演说而成。这样，个别的经典，其来历大体上均能得到解释。因而，以元始天尊、老子等人名号撰成的经典，不可胜数。可是，上述引文已经明言，洞真之教，以教主天宝君为迹，以混洞太无元高上玉皇之气为本。洞玄之教，以教主灵宝君为迹，以赤混太无元无上玉虚之气为本。洞神之教，以教主神宝君为迹，以冥寂玄通元无上玉虚之气为本。天尊教主只是迹，气才是本。文是气凝结的结果。迹即现象而非本质，是被衍生者而非衍生者。也就是说，教主仙真、三洞圣境，"其中宫主，万端千绪，结气凝云，因机化现"，俱属化名化身。学道者不可执迹而忘本，而应该循迹以得本。实际上，元始天尊、太上大道君、太上老君，皆一气所化，所以有"一气化三清"之说。原本是无，不可执着为有。元气因机化现了诸天神灵天尊，天尊说："吾以道气，化育群方，从劫到劫，因时立化。"② 所以，所谓元始天尊、三洞教主等说经的说法，其实是教化的权宜之计，是导人向道的手法之一。经书本质上是气化自然而成文，应机而示现的。对此，从四辅中的正一的意蕴不难明白。南朝梁代时期，天师道所制造的一批以《正一法文》为代表的经典已经注意到了，并且企图去解决它们。对"正一法文"四字的含义，《道教义枢》卷二《七部义》引《正一盟威经》说：

> （正一者）正以治邪，一以统万。又言：法文者，法以合离，文以分理。此言众生离本，所以言离。故下文云：反离还合，合真舍伪，由法乃成也。言统万者，总摄一切，令得还真……治邪者，文云：众生根器，去道奢邈，大道慈愍，立法训治，趣令心开，两半成一。一成无败，与常道合真。故曰正一法文。③

---

① 《道藏》第22册，第93页。
② 同上。
③ 《道藏》第24册，第814页。

按照这里所说，正一法文是"正一部"教义的主旨，通过"法"和"文"，天师道力图"治邪"，把各家各派思想"归一"。对"归一"这一点，《道教义枢》卷二所引的《正一法文图科戒品》说："太清经辅洞神部，金丹以下仙品。太平经辅洞玄部，甲乙十部以下真业。太玄经辅洞真部，五千文已下圣业。正一法文宗道德，崇三洞，遍陈三乘。""正一遍陈三乘者，以具经通明三乘之致。"《道教义枢》卷二所引的《正一经》还说："三洞妙法，兼而该之，一乘道也。"① 由此看来，七部分类法含有这样的思想，三洞和三太的经书都有各自的作用，依次修行可以由仙而真而圣，最后要通过正一部把这些经书融会贯通，形成一个完整的、系统的道教经教体系，即如《道教义枢》卷二《七部义》所说："虽说百途，终归一理，故云正一也。"② 这使得道教经书的分类更加理论化、系统化了。由此，"正一"甚至成为道教的代称，如顾欢在《夷夏论》中论佛道关系时说："泥洹仙化，各是一术。佛号正真，道称正一。"③ 后世正一派的形成，当即来源于此。作为总摄七部的正一，是真文，是真理的凝聚体。

在由经书的七部分类法发展而来的十二部分类法中，同样贯彻着这一观点："《元始洞玄灵宝赤书玉篇真文》，生于元始之先，空洞之中。天地未根，日月未光，幽幽冥冥，无祖无宗，灵文晻蔼，乍存乍亡。二仪待之以分，太阳待之以明。灵图革运，玄象推迁，乘机应会，于是存焉。天地得之而分判，三景得之而发光。灵文郁秀，洞瑛上清，发乎始青之天而色无定方。文势曲折，不可寻详。元始炼之于洞阳之馆，冶之于流火之庭，鲜其正文，莹发光芒，洞阳气赤，故号赤书。灵图既焕，万帝朝真，飞空步虚，旋行上宫，烧香散华，口咏灵章。"④ 这里把真文作为真理之本源的性质描述得淋漓尽致。在这种浓郁的文字崇拜的影响下，在经书的十二部分类法中，本文被列为第一。宋文明在《灵宝经义疏》中对本文解释说："本文一条有二义，一者叙变文，二者论应用。变文有六。一者阴阳之分，有三元八会之炁，以成飞天之书，又有八龙云篆明光之章也。此三元八会通诵之文者，分也，理也。析二仪故曰分也，理通万物故曰理也。谥法：经纬天地曰文。此经之出，二仪

---

① 《道藏》第24册，第812页。
② 同上书，第814页。
③ 《大正藏》第52册，新文丰出版公司1983年版，第38页。
④ 《道藏》第1册，第774页。

以分，万物斯理，经纬天地，曰文也。"① 在他看来，本文来源于万物的本源便是元气。元气一方面分为三元八会之气，形成"八龙云篆明光之章"，即天书。"三元"即混洞太无元，为高上玉皇之气，其迹为天宝君，传洞真经；赤混太无元，为无上玉虚之气，其迹为灵宝君，传洞玄经；冥寂玄通元，为无上玉虚之气，其迹为神宝君，传洞神经。八会即三元、五行之气的和合。另一方面分为阴阳，进而形成人文和地文——万物的纹理。本文既是经教之始，文字之根，又是得理之元，万法之本。宋文明由解释"本文"之义为开始所建构起来的经教体系，对从南梁直至北宋的道教，都有影响。此后道流对经教中最为神圣的"本文"的解释，均未超出宋文明之窠臼。

但道经中对经典的产生还有另外的说法。例如说灵宝真文乃灵宝君所出，高上大圣所撰；三皇经为神宝君所出，西灵真人所撰。此外，上清派往往强调，经书是用扶乩的方式产生的，即上圣仙真（早期的先知）透过某位先知降笔写出。其实，不只教主是气化而成，凡神灵皆然。陶弘景在《真灵位业图》中说："二十四官君将吏，千二百官君将吏，二条气化结成。"《登真隐诀》卷下也说所谓天兵天将："官将及吏兵人数者，是道家三气应事所感化也，非天地生人也。此因气结变，托象成形，随感而应，无定质也。非胎诞世人学道所得矣。"② 以此观之，无论经典系自然创生或神灵仙真所作，俱属气化。道教的经书是自然创生的。

道经中还有神灵传经之说。所谓神灵或仙真说某经，实则是传经而非创作经书。神灵是由元气形成的。他们所说的经实质上是气化而自然创生，他们只是传经而非造作经书。道教的文字最初存在于天上而非人间，世人无法阅读，只有等天尊或仙真将其译为世间通行的语言和符号后才能阅读。如《灵宝无量度人上经大法》卷二说："自然之文，五译乃成世书。"③ 此外，《一切道经音义妙门由起》对此有一个比较圆满的说法："凡诸真经，皆结空成字。圣师出化，写以施行。"④ 沿着这个观念推理，则不仅一般神灵及传经人只是个传述者的角色，教主仙真同样只是传述者。他们所说的经典，并非他们所"作"。天地之间，本有其书，他们只是"注书其字、解释其音"，译成世人能看得懂的书罢了。这是一种把作者神圣化的经书造作观，与今人所

---

① 《藏外道书》第 21 册，巴蜀书社 1994 年版，第 352 页。
② 《道藏》第 6 册，第 624 页。
③ 《道藏》第 3 册，第 619 页。
④ 《道藏》第 24 册，第 734 页。

主张的作品创作所有权的作者观不同。作者的造作，具有"作而非作"的性质。写作经书的人，并不认为经书是他自己写出来的，反而认为是另有一个非自己的神秘力量实际写出了经文，只不过假手于自己而已。由此出发，往往强调造作经书的非人为性质，强调不期然而然的特殊缘会遇合。经书的造作，是应机、应运、应缘而生；获知这一经书，必须有超强的能力、特殊的机缘或非同一般的命运①。

总之，一切道经都是自然创生的，而不是人写的，这是道教对经书造作、出世的看法。

既然经书不是人写的，那么，就是天书了。对此，道教是不遗余力地宣扬的。

> 道经者，云有元始天尊，生于太元之先，禀自然之炁，冲虚凝远，莫知其极，所以说天地沦坏，劫数终尽，略与佛经同……所说之经，亦禀一元之炁，自然而有，非所造为，亦与天尊常在不灭。天地不坏，则蕴而莫传，劫运若开，其文自见，凡八字，尽道体之奥，谓之天书。②

自然结气而成字，字组成之文即真文。若干篇真文组成书，即天书。具体地说，天地万物皆气化所生，而气在化生万物之际，云气撰集，就构成了"云篆"，即天字。《云笈七签》卷七引《内音玉字经》说，此诸天内音自然玉字，生于元始之上，出于空洞之中，"随运开度，普成天地之功"，"其道足以开度天人"③。这指的就是天字的形成。这种最古老的文字，是"天尊造化，具一切法"，可以视为一切文的"原型"。天字进而形成三元八会之文、八龙云篆之章，这些真文之章，是天、地、人三才成立的开端。后世一切龙书凤篆、鸟迹古文、大小篆隶、摹印、署书、虫书等文字，皆由真文演出。而且，不只人间使用的文字如此，天上的云气撰形，地上的龙凤之象、龟龙鱼鸟所吐、鳞甲毛羽所载，以及"鬼书杂体，微昧非人所解者"，也都由此真文化出。也就是说，宇宙是依真文而成就天文、地文、人文。

当然，道教中也有"无字天书"之说。但是，所谓无字，只是平时看不见字，终究会显示出字来。何况，这只是凡人看不见，仙人是看得见的。再

---

① 龚鹏程：《论作者》，《中国文学批评》第一期，台湾学生书局1991年版。
② （唐）魏征等撰：《隋书》第4册，中华书局1973年版，第611页。
③ （唐）魏征等撰：《隋书》第22册，中华书局1973年版，第39页。

则，偶然在洞窟中或因神缘而获得的有字及无字天书，都是真文天书的派生之物。真文天书才是万化之本源。

由于文明皆由真文天书而来，所以文字对宇宙中的一切事物都有规定性：

> 一者主召九天上帝，校神仙图箓，求仙致真之法。二者主召天宿星官，正天分度，保国宁民之道。三者摄制酆都六天之气。四者敕命水帝，制召龙鸟也。其诸天内音，一天有八字，三十二天合二百五十六字。论诸天度数期会，大圣仙真名讳位号、所治官府台城处所、神仙变化升降品次、众魔种类、八鬼生死、转轮因缘。其十三字是五方元精名号、服御求仙、炼神化形、白日腾空之法。①

宇宙中的一切秩序，都由这些真文玉字来规定。真文实际上就成了道，正如薛幽栖在《元始无量度人上品妙经》注中说："真文之质，即道真之体为文。"② 这就把文字提升到本源论和本体论的高度，从而形成了一种文字崇拜。这种文字崇拜，是把"道生一"解释成气化自然生出文字，而文字又为宇宙中天、地、人的根本，既是创生之本，也是原理之本。能掌握这个根本，就掌握了万物创生的奥秘，就可以与道同其终始，上下与天地同流。偏离了或不能掌握这个根本，宇宙就会丧失秩序，陷入混乱、动荡和不安，从而失去生机。人若背离了这个根本的原理，就必然死亡。对此，南朝梁代深受道教影响的文论家刘勰在《文心雕龙·原道篇》里表达得很清楚③。他说：

> 文之为德也大矣。与天地并生者何哉？夫玄黄色杂、方圆体分，日月叠璧，以垂丽天之象；山以焕绮，以铺理地之形。此盖道之文也。仰观吐曜，俯察含章，高卑定位，故两仪既生矣。惟人参之，性灵所钟，是谓三才，为五行之秀，实天地之心。心生而言立，言立而文明，自然之道也。傍及万品，动植皆文。④

---

① 《道藏》第 2 册，第 143 页。
② 同上书，第 202 页。
③ 刘勰个人的经历和思想的主要倾向是佛教，但他在《文心雕龙》中所体现的思想，主要是儒家和道家、道教的。这从上面所引的一段话可以看出。以语音文字含神性，以咒语通神天，佛教有"真言"（陀罗尼），婆罗门教有"圣言量"之说，但它们是以声音为本，只有道教彻底地以真文，即文字为根本。
④ （南朝·梁）刘勰：《文心雕龙》，商务印书馆 1937 年版，第 3 页。

自然之道，显现为道之文。自然垂文，结气成字，形成自然天书，天地人三才都为此文所蕴涵、所开立。这是道教把汉代重名思想推到极端后，与老庄宇宙论相结合而形成的理论，与道家在言意之辩中言不尽意的主张相反。文字崇拜是道家哲学与道教哲学的重大区别之一。

语言学通常认为，语言符号并不是自然事物本身，与自然事物没有内在的有机联系，是用来指称自然事物的。与此不同，道教的人文与天文、地文等自然事物具有同一性，与自然事物有内在的联系。自然事物是凭借道教的人文才得以显现和存在的。文字、符号、语言既是世界本身，又是世界得以向人敞开并与人联系起来的纽带。

语言学通常认为，文字、符号是约定俗成的，是社会的产物。与此不同，道教则认为，它们是元气自然创生的，是对自然事物的模拟，深刻反映了自然事物的基本原理和结构。道教的语言和符号不仅模拟了自然事物的外形，而且深刻反映了自然事物的基本原理。例如，道教认为，字是山之真形图。《玄览人鸟山经图》说："妙气结字，圣匠写之，以传上学，不泄中人。妙气之字，即是山容。"[①]《五岳真形图》即是五岳的最佳摹写。道教的语言和符号与自然事物在内在结构上是一致的。

语言学通常认为，文字、符号、语言的功能就是传递信息。与此不同，道教认为，它们不只具有传递信息的功能，而且，因为它与万物的本源——气具有同一性，气则是生命的基础，所以它能维护人的生命，有招摄鬼神、消灾治病、驱魔荡邪等无所不可的功能。

语言学通常认为，整个文明的形成、说明、纪录与批评，确实都依赖于文字，但文字毕竟不能等同于世界。与此不同，道教认为，文字的产生，代表了天文、地文、人文创生之理。文字是真正把握历史文明之创造真机的唯一方法。对文字的理解，其实就等于对世界的理解。这种文字哲学，具有以文字为方法，以自然史看世界的方法论意义。这应该视为一种对文字及文明创始的理论说明，而非事实描述。过去，人们论述这些真文天书时，由于不知此义，总是从依托、伪造、神秘其说以惑世等几个角度来抨击它们，这是荒唐粗陋的。所以，不能简单地从科学主义的立场贬斥道教文字观的错误和荒谬。

道教的这种文字哲学，与现代西方语言本体论有一定的相似性。海德格

[①] 《道藏》第6册，第697页。

尔认为，语言是存在的住所："哪里有语言，哪里才有世界。"① 而"世界之所以成为世界，只是由于它进入到语言之中"②。语言与存在是一体的，语言具有本体性的地位。伽德默尔认为，语言具有构造世界的重要意义，是人与现实关系的中介，它与理解一起构成人在世存在的不可分割的结构要素。"我们处于语言领域之中，它允许我们把要表达的东西表达出来，于是存在'被时间化'了。然而，如果这对语言的神秘性有效，那么对理解概念也同样有效。理解同样不能被仅仅看作一种进行理解的意识活动，它本身即为存在事件的一种模式。"③ 对道教的语言哲学与现代西方语言哲学在异同比较的基础上进行深入的研究，应该是一件很有意义的事。

道教的内容，可以分为道、学、术三个方面，并以道和术两个方面为主。术的内核主要是方法。方法的三要素是单一符号、文字、纯形式。其中以文字最重要。因为单一符号无法描写世界和记录历史，纯形式也无法直接与整体的世界和历史相关联。能描写世界和记录历史并具有创设性的，只有文字。中国文字是象形文字，依类象形是汉字形成语言系统的方法，但是，象物并不只是单纯的依赖象形，而是有其所以如此象形的内在观念。自然，可能就是当时所有造字成文的传说中，文字得以成立的真正内在性观念④。而自然，本是道家、道教哲学的根本范畴——道的性质。这样，文字从一个内在的方面把道教的术与道联系起来并贯通了。

（三）道教咒语的哲理

人类的语言文明是一种能动性的符号系统，它除了反映外部世界、表达情感、传递和交流各种信息等功能外，还可以直接引起外部世界的变化。语言除了文字，还有声音。声音形态在道教法术中的形态是咒语。咒语的称谓很多，有"祝、诅、禁语、玉音、灵音、歌音、梵音、梵唱、真音、隐语、玉诀、内音、秘音、天中之音、飞空之音、自然之音等"⑤。咒语起源于原始社会时期先民对语言魔力的崇拜，后来成为巫术的核心部分。巫觋们用它与

---

① 海德格尔：《行进在语言之途中》，转引自：涂纪亮《现代西方语言哲学比较研究》，中国社会科学出版社1996年版，第248页。
② 伽德默尔：《真理与方法》，转引自：涂纪亮《现代西方语言哲学比较研究》，中国社会科学出版社1996年版，第250页。
③ 伽德默尔：《哲学解释学》，上海译文出版社1994年版，第50页。
④ 史作柽：《哲学人类学序说》，仰哲出版社1988年版，第26页。
⑤ 李志鸿：《道教天心正法研究》，社会科学文献出版社2011年版，第242页。

天沟通交流进而召唤、祈求神灵。咒术贯穿在巫觋们通神、降神、娱神的整个过程中，是一种语言趋向行为的表现。在这个意义上说，咒语是巫术的主要内容。文明开化之后，咒语依然存在。《礼记·郊特牲》中的《蜡辞》说："土反其宅，水归其壑，昆虫勿作，草木归其泽。"这就是一首咒语。咒语本为祝告之辞。《尚书·无逸》的"厥口诅"，孔颖达《正义》解释为"告神明令加殃咎"。先秦秦汉时，咒诅行为一般多用"祝"或"贶"字表示。《黄帝内经·素问·移精变气论》言："惟移精变气，可祝由而已。"早期医学中的祝由十三科实为巫医所用之术。但祝并非仅用于医学领域。《释名·释言玉器》说："祝，属也，以善恶之间相属著也。"这赋予了祝伦理甚至宗教的属性。大概从西汉开始，人们用咒代替祝，但咒语仍然兼具祝的功能。早期的咒语颇为随意，东汉时咒语才逐渐规范化而趋于定式。道教继承了巫术的咒术，后来还吸纳了一些佛教咒语并加以发展，从而形成了道教咒语独有的特点。

　　前面说过，道教语言的声音形式和文字形式是统一的。《灵宝无量度人上经大法》卷四十五说："夫灵宝大法乃天地之根宗，元始之妙炁，凤篆龙章结为真文，灵音梵唱分而为咒，元始上帝见无相之理，传要机于道君，济救群迷，敷扬至道，非世上之常辞，皆诸天之隐讳。"[①] 按照这里所说，咒具有与真文同等的地位，都是元炁的产物。这是咒之所以具有无穷神力的根本原因。例如，《太上正一咒鬼经》宣称："吾含天地炁，咒毒杀鬼方，咒金金自销，咒木木自折，咒水水自竭，咒火火自灭，咒山山自崩，咒石石自裂，咒神神自缚，咒鬼鬼自杀，咒祷祷自断，咒痈痈自决，咒毒毒自散，咒诅诅自灭。"[②] 类似地，一些道教咒语甚至把道和元气化生万物的流程也写入，作为咒语有神力，能灵验的根据。例如，《辨惑论》里引用了一则流行于南北朝的道教咒语：

> 天道毕，三五成，日月俱。
> 出窈窈，入冥冥，气布道，气通神。
> 气行奸邪鬼贼皆消亡。
> 视我者盲，听我者聋。

[①] 《道藏》第3册，第861页。
[②] 《道藏》第28册，第368页。

敢有图谋我者，反受其殃。

这则咒语中，"天道毕，三五成，日月俱"表述的就是宇宙发生论，"出窈窈，入冥冥，气布道，气通神"说明元气与道合而为一，具有通神的功效。后面几句谈的就是元气运行的功效，也是本则咒语所要达到的目的。

不过，把咒与真文都视为元气的产物具有相同的地位，这只是一家之言。道教中大多数人赞同的观点是声音是由字合成的，诚如"天有八字，合成六十四音"① 之说。《度人经四注》卷三注释"赤书玉字，八威龙文"："东曰：真文既受火炼，号曰《赤书》也。《八威》即八威玉策也。《龙文》，召龙之文也。元始安立五岳，布置五篇，真文镇于五方，五帝镇守，制神召龙，以禳劫运之期也。幽栖曰：《赤书》即五篇真文也。玉字即自然内音也。八威龙文，真符之类，传授于上真。"② 这里也透露出"玉字"作为"自然内音"是后于"赤书"即《五篇真文》的。也就是说，声音是文字衍生的。从历史来看，在一定意义上可以断言文字取代声音在术中占据主导地位是道教形成的标志之一。就此而言，真文具有本源性的地位，声音是从属性的。

咒语是道士通过声音传达信息，希望神明显灵而帮助人达到他们的目的。《太平经》说："天上有常神圣要语，时下授人以言，用使神吏应气而往来也，人民得之，谓之'神祝'也。祝也，祝百中百，祝十中十。祝是天上神本文传经辞也。其祝有可使神伈为除疾，皆聚十十中者，用之所向，无不愈者也。但以言愈病，此天上神谶书也。"③ 在道教看来，咒语是神明秘密授予人的，用之可以调动神吏来帮忙而具有无限的神通和能力。所以，道教咒语中往往直接说出太上老君、神霄玉清真王、天师等尊神的名号，让他们来召役神将、镇压妖邪。例如《三皇内文遗秘》中有《杀鬼咒》，说："太上老君教我杀鬼，与我神方。上呼玉女，收摄不祥。登山石裂，佩带印章。头戴华盖，足蹑魁罡，左扶六甲，右卫六丁。前有黄神，后有越章。神帅杀伐，不避豪强，鬼杀恶鬼，后斩夜光。何神不伏，何鬼敢当？急急如律令。"④ 对于比较低级、专供法师役使的神灵，则直呼其名，以示道士自己有控制他们的能力。例如《三皇内文遗秘》中有《敕瘟咒》："敕东方青瘟之鬼，腐木之

---

① 《道藏》第 2 册，第 242 页。
② 同上书，第 225 页。
③ 王明：《太平经合校》，中华书局 1960 年版，第 181 页。
④ 《道藏》第 18 册，第 583－584 页。

精；南方赤瘟之鬼，炎火之精；西方血瘟之鬼，恶金之精；北方黑瘟之鬼，溷池之精；中央黄瘟之鬼，粪土之精。四时八节。神不内养，外作邪精。五毒之气，入人身形。或寒或热，五体不宁。九丑之鬼，知汝姓名。急须逮去，不得久停。急急如律令。"① 由此可知，道教咒语与整个神灵谱系紧密相关，既反映了道教的信仰，也反映了道教实践信仰的方式。应该指出，咒语并非道教专有，在咒语中称引神名，也不是道教咒语特有的现象。例如，基督教徒在祈祷之后总要说"奉耶稣基督的名"。咒语中称引神名，是许多宗教共情的反映，更是对所信仰的神灵的依赖。

　　道教咒语的末尾常常有"如律令""急急如律令""太上老君急急如律令"等文句。这是因为道教兴于汉代，汉武帝时发布的文书中已提到"如律令"这个术语。《史记》卷六十《三王世家》第三十记载："（元狩）六年四月戊寅朔，癸卯，御史大夫汤下丞相，丞相下中十千石，二千石下郡太守，诸侯相，丞书从事下当用者，如律令！"② 汉代诏书和檄文中多有"如律令"一语。"如律令"意指按法令从速办理，相当于当今公文中的"务必遵照执行"等督促语言。东汉巫师举行"墓门解除"（即在殡葬中对墓厌镇，使人鬼分途，鬼不殃及生人）的解除文，末尾即以"如律令"结束。解除文的简单句式是："百解去，如律令！"这类咒被道教吸收后作了一些改变，并嵌入神名。最常见的是"太上老君急急如律令"或"急急如太上老君律令"，对等级比较低的神则直呼其名并在后面加上"摄""敕""疾"等字，以表示命令这些神立即遵照咒语执行，不得有误。例如，在召集神兵收妖破邪时有开旗咒："五雷猛将，火车将军，腾天倒地，驱雷奔云，队仗千万，统领神兵，开旗急召，不得稽停。急急如律令！"③ 这一咒先是称引雷部神将，描述其神武，说明他们的职司，接着说开旗（展开召将令旗）召唤他们来到，且令其不许拖延时刻，立即降临。最后以"急急如律令"收尾。道教咒语的这种格式是它区别于以赞念佛号为主的佛咒和其他宗教咒语的鲜明特色。

　　"急急如律令"是要求神灵或鬼祟赶紧按神灵和法师的法令去办理，不得拖延。不过，这只是一种解释。唐人李济翁在《资暇集》中有不同的解释："符咒之类，末句'急急如律令'者，人皆以为如饮酒之律令，速去不

---

① 《道藏》第18册，第584页。
② 《史记》，线装书局2006年版，第277页。
③ 《道藏》第2册，第54页。

得滞也。一说汉朝每下文书,皆云'如律令',言非律非令之文,书行下当亦如律令,故符咒之类末句有'如律令'之言。"李济翁认为此两种说法皆不正确。他说:"律令之令字,宜平声读为零,律令是雷边捷鬼,学者岂不知之?此鬼善走,与雷相疾速。故云如此鬼之疾走也。"① 雷部神名中确实有"律令"。不过,这是在宋代雷法兴盛之后才有的。所以,李济翁这种说法,只是一家之言。

"急急如律令"表明咒语是对祈使对象的命令,不仅是催促,而且强调命令必须强制性地执行,不执行,则依律惩罚。咒语的内容直言不讳地讲清命令的内容和目的,具有很强的功利性,这也是道教咒语的特色之一。这与西方宗教、印度宗教那种对神灵的虔诚皈依是不同的。例如印度传来的《主夜神咒》:"婆涉演波底。"据说夜行时念它可以辟邪。它的内容实际上就是印度人所奉夜神之名的音译。佛教的重要咒语《千手千眼观世音菩萨广大圆满无碍大悲心陀罗尼经》,简称《大悲咒》,共有八十四句,其中八十三句系称呼菩萨(包括观音的种种变相)之名,句句均表示对观世音的皈依礼敬之意。《千手千眼观世音菩萨广大圆满无碍大悲心陀罗尼经》详细记载用它治病、催产、解蛊毒、辟蛇蝎等的方法。在佛教徒看来,它威力极大,因此使用很广。佛教咒语与道教咒语的功能有许多相同或相似之处,但二者的结构颇为不同。大悲咒让人先皈依,皈依了,一念它,观音菩萨就能帮助解决各种磨难,直至接引人上西方极乐世界。道教咒语则是直接驱策鬼神,让他们完成凡人无法完成的甚至是不可思议的事情,完成了就让他们走开,所谓"召之即来,挥之即去",不召不得来打扰。现实的目的是前提,对神的敬仰是建立在满足当下直接利益为前提的。道教咒语的这一特点导致每一则咒语的应用范围都比较窄,针对性很强,因此数量就很多。

在道教看来,咒语是对鬼神或自然物有感应或禁令的神秘语言。不管是人是物是鬼神,一经咒过,便被认为能发生施咒语者期望的变化,如被搬移位置、被宣判死亡、被从凡物转变为有神性的宝物、让对象服从施咒者的控制,等等。总之,是以语言引起对象的变化或让对象服从施咒者的控制。

道教咒语的驱使性很强,与此相适应,它们大多具有如下特点:一是反复吟诵的重复性。二是词义艰深,难以解释,颇有神秘性。三是音节的节奏

---

① (唐)李济翁:《资暇集》,《景印文渊阁四库全书本》第 850 册,台湾商务印书馆 1982 年版,第 156 页。

性，即在字数、音节、长短、快慢等方面具有一定的规律。四是伴随着念咒，道士们有节奏的舞蹈动作、咬牙切齿、充满仇恨的激情和透露出无限虔诚的语气渲染了在场的气氛，增强了咒语的效果。

按表达方式和篇幅长短的不同，咒语可分为咒语、咒词（巫歌、神歌）、经咒三种主要形式。按发出的声音不同，咒语分为吟咒、诵咒、心咒、微咒、密咒五类。吟咒是用音乐来吟唱的，可一人或多人同吟。如在《全真荡秽朝科》中的《净天神咒》是由众经师合唱，而由高功作荡秽密用："天地自然，秽气分散；洞中玄虚，晃朗太元。八方威神，使我自然；灵宝符命，普告九天。乾罗答那，洞罡太玄。斩妖缚邪，赦鬼万千；中山神咒，元始玉文，持诵一遍，却病延年；按行五岳，八海知闻。魔王束首，侍卫我轩；凶秽消散，道炁常存。急急如律令。"诵咒可由一人或多人完成，如全真道早晚坛功课时，经前的《八神咒》及经后的《灵官咒》都是由众人持诵。心咒指心中存意而咒，无声音。这常用于坛场高功作法时。微咒即念的声音很小，只要自己听到即可。一般多由一人完成，凡修上乘之炼士多用此种咒语。密咒指口中有言，或急速或音韵变常，使别人听而不懂。此外，有学者把它分为独立咒语、间插咒语、加有序部的咒语、手印咒语、"如律令"或"急急如律令"等五类[①]。

咒语是道教宗教行为的众多要素之一，与其他要素紧密相关。所以，有必要区分咒语与咒术这两个不同的概念。咒术指的是施咒的技艺、技术、方法。咒术包括咒语、仪式和法物（施行咒术时所凭借的一些用具，如刀、剑、镜等法器）三大要素。咒语是咒术的要素之一。道士用咒语禁邪往往要和存思、行气等法术配合进行。

念咒要求声音无误，常与步罡、掐诀、运气相配合，同时存想真神降临。《海琼白真人语录》卷一记载："元长问曰：法中念咒如何？答曰：咒者，祝之义也。夫祝之之意，欲以达乎天地神明，果尔，则世间善恶之祝在报应耳……咒之意义贵乎心存目想，则号召将吏，如神明在前。"[②] 念咒时常常要求与体内的运气、在意念中存想相关的神灵形象统一起来。这样一来，内气就可以作用于对象，使之受到控制，或发生相应的变化。这种方法称为禁咒，又称气禁，简称为禁。此外，道士往往在念咒时伴随着内气发放作用于对象

---

① 袁瑾：《佛教、道教视野下的焰口施食仪式研究》，宗教文化出版社2013年版，第128页。
② 《道藏》第33册，第112页。

（通常称为布气），因此对于道士平时的内丹修炼是有一定要求的。咒语还往往与符一起出现，称作符咒。道士在施行咒术时，往往需要借助于某些中介物，如咒水、咒枣等，这些施过咒术的水、枣也有了咒术的效力。总之，道教法术的要素除了咒语外，还有符、箓、罡、诀、章奏和印、剑、尺、杖等，咒语并不占据核心地位。道教法术除了书面语言、声音语言外，还要运用形体语言。正如《灵宝无量度人上经大法》卷三六说："大法旨要有三局，一则行咒，二则行符，三则行法。咒者，上天之密语也，群真万灵随咒呼召，随气下降；符者，上天之合契也，群真随符摄召下降；法者，主其司局仙曹，自有群真百灵各效其职，必假符咒呼之而来，遣之而去。"① 严格地说，咒本是符箓道术的一部分，但在发展过程中，咒语逐渐脱离了符箓，尤其是自宋代以来，独自与内丹等许多道教法术相结合，并受佛教密宗真言咒语的影响，形成庞大的咒语文化体系。

咒语施行的对象可谓无所不包，所以咒语在道法中越出越多，应用范围越来越广。道法中，结坛有净坛咒、镇坛咒；登坛前有卫灵咒；画符有书符咒；步罡有步罡咒；诵经先念开经玄蕴咒；至于召将咒则和道书记载的天将神吏一样多；杀鬼制魔、捉妖，也都有相应的咒。没有咒就没有道教的法术。同时，咒语渗透到道士日常生活的每一环节，融化进他们的人格中去。道士净手、吃饭、沐浴、理发等都要诵咒。不仅正一派擅于诵咒，全真道受戒也有相应的咒语。道教咒语多用于遣将、发神、调鬼、制魔等。凡斋醮敬神、请圣、下降、通神、变身等一切行为皆须严格持咒。道教存想持戒用咒的目的在于排除杂念，断绝嗜欲，聚气凝真，清静身心。

总之，道教语言的声音形式和文字形式是统一的，二者共同构成道教语言文化体系的重要组成部分。

（四）道教的文字之术

道教认为，元气形成天字真文后，天字真文的衍生物有与文字有直接关系的符、书、咒等，也有与文字有间接关系的表情、手势、动作、图像等符号。《云笈七签》卷七《符字》及《八显》简略地区分为符、书、图三类，说："然此符本于结空，太真仰写天文，分置方位，区别图像。符书之异，符者，通取云物星辰之势；书者，别析音义，铨量之旨；图者，画取灵变之状。然符中有书，参似图像；书中有图，形声并用。故有八体六文，更相发

---

① 《道藏》第 3 册，第 807 页。

显……此六文八体，或今字同古，或古字同今，符彩交加，共成一法，合为一用。"① 符通过拼合古代文字，嵌入多种神鬼图像、流云、星座图形等而形成，是具有信息和能量的天文、地文的载体。《无上玄元三天玉堂大法》卷八《驱邪辅正品》第十说："合天地正炁曰符。"《太上洞玄灵宝素灵真符》卷上："凡一切符皆有文字。"书包括音和义两个方面。图以形象的方式表现了日月、星辰、山川等自然景象或自然规律。这三者相互渗透。首先，图与文字关系密切。符中有文字和图，文字中也有图。道教的文字是汉字，本为象形文字，可塑造一切形象而不实在地拥有其原型，一个汉字本身就是一种图形。所以，道经多称其文字为"云篆""龙篆""凤文"等。"文"本为"文采错画"之意。道教相信"仓颉制字，依类象形"②，故文字本身就具有图像性。符的基本构成要素是字，只不过经过了变形、拼合，并嵌入了神鬼像、星云图、云气之形等。何况，早期的符是以文字重叠而成的，如《太平经》中的"复文"。图中往往有文字。河图、洛书是图，但也有说明性的文字。道教喜欢用图表意，且图文混而不别，原因就在这里。

其次，声音和文字交相为用。道教语言的声音形式和文字形式并不总是分开的。符咒是在道教中以声音和文字的形式充当人与宇宙交感工具的具有特殊规范性的一种符号形态。咒语的主体是声音。咒语常用文字记录下来，道经和章奏在宗教活动中也须用声音形式进行诵念或宣读。《灵宝无量度人上经大法》卷四十五说："夫灵宝大法乃天地之根宗，元始之妙炁，凤篆龙章结为真文，灵音梵唱分而为咒，元始上帝见无相之理，传要机于道君，济救群迷，敷剔至道，非世上之常语，皆诸天之隐讳。"③ 按照这里所说，咒具有与真文同等的地位，都是元炁的产物。这可视为道教中的一家之言。道教中大多数人赞同的观点是，音是由字合成的。如"天有八字，合成六十四音"④。文字取代声音在术中占据主导地位是道教形成的标志之一。就此而言，真文具有本源性的地位，声音是从属性的。不过，这里透露出在道教看来，道教语言的声音形式和文字形式是统一的。

在文字崇拜的影响下，道教对文书非常重视。如《度人经》宣称："上无复祖，唯道为身。五文开廓，普殖神灵。无文不光，无文不明，无文不立，

---

① 《道藏》第22册，第38页。
② 《道藏》第2册，第606页。
③ 《道藏》第3册，第861页。
④ 《道藏》第2册，第242页。

无文不成，无文不度，无文不生。"① 按照这里的看法，文与道是同等的。神灵是文之产物。没有文，万物不生，万事不成，无人可度。这一观念在宗教实践中有鲜明的表现。据陆修静《道门科略》所述，当时道徒修炼的静室中"唯置香炉、香灯、章案、书刀四物而已"。道教与巫祝祠祀和佛教不同，本不设神形像，不行偶像崇拜，也不用床座幡盖之类，其法器就是章案书笔。正是在这种观念影响下，道教得以不断提升其文化品位，得以不断发展壮大。

道教经典，夙以三洞四辅十二类分类。十二类中，第一为本文类，即"三元八会之书，长生缘起之说，经教之根本也"。本文来源于天书真文，就是法尔自然成文之意。"本者，始也，根也。是经教之始，文字之根，又为得理之元，万法之本。文者，分也，理也。既能分辨二仪，又能分别法相。既能理于万事，又能表诠至理。"② 被视为经教之本文的有：三元八会之书、云篆、八体六书六文、符字、八显、玉字诀、皇文帝书、天书、龟章、凤文、玉牒金书、石字、题素、玉字、文生东、玉箓、玉篇、玉札、丹书墨箓、玉策、福连之书、琅虬琼文、白银之篇、赤书、火炼真文、金壶墨汁字、琼札、紫字、自然之字、四会成字、琅简蕊书、石碽等。本文进一步发展，就形成经。

经是道教最重要的文书，道教对经非常重视。太平部仪字号《洞玄灵宝三洞奉道科戒营始》卷二《写经品》说：

> 经者，圣人垂教，叙录流通，劝化诸天，出生众圣因经悟道，因悟成真，开度五亿天人，教化三千国土，作登真之径路、为出世之因缘。万古常行，三清永式。结飞玄之气，散太紫之章，或凤篆龙书、琼文宝录，字方一丈，八角垂芒，文成十部，三乘奥旨，藏诸云帙，闭以霞扁。使三洞分门、四辅殊统，实天人之良药，为生死之法桥。使众生普超五浊之津，俱登六度之岸者也。凡有十二相以造真经：一者，金简刻文。二者，银板篆字。三者，平石镌书。四者，木上作字。五者，素书。六者，漆书。七者，金字。八者，银字。九者，竹简。十者，壁书。十一者，纸书。十二者，叶书。或古或今、或篆或隶、或取天书玉字、或象云气金章，八体六书，从心所欲。复以总别二门，遍生归向。总者尽三

---

① 《道藏》第1册，第3页。
② 《道藏》第22册，第105页。

洞宝藏，穷四辅玄文，具上十二相，总写流通。别者，或一字一句、或卷或帙，随我本心，广写供养。书写精妙，纸墨鲜明，装潢条轴，函笥藏举，烧香礼拜，永劫供养，得福无量，不可思议。①

在道教看来，经来源于元气和天书真文，是解除患难的良药，是成仙得道的桥梁。经可以写在金板、银板、石板、木板上，可以写在素上，可以用漆、金粉、银粉来写，可以刻在竹简上，写在墙壁、纸张、叶子上。至于书写方法，也可以有多种多样。写经之后，要注意保存，广泛流通，以发挥其度化众生的作用，因为它是修道者的三宝之一。

符中的文字，大抵上是古代篆籀及相传刻符、摹印、虫书、古文异体的变形，或再加上聚字构形的方法，以至难以辨识。符实际上并没有什么神妙之处。符书是模拟天书而来，天书"八角垂芒，精光乱眼，灵书八会，字无正形。其趣宛奥，难可寻详"②，符书也就尽力八角垂芒，形势弯曲，字无正形。所以，符书难以辨认并非故弄玄虚。

符在道教诸术中的地位仅仅次于经。道书十二分类法中，第二为神符类。关于它的形成，刘晓明指出："道符是先秦、两汉巫觋迷信、神仙方术的承继与综合。析而言之，道符综合了青铜纹饰沟通人神、祈福引魂的功能；驱傩逐疫、厌劾恶鬼的方法；符命符谶的神授思想与技法；以及巴蜀荆楚少数民族的鬼及北斗崇拜的法术等等。大致经历了从西王母筹到复文、再到道符的发展阶段。其最后的形成在东汉顺帝之前。这种综合不是一人一时完成的；而是不同地域，甚至不同民族的方士巫觋经过数代人的补充与完善最终形成的。"③

道教认为，符是"龙章凤篆之文，灵迹符书之字"，具有"神用无方，利益众生，信若符契"的功效④。为什么符具有如此强大而众多的功效呢？民间信仰中认为"形本是画，画以象真，真之所示，即乃有神。况所画之上，精灵有凭可通"⑤，进而认为名字写以纸上，字纸即能与被书写的原形感通，具有原形的体性、神性与灵性⑥。道教的观点与此不同。《太上老君说益

---

① 《道藏》第 24 册，第 749 页。
② 《道藏》第 22 册，第 121 页。
③ 刘晓明：《中国符咒文化研究》，中央编译出版社 2014 年版，第 26 页。
④ 《道藏》第 22 册，第 33 页。
⑤ （宋）林登：《续博物志》，《太平广记》卷二百十引，中华书局 1986 年版，第 1612 页。
⑥ 刘晓明：《中国符咒文化研究》，中央编译出版社 2014 年版，第 28-33 页。

箓神符妙经》说:"……于是天师受得妙法而作颂曰:神符神符,泄自太无,生天生地,与道卷舒。佩奉之者,厄难消除。得成真道,身升玄都。"① 《元始五老赤书玉篇真文天书经》卷中说:"大劫交周,天地改易,金玉山海,人民鸟兽,万物一时消灭,天地溟涬无复光明,以此文(指符文,引者注)固天元始之炁,佩之即得化生始分之中,刻书金扎以佩身。"② 在道教看来,符来自于作为万物三源的元气,是万物的基因,当然能与万物相通。《云笈七签》卷七《符字》条的解释是:"一切万物,莫不以精气为用。故二仪三景,皆以精气行乎其中,万物既有,亦以精气行乎其中也。是则五行六物,莫不有精气者也。以道之精气,布之简墨,会物之精气,以却邪伪。辅助正真,召会群灵,制御生死,保持劫运,安镇五方。"③ 在道教看来,万物和人均因精气而生,因精气而存。符是人把道之精气贯注到简墨之中而成的,因而与万物之精气能相通相应,具有无所不可、无所不能的功能。

不过,符之所以灵验,精气相通只提供了一个基础,真正让它灵验的还是文。《广成集》卷一一《川主醮五符石文词》说:"三宝开光,五文孕化,凝水火木金之气,成云霞龙凤之书。"据《灵宝无量度人上经大法》卷三六记载,道士发符时要念咒曰:"无文不光,无文不明,无文不立,无文不主,无文不辟,无所不禳,无所不度,无所不成。"④ 用符之术是与心法结合在一起的。文是对实在的再创造而非简单模仿,道教的本文包含"变文"和"运用"两个方面,因而以文为中介的解释性认知和实践性证知是紧密结合在一起的,通过文既可以理解道,也可以证道、得道,更重要的是还可以借道之用而改造人及其所处的世界,使之满足人的需要。

与符文相近的是箓。《上清琼宫灵飞六甲箓》说:"有其符,则隐化无方;闻其名,则上补天真;行其道,则飞虚;驾佩其文,则玉女执巾。"⑤ 以文字录有神名的通讯录就是"箓"。它的功能与符相近,故人们多把它与符合称为符箓。

与符和图相接近的还有印。印既有文字,但更像图。道教认为,印在科

---

① 《道藏》第11册,第643页。
② 《道藏》第1册,第792页。
③ 《道藏》第22册,第41页。
④ 《道藏》第3册,第819页。
⑤ 《道藏》第34册,第161页。

仪中非常重要："上士以印为道，道托印以行之。"①《太上通玄灵印经》载有通灵印左右各二，摄鬼印、策鬼印、召鬼印各一。它说："老子曰：此通灵印是一切法万术之根。若人不得此法者，一切道术虚行不成。诸法虽说功能，而通灵印何处得来？徒费功夫，日劳人矣……老君曰：一切万法皆从此通灵印中摄出……凡诸外法虽有符印咒术空说功能，不得此通灵印者徒费力耳，万不成一矣。"② 印何以能通灵而有诸种神妙的功能呢？同样是因为它是符和文的集合体。

与符文功能类似者为上章与投简。上章系向天地鬼神上奏折，以文字申诉乞愿。陶弘景《登真隐诀》卷下与符合论，称为"章符"，可见它与符书差别不大。投简也是利用符字以求长生辟邪。洞玄部神符类《太上洞玄灵宝投简符文要诀》举了一些法诀，如祝诵曰："飞玄八会，结气成真，六十四字，总灵天根，开度生死，朽骨还人……"③ 文字之所以能使人不死，是因为道教认为文字的产生即为宇宙的创生，若掌握了这始创之真文，自然就抓住了创生的密钥，可以夺宇宙之造化。"开度生死，朽骨还人"不过是其中一端罢了。

此外，道教法器的制作过程依赖于符咒的运用，符咒的施行使得法器具有神秘性，其宗教功能得以强化。剑、印、镜等法器的外部总有种种花纹雕镂，其中往往有文字。

总之，道教的符箓斋醮科仪之术中渗透着一种类似于现今西方语言哲学的文字（符号）崇拜。道教认为，作为宇宙万物的本源，元气形成文，文包括天文、地文、人文。人文即文字和由文字形成的道教经书、图、符、箓、咒语、印、掐诀等道术工具。在道教中，语言（最典型的表现形式是经、咒）和符号（最典型的表现形式是符箓和灵图）天然地与存在一体不分。它们本是由自然之气化生而成，其结构与自然事物相似，就其功能而言，也与自然之气一样有种神奇作用。鬼神本质上也是由气凝结造作而成的。用语言和符号去招摄鬼神就相当于以气招气。修道者佩带或使用天文以及由天文演化发展而来的各种文字性道术，便可以辟邪、祛灾、召劾鬼神、登真飞仙等等，无所不可，无所不能。

---

① 《道藏》第10册，第584页。
② 《道藏》第18册，第612页。
③ 《道藏》第6册，第382页。

道教以道为最高信仰，符箓斋醮之术进而以文字为道之载体和道之用。这促使道教既以文字为教本，又以文字为教迹。为此，以"天之正法，不在祭餟祷祠也"① 为主张，通过禁断"祭餟祷词"，道教把来源于原始宗教的日月山川等泛神论崇拜性信仰转变为以道为核心，以文字为手段，以役使神灵为人服务为目的的工具性道术体系。

自然垂文、结气成字的文字观可引申出以下两个方面：一方面，文字可以推演为文章，文章则通贯于道，是得道的工具。文字的宗教性质能够被推衍成各种宗教活动，成为道教这一文化体系的组成部分。谣谶、步虚、祷词、盟誓、道情、青词等道教文学可视为一类修道之术。另一方面，道是文字之本，也是文章的根据，还是文章的归宿。文章必须受道的统率并符合于道。因此，文章是宗教活动中的种种道具，创作和阅读它们本身就是修道法门。根据这两个方面推理，每位道士都是文人，道士上章、启奏、盟祝、颂赞、用符、唱名、襐袚，既是一种宗教行为，又是一种文学活动。在民间有莫大影响的道教文昌帝君信仰就是据此产生的。《玉清无极总真文昌大洞仙经》卷二卫琪注对文昌解释道：

> 文者理也。如木之有文，其象交错。古者仓颉制字，依类象形。昌者盛也。言天地之文理盛大也。如伏羲则河图之文，以画八卦，立三极之道。此经所以推穷三才中之文理性命，皆自二炁五行中出，故文昌星乃土炁所化。坤土之卦辞曰："黄裳元吉，文在其中也。"艮土之卦辞曰："生万物者，莫盛乎艮，成万物者莫极乎艮。"故周子所谓：阳变阴合，遂生五行……是以文昌宫有东壁图书府、太微垣中有南斗第五星文昌炼蒐真君。又有太上九炁文昌宫、文昌上相、次相、上将等星，又有文昌图，流连以生化文物。是故天地之间，生成变化之道，莫大于此。故曰"开明三景，是为天根，无文不光，无文不明，无文不立，无文不成，无文不度，无文不生"等语，实基于此。《易》曰："物相杂，故曰文。"是以文昌一经，杂纽不贯，亦如《易系》云："变动不居，周流六虚，上下无常，惟变所适。"又曰："参伍以变，错综其数；通其变，遂成天地之文。"亦此义也。故文昌之在世者，乃教化之本源。②

---

① 饶宗颐：《老子想尔注校证》，上海古籍出版社1991年版，第31页。
② 《道藏》第2册，第606页。

"文"包括文书、文彩、文明、文献、文章、文物等。"文昌星"是土炁所化。"文昌"为天文、地文、人文之理。这样，文昌不再是星辰信仰，而是文理昌盛之意。就人世而言，文昌是教化之本源，祈文昌帝君可开慧能文，因而文昌帝君就成了文化人和科举考试的保护神。文昌帝君信仰作为一个典型说明文为体，为用，为入道之方，文字、文学、文化双向贯通，综摄为一。

（五）道教语言哲学的价值与意义

如上所述，道教的语言哲学展示出了与西方语言哲学完全不同的体系和样貌。二者都是由语言而生发出来的哲学思考，但二者有本质的不同，这表现在如下四个方面：

第一，西方语言哲学是由 Logos 和 Being 开始的，"Logos 大致有言谈，思考，所思、所谈、所写的东西，公式，理性，论证，尺度，原则诸义"[1]；Being 即在、存在、实在。这二者相与为用。

西方的"逻各斯中心主义"即"语音中心主义"。但在道教这里，既有对文字的强调，也有对语音的强调。后者即咒语功能的宗教化哲理解释。这种区别来源于西方语言哲学的背景是拼音语言，而道教语言哲学的背景是向形、表意语言。基于拼音语言，语言学家认为文字只是记录语言的书写符号系统，文字本身并不属于语言系统。有"现代语言学之父"之称的瑞士语言学家费尔迪南·德·索绪尔在其代表性著作《普通语言学教程》中就曾这样说过："语言和文字是两种不同的符号系统，后者唯一存在的理由在于表现前者。"亚里士多德提出文字是"语言符号之符号"。我国著名语言学家张巨龄也认为文字"只是记录语言的工具，是工具的工具"。按照这种说法，文字不能直接代表事物，在文字与事物之间必须有语言作为中介。换言之，文字不能直接用于表示意义，在文字与意义之间要有语音为中介。也就是说，文字只是用于记音而不能起到表义的作用。有人就明确提出："文字是用'形'通过'音'来表达'义'的。""它必须能读，通过读音确定自己所表示的是语言里的哪个词，这样才谈得到字义的问题。"其实，这些观点大致反映了拼音文字的实际，却不能准确地反映出像汉字这样的表意文字的实际。以表意为主的文字，其音、义的联系往往不如形与义的联系紧密，尤其是其中的象形、指事、会意字。象形文字、表意文字主要是用于表义而非记音（象形文字是以形象物，即直接以字形表示所反映的事物，实际上也是以形

---

[1] 陈嘉映：《简明语言哲学》，中国人民大学出版社 2013 年版，第 4 页。

表意，而且是更为直接的表意）。正如《语言心理学》一书所指出的："表意文字是通过图形或符号的组合来表达词或词素的意义的文字体系。表意文字的基本特点就是它的字形标记的是一定的词或词素的意义，而不是声音。"这就是说，表意文字是以形见义、以形明义。综合拼音文字和象形表意文字两个方面来看，可以得出结论：语言作为适应人类交际需要的一种表义的符号系统，它包括两大子系统，一是音义结合的听觉语言（适用口耳交际），一是形音义结合的视觉语言（适用书面交际）。就此而言，西方语言哲学仅仅注重语音是不全面的，而道教的语言哲学则两方面兼顾，比较全面。

前面说过，与其他宗教不同，道教是一种文字化的宗教，抄经、写经是道士的宗教性工作，各种文检的写作及其运用是道教仪式的重要组成部分。这与西方语言思想有很大的不同。在西方，柏拉图、苏格拉底、亚里士多德等古典哲学家都对文字不信任，都坚持心灵是文字之父。近代，卢梭甚至宣称文字是邪恶之源。只是到了当代，利科和德里达才在象形文字的启发下批判了语音中心论，利科对说话与书写的关系作了思考，说："西方文化中拼音文字的胜利及所呈现的文字附属于言语倾向来源于文字对声音的依赖性，然而我们不要忘记文字还有诸多其他可能性：它们是由图画文字和相象文字，表意文字所表达的，它们呈现为对思想意义的直接描述，它们在不同的习惯中能被异样地阅读，这另一种文字也展示了书写的一种普遍特征，就像拼音或表音文字的作用一样。"[①] 利科对书写、理解与解释的多样性的研究，对我们研究道教的语言哲学颇有启发意义。

第二，西方语言学由语音、词汇、句法学三部分构成，词汇学又有词形学和语义学两个部分，语言哲学与语音、词形联系较少，而与句法学尤其是其中的语义学联系紧密。由于汉语的特殊性，所以，基于汉语而建构起来的语言哲学，必定与基于西方语言而建构起来的语言哲学大异其趣。

第三，从西方的情况来看，逻辑学与语法联系紧密，主要研究与推论有关的一些特定句式的句法。其较早的系统成果是亚里士多德建立的形式逻辑体系。传统逻辑有一些缺陷，布尔、弗雷格着手改造，力图借以澄清甚至消解传统形而上学命题。由此开始了哲学的语言转向。"弗雷格、罗素、前期维特根斯坦、维也纳学派、艾耶尔、C. I. 刘易斯、古德曼等美国哲学家代表

[①] 转引自：徐友渔、周国平、陈嘉映、尚杰：《语言与哲学——当代英美与德法传统比较研究》，生活·读书·新知三联书店1996年版，第207－208页。

了语言哲学中的逻辑主义路线。"① 我们知道，逻辑体系是与自然语言直接相关的。亚里士多德建立的形式逻辑体系是建立在拉丁语系的基础上，除此之外，还有基于古印度语言而产生的因明逻辑体系，基于汉语而产生的辩证逻辑体系。以这一对传统形式逻辑体系进行形式化改造的路线而言，关于辩证逻辑的形式化，中国学者已经取得了不少的成果②。所以，我们完全可以沿此方向，对比着西方逻辑主义的语言哲学，思考基于辩证逻辑的语言哲学。在形式化之外，西方哲学的语言学转向还有注重日常语言分析的学派，不过它的基础依然是拉丁语系语言。我们同样可以沿此路线，与之为参照，发展基于汉语的日常语言分析和相应的哲学思考，以期丰富相关内容。

第四，西方语言哲学中的部分内容可以深化我们对道教哲学的理解。例如，J. L. 奥斯丁提出："我们借助于语言表达可以完成各种各样的行为。"他把言语行为分为三类：第一，以言表意的行为（locutionary act），相当于一般的陈述行为；第二，以言行事的行为（illocutionary act），指使用语言来完成某种超出于说话的行为；第三，以言取效的行为（perlocutionary act），即讲话者借助于使用语言达到改变听话人的思想和行为的目的。这三种，尤其是第二种，对我们理解咒语、科仪等多种道教之术进而作哲学思考当有启发意义。再如，胡塞尔认为，意义来源于人的意识活动，通过意识对某个对象的念及，表达行为与对象性的东西才建立了联系。语言的符号本身没有任何意义，是人的意向性活动赋予它们以意义。意义不但与赋义活动有关，还与赋义活动的内容有关。受此影响，海德格尔提出，存在是人的存在，人生活在语言中，语言是存在的家园，语言就是事物的区别和勾连，就是事物的逻辑形式。人、语言和存在是一而三，三而一的③。与道教把文字或声音提升到本体非常类似，伽德默尔接续海德格尔，进而把语言提升到本体的高度，宣称人以语言的方式拥有世界。这样，借鉴这些思想，我们就可以理解道士们通过文字、声音和动作符号来演道，进而力图让现实世界发生符合人愿望的改变。

---

① 陈嘉映：《简明语言哲学》，中国人民大学出版社2013年版，第19页。
② 例如，罗翊重：《东西方矛盾观的形式演算》，云南科技出版社1998年版；孟凯韬：《哲理数学基础》，中国科技出版社1999年版。
③ 徐友渔、周国平、陈嘉映、尚杰：《语言与哲学——当代英美与德法传统比较研究》，生活·读书·新知三联书店1996年版，第242页。

第三节　人文化成的哲理

（一）文昌信仰内蕴的文化哲理

文昌星君亦称"文昌帝君"，有"紫微垣文昌将相君、太微垣文昌三公内座星君、少微垣文昌处士博士星君"及紫微外座的"文昌上将星君、文昌次将星君、文昌贵相星君、文昌司禄星君、文昌司命星君、文昌司寇星君"[①]等称呼。这是基于天人合一的古老观念，从宗教神学的角度，关注于上天文昌六星神对人间护佑的实用功能所作的解释。那么，"文昌"是什么意思呢？《玉清无极总真文昌大洞仙经》卷二的解释是："言天地之文理盛大也。"对此《玉清无极总真文昌大洞仙经》在解释书名时有详细的说明："文者理也……古者仓颉制字，依类象形。昌者盛也，大也，言天地之文理盛大也，如伏羲则河图之文以画八卦，立三极之道……易曰：物相杂，故曰文……又曰：参伍以变，错综其数，通其变，遂成天地之文，亦此义也。故昌之在世者，乃教化之本源。""大者，虽天地之大不可加也；洞者，通也，万物通有此理。"[②] 文的本意是纹理，引申到哲理上即指物与物、人与物、人与人之间的关系、秩序。推崇文，把文分为天文、地文、人文，促成文明，根据天人合一的观念主张人文合于天文，天文与人文相一致，依据文治理国家，即文治。以文对百姓实施教化，是《周易》就已确立的观念。这一观念在西汉时期对儒学有较大影响，董仲舒等大儒曾经对此有过论述，此后的纬书又着力强调"真文""赤文""天文"等的重要，并对其时正在孕育中的道教产生了影响，如在《太平经》中形成了"本文""天文""真文""天书""神文"等观念。这一观念经三皇派、灵宝派等道教宗派的发展，到六朝时期形成道、炁、文三位一体，本体论与本源论相统一的形而上哲理框架，以及与此相应的道教经书宗源和分类的本文观。文昌信仰所谓的"文者精所聚，昌者扬天纪，辅拂并居，以成天象，故曰文昌宫"[③] 的说法，无疑是这一观念的发展。对此，《玉清无极总真文昌大洞仙经》卷二有详细的解说。它认为，

[①]　《道藏》第 31 册，第 87 页。
[②]　《道藏》第 2 册，第 606 页。
[③]　金开诚等校注：《屈原集校注》，中华书局 1996 年版，第 717 页。

文昌者"言天地之文理盛大也""文昌星乃土炁所化"。

> 因奎壁垂芒，帝命主持斯文，壁位居亥专主图书，奎位居戌专主文章，盖奎宿有文彩，壁宿能藏书。昔嬴火之后，于屋壁得古文，故壁之于文典有功焉，是以文昌宫有东壁图书。太微垣府中有南斗第五星文昌炼魂真君，又有太上九炁文昌宫，文昌上相、次相、上将等星，又有文昌图流，运以化生文物，是故天地之间生成变化之道莫大于此。故曰开明三景，是为无根，无文不光，无文不明，无文不立，无文不成，无文不度，无文不生等语，实基于此。故文昌之在世者，教化之本源。[1]

其中，"无文不光，无文不明，无文不立，无文不成，无文不度，无文不生"等语来源于《灵宝度人经》。这一段话的哲理逻辑是，文与道、炁三位一体，是宇宙万物最初的来源，即本源，也是万物存在的终极依据，即本体，还是万物运动变化的根本规律。这三者中，如果说道着眼于过程而侧重于指万物存在的终极依据和万物运动变化的根本规律，炁着眼于实体而侧重于指宇宙万物最初的来源的话，文则着眼于秩序、形态或现象，指万物承炁而生、循道而成的结构上的圆润完美、功能上的强大而富有生命力，反映的是因本源之清而具有的"真"，因本体之正而具有的合规律性，因形态之优而具有的合观赏性。从人的角度来说，就是价值观上的真、善、美。由引出发，道教引申出了"天书真文"的观念。

天书真文落实到人间就是人类社会使用的文字。文字是人与人之间沟通、交流的符号与工具，具有约定俗成的社会性质。汉字是象形文字，本因模拟大自然之纹理、形状、现象而来，就此而言，它具有源于天道自然的性质。从这两方面合观，汉字恰好是天人合一的产物。在道教，尤其是文昌信仰这里，它恰好成为天书真文与人文相交的结合点。它首先是显道之具。正如《玉清无极总真文昌大洞仙经》卷一所说："文字语言者，圣人不得已而因言显道尔。"[2] 人要识道、得道，首先必须认字、识字、读书。其次，让自然界万物的存在及其运动变化，让人类的社会和历史开显、彰示于人之前。"字之有功于世也，伟矣。昔仓颉造字，泄天地之机，开万物之智，发圣贤之秘，续道德之传，记古今之治乱，著人物之贤奸。若天下无字，万古如长夜。"

---

[1] 《道藏》第2册，第606页。
[2] 同上书，第598页。

再次，它是社会交往得以进行的保证，是维持社会秩序的基本工具，如文书即为其中一种。"天曹公案、皇朝律例、公门文移、冥府卷籍，咸以字为凭。是字能生人、杀人、荣人、辱人、予人、夺人者也。可不郑重之乎？"再次，它是名号之依托，是指称人、物并把人与人、人与物、物与物区分开来的符号。"天地神祇之号、日月星辰之纪、圣贤仙佛之名、祖宗父母之讳，皆散著于字。"① 这可以从符号学的角度来解释。最后，它是人文化成即教化的工具。弘扬真、善、美，鞭挞假、恶、丑，文化教养和礼仪规范，不能离开文字的运用。正是凭借文字，所谓"文运天开"才能实现。因此，在文昌信仰的背景下，产生了诸多劝善书。

正是在上述哲理的影响下，"文昌帝君"成为道教所奉主宰功名、禄位之神，中国古代学问、文章、文人、科举士子的守护神，在道教神仙系统中地位较高。由于古代权势社会以官本位为特点，科举考试是士人做官唯一的必由之路，因而传统社会中绝大多数地区都建有文昌庙，文昌信仰非常兴盛。

（二）文昌信仰的文化意义

第一，尊重文字、敬惜字纸。

文昌信仰主张尊重文字、敬惜字纸。至于理由，前引《全人矩矱》列了三条，说：

> 字之有功于世也，伟矣。昔仓颉造字，泄天地之机，开万物之智，发圣贤之秘，续道德之传，记古今之治乱，著人物之贤奸。若天下无字，万古如长夜。此一宜敬。天曹公案、皇朝律例、公门文移、冥府卷籍，咸以字为凭。是字能生人、杀人、荣人、辱人、予人、夺人者也。可不郑重之乎。此二宜敬。天地神祇之号、日月星辰之纪、圣贤仙佛之名、祖宗父母之讳，皆散著于字。弃置践污，于心何忍。此三宜敬。②

《清河内传·劝敬字纸》则是从信仰和功利的角度提出理由，宣称："士之隶吾籍者，皆自敬重字纸中来。"③

那么，如何做到尊重文字、敬惜字纸呢？《文昌帝君阴骘文》的主张是"勿弃字纸"。《文昌帝君蕉窗圣训》的主张是："一戒废字：勿以旧书裹物糊

---

① 《藏外道书》第 28 册，巴蜀书社 1994 年版，第 395 页。
② 同上。
③ 《道藏》第 3 册，第 290 页。

窗，勿以废纸烧火拭桌，勿涂抹好书，勿滥写门壁，勿嚼草稿，勿掷文尾，于途中秽间尤宜慎。"① 雍正二年（1724）扶乩而出的《文昌帝君功过格·文学第六》则用功过格的形式，以量化的方式考核人们在尊重文字、敬惜字纸方面的行为，主张："秽中拾一字纸，洗浴焚化，一功。""著述一济世善书，百功。""手不净翻动经书，一过。""待弟子如己出，循循善诱，一日一功。""不禁弟子抄袭、代倩，一事三过。""见器物门墙上字，即刮洗送于河中，一次一功。""见劝善书不信、不传者，三十过。"② 民间还有《文昌帝君惜字律》，光绪十三年坊刻本（竹纸一册）名《惜字律》，光绪十年坊刻本（竹纸一册）名《惜字新编》。《惜字律》敬惜字纸最高的功德是"生平以银钱买字纸至家香汤浴焚者"。这样的功德只有大富人家才有能力做到。正因为一般人做不到，所以"文昌帝君"才将其列为可记"万功"的首功，而凭借此功可"寿增一纪，长享富贵，子孙荣显"。这里所说的"字纸"主要是指带字的废纸。用香汤洗净后焚化是为使神圣的文字免受亵渎，并不是鼓励烧书。为了加强宣传效果，《惜字新编》中有"敬惜字纸富贵福寿之报"和"不敬惜字纸穷苦夭寿诛之报"两项内容，通过实例进行恫吓利诱，这虽然是劝善书中很常见的做法，但毕竟对劝导人们养成尊重文字、敬惜字纸的习惯还是有一定成效的。在《文昌帝君劝惜字纸文》等的影响下，古代社会普遍形成了尊重文字、敬惜字纸的习俗。许多地方建有"惜字亭"。人们为避免践踏字纸而特设火化字纸的建筑物，在四川叫"字库""惜字宫"，在台湾称为"字纸亭""圣迹亭"，在琉球则呼为"焚金炉"（汉字写作"焚字炉"）。其他地方还有不同名称。

第二，保护书籍，传承文明。

《惜字律》内有"敬字纸功例"和"慢字纸功例"，二者都是用"功过格"的形式分别规定对各种敬惜或侮慢字纸行为的奖惩措施。"功过格"是善书中常见的供人自我约束的规条，写明做某善事可记若干功，做某恶事则要记若干过。天日昭昭，到头来功过相抵后看功多还是过多，有功则奖，有过则罚，该奖该罚，自有报应。《惜字律》中还有以"文昌帝君"口吻写的"劝惜字纸文"，并附有"敬字十凡例"。这三者都是劝导人们爱护书籍，如"敬字纸功例"要求人们"不轻笔乱写，涂抹好书"；"不以书字放湿处霉烂，

---

① 转引自高梧：《文昌信仰习俗研究》，巴蜀书社2008年版，第73页。
② 袁啸波：《民间劝善书》，上海古籍出版社1995年版，第122页。

并扯碎践踏"。"慢字纸功例"中要求更严，如不能"以字纸经书放船舱底并马上令人骑坐"，违之要记"二十罪"，"生毒疮，受人欺凌"；不能"以经书枕头"，违之要记"十五罪"，遭"穷苦，受杖刑"；甚至"以不净手或便溺后不洗翻阅经书者"，也要记"三罪"，遭"生刂指疮"之罚。"敬字十凡例"中有一条与古代刊印、流通典籍有关，其规定是："凡抄刻刷印之家，一切样稿印板，割补差讹，慎勿轻弃只字，久久自有福报。"目前我们在古旧书肆中偶尔可以看到一些古籍的试印样本或校样本，其中的错误及讹字，往往被用字钉一一改正钤补。这一处理费时耗工，不如用改正后的书版另行印刷省事，之所以如此不惮其烦，很可能即与这种希求福报的观念有关。但这些样本往往能够反映出作者定稿的过程，加之印刷较早，独具特色，是有价值的收藏品。它们能够得以传世而不是被毁弃，在一定程度上即与类似"敬字十凡例"这种规定的信念有关。《惜字新编》中与《惜字律》相似的内容题为"惜字七十八款"，对"敬惜"字纸的要求比《惜字律》的涉及面更广，如其中的首条对官府保存文书档案劝诫说："劝贤良长官，晓谕各房书吏，凡藏案卷，宜用木橱，以免鼠蚀虫伤，切不可用木柜。近日州县府道各署内，案卷皆藏木柜中。书役等人，日夕坐卧，甚属秽污。伏望贤良长官，作速晓谕，改用木橱。"① 此外，它规定几乎所有器物上都禁止写字、刻字，甚至连卧房内也不能放置书籍。这显然有时代的局限性而难以在当代实施。

但文昌信仰并没有主张保存所有书籍，《惜字律》明确指出应焚毁两类书：一类是"怪异淫乱"之书。"敬字纸功例"中明确规定焚毁这类书籍可记"百功"，并能使"本身增寿，子孙贵盛"。《惜字新编》在焚烧"淫秽"书籍方面，除了要"烧毁淫书艳曲唱本"，还明确提出"若能劈板烧毁，功德更无量"。清代朝廷在禁毁所谓"淫秽"戏曲小说方面始终不遗余力，《大清律例》中明文规定，要"务搜板、书，尽行销毁"②。《惜字律》《惜字新编》中要求人们"劈板烧毁"，与《大清律例》是一致的。这对于弘扬文化主旋律，提升社会的文明水准是有积极意义的。另一类是残缺不全的书籍。《文昌帝君劝惜字纸文》所附之"敬字十凡例"中，把"不全遗书、破残经卷"与"淫词小说、恶款榜文"并列，要求人们随手捡拾，"随即焚化"。如

---

① 转引自辛德勇：《未亥斋读书记》，华东师范大学出版社2001年版，第105页。
② 《大清律例》卷二三刑律贼盗上。参见田涛、郑秦点校：《大清律例》，法律出版社1998年版，第369页。

果按照上述规定办,许多被视作"淫词"的优秀文学作品就必然被毁。一些罕传稀见的历史文献,靠残篇零卷尚可保存部分内容,或者能以几部残书配成一部全书。这样的残篇零卷和残书,一旦被毁,就会造成无法弥补的损失。这就走到了文昌信仰敬惜字纸、保护书籍的反面。"惜字律"的流行,对于一些古代典籍的散佚失传,可能起到了一定的不良作用。但总的说来,《惜字律》《惜字新编》对于保存古籍、传承文明的积极意义是占主导地位的。

第三,谨慎用字行文,弘扬文明。

明代拟话本小说集《西湖二集·文昌司怜才慢注禄籍》记载了文昌帝君为罗隐添注禄籍的故事,说的是罗隐生性轻薄,出语下笔好嘲讽怨恨他人,以至于虽才兼文武,却迟迟怀才不遇。后来一改旧习,不再触及他人是非长短,文昌帝君遂托梦告以将慢慢添注其禄籍,罗隐终于赢得钱镠赏识,做到吴越的谏议大夫。由此可见,"文昌帝君"不仅关注人们是否爱惜文字,还注重文字的内容是否合乎法度。这一观念在《惜字新编》得到了反映。《惜字新编》中有《文昌帝君惜字真诠十二则》,有"以诗扎讪笑他人"和"下笔刺人忌讳"两项应当要"惜"的文字,即前述故事中罗隐所犯过失。除此之外,要"惜"的文字还有"关人性命者""关人名节者""关人功名者""属人闺阃阴事及离婚字者""下笔离间人骨肉者""下笔谋人自肥,倾人活计者""下笔凌高年,欺幼弱者""下笔狭私怀隙,故卖直道,毁人成谋者""下笔唆人构怨,代人架词者""下笔恣意颠倒是非,使人含冤者",等等。每则附有正反两个事例,反复劝导人们在写字时要下笔慎重,不要损害别人。这些教条对当时的社会教化,当可起到一定助益,但其中的一些条款显然需要有限定性的前提,如贪官、恶棍、歹徒的性命、名节、功名,即使是在当时,也不应曲为保全,否则遗患社会,未必符合"文昌帝君"劝人惜字的初衷。

在现代社会条件下,强调谨慎用字行文仍然是有积极意义的。毕竟,文章、书籍会广泛传播,流传后世,影响大众,所以应该坚持人类的基本价值观,彰扬社会正义,维护社会的稳定、和谐,弘扬文明。

道教文昌惜字观的出现,固然是道教本有的天书、真文观在宋代以后的继承与发扬,但也与佛教信徒敬重经书的做法有关。所以,在三道混融的时代背景下,其内容除了道教的部分外,还有鲜明的儒、佛二教影响的痕迹。如《清河内传》内的《劝敬字纸文》中,"文昌帝君"说:"予窃怪今之人,名为知书,而不能惜书。视释老之文,非特万钧之重;其于吾六经之字,有如鸿毛之轻。或以字纸而泥糊，或以褙屏，或以裹物，或以糊窗，践踏脚底，或以拭秽，如此之类，不啻相倍蓰矣。何释老之重，而吾道之轻耶？是岂知三教本一，而欲强兹分别耳。吾自有善恶二司，按察施行，以警不敬字纸之例。"① 显然，"文昌帝君"劝人敬惜儒家之字纸，溯其渊源，是取法于佛、道二教信徒为积累功德而敬重方外经书。

《惜字新编》卷末列有出资印赠此书的信士的姓名和印送数目，一次共计印行 6970 部②。古代木版刻印书籍，这已近乎天文数字。惜字律在民间流传之多之广，由此可见一斑。实际上，宋元以来，以文昌帝君"降笔"名义编撰、流传的《文昌帝君阴骘文》《文昌大洞仙经》《文昌孝经》等诸多劝善书的涌现如雨后春笋纷至沓来，广为流传，景仰文昌的诗文、书画、雕塑、碑刻、音乐等文艺作品层出不穷，崇尚文昌的民俗活动风行华夏，敬奉文昌的宫、观、祠、庙、亭、台、塔、楼、阁遍布神州大地，这一切构成了纷繁多彩的文昌文化，丰富了博大精深的中华传统文化。文昌信仰还漂洋过海，传播到了国外，为传播中国传统文化做出了贡献。在现代社会条件下，科举取士制度不再实施，文昌信仰失去了部分存在的土壤，"文昌"的神性有一定程度的淡化，但文昌可以而且在一定程度上已经转化为追求文教昌明的象征。崇奉文昌的种种建筑、文物、艺术作品、民俗活动等，已经成为人们旅游、观赏、净化心灵、抒发情怀和文化娱乐的一个侧面。文昌帝君信仰以道教的文字——文化哲学为底蕴，以道德规范的形式进行社会教化，进行社会的文明建设。其中很多内容，都能够加以发掘并给予现代的诠释，为传承、弘扬传统文化并进行现代化做出贡献。

---

① 《道藏》第 3 册，第 290 页。
② 辛德勇：《未亥斋读书记》，华东师范大学出版社 2001 年版，第 107 页。

第八章
道教的政治哲学

《道德经》有丰富的政治哲理，《庄子》进一步发展了它们，道教延续下去而确立了"理身理国之教"的观念，以"冷眼热心"的姿态发展了道家的政治哲学。

第一节　自然无为与自由

（一）自然与自由

《道德经》第二十五章说："人法地，地法天，天法道，道法自然。""自然"并非道之上的一个独立存在实体，而是阐述道的存在形态。从存在形态来看，"自然"即自然而然，不受他物、外物干扰，自己的状态完全由自己决定，即独立、独化。以个体为本位的自在、独立、客观是自然的基本内涵。因此，由自然可以逻辑性地引申出自由。

《道德经》第四十八章说："道恒无为而无不为。"无为是道家的道论贯彻到形而下的实践中的人的行为原则。无为的内涵，如《云笈七签》卷十七《老君清静心经》所说，是"真静应物"①，即凡事"顺天之时，随地之性，因人之心"。如此遵循自然的客观规律和人类社会的规律，尊重人性，才能在处理人与自然、社会和他人关系的实践中获得"无不为"的效果。"无不为"是在无为的历练之后从对象、生存环境中争得的自由。这就是说，自由

---

① （宋）张君房纂辑，蒋力生等校注：《云笈七签》，华夏出版社1996年版，第96页。

既是自然的内涵的一个方面，也是无为的过程和结果的表现形态之一。

就人而言，自由涉及思想与行动，包含两个方面：一是消极的自由，自己的行为不受他人的任意干预或社会的限制，没有外部的约束、强制或强迫而能自主地行动；二是积极的自由，自己真正成为自己行为的原因，主体自主地在各种选择方案中选择他自己的目标和行为方式。

老庄把道视为本源论的本源，即万物产生的最初源头。这是老庄价值论哲学思想的源头之一。既然万物都是从同一个源头产生出来的，因此万物都是平等的。后世道教哲学由此发展出道性论，主张不只所有的人，而且所有的生物与非生物均享有同等的道性。因此，万物均是平等的。作为万物中的一种，人与人之间当然也是平等的。所以，政治必须以公平和平等为原则。《吕氏春秋·贵公》指出："昔先圣王之治天下也，必先公。公则天下平矣，平得于公。""得天下者，其得之以公，其失之必以偏。"严遵类似地指出："造化之心，和正以公，自然一概，正直平均，无所爱恶，与物通同。"[①] 天地自然之态本为公平和正、无所偏私的，遵循着公正平等的原则，给每一个人与其他人一样的存在和发展之价值，这很接近西方的平等思想。后者认为，人类社会中的每一个人都是平等的。这种平等表现在四个方面：一是法律意义的平等，任何人在法律面前都是平等的。二是在支配资源方面的平等，机会均等。三是利益分配中被平等对待。四是政策决定中每一个人都有平等参与的权利。类似的思想，道家已有所论述。如关于经济平等，老子认为，天道是毫无私心和非常公平的。天地间的阴阳二气相合，就降下了甘露，人民并不需要指令控制，也自然会达到均匀："天地相合，以降甘露，民莫之令而自均。"[②] 在政治上，统治者应效法天道，抑强扶弱，反对过度的两极分化。《老子》第七十七章说："天之道，其犹张弓与？高者抑之，下者举之；有余者损之，不足者补之。"天之道行使的是"损有余以补不足"的公正原则，促使社会的财富流向贫困者；而不合理的"人之道"却是"损不足以奉有余"的马太效应。唯有"有道者"才能够"有余以奉天下"，效法天之道而改善人类社会的不平等、不合理现象，实现财富由"有余"向"不足"的方向流动。这是经济平等的主张。

道家把道视为价值论的根本。它认为，道的基本价值品性是公正。《道

---

① 王德有：《老子指归译注》，商务印书馆 2004 年版，第 88 页。
② （汉）河上公：《老子道德经》，凤凰出版社 2017 年版，第 26 页。

德经》第五十一章主张道对宇宙万物"长之育之""亭之毒之""养之覆之",但却"为而不恃,长而不宰",这说的是道的"公"之品性。同时,道作为宇宙万物运动变化的根本规律,反映到价值论上当然是正确的公义,即正义。这两方面相结合,就是"公正"。君主只有按照道的"公正"原则治世,才能获得良好的治世效果,也才能有资格居于统治地位。这种以"天道公正"为内涵的价值观,是把公正视为宇宙的自然法则。这是一种自然主义的公正观。后世学者多受此影响。宋明理学提出的"天理无私""循理而公"的"公理"论,把公正提升到宇宙法则——"天理"的高度,而把与之对立的"私意"归之于人欲,认为"天理流行,则公矣"①。虽然宋儒公正的内涵仍是儒家的仁义道德,但其思维方式则是道家的。民间老百姓常说"公道不公道,只有天知道",又说"天上星多月不明,地上人多心不公",就是将公正与天道、天理合一,而把偏私归本于人欲这种"公正"价值观的具体表现。法家同样受老庄思想的深刻影响。韩非作《解老》《喻老》,是目前可知的第一个解注《道德经》的学者。他的法家思想是以老子的政治哲理为基础的。他认为,法作为"天下之程式""万事之仪表""国之权衡",乃是"公利""公义"和"公心"的体现,是和"私"相反的公共规范。法的基本价值是"义必公正"②,基本功能是通过"烛私""矫奸""易俗"而"明公道",进而达到治世的目的,"公义行则治"。为此,韩非主张"以法治国"③,明确提出执法的根本原则是"去私心行公义""去私曲就公法"④,即对法律适用的所有对象坚持同一标准,平等要求,做到正而不偏,平而不倾,直而不曲。韩非说:"法不阿贵,绳不挠曲。法之所加,智者弗能辞,勇者弗敢争。刑过不避大臣,赏善不遗匹夫。故矫上之失,诘下之邪,治乱决缪,绌羡齐非,一民之轨,莫如法。"⑤ 他反复强调"治国者,不可失平也"⑥。尽管法家所谓的"公义""公利"并非全体公民的"义"和"利",而只是"人主之公利""人主之公义",但他们在历史上首次明确以"公正"为法律的基本价值,无疑是一个杰出的贡献。受其影响,后世的道家、道教政治哲

---

① 王夫之:《思问录·内篇》,《船山全书》第12册,岳麓书社1996年版,第8页。
② 陈奇猷校注:《韩非子集释》,中华书局1962年版,第137页。
③ 同上书,第38页。
④ 同上书,第128页。
⑤ 同上书,第38页。
⑥ 同上书,第293页。

学把公正视为政治的准则。

公正与自由、平等有紧密的联系。它们的结合，诚如美国政治哲学家罗尔斯在其《正义论》一书中所讲的正义。罗尔斯提出了两个正义的原则：第一，每一个人都有平等的权利，他们可以拥有与别人类似的自由相容的、最广泛的基本自由权；第二，社会和经济的不平等应该使条件最不利者也能得到最大的利益，一切的公职和职位在机会完全平等的条件下对所有人开放。为了实现这两个原则，罗尔斯强调：第一，平等自由，即每个公民具有相同的基本自由，如政治上的自由、思想言论自由和生命权、财产权等；第二，机会均等；第三，照顾社会和经济上最差阶级的利益。这些思想，道家、道教政治哲学中虽然没有这么系统地表述过，但零散的表述则是有的。

（二）理想的社会蓝图

基于上述政治哲学的基本范畴，道家描绘出了它们理想社会的蓝图。《老子》第八十章说："小国寡民。使有什伯之器而不用；使民重死而不远徙。虽有舟舆，无所乘之，虽有甲兵，无所陈之。使民复结绳而用之。甘其食，美其服，安其居，乐其俗。邻国相望，鸡犬之声相闻，民至老死，不相往来。"这就是说国小民少，使得既有的各种机巧之器都可以弃而不用，使得人民看重生死而不远徙他乡。即使有了船和车，也没必要乘坐；即使有了盔甲和兵器，也没有仗可打。人民宁愿抛弃文字，重新用起结绳记事的老办法。老百姓以其所食为甘甜，以其所穿为美丽，以其风俗为快乐，以其居住为安恬。邻国的居民可以互相望见，鸡犬之声可以互相听闻，但相互之间从出生到老死，也不相往来。这个"小国寡民"的主张，历来受到注释者、评论者们的否定与批判。例如，童书业认为这是一种"理想化的小农农村"，是"企图稳定小农经济"；胡寄窗则认为这是"针对当时的广土众民政策而发的"，是"与当时的历史任务是背道而驰的"，"他们反对大国兼并的战争，反对工艺技术，否定文化知识发展的作用……他们解决所谓时代问题的办法是回到早已崩溃的农村公社式稳定的小天地生活，这些所谓时代问题及他们所能提出的解决方案凑合起来，即幻化为小国寡民的理想"，是"设想了一个小乐园作为他们逃避各种现实斗争的避难所"，是"带着时代的创伤，逃向原始的乐园，显然是想为时代开倒车"[①]。我们认为，这些观点都是错误的。

---

① 陈鼓应：《老子注译及评介》，中华书局 1984 年版，第 357－359 页。

这里所描绘的社会并非原始社会,而是经过文明发展后再自觉地向自然生活回归。人类的初期阶段,没有车船、甲兵等什伯之器,也没有文字,后来人们才发明创造了它们。发明创造它们的目的是为了使用。使用一个阶段之后,才发现没有给自己带来多少幸福,反而添了不少麻烦,于是自觉地把它们放置在一边不再使用,重新回到纯自然的生活状态。所以,老子所提倡的小国寡民社会,不是蒙昧落后的原始时代,而是经过否定之否定后对文明异化的深刻认识,是对所谓"文明"的抛弃和对自然的回归。

具体来说,"使民复结绳而用之"并非实指要人们不读书认字,而是喻指:在那样处处平和、自给自足的国度里,百姓们就像结绳记事时代的人们那样纯真、自然。所谓老子反科技、反文化、为时代开倒车等评断都是错误的。对"民至老死不相往来"的理解,至少要明白三层意思:第一,由于食甘、服美、居安、俗乐,百姓们不需要因生活所迫而东迁西徙;第二,在那样平和的社会里,消除了过去的那些不平与矛盾,因而没有了你侵略我、我反击你的战争往来;第三,不相往来的原因是"不能往来"还是"不愿往来"?在一个自由的社会中,愿意往来的人必须没有身份、户口或地域的限制,不需要所谓单位的"介绍信"等的制约,到了异地也不会因没有"暂住证"而遇到困难。所以,"邻国相望,鸡犬之声相闻,民至老死,不相往来"反映的是在地方高度自治的情况下,百姓自食其力,安居乐俗,自得其乐,自行其是,悠然自得的生活方式。即"天下太和,百姓无事","日出而作,日入而息,凿井而饮,耕田而食,帝力于我何有哉?"①

小国寡民的理想社会蓝图,在庄子那里被发展为"至德之世"。在庄子看来,圣人与天同德。圣人治下的社会,就是"至德之世"。《庄子·胠箧》说:

> 子独不知至德之世乎?昔者容成氏、大庭氏、伯皇氏、中央氏、栗陆氏、骊畜氏、轩辕氏、赫胥氏、尊卢氏、祝融氏、伏牺氏、神农氏,当是时也,民结绳而用之,甘其食,美其服,乐其俗,安其居,邻国相望,鸡犬之音相闻,民至老死而不相往来。若此之时,则至治已。②

---

① 《高士传》卷上《壤父》。参见刘晓东校点:《烈女传·高士传》,辽宁教育出版社1998年版,第86页。
② 《庄子义集校》,中华书局2009年版,第189页。

庄子认为，尧、舜、禹之前有容成氏、大庭氏、伯皇氏、中央氏、栗陆氏、骊畜氏、轩辕氏、赫胥氏、尊卢氏、祝融氏、伏牺氏、神农氏等十二个上古帝王。这一时代是圣人治下的"至治"，即"至德之世。"

> 彼民有常性，织而衣，耕而食，是谓同德。一而不党，命曰天放。故至德之世，其行填填，其视颠颠。当是时也，山无蹊隧，泽无舟梁；万物群生，连属其乡；禽兽成群，草木遂长。是故禽兽可系羁而游，乌鹊之巢可攀缘而窥。夫至德之世，同与禽兽居，族与万物并，恶乎知君子小人哉。①

当时社会中的人"余立于宇宙之中，冬日衣皮毛，夏日衣葛絺。春耕种，形足以劳动；秋收敛，身足以休食。日出而作，日入而息，逍遥乎天地之间，而心意自得"②。在至德之世，生活简单、节俭、朴素而自然，天亮以后劳作，天黑以后休息。春天耕种，秋天收获，冬天休息。生活必须劳动，但劳动所得足以温饱；耕作虽然辛苦，但辛苦正好可以活动筋骨，增强健康。冬天穿皮毛，夏天穿葛麻。人与万物同生，与野兽同处。有山但并不开出道路，有河但并不架设桥梁。立身天地之间，没有欲望，没有争执，没有责任与义务，没有任何的心理压力。和树枝一样自然舒放，和婴孩一样纯朴自得。人们过着一种纯朴自然的生活，心意淡然，悠闲自适。人与人完全平等，没有人与自然的对立，没有高低、贵贱、贫富、善恶等种种价值上的差别，没有人与人的对立，没有统治者与被统治者的对立，人的自然本性得到充分的发挥和体现。

《道德经》第六十五章说："古之善为道者，非以明民，将以愚之。"这被很多后世学者视为于民不利的政策。但是，他们没有看到结局却是有利于人民的。《道德经》明确断言："绝圣弃智，民利百倍。"《庄子·天地》说："至德之世，不尚贤，不使能，上如标枝，民如野鹿。端正而不知以为义，相爱而不知以为仁，实而不知以为忠，当而不知以为信，蠢动而相使不以为赐。是故行而无迹，事而无传。"③ 为什么不能尚"贤""能"？庄子解释说：

---

① 《庄子义集校》，中华书局2009年版，第182页。
② 同上书，第528页。
③ 同上书，第233页。

"多知为败"①，"巧者劳而知者忧"②，"天下好知，而百姓求竭矣"③。陆长庚《南华真经副墨》解释"求竭"说："性命之真丧矣，百姓于是乎殚尽思虑，应接不暇，所谓求竭也。"④ 看来，"贤""能""智""巧"扰乱了人们平和宁静的心境，使人们追逐于身外之物，攀比竞争，使人们偏离了天真的本性，社会秩序日益混乱。《庄子·胠箧》说：

> 上诚好知而无道，则天下大乱矣。何以知其然邪？夫弓弩毕弋机变之知多，则鸟乱于上矣；钩饵罔罟罾笱之知多，则鱼乱于水矣；削格罗落罝罘之知多，则兽乱于泽矣；知诈渐毒、颉滑坚白、解垢同异之变多，则俗惑于辩矣。故天下每每大乱，罪在于好知。故天下皆知求其所不知而莫知求其所已知者，皆知非其所不善而莫知非其所已善者，是以大乱。故上悖日月之明，下烁山川之精，中堕四时之施；惴耎之虫，肖翘之物，莫不失其性。甚矣夫好知之乱天下也！⑤

人民一旦失去纯朴的本性而堕于贪婪，则人与自然、人与社会、人与人之间的关系会骤然紧张，秩序就趋于混乱。《庄子·天道》也说："知谋不用，必归其天。"如此看来，老庄所谓的"知"指的是智巧诈伪。反对"好知""尚智"不是反对用知识、智慧来提高物质生活水平，而是要消除伴随知识、智慧而来的虚假伪诈现象。"愚民""弃智"并不是要让人民不知不识，而是旨在让人民恢复到淳朴厚实的自然状态。因为"人多伎巧，奇物滋起"。技术进步固然是好的，但也不能忽视它负面消极的作用，如导致环境污染，生态失衡，甚至有人企图冒天下之大不韪去克隆人等。正是看到科学技术的负面作用，《庄子·缮性》才宣称："人虽有知，无所用之，此之谓至一。"⑥

至德之世，庄子也称之为建德之国："南越有邑焉，名为建德之国。其民愚而朴，少私而寡欲；知作而不知藏，与而不求其报；不知义之所适，不知礼之所将；猖狂妄行，乃蹈乎大方；其生可乐，其死可葬。"⑦ 建德之国

---

① 《庄子义集校》，中华书局2009年版，第208页。
② 同上书，第566页。
③ 同上书，第205页。
④ 转引自：公木、邵汉明：《道教哲学》，长春出版社2007年版，第35页。
⑤ 《庄子义集校》，中华书局2009年版，第190页。
⑥ 同上书，第308页。
⑦ 同上书，第364页。

中，人民少私寡欲，天真质朴，没有仁、义、礼、法的束缚，没有心机，没有顾忌，舒畅自适，率性而行，生则舒畅快乐，死则安详入土。"夫赫胥氏之时，民居不知所为，行不知所之，含哺而熙，鼓腹而游。民能以此矣。"①这里的"不知"，其前提是"端正""相爱""实""当"，其内蕴即是率性诚实，任真当理，端直其心，不为邪恶，无心作为，无为理物。这是一种逍遥天放的境界。此时，意识与无意识、目的性与合目的性高度统一。

庄子的至德之世以原初社会而作托古之论，是中国古代学术思想描述理想形态的一般手法，它所表达的，实际上是思想家们对特定事物的理想的观点。《庄子·外物》说："夫尊古而卑今，学者之流也。且以狶韦氏之流观今之世，夫孰能不波？唯至人乃能游于世而不僻，顺人而不失己。"② 与老子的小国寡民概念一样，"至德之世"概念的核心内容也是虚、静、自然、无为，与道合一，是道本体论的推演。同时，至德之世的描述，在价值论上还是庄子对现实予以评价的背景和标准。所以，它与小国寡民一样，是庄子所描绘的理想社会的蓝图。

抽象地说，实现并且谨守人类生存基本原则的世界，就是"至德之世"。生活于其间的人们，自满自足，直率坦荡，略无机心，身体健康，宁静坦荡，行为稳重而舒缓。由于个体之人的天真朴实，由个体组合而成的社会同样也是太平、和谐、融洽，人民不知有仁义礼法的存在，但整个社会却能呈现出平和有序、自由自在、生机蓬勃、其乐融融的氛围。同样，人与自然也保持着原始的亲缘关系。"山无蹊隧，泽无舟梁"，说明自然界保持着没有经受人类有意改造、规划的原初形貌，质言之，自然界尚无人类为自身目的而改易、破坏其秩序的痕迹，仍为天然自然而非人工自然。万物之间，人与人之间都和谐相处："无情万物，连接而共里间，有识群生，系属而同乡县。"③"禽兽成群"与"草木遂长"，指万物按照自己的生命规律共同生长在这个世界上。"禽兽可系羁而游，鸟鹊之巢可攀援而窥"意谓不同种属的物种之间处于平易和谐的状态。"同与禽兽居，族与万物并"，这样共生共存的形态，其间没有出自人类价值系统的种种人为的区分。

（三）无为而治

老子主张，遵循道就需要按照无为的原则行动。君主治理国家同样如此，

---

① 《庄子义集校》，中华书局2009年版，第185页。
② 同上书，第501页。
③ 同上书，第185页。

要实行无为政治。正如《道德经》第五十七章所说:"我无为而民自化,我好静而民自正,我无事而民自富,我无欲而民自朴。"无为政治的内涵有如下几个方面:

第一,遵循政治的规律。道家主张,政治活动必须遵循社会发展的规律,如《道德经》第六十四章所说:"以辅万物之自然而不敢为。"对人、对物,都要因其自然本性而用之。每个人、每种物的性质都不同。诚如《庄子·至乐》所说,万物各有其性,"鱼处水而生,人处水而死。彼必相与异,其好恶故异也。故先圣不一其能,不同其事"。在政治活动中,必须充分考虑到这一点,区别对待,不让一刀切式的统一号令伤害一些个体、群体或部分的利益。

第二,遵法守分。道家道教都主张法治。《通玄真经》指出:

> 夫法者,天下之准绳,人主之度量也。悬法者,法不法也。法定之后,中绳者赏,缺绳者诛;虽尊贵者,不轻其赏;卑贱者,不重其刑。犯法者,虽贤必诛;中度者,虽不肖无罪,是故公道行而私欲塞也。古之置有司法,所以禁民使不得恣也;其立君也,所以制有司,使不得专行也。法度道术所以禁君,使不得横断也。人莫得恣,则道胜而理得矣!故反于无为,无为者,非谓其不动也,言其莫从己出矣!①

人人遵法,社会秩序自然良好。遵法的同时,还要求人们守分。郭象主张:"物任其性,事称其能,各当其分。"② 怎么理解"分"?成玄英说:"夫为于分内者,虽为也不为。""率性而动,分内而为,为而无为,非有为也。"③ 陈景元说:"无为者,谓不越其性分也。性分不越则天理自全,全则所为皆无为也。"④ 王雱说:"圣人所谓无为无执者,故未至于释然都忘也,但不于性分之外,更生一切耳。"⑤ "分"有名分、性分、职分三层意思⑥。君主守其名分而行道,官员守其职分而处事,百姓守其性分而自为。人人保守本真之

---

① 《道藏》第 16 册,第 725 页。
② (晋)郭象注、(唐)成玄英疏:《庄子注疏》,中华书局 2011 年版,第 2 页。
③ 同上书,第 429 页。
④ 《道藏》第 13 册,第 660 页。
⑤ 同上书,第 88 页。
⑥ 唐少莲:《道家道治思想研究》,中国社会科学出版社 2011 年版,第 173-185 页。

性，不"丧己于物，失性于俗"①，安于本分。《老子指归》说：

> 道德之生人也，有分；天地之足人也，有分；侯王之守国也，有分；臣下之奉职也，有分；万物之守身也，有分。禀受性命，陶冶众形。开导心意，已得以生。藏府相承，血气流行。表里相应，上下相任。屈伸便利，视听聪明。道德之所以分人也。含吐覆载，云行雨施，雷风动作，日月更代。春生夏长，秋收冬藏，阴阳和洽，万物丰盛。民人动作，皆足以生。天地之所以分人也。因道修德，顺天之则。竭精尽神，趣时不息。抱信效素，归于无极。纤微损俭，为天下式。各守其名，皆修其德。桨生安俗，四海宾服。侯王之所以守任也。大通和正，直方不曲。忠信顺从，奉其分职。善善恶恶，不变名实。不小其位，不贱其服。臣下之所以守员也。小心敦朴，节俭强力。顺天之时，尽地之力。适形而衣，和腹而食。日出而作，日入而止。不薄所处，不厌所食。万民之所以守其身也。动静失和，失道之分；耕织不时，失天之分；去彼任己，失君之分；创作知伪，失臣之分；衣食不适，失民之分。失道之分，性不可然；失天之分，家不可安；失主之分，国不可存；失臣之分，命不可全；失民之分，身不可生。②

每个人都各担其任，各负其责，各尽其力，做好自己分内的事情，国家就和谐太平。这就是无为政治所要达到的效果。

第三，因循。司马谈分析黄老道家的政治模式时说："道家无为，又曰无不为，其实易行，其辞易知。其术以虚无为本，以因循为用。"③ 因循有遵循、依从、因仍、因袭、因顺、因应、因任、因凭等意义，道家、道教强调要"因时之物""因时为业""因物与合"④。道教理论家杜光庭论述无为治国时说："圣人之无为也，因循任下，责成不劳，谋无失策，举无遗事，言为文章，行为表则，进退应时，动静循理，美丑不好憎，赏罚不喜怒，名各自命，类各自用，事由自然，莫出于己，顺天之时，随地之性，因人之心，是则群臣辐辏，贤与不肖各尽其用，君得所以制臣，臣得所以事君。此理国

---

① 《庄子义集校》，中华书局2009年版，第315页。
② 王德有：《老子指归译注》，商务印书馆2004年版，第315-316页。
③ 司马迁：《史记·太史公自序》，线装书局2006年版，第545页。
④ 唐少莲：《道家道治思想研究》，中国社会科学出版社2011年版，第263页。

无为之道也。"① 由此看来，因循实为无为治则的重要内容之一。

第四，虚静、无欲、无事。道具有静的性质。政治活动必须以道为本，因而要以虚静为原则。司马谈认为黄老道家治国"以虚无为本"。因为虚，所以能够"不为物先，不为物后"，与物同在，"因物为制"，"能究万物之情"，遵循万物运动变化的客观规律，从而做到"无成执，无常形"②，无往而不利。《道德经》第四十五章明确说："清静为天下正。"清静则无欲、无事。君主没有个人的想法，只把老百姓的想法当作自己的想法，如《道德经》第四十九章所说："圣人常无心，以百姓心为心。"只做老百姓想做的事，顺应民意。为此，道家道教主张统治者身国同治，意思是治身先治神，而后养形；形神不离，身体健康；定神以治身，身治方可治天下。以己推人，切忌违背民意，强迫人民做他们不愿意做的事。《道德经》第二十九章警告统治者说："天下神器，不可为也，不可执也。为者败之，执者失之，是以圣人无为，故无败；无执，故无失。"

第五，无偏私偏爱。在政治活动中，统治者必须对被统治者一视同仁，不对其中某些人或某个人有特殊的偏爱，如《道德经》第五章所说："天地不仁，以万物为刍狗；圣人不仁，以百姓为刍狗。"选人用人任人唯贤，唯才是举，"因其天性而任之，所治无失者也"③。只有这样，才能让天下得到有效治理，才能维持全社会的和谐稳定。道教也有类似的主张："圣人本之以谦，含之以虚，行之以易，变之以权，因人之贤而贤之，因人之愚而愚之，因是是之，因非非之，不以古今而先后其心，不以内外而轻重其事，而以天下治天下也。天下归功于圣人，圣人不自以为功而任功于天下。是道也，尧舜禹汤得之，故皆曰自然。"④

第六，不恃己功而为。根据"道法自然"的原则，政治活动要顺应社会发展的大势，顺应民情，随顺自然。如《道德经》第十七章所说："功成事遂，百姓皆谓我自然。"政治活动应该先做后说，做了不说，切忌先说后做，说了不做，刻意矜夸，居功自傲。

第七，不为一己而为。作为统治者，政治活动的出发点不是为了一己之

---

① 《道藏》第14册，第354－355页。
② 司马迁：《史记·太史公自序》，线装书局2006年版，第545页。
③ 王明：《太平经合校》，中华书局1960年版，第206页。
④ 《道藏》第14册，第702页。

私利，而要效法道的品性，即《道德经》第十章所说的"生而不有，为而不恃，长而不宰"。这实际上就是要求统治者去私而立公，如《经法·道法》所说："使民有恒度，去私而立公。"政治就是管理社会公共事务，不以它谋取私利是政治的基本原则。《经法·名理》说："唯公无私，见知不惑，乃知奋起。"《经法·大（六）分》进一步阐明："诛禁当罪而不私其利，故令行天下而莫敢不听。"只有不谋取私利，统治者的发号施令才会有人听。《经法·君正》则说明，只有大公无私，才能让赏罚制度得以施行，才能让老百姓听从号令，亲近自己："精公无私而赏罚作，所以治也……号令合于民心，则民听令；兼爱无私，则民亲上。"唯有这样，社会才能安定、和谐，政治才能收到成效，统治者才能安居高位。正如《道德经》第七章所言："非以其无私邪，故能成其私。"无私反而能成其私。

西汉严君平把上述无为政治的精髓概括为"无心之心"的运用。他说："道德无形而王万天者，无心之心存也；天地无为而万物顺之者，无虑之虑运也。由此观之，无心之心，心之主也；不用之用，用之母也。"对此，他具体解释说："是以圣人，建无身之身，怀无心之心……上含道德之化，下包万民之心……俱得其性，皆有其神。四海之内，无有号令，皆变其心。善者至于大善，日深以明；恶者性变，浸以平和；信者大信，至于无私；伪者情变，日以至诚；残贼反善，邪伪反真，善恶信否，皆归自然。"[①] 这是把无为政治落实到心灵的层次，要求统治者以"无心之心"治理天下，把"治其心"作为治国的最重要的工作，祛恶从善，改邪为正，改伪为真，让信者更信，善者更善，所有人都清静自然。君主的无为而治是自然而然的，"非积德政、累仁爱、流神明、加恩惠以怀之，又非崇礼义、广辞让、饰知故、设巧能以悦之也，又非出奇行变、起权立势、奋武扬威、重生累、息百事以制之也，清静处下，虚以待之，无为无求而百川自为来也"[②]。这实际上是要求君主成为"道"的化身，秉承清静、空虚、无为的原则来治理天下。无为而治的政治观落实到政治方略上就是与民休息，即把人民的生存发展和平安生活视为治国安邦的基础，以尊德隆民、以人为本为政治的基本思想，"以百姓心为心"，尊重人民的生存权益和自由，使人民能够生聚繁衍，休养生息、各取所需、自得其乐，安居乐业。为此，统治者必须廉洁奉公、宽厚谦让，

---

① 王德有：《老子指归译注》，商务印书馆2004年版，第114页。
② 同上书，第251页。

做到省刑罚、轻赋税、去礼文、宽政务。道家尤其强调统治者不能与民争利，税赋不能过重。《道德经》第七十五章说："民之饥，以其上食税之多，是以饥民难治。"税赋过重，老百姓生存艰难，就会揭竿而起，用暴力推翻统治者。

第二节　重生乐生与民本政治

战争的实质是对名与利的争夺。老子反对争夺。《道德经》第八十一章说："夫唯不争，故无尤。"不争，不但没有烦恼，反而会获得意想不到的好效果："以其不争，故天下莫能与之争。"庄子继承了老子的思想，进而指出，名与知是争夺的凶器。他说："德荡乎名，知出乎争。名也者，相轧也；知也者，争之器也。二者凶器，非所以尽行也。"① 争夺的目的是从别人那里抢夺本不属于自己的名与利。"昔者尧攻丛枝、胥、敖，禹攻有扈。国为虚厉，身为刑戮。其用兵不止，其求实无已，是皆求名实者也。"② "争归于利，不可止也。此亦圣人之过也。"③ 利的实质是货财，"货财弗争"④，争夺也不会有什么好下场。争夺往往以战争的形式表现出来。但战争从来就不是什么好东西。《道德经》第三十一章断言："夫佳兵者，不祥之器，物或恶之，故有道者不处。"真正懂得治理天下的人，是不会轻易发动战争的。"以道佐人主者，不以兵强取天下。其事好还。师之所处，荆棘生焉，大军之后，必有凶年。"战争必然浪费社会资源，破坏生产，造成社会生产力下降，威胁人民的生存，伤害生命。"天下有道，却走马以粪；天下无道，戎马生于郊。"战争的出现，本身就说明是天下无道。要是天下有道，怎么还会有战争呢？当然，社会生活是复杂的，诸如正义的战争，往往出于不得已。对此，老子也是理解的。他说："兵者……非君子之器，不得已而用之，恬淡为上。胜而不美，而美之者是乐杀人。夫乐杀人者，则不可以得志于天下矣。"道教也指出："文以致理，武以定乱。"⑤ 对社会治理而言，文与武的两手都必须

---

① 《庄子义集校》，中华书局2009年版，第62页。
② 同上书，第66页。
③ 同上书，第185页。
④ 同上书，第322页。
⑤ 《道藏》第24册，第916-917页。

使用。但是，基于爱惜生命的立场，道家、道教认为，即使是不得已的正义战争，也要尽可能少杀人。那些乐于杀人的战争，终究是不会有好结果的。战争不可能不死人，死了人，哪怕是敌人，也要有悲哀怜悯之情，为死难者举办丧礼。"杀人之众，以悲哀泣之。战胜，以丧礼处之。"正是考虑到战争的破坏性和对生命的伤残，老子提出，正义的战争要以防御而不是进攻为原则："吾不敢为主而为客，不敢进寸而退尺。"柔弱谦下，这样反而能够获得真正的胜利，诚如他所说："抗兵相若，哀者胜。"这是把无为的哲理用于战争中了。

继承道家的上述思想，道教同样一贯反对战争，追求和平。在社会生活领域，道教强烈反对战争，反对杀戮。《太平经》指出，"兵、病、水、火"给人类带来大灾难①，靠战争解决社会问题只能陷入"武生乱，乱生武"②的恶性循环之中，所以它坚决反对灭杀平民百姓，殃及无辜的行为。东晋时期的葛洪，对历史上统治者的军事行动和滥杀行为同样持强烈的反对态度：

> 仙法欲令爱逮蠢蠕，不害含气，而人君有赫斯之怒，芟夷之诛，黄钺一挥，齐斧暂授，则伏尸千里，流血滂沱，斩断之刑，不绝于市……仙法欲溥爱八荒，视人如己，而人君兼弱攻昧，取乱推亡，辟地拓疆，泯人社稷，驱合生人，投之死地，孤魂绝域，暴骸腐野，五岭有血刃之师，北阙悬大宛之首，坑生煞伏，动数十万，京观封尸，仰干云霄，暴骸如莽，弥山填谷。秦皇使十室之中，思乱者九。汉武使天下嗷然，户口减半。祝其有益，诅亦有损。结草知德，则虚祭必怨。众烦攻其膏肓，人鬼齐其毒恨。彼二主徒有好仙之名，而无修道之实，所知浅事，不能悉行。要妙深秘，又不得闻。又不得有道之士，为合成仙药以与之，不得长生，无所怪也。③

在葛洪看来，道教珍重生命，博爱天下之人，并推及于昆虫等一切有生命的物种。据此，道教希望修仙者慈爱众生，清静无为，而汉武帝这样的统治者常常发动战争，造成血流成河、尸骨遍野的惨景，这种好战行为使他们无法获知仙道，也不可能修而成仙，即使得到仙丹妙药也不可能长生不死。道教

---

① 王明：《太平经合校》，中华书局1960年，第3页。
② 同上书，第646页。
③ 王明：《抱朴子内篇校释》，中华书局1985年版，第18页。

不只是在理论层次论证和呐喊，而且在实际行动中付诸实施。金元之际，全真道领袖丘处机面对战乱频繁的社会景象，强烈呼吁统治者爱护人民，不要滥杀无辜。元太祖十五年（1220）正月，他亲自率领随行弟子十八人，从胶东半岛出发，不远万里，为结束"十年兵火万民愁"①的局面，西到今天阿富汗大雪山觐见成吉思汗。他在向成吉思汗谈论神仙之道时，总以劝诫止杀为要。《长春演道主教真人内传》记载："上问曰：'师每言劝朕止杀，何也？'师曰：'天道好生而恶杀。止杀保民，乃合天心。顺天者，天必眷佑，降福我家。况民无常怀，惟德是怀；民无常归，惟仁是归。若为子孙计者，无如布德推恩，依仁由义，自然六合之大业可成，亿兆之洪基可保。'上悦。"② 丘处机借与成吉思汗谈论征服天下和长生久视的道理之机，明确向他表达了反对杀戮、反对战争的态度。根据史料记载分析，丘处机的劝诫确实促使成吉思汗在一定程度上改变了武力征服和屠杀的军事政策，减少了死亡人口的数量③。

反对战争，获得和平，只是为保全老百姓的生命提供了前提条件之一。进一步是要让人民有饭吃，有衣穿，有房住，满足人民的基本生活条件。统治者为了一己之私欲，逼得人民因饥寒交迫而不得不拼死造反。道家对此做了尖锐的批判。《道德经》第七十五章说："民之饥，以其上食税之多，是以饥。民之难治，以其上之有为，是以难治。民之轻死，以其上求生之厚，是以轻死。"道教也坚持这一观点。《太平经》说："惟天地亦因始初，乃成精神，奉承自然，生成所化，莫不得荣。因有部署，日月星辰，机衡司候，并使五星，各执其方，各行其事。云雨布施，民忧司农事，元气归留，诸谷草木、吱行喘息蠕动，皆含元气，飞鸟步兽水中生亦然，使民得用奉祀及自食。"④ 食物本来就是人民从事农业生产而制造的，所以人民用它来进行祭祀和满足自己生活之用是天经地义的。《化书》指出："一日不食则惫，二日不食则病，三日不食则死。民事之急，无甚于食，而王者夺其一，卿士夺其一，兵吏夺其一，战伐夺其一，工艺夺其一，商贾夺其一，道释之族夺其一，稔亦夺其一，俭亦夺其一。所以蚕告终而缲葛苎之衣，稼云毕而饭橡栎之实。"

---

① 《道藏》第34册，第483页。
② 陈垣：《道家金石略》，文物出版社1988年，第636页。
③ 吕锡琛：《道家道教与中国古代政治》，湖南人民出版社2002年版，第424－425页。
④ 王明：《太平经合校》，中华书局1960年版，第527页。

王者之刑理不平，斯不平之甚也；大人之道救不义，斯不义之甚也。而行切切之仁，用戚戚之礼，其何以谢之哉！"①老百姓辛辛苦苦种出来的粮食，十分之九均被强夺而去，只能过着衣不蔽体、食不果腹的穷苦生活，这在政治上是极大的不公平、不仁义。为此，它主张"均食"，说："夫君子不肯告人以饥，耻之甚也。又不肯矜人以，饱愧之甚也。既起人之耻愧，必激人之怨咎，食之害也如是。而金筵玉豆，食之饰也；鼓钟戛石，食之游也；张组设绣，食之惑也；穷禽竭兽，食之暴也；滋味厚薄，食之忿也；贵贱精粗，食之争也。欲之愈不止，求之愈不已，贫食愈不足，富食愈不美。所以奢僭由兹而起，战伐由兹而始。能均其食者，天下可以治。"②谭峭指出，没有食物，人民活不下去，自然要拼死反抗。而且，统治者往往在饮食上穷奢极欲，人们在比较后往往心中不平，由此引发争夺、祸害、动乱甚至战争由此而起。"是以主者以我欲求人之欲，以我饥求人之饥。"③统治者必须将心比心，满足人民在食物上的需求，应该如蚂蚁群体一样："蝼蚁之有君也，一拳之宫，与众处之；一块之台，与众临之；一粒之食，与众蓄之；一虫之肉，与众啖之；一罪之疑，与众戮之。故得心相通而后神相通。神相通而后气相通，气相通而后形相通。故我病则众病，我痛则众痛，怨何由起，叛何由始？斯太古之化也。"④道家认为，统治者自己要靠食物生存，也要让人民有食物而得以生存。

道教早期经典《太平经》进而指出，不只食物要平均，财物同样也要平均分配。它说："众万二千物皆生中和地中，滋生长大……当入口者，皆令民食之，用其温饱，长大形容，子孙相承……是天使奉职之神，调和平均，使各从其愿，不夺其所安。"⑤财物是天地之中产出供所有人使用的，平均分配财物，让人民的愿望得到满足，不强夺属于每个人的财物，这是天意。统治者必须明白，人民"皆食天仓，衣司农，寒温易服，亦阳尊阴卑，粗细縻物、金银彩帛珠玉之宝，各令平均，无有横赐，但为有功者尔"⑥。统治者聚集的财物必须平均分配，奖赏时必须论功行赏，不能凭关系远近亲疏和自己

---

① 《道藏》第36册，第307页。
② 同上书，第308页。
③ 同上。
④ 同上书，第306页。
⑤ 王明：《太平经合校》，中华书局1960年版，第615—616页。
⑥ 同上书，第579页。

的好恶胡乱赏赐。《太平经》还明确宣称："此财物乃天地中和所有，以供养人也……本非独以给一人也；其有不足者，悉当从其取也。"① 这就是说，国库中的财物，本得之于天地之中，用以养活普天之下所有的人。那些不足用的人，都有权力从中取用。统治者并非拥有它们，而只是代表天意保管和分配它们。普天之下所有的人都是平等的，所以，财物的分配必须平均。这无疑是对《道德经》第七十七章所说"天之道损有余而补不足"的诠释。

《鹖冠子》进一步指出统治者应该"列地而守之，分民而部之，寒者得衣，饥者得食，冤者得理，劳者得息，圣人之所期也"②。这就是说，仅仅让人民有饭吃，有衣穿还不够，还要让那些被冤枉者得到昭雪，让人民在劳累后得到休息，保持生命力的旺盛。《洞灵真经》进而把人的需求从生存需要扩展到更高层次："人之情欲生而恶死，欲安而恶危，欲荣而恶辱。天下之人得其欲则乐，乐则安；不得其欲则苦，苦则危。"③ 这就是说，人的需求除了生存外，还有荣誉、尊严等更高层次的东西。

为什么统治者要对食物、财物平均分配，要满足人民的欲望呢？这是因为统治者和人民是互相依存的："人之生也，悬命于君；君之立也，悬命于民。君得道也，则万民昌；君失道也，则万民丧。万民昌则宗庙显，万民丧则宗庙倾。故君者，民之源也；民者，君之根也。根伤，则华实不生；源衰，则流沫不盈。上下相保，故能长久。"④ 这就是说，必须以民为本，实行民本政治。除了从根与源的关系来解释外，《太平经》还进而解释说："君少民，乃衣食不足，令常用心愁苦，故治国之道，乃以民为本也。无民，君与臣无可治，无可理也，是故古者大圣贤共治事，但旦夕专以民为大急，忧其民也，若家人父母忧无子，无子以何自名为父母，无民以何自名为君也。故天之法，常使君臣民都同，命同，吉凶同。"⑤ 没有老百姓，君臣就没有存在的必要，因为失去了治理的对象。老百姓数量过少，君臣就会"衣食不足"，因为他们得靠老百姓的税收过日子。后世道教理论家陈景元也说过："夫民者，国之本也……是以君待民而食，上资下而立。"⑥ 君臣民"命同，吉凶同"，所

---

① 王明：《太平经合校》，中华书局1960年版，第247页。
② 《道藏》第11册，第559页。
③ 同上。
④ 王德有：《老子指归译注》，商务印书馆2004年版，第85页。
⑤ 王明：《太平经合校》，中华书局1960年版，第151页。
⑥ 《道藏》第13册，第722页。

以，"治国之道，乃以民为本也"。道教进而指出，君主、大臣和老百姓必须相依共存，心息相通，同舟共济，社会才能融洽存在，得以持续发展。正如《太平经》所说："君臣民相通，并力同心，共成一国。此皆本之元气自然天地授命。凡事悉皆三相通，乃道可成也。"① 这样，天下才能和平融洽，统治者才成其为统治者，统治者的地位才能稳固。这种强调君、臣、民各司其职，各尽其力，同心同德，和谐融洽相处的民本主义，颇具独到价值。

第三节　遵法守德与政治

道家很早就开始探讨法治与政治的关系。《道德经》第五十七章说："以正治国。"黄老道家吸收了儒家、法家、墨家思想的积极成分，帛书《经法》发挥说："法度者，正之至也。而以法度治者，不可乱也。而生法度者，不可乱也。精公无私而赏罚信，所以治也。""正"通"政"，即法制禁令。制定法律，据此实行法治，对维护社会秩序至关重要。《鹖冠子》说："法令者，主道治乱，国之命也。"② 又说："法者，天下之正器也。用法不正，玄德不成。"③ 在道家看来，建立完善的法制规范，君主即可守清静而实行无为之治。道家强调法律的制定必须合理。《尹文子·大道》说："圣人者，自己出也；圣法者，自理出也。"④ 政治就是对公共事务的管理，所以，治国必须大公无私。位处政治等级阶梯中最高层次的天子，其产生就是为了这一目的。正如《慎子》所说："立天子以为天下，非立天下以为天子也。"⑤ 《吕氏春秋·贵公》明确宣称："天下非一人之天下，天下之天下也。"⑥ 天下既然是普天之下所有人的天下，不是天子一个人的天下，所以，天子治理天下必须顺应民意。天子违法，同样要受惩罚，正如《吕氏春秋·简选》所说："行罚不避天子。"⑦ 对那些屡屡违法却不肯离职的君主，必须要用武力迫使他退

---

① 王明：《太平经合校》，中华书局1960年版，第148－149页。
② 《道藏》第27册，第223页。
③ 同上书，第217页。
④ 同上书，第180页。
⑤ 王斯睿：《慎子校正》，商务印书馆1935年版，第2页。
⑥ 陈奇猷：《吕氏春秋校释》，学林出版社1984年版，第44页。
⑦ 同上书，第441页。

位。《吕氏春秋·怀宠》主张用武力诛杀违法的暴君："子之在上无道，倨傲荒怠，贪戾虐众，恣睢自用也，辟远圣制，謷丑先王，排訾旧典，上不顺天，下不惠民，征敛无期，求索无厌，罪杀不辜，庆赏不当。若此者天之所诛也，人之所仇也，不当为君！今兵之来也，将以诛不当为君者也，以除民之仇而顺天之道也。"[1] 在正常情况下，也必须通过制定、颁布法律来限制君主的权力，不能让君主为所欲为、肆无忌惮。《淮南子·主术训》说："法籍礼义者，所以禁君使无擅断也。人莫得自悠则道胜，道胜而理达矣，故反于无为。"[2] 在道家看来，"法籍礼义"体现着"道"，可以限制君主专权。《管子·白心》说："明君圣人亦不为一人枉其法。"[3] 总体看来，道家强调自发自生秩序，甚至限制帝王干预。

道家重视法律，主张法治。但是，它也看到法律和法治是有局限性的。《通玄真经》说："法烦刑峻，则民生诈，上多事则下多态，求多即得寡，禁多即胜少。以事生事，又以事止事，譬犹扬火而欲使无焚也。以智生智，又以智备之，譬犹浇水而欲求其清也。"[4] 事实上，道家创始人老子早就反对暴政苛刑，主张减少刑罚。黄老道家对老子重道德秩序，轻法律秩序的偏颇有所修正。帛书《十六经》说："天德皇皇，非刑不行；缪（穆）缪天刑，非德必倾。刑德相养，道顺若成。刑晦而德明，刑阴而德阳，刑微而德彰。其明者以为法，而微（唯）道是行。"[5] 在此，道德秩序是法律秩序的基础，刑德相与为用，共同维护社会秩序。不过，后世道家、道教还是多坚持老子的思想。《太平经》呼吁统治者尽可能缩小刑罚使用范围，反对统治者滥用刑罚，要求统治者"常思太平，令刑格而不用也"[6]，即便偶然不得已而用，也要本着"上道德而下刑罚"[7]的原则施行。

从爱生乐生的民本政治立场出发，道家主张在社会管理中轻刑罚而重道德，重视建构道德秩序。"非修礼义，廉耻不立，民无廉耻，不可以治，不知礼义，法不能正，非崇善废丑，不向礼义，无法不可以为治，不知礼义不

---

[1] 陈奇猷：《吕氏春秋校释》，学林出版社1984年版，第412页。
[2] （汉）刘安：《淮南子》，河南大学出版社2010年版，第348页。
[3] 梁运华校点：《管子》，辽宁教育出版社1997年版，第119页。
[4] 《道藏》第16册，第698－699页。
[5] 陈鼓应注释：《黄帝四经今注今译》，商务印书馆2007年版，第265页。
[6] 王明：《太平经合校》，中华书局1960年版，第695页。
[7] 同上书，第231页。

可以行法，法能杀不孝者，不能使人孝，能刑盗者不能使人廉。圣王在上，明好恶以示人，经非誉以导之，亲而进之，贱不肖而退之，刑错而不用，礼义修而任贤德也。"① 在道家、道教看来，没有法律就无法管理社会。但如果老百姓不懂得礼义，即使法律制订出来他们也不会遵守。法律与法治不能解决所有问题，例如，法律可以惩罚那些杀人者，却不能让人对父母孝顺。能惩罚那些盗窃者，却不能让人廉洁。所以，法律和法治是基本的，道德和"德"治也是必需的，二者必须并用。在有法律和法治的前提下，道德和德治就变得很重要了。

道教认为，为了实现国家的太平、社会的稳定、人与人的融洽、人与社会的和谐，必须处理好家庭内部成员之间、君主与臣民之间的关系。道教是通过援引儒家的忠孝、和顺、仁信等原则来处理这些社会、人际关系的。例如，《劝世归真》说："天心所慕者，忠孝二字。为臣尽忠，为子尽孝，则人事尽而天心亦顺矣。古语云，忠孝即神仙，诚哉是言也。"② 在道教看来，忠是处理个人与组织、上级关系的基本道德准则，孝是处理个人与家庭、长辈关系的基本道德准则。宋元时期的净明道认为，"忠""孝"是维持人与人、人与社会和谐的有效手段："学道以致仙，仙非难也，忠孝者先之……忠孝备而成本，可以立功。立功之道，无阳福，无阴想，无物累，无人非，无鬼责，所以上合于三元，下合于万物也……吾之忠孝净明者，以之为相，举天下之民跻于寿，揩四海而太平，使君上安，民自阜，万物莫不自然。以之将、举三军之众，而神于不战，以屈人之兵，则吾之兵，常胜之兵也。"③ 践行"忠孝"，可"上合于三元，下合于万物"，可使四海太平、君安民阜、军队不战而胜、整个社会和谐有序。

道教认为，君主与臣民的关系是对等的。良臣、顺民应该"忠"于君主，君主也应该以"道""德"对待臣民。臣民应该如何尽"忠"呢？《太平经》的回答是："夫上善之臣子，民之属也。其为行也，常旦夕忧念其君王也。念欲安之心，正为其疾痛，常乐帝王垂拱而自治也，其民臣莫不象之而孝慈也……百姓尚当复为帝王求奇方殊术，闭藏隐之文莫不为其出，天下响应……上老到于婴儿，不知复为恶，皆持其奇殊之方，奉为帝王；帝王得

---

① 《道藏》第 16 册，第 729 页。
② 《藏外道书》第 28 册，巴蜀书社 1994 年版，第 43 页。
③ 《道藏》第 24 册，第 614－615 页。

之，可以延年。"① 忠臣、顺民能够将自己的全部身心与精力都运用在君主的身上，时时忧念着君主，关心着社稷的安危，替他分忧解难，关心他的身体健康，积极主动为帝王寻求种种私藏秘书、奇方异术，以便让帝王依法修炼而健康延年。另一方面，作为君主，也应当以"道""德""仁"对待臣子、百姓："为人君上者，当象天而行，乃以道、德、仁为行三统。"② 从而维持君臣间的和谐。具体来说："上君以道服人，大得天心，其治若神，而不愁者，以真道服人也……是以古者上君以道德仁治服人也，不以文刑杀伤服人也。"③《太平经》强调君主以道治天下，说："君宜守道，臣宜守德，道之与德，若衣之表里。"④ 它具体解释说："圣人见万物尽生，知其理重道也；见物尽养，知其真德也；见万物尽成，知其真仁也。夫理真道者，但有生心；理真德者，但有养心；理仁者，但有施心。非此三统道德仁，非谓太平之君矣。"⑤ 这就是说，君主要有让天下老百姓能生机蓬勃、顺畅发展之心并把这作为一切政治活动的出发点。大臣则要有仁爱之心，不自私，视民如子，养育、滋养他们，平均地分配财物。《太平经》认为，君主治理国家的各种方法都依据一个共同的道理：国君能够以"道德仁义"对待臣下，视臣子如师、父、友，那么君主与臣子关系就会和谐，天下就会太平⑥。总之，君主与臣民处于一种相互依存的统一体中，臣民对待君主尽"忠"，君主以"道""德"对待臣下，实行道德仁治，彼此各安其位，各尽其职，国家就会太平，百姓就能安居乐业。

此外，道教一贯主张，政治能否稳定，国家能否得到有效治理，除了君主要以道治理天下外，还要有一大批合格的大臣。而这在很大程度上取决于选人用人的问题。对此，《太平经》指出：

　　天地之性，万物各自有宜。当任其所长，所能为，所不能为者，而不可强也；万物虽俱受阴阳之气，比若鱼不能无水，游于高山之上，及其有水，无有高下，皆能游往；大木不能无土，生于江海之中。是以古

---

① 王明：《太平经合校》，中华书局1960年版，第132-133页。
② 同上书，第712页。
③ 同上书，第32页。
④ 同上书，第14-15页。
⑤ 同上书，第715页。
⑥ 同上书，第196-198页。

者圣人明王之授事也，五土各取其所宜，乃其物得好且善，而各畅茂，国家为其得富，令宗庙重味而食，天下安平，无所疾苦，恶气休止，不行为害……是者尚但万物不得其所，何况人哉！天下不能相治正，正由此也。此者，大害之根，而危亡之路也，可不慎哉？可不深思虑之胸心乎？故古者大圣大贤将任人，必先试其所长，何所短，而后署其职事，因而任之；其人有过，因而责之，责问其所长，不过所短，是者不感天也，反为习进此家学，因而慎之，故能得天下之心也。令后世忽事，不深思惟古圣人言，反署非其职，责所不能及，问所不能睹，盲者不睹日，喑者不能言，反各趣得其短，以为重过，因而罪之，不为欲乐相利佑，反为巧弄，上下迭相贼害，此是天下之大败也……夫天生万物，各有材能，又实各有所宜，犹龙升于天，鱼游于渊，此之谓也。①

这就是说，每个人都有才华，都有强项、弱项、优点、缺点，都有适合担任的职位。用人是否用其所长，是关系到天下能否治正的大问题。用人所长，避人所短，才能真正把人的才华展示出来。

上一节说过，道家、道教主张以法治国，本节展示出道家、道教也主张以德治国。事实上，法和德并非全部。在继承《淮南子》的基础上，《通玄真经》说："为礼者，雕琢人性，矫拂其情。目虽欲之禁以度，心虽乐之节以礼。趣翔周旋，屈节卑拜。肉凝而不食，酒澄而不饮。外束其形，内愁其德。钳阴阳之和，而迫性命之情，故终身为哀人。何则？不本其所以欲，而禁其所欲；不原其所以乐，而防其所乐。是犹圈兽而不塞其垣，禁其野心，决江河之流而壅之以手。故曰："开其兑，济其事，终身不救。夫礼者，遏情闭欲，以义自防。虽情心咽［音窘，义为欲吐］噎，形性饥渴，以不得已自强，故莫能终其天年。礼者，非能使人不欲也，而能止之。乐者，非能使人勿乐也，而能防之。夫使天下畏刑，而不敢盗窃，岂若使无有盗心哉！故知其无所用，虽贪者皆辞之；不知其所用，廉者不能让之。夫人之所以亡社稷，身死人手，为天下笑者，未尝非欲也。知冬日之扇，夏日之裘，无用于己，万物变为尘垢矣！故扬汤止沸，沸乃益甚，知其本者，去火而已。"② 这里看到了礼乐能够消弭过强过分的欲望，去除"盗心"，有助于社会秩序稳

---

① 王明：《太平经合校》，中华书局1960年版，第203－204页。
② 《道藏》第16册，第729－730页。

定的功效，强调了以礼乐治天下的重要性。总之，《太平经》指出："今此上德、仁、义、礼、文、法、武七事，各异治，俱善有不达，而各有可长，亦不可废，亦不可纯行。治身安国致太平，乃当深得其诀，御此者道也。合以守一，分而无极，上帝行之，乃深乎不可测，名为洞照之式。"① 这里的"上德"实为道，"仁、义"实为德。也就是说，道教认为，治国有道、德、礼、文、法、武等六种方式。这六者各有所长，各有所短，不可或缺，也不可独用，必须合而共用，才能真正治理天下。

这六种方式中，道家、道教更重视德。它们主张所有社会成员都遵守道德规范。它们认为，在家庭内部各成员之间，"孝""悌"等伦理规范的施行能够促使家庭和睦，社会和谐。以"孝"为例，道教认为，富有"孝"心的子女，在长者患病之时，应做到：

> 心中恻然，叩头医前，补写孝言。承事恭敬，以家所有，贡进上之，敬称其人。医工见是，心敬其人，尽意为求真药新好，分部谷令可知，迎医解除。常垂涕而言，谢过于天，自搏求哀，叩头于地，不避瓦石泥涂之中，辄得令父母平安，教儿妇常在亲前，作肥甘脆，悠口所食。父母商家，所有不致，苦其子孙，令尽家所有，殊私心孝于前。亲属比邻，见其孝善，知无所有，更往给饷，为其呼迎医工蒙荐席，相与日夜数劳。知其安危问养，视其复闻小善言，心为之喜欢，是孝之所致也。②

子女如果对病中父母能够尽心尽孝，那么，这种"孝"行必定会打动医生、亲属、邻居，他们会因此援手相助，这样就会拉近人与人之间的关系，促使人际关系和谐。更进一步，"孝"的推广还可以促成整个国家、社会的和谐：

> 孝善之人，人自从崇之，亦不犯克人……不但自孝于家，并及内外。为吏皆孝于君，益其忠诚，常在高职，孝于朝廷……取善不烦于民，无所役，郡县皆慈孝，五谷为丰熟，无中天之民。天为其调和风雨，使时节。是天上孝善之人，使不逢灾害，人民师化，皆食养有顺之心，天不逆意也……善孝所致，非但空言而语也。不但天爱之也，四时五行、日月星辰皆善之，更照之，使不逢邪也。其善乃如是，可不重邪？天生人

---

① 王明：《太平经合校》，中华书局1960年版，第729-730页。
② 《道藏》第33册，第591-592页。

民,少能善孝者,身为之独寿考,复得尊官,皆行孝所致。①

"孝"不仅拉近了人与人的距离,而且,"孝"行普及天下,依据天人合一的观念,可令风调雨顺、时节有序、五谷丰熟、上下和气、人民相爱、不逢灾难、罪恶尽除、寿命久远。

道教指出,如果一个社会没有"忠""孝""仁""义"等伦理规范,就会出现父子不和、臣子失职、阴阳不和、鬼物大兴、社会纷争等混乱局面:"夫天地中和三炁,内共相与为一家,共养万物……恶人逆父之意,天炁失其政令。比若家人,父怒其子,父子不和,阴胜阳,下欺上,臣失其职,鬼物大兴。"② 如果不讲"忠""孝",甚至会招致天地憎恶、鬼神谋害的混乱与灾难:"子不孝……弟子不顺……臣不忠……为此三行而不善,罪名不可除也。天地憎之,鬼神害之,人共恶之,死尚有余责于地下,名为三行不顺善之子也。当以月尽朔旦见对于天,主正理阴阳。是尊卑之神吏,魂魄为之愁,至灭乃已。"③ 所以,每个人都遵守道德规范,从自身做起,社会秩序才会和谐有序。也就是说,良好的社会秩序来自于每个人的努力。

第四节 中和均平与社会发展

根据前文所述以道为本的相对价值观,道体现在社会秩序方面,即如《淮南子·原道训》所说:"贵者必以贱为号,而高者必以下为基……得一之道,而以少正多。"④ 这就是说,社会各阶层、各职业的形形色色的人是相互依存、缺一不可的。这是一切政治活动的出发点。只有各方都能生存,各种人都满意,社会秩序才会和谐。由此出发,道家、道教提出了中和均平、坚持社会正义的主张,力图从多个方面构建和谐社会。

与儒家谈中庸类似,道家、道教主张中和。《管子·宙合》说:"中正者,治之本也。"⑤ 这是把中正视为治道的根本。《管子·正》具体发挥说:

---

① 王明:《太平经合校》,中华书局1960年版,第592-593页。
② 同上书,第113-114页。
③ 同上书,第405页。
④ (汉)刘安:《淮南子》,河南大学出版社2010年版,第136页。
⑤ 梁运华校点:《管子》,辽宁教育出版社1997年版,第36页。

"中和慎敬，能日新乎……能服日新，此谓行理。"①《管子·五辅》进而要求人君说："为人君者中正而无私。"② 这是主张最高统治者应该中正无私。道家著作《老子指归》谈论"和"是非常全面且深刻的。唐少莲概括了《老子指归》之论"和"③。第一，生成论意义上的"和"：这起源于《道德经》所谓的"万物负阴而抱阳，冲气以为和"。在继承此论的基础上，《老子指归》指出，阴阳二气之"和"："春生夏长，秋收冬藏，阴阳和洽，万物丰盛。""天地未始，阴阳未萌，寒暑未兆，明晦未形，有物三立，一浊一清，清上浊下，和在中央。三者俱起，天地以成，阴阳以交，而万物以生。""一清一浊，与和俱行"，"清浊以分，高卑以陈，阴阳始别，和气流行，三光运，群类生。有形窈可因循者，有声色可见闻者，谓之万物"④。第二，方法论意义上的执中和谐："导之以精神，和之以法式。""恶者性变，浸以平和"，"与神合体，与和屈伸"，"摄精蓄神，体和袭弱"，"睹纲知纪，动合中和"⑤。第三，政治之道中的"和"：上德之君"动作伦于太和"，下德之君"动作近于太和"，上仁之君"神气和顺""法禁平和"，上义之君"性和平正……和而不淫"，上礼之君"性和而情柔……顺心从欲，以和节之"。第四，达到最高境界是"太和"，此时"是以圣人，柄和履正，治之无形"。第五，"和"是处理刑德关系之具："阳气主德，阴气主刑，刑德相反，和在中央。"⑥ 第六，"和"的地位与功用："故和者，道德之用，神明之辅，天地之制，群生所处，万方之要，自然之府，百祥之门，万福之户也。""和气洋溢，太平滋生"，"天心和洽，万物丰熟，喜祥屡臻，吉符并集"，"世主无为，涣如俨容，天地为炉，太和为橐，神明为风，万物为铁，德为大匠，道为工作，天下青青，靡不润泽"⑦。

道教经典《太平经》继而详论中和之道。它说："古者圣人治致太平，皆求天地中和之心。一气不通，百事乖错。"⑧ 这里主张效法"天地中和之心"治理天下。它解释说：

---

① 梁运华校点：《管子》，辽宁教育出版社1997年版，第130页。
② 同上书，第30页。
③ 唐少莲：《道家道治思想研究》，中国社会科学出版社2011年版，第130页。
④ 王德有：《老子指归译注》，商务印书馆2004年版，第315、331、53、54页。
⑤ 同上书，第43、115、121、151、152页。
⑥ 同上书，第10-18、77、172页。
⑦ 同上书，第331、64、85、116页。
⑧ 王明：《太平经合校》，中华书局1960年版，第18页。

故古者圣人深知天情，象之以相治，故君为父，象天；臣为母，象地；民为子，象和。天之命法，凡扰扰之属，悉当三合相通，并力同心，乃共治成一事，共成一家，共成一体也。乃天使相须而行，不可无一也，一事有冤结，不得其处，便三毁三凶矣。故君者须臣，臣须民，民须臣，臣须君，乃后成一事，不足一，使三不成也。故君而无民臣，无以名为君；有臣民而无君，亦不成臣民；臣民无君，亦乱，不能自治理，亦不能成善臣民也。此三相须而立，相得乃成，故君臣民当应天法，三合相通，并力同心，共为一家也。比若夫妇子共为一家也，不可以相无，是天要道也。此犹若人有头足腹，乃成一身，无可去者也，去之即不足，不成人也，是无地自然之数也。①

在《太平经》看来，君臣民三者相互依存，缺一不可。三者应该效法天、地、人之间的中和关系一样而存在。如果说这样理解有困难的话，它又以家庭来比喻，君如父亲，臣如母亲，民如子女。三者关系融洽，"家和万事兴"。如果三者关系不畅不通，或者三者地位错乱，则必定"三毁三凶"。所以，三者应该"三合相通，并力同心"。这样，家庭才能兴旺，国家才能繁荣昌盛。由此看来，中和的实质就是不走极端，多种事物紧密联系，相互依存，关系和谐融洽，共同发展。

基于中和的主张，道家、道教在政治理论上追求公正，缩小差距，营造和谐。

首先，他们认为，一定的物质财富是生存和发展所必需的。其中，衣食是生存的第一需要。道教指出："民之所以生者，衣与食也；事周于衣食则有功，不周于衣食则无功。"② 能否解决老百姓的衣食问题，是政治是否有功的判断标准。道教进而从衣食问题引申开来："食者民之本也，民者国之基也。故人君者上因天时，下尽地理，中用人力，是以群生以长，万物蕃殖。"③ 这就是说，能否协调天、地、人三者间的关系而让"万物蕃殖"，是政治的根本问题。《洞灵真经》说："所谓天下者，谓其有万物也。所谓邦国者，谓其有人众也。夫国以人为本，人安则国安。安故忧国之主，务求理人

---

① 王明：《太平经合校》，中华书局1960年版，第150页。
② 《道藏》第16册，第709页。
③ 同上书，第143页。

之材。"① 这里把"万物蕃殖"的宏大叙事具体化到民生的经济问题上，指出了"理人之材"的重要性。徐灵府总括上述观点，说："为治之本，务在安人；安人之本，在于足用；足用之本，在于不夺时；不夺时之本，在于省事；省事之本，在于节用；节用之本，在于去骄；去骄之本，在于虚无。"② "省事""节用""去骄""虚无"，都是针对君主而言的，都是无为政治的内容。这就是说，道家、道教劝诫统治者实行与民休息的无为政治，首先是为了让老百姓保有生存和发展所需的物质财富。黄老道家进而提出要随顺老百姓的欲望。帛书《十六经》说："夫民之生（性）也，规规生食与继（生育）。不会不继，无与守地；不食不生，无以守天。"③ 老百姓对食物和生育的欲望并非邪恶，而是天经地义的，应该顺应，而非遏制。"养生""生财"很重要，帛书《经法》指出："民富则有耻，有耻则号令成俗而刑罚不犯。"④ 老百姓富了，就很少会去做法律禁止的事，社会秩序就会稳定得多。

　　追逐物质财富是每个人都会有的欲望。但现实中，由于每个人的能力、资本、社会地位等的差异，导致求财求利的结果大不相同，从而引起贫富差异。贫富差距过大，人们心理不平衡，必然导致社会矛盾和冲突，影响社会和谐。所以，道家、道教主张把社会差距控制在一个适当的程度。《庄子·人间世》提出了"均调天下，与人和"的主张。道教继承了这一思想。《鹖冠子》明确提出了"唯道之法，公正以明"⑤ 的政治主张。《太平经》主张财富平均，强调政府不能与民争利，富人不能对穷人巧取豪夺。它说："调和平均，使各从其愿，不夺其所安。"⑥ "皆自平均，无有怨讼者"⑦，要让全体人民没有怨恨，没有法律诉讼，一片祥和。《太平经》进而明确主张社会公正，认为一切社会财富都是天地与人共同拥有的，不应为少数人所独占，应当在社会生活之中流通分配，使人人都能获得满足基本生活需要的财富。对于财物的流通与分配，《太平经》提出"推通周足"⑧ 的做法，即把财富分配给全社会所有的人，满足每个人的生活需要。具体方法，一方面可以由政

---

① 《道藏》第 11 册，第 31 页。
② 《道藏》第 12 册，第 126 页。
③ 陈鼓应注译：《黄帝四经今注今译》，商务印书馆 2007 年版，第 210 页。
④ 同上书，第 67 页。
⑤ 《道藏》第 27 册，第 207 页。
⑥ 王明：《太平经合校》，中华书局 1960 年版，第 616 页。
⑦ 同上书，第 544 页。
⑧ 同上书，第 242 页。

府通过公平的财经政策实行调配，尤其应当给予饥寒者以衣食等的接济；也可以通过富有者散发财物以"周穷救饥"，或以慈善基金的形式帮助困难者；还可以"见人穷厄，假贷与之，不责费息"①，即集体提供无息借贷以使贫穷者得到帮助，使欠发达地区尽快得到发展。反之，如果富有者不散发钱财以周穷救饥，造成饥寒者因此亡命，这种富有者必会遭到天谴，得到报应。

除了减少物质财富方面的社会差距，道家、道教还主张减少其他方面的差距，让整个社会形成互相关心、互相帮助、共同提高、共同发展的良好社会风尚。《太平经》反对强欺弱、智欺愚、年轻人虐待老年人，说："或多智反欺不足者，或力强反欺弱者，或后生反欺老者，皆为逆。"因为"智者当苞养愚者，反欺之，一逆也。力强当养力弱者，反欺之，二逆也。后生者当养老者，反欺之，三逆也。与天心不同，故后必凶也。"②强者欺负弱者，当然要受到谴责；年轻人如果不赡养老人，反而欺辱他们，同样应当受到正义的谴责。智者欺侮愚者是犯了罪逆，即使那些"积道无极，不肯教人开蒙求生"和"积德无极，不肯力教人守德养性为谨"的聪明人，他们的罪也是不能免除的③。《太平经》主张："诸神相爱，有知相教，有奇文异策相与见，空缺相荐相保，有小有异言相谏正，有珍奇相遗。"④有知识的人应该把知识传授给他人，有阐述养生方法或有利于社会的书籍应该给别人看，有空缺职位时应该互相举荐，有好的建议应该知无不言，言无不尽，有珍奇之物应该互相馈赠。总之，人们应该在物质上和精神上彼此互相帮助、互相爱护。人应该效法天道，自然无为，不强求争功夺利。《道德经》第八十一章提出："圣人不积，既以为人己愈有，既以与人己愈多。"用自己的能力和德行帮助别人，会感觉自己精神和道德更富有；把自己的精神或物质财富施给别人，自己能得到更多的享受。这样，整个社会和乐欢欣的局面自然就会形成。

道家、道教力图通过中和均平的种种措施去努力建构理想社会。

道家、道教对人与他人、人与社会和谐关系的展望进而表现为对理想社会的憧憬与向往。老子给人们描绘了人与人之间"无欲""无为""无争"，宽大为怀，人际关系简单，彼此和谐相处，人人"甘其食、美其服、安其居、乐其俗"的理想社会。庄子发挥这一思想而提出了"至德之世""建德

---

① 王明：《太平经合校》，中华书局1960年版，第625页。
② 同上书，第695页。
③ 同上书，第242页。
④ 同上书，第539页。

之国"的与道合一的理想社会形态。魏晋时期，玄学家郭象在《庄子·逍遥游注》中指出，在理想的社会中，应该实现"物任其性，事称其能，各当其分"。这与柏拉图的公正理念颇为吻合。柏拉图对公正的解释是："每个人必须在国家里执行一种最适合他的天性的职务。"各人只做各自角色的工作而不去干涉别人的事务，各司其职，各得其所，城邦国家才能安定而有效地运作。"使所有的琴弦和谐一致"，"合奏一支交响曲"，在国家治理中正义或公正就占了优势，从而才能构建出一个正义的国家①。道教继承道家而描绘出了多种理想社会的蓝图。《太平经》明确提出了人人平等的主张，说："人无贵无贱，皆天所生。"②据此，它设计了一幅"太平"盛世的理想社会蓝图。它主张人人各尽其责，人尽其才，才尽其用，物"各畅茂"，不让"万物不得其所"③的情况出现，地尽其利，货尽其流，物尽其用，君臣民同心互爱，"人各自衣食其力"④，君、臣、民同乐，有福同享，财富平均，无灾无难，"无冤结民"⑤，人际关系和乐顺畅。

唐末五代道士谭峭以蚂蚁类比人类社会，说："蝼蚁之有君也，一拳之宫，与众处之；一块之台，与众临之；一粒之食，与众蓄之；一虫之肉，与众咂之；一罪之疑，与众戮之。"⑥在道教看来，是否公开、公平、公正地进行社会公共事务的管理，是政治的基础。不同社会阶层的民众应该做到"心相通而后神相通，神相通而后气相通，气相通而后形相通……我病则众病，我痛则众痛"⑦。在谭峭的眼中，理想、和谐的社会应当是人人和谐相处的"大公"社会，在那里，人人平等，没有斗争，彼此心心相印，关系融洽。这其中的关键是处理君、臣、民三者间的关系。对此，《太平经》提出的方案是："日象人君，月象大臣，星象百官，众贤共照，万物和生。故清者著天，浊者著地，中和著人。"⑧如此"君臣民三，并力同心相通"⑨，"相与合

---

① 柏拉图：《理想国》，商务印书馆1986年版，第154页。
② 王明：《太平经合校》，中华书局1960年版，第576页。
③ 同上书，第204页。
④ 同上书，第36页。
⑤ 同上书，第206页。
⑥ 《道藏》第23册，第599页。
⑦ 同上。
⑧ 王明：《太平经合校》，中华书局1960年版，第14-15页。
⑨ 同上书，第150页。

策共理致太平"①。

《妙真经》主张用"道德"治身、治家、治乡、治国，它认为，理想的社会景况表现在家族中是："父慈子孝，夫信妇贞，兄义弟顺，九族和亲。"这样，每个人都扮演好社会伦理关系中的角色，都安于本分，人人各得其所，人际关系自然就会和谐。表现在政治活动中，是"白黑分明，曲直异理，是非自得，奸邪不起"；表现在社会领域，则"国富民实，不伐而彊，宗庙尊显，社稷永康，阴阳和合，祸乱不生，万物丰熟，界内大宁"②。显然，《妙真经》的理想社会比谭峭所设计的更具体，更强调和谐。

为了实现人与他人、人与社会的和谐，道教强烈反对统治者轻易发动战争、肆意杀戮平民百姓；在统治阶级与被统治阶级的关系上，道教倡导君主讲"道德"而臣子讲"忠顺"，希望君主道德而仁慈，臣民顺服而温和；在家族内部，则要求以忠孝、和顺、仁信等原则作为处理家庭成员关系的基本准则，父慈而子孝，兄友而弟恭，建立起一种人人对等和谐相处的理想社会。总之，人与人和睦相处是和谐社会的核心。和谐社会需要健康的人际关系，而宽容、平等、公平、互利是和谐、健康人际关系的重要标志。

---

① 王明：《太平经合校》，中华书局1960年版，第217页。
② 《道藏》第25册，第141页。

第九章
道教的功夫哲学

从本书上述内容可知，道教哲学关注生命，重视生命的实践修炼，因而尤其重视各种修炼术的原理、诀窍、程序、步骤、效果。这些术从不同侧面透露了道教哲学的深层内涵。

第一节 外丹术的哲理

外丹术的哲理思想有几个来源：第一，神仙思想。外丹术通过服食炼制而成的丹药，目标指向是成为长生不死的神仙。这种目标来源于巫术时代就已有的"不死民""仙"的观念。第二，先秦道家的道论。外丹术酝酿于战国中晚期的炼金术，至西汉时期已蔚为大观并开始援引道家的道论进行理论解释，到汉末东晋时期已有比较成熟的理论体系，其中的哲理多源自先秦道家的道论。

物类变化观是外丹哲学的理论核心。金丹家们主张服食丹药，视实有的物质性的丹药为道的化身，服食后就可以得道，像道一样长生不灭。为此必须说明这何以可能。物类变化观就是为了回答这一问题而提出来的。东晋道教理论家葛洪首先对这个问题做了较为系统的探讨。本着"变化者，乃天地之自然"的观点，以承认物质变化的客观性为前提，葛洪认为，变化是客观的，也是绝对的。由此，他顺理成章地得出了物类可以变化的结论。《抱朴子内篇·黄白》把物类变化的范围推得更广，认为：

> 夫变化之术，何所不为？盖人身本见，而有隐之之法；鬼神本隐，而有见之之方。能为之者，往往多焉。水火在天，而取之以诸燧。铅性白也，而赤之以为丹。丹性赤也，而白之而为铅。云雨霜雪，皆天地之气也，而以药作之，与真无异也。至于飞走之属，蠕动之类，禀形造化，既有定矣。及其倏忽而易旧体，改更而为异物者，千端万品，不可胜论。人之为物，贵性最灵，而男女易形，为鹤为石，为虎为猿，为沙为鼋，又不少焉。至于高山为渊，深谷为陵，此亦大物之变化。①

在葛洪看来，变化是没有极限、没有范围的。事物会自然地从一种类型转变为另一种类型，如人变为鹤或石，高山变为深渊，深谷变为丘陵等等。变化是可以为人所掌握、控制的。铅为白色，但可使它变赤，此即金丹术。一切在变，一切能变，这就是道教的物类变化观。这种观点并不是葛洪的独创。东汉王充在《论衡·无形篇》中说，当时的神仙方士相信"岁月推移，气变物类，虾蟆为鹑，雀为蜃蛤。"② 晋干宝在《搜神记》卷十二中，肯定了变化的绝对性，并把物类变化的原因归结为气的改变，说："故腐草之为萤也……麦之为蝴蝶也，羽翼生焉，眼目成焉，心智在焉，此自无知化为有知而气易也。"③ 同书卷六甚至提到了民间信仰中的"妖怪"，把它归结为气的变化，说："妖怪者，盖精气之依物者也。气乱于中，物变于外。"④ 在该书看来，人之所以有各种神通而能促使事物发生变化，是依借于气。

历史上曾经存在过僵化的自然观，主张"物之变化，固自有极"⑤，"物各自有种"⑥。葛洪进一步从人工变化的有效性推出了人可以通过修炼变形为仙的结论。《对俗》篇说："若道术不可学得，则变易形貌，吞刀吐火，坐在立忘，兴云起雾，召致虫蛇，合聚鱼鳖，三十六石立化为水……幻化之事，九百有余，按而行之，无不皆效，何为独不肯信仙之可得乎？"⑦ 由此可见，道教的物类变化观是为其宗教信仰作论证而提出来的，是其宗教信仰的理论

---

① 《道藏》第 28 册，第 231 页。
② 黄晖：《论衡校释》，中华书局 1990 年版，第 60–61 页。
③ 汪绍楹校注：《搜神记》，中华书局 1979 年版，第 146 页。
④ 同上书，第 67 页。
⑤ 应劭：《风俗通义》卷二《正失》。见王利器：《风俗通义校注》，中华书局 1981 年版，第 120 页。
⑥ 《道藏》第 28 册，第 180 页。
⑦ 同上书，第 178 页。

基础。它被用来解释人可羽化成仙的宗教信仰，用于解释炼铅汞为仙丹的可能性，还用来解释各种变化之术，解释神仙无所不能的种种神通与变化。这说明道教在继承和发展古代哲学的变化观时，总是免不了将它与自己的宗教信仰糅合起来。这正是宗教哲学与一般哲学的差异之所在。

具体到外丹术，从两晋到南北朝时期，道教学者们大致上都是以类比推理方法来论证外丹服食可让人长生不死。葛洪强调，真正能使形与神不离的东西，只有金丹。他说："夫金丹之为物，烧之愈久，变化愈妙。黄金入火，百炼不消，埋之毕天不朽。服此二物，炼人身体，故能令人不老不死。此盖假求于外物以自坚固。"① 丹砂也如此。"凡草木烧之即烬，而丹砂烧之成水银，积变又还成丹砂，其去草木亦远矣，故能令人长生。"② 在他看来，朱砂在高温下烧炼得越久，变化越多则越妙。之所以要烧炼，是因为自然界中的丹砂含有灰质，经过烧炼才能去掉。在烧炼过程中，朱砂可以和黄金、水银互相转化。黄金身经百炼而不会坏，埋到地里不会朽烂，具有稳定不变的性质。但自然界的黄金是块状固体，人无法直接服食和吸收，必须经过人工处理转化成液态才行。经过人工烧炼的丹和转化成液态的金有长住久存的性质。在葛洪看来，这是"得夫自然之道"③。人如果服食了这两样东西，它们的长住久存的性质就可以转到人身上而为人所拥有，人就可以不老不死。此即所谓"假求于外物以自坚固"。服食术的基本理论依据是物性转移说。它认为通过接触和作用，可以将物质的性质转移到人身上。吞服具有优良性质的自然物质或人造药物，可以将这些物质的性质移植于人身，从而达到变形易体的效果。金丹服食的观念是从金、玉具有稳定的化学性质和无机盐能让肉不腐烂等日常生活的经验作类比推理得出来的结论，葛洪对此坚信不疑。但问题在于，类比推理不是充要条件推理，其结论的可靠性只有经过科学验证才能作出判断。丹是在高温之下烧炼成的，有极大的火毒，道士们只好将炼好的丹埋入地下或沉入井水、泉水中以去其火毒，服食时用枣肉为泥做成丸药减少剂量从而控制毒性。服丹能长生不死已经被后来无数的事实证伪了。此外，现代科学证实，食用少量的丹砂、雄黄会对人体和神经产生暂时的刺激作用，除了使精神亢奋外，还会产生幻象，神女、玉女、使者之类就是幻觉

---

① 《道藏》第28册，第182页。
② 同上。
③ 同上书，第232页。

成形的结果,仙人的幻觉大概也会形成。在烧炼金丹时,这两种药物经常与黄金合炼,这大概是促使葛洪对金丹成仙推崇备至的原因之一①。

鉴于物性转移说的物类变化观的缺陷,到了唐代,金丹家们不再谈"服金者寿如金,服玉者寿如玉",而是提出了"因物类自然"的自然还丹理论,为外丹术建立了一个比较完善的理论。华阳复在《洞玄灵宝自然九天生神章经注》提出了"天人一贯"的命题。天既然与人一致,那服食与天相同的丹当然就可以与天一样不朽。天是由气生成的,所以外丹家们用气来解释烧炼药物。"夫人改常即死,物改色即坏,乃知一物经火运动,阳气般载,不改旧容,与天地同,造化还丹,受气返本也。"② 能够经过火烧而获得阳气却不改颜色的东西,必定能与天地同久,这样的东西,只有朱砂。朱砂经过"七返九还"的烧炼而不变色,就说明它已经获得了天地本源的元气,这就意味着它能长存不坏不灭。人与物同源同道,一旦服食了它,自然也能够长生不死③。人从金丹那里获得的,就是元气。在具体的操作上,要如彭晓在《周易参同契分章通真义·序》中替魏伯阳表达出来所说的:"撰《参同契》者,谓修丹与天地造化同途。"④ 这就是说,修丹要遵循天地生化万物的机理、万物运动变化的规律,如此可保金丹中最充分地含有元气。

外丹哲学以阴阳五行等理论模式作为外丹实践的指导原则。阴阳、五行、八卦、天干地支等学说是唐代之前人们分析事物的结构和运动变化的理论模式,自然也被引入外丹中来。关于阴阳学说,《周易参同契》的作者在炼丹实践中发现了"同类易施功"的现象,从而总结出"类同者相从"这一物质变化的规律。据此,它认为,认识物质的性质要采用"以类相求"的方法。改变物性同样要"以类辅自然"。它特别强调,在金丹炼制中,"欲作服食仙,宜以同类者"⑤。为此,弄清物质的阴阳性质很重要,因为"阳禀阴受",阳性、阴性物质的性质各不相同。同性相斥,异性相吸,只有阴阳二者相须相成,炼丹才有成功的可能。为此,要把握住阴阳的空间位置,使其"配合""相守",还要把握住阴阳在时间上的变化,即阳升阴退、阴升阳退的时机。从药物来说,砂、汞的关系被人们用阴阳学说进行解释。五行学说也被

---

① 孔令宏:《从道家到道教》,中华书局2004年版,第218-219页。
② 《道藏》第19册,第374页。
③ 参见《铅贡甲寅至宝集成》和《阴真君金石五相类》。
④ 《道藏》第20册,第131页。
⑤ 同上书,第123页。

广泛用来解释外丹炼制中的药物之间的关系。例如，外丹家们认为，根据五行学说，曾青是"少阳岁星之精"，属东方木，象为青龙；丹砂是"太阳荧惑之精"，属南方火，象为朱雀；磁石是"太阴辰星之精"，属北方水，象为玄武；矾石是"少阴太白之精"，属西方金，象为白虎；雄黄是"后土镇星之精"，属中央土，象为黄龙[①]。这些天地之精投入丹鼎炼制，就意味着天地万物重新演化一次，因为丹鼎是"合天、地、人三才五神而造"的，象征着宇宙，"上台为天，开九窍，象五星；中台为人，开十二门，象十二辰；下台为地，开八达，象八风"[②]。鼎中一个时辰，即人间一年，炼九九八十一天，就相当于人世间千年，服食了这些有千年之久的金丹，当然可以长生不死了。

天人合一是外丹术哲理的核心。外丹术本身是以研制长生不老药为目的的一种模拟宇宙自然之道的操作体系。仙丹本身是一种物质化了的道，它是道教天人合一观念的体现。《周易参同契》的根本观念是天人合一、天人一体。它认为修道"近在我心，不离己身"[③]，同时要效法天地运行之道，"法象莫大乎天地。"宋代俞琰说："道之大，无可得而形容，若必欲形容此道，则惟有天地而已矣。天地者，法象之至大者也……修丹者诚能法天象地，反而求之吾身，则身中自有一壶天。"[④] 天地、万物、人都来源于道，这种同源性为它们之间在结构和运动变化机制上的相似与相同奠定了坚实的基础。炉鼎的结构得法天象地，天地是一个大宇宙，炉鼎就是一个小宇宙，铅汞药物是蕴含着本源之道的阴阳精气，炼丹就是模拟天地日月的运行，通过七返九还的操作过程，把药物中所蕴含的元气反复提炼出来，去其形质。铅汞具有活泼的化学性质，被人们看作是生化无穷之元气的最纯净的载体，也是最理想的药物。铅汞变化而还丹就验证了日月精气的变化之理。炼丹是天地造化在炉鼎中的缩微和反演，所以火候的抽添把握要如同卦气一样，符合宇宙节律周期的阴阳消息模式，如同天地造化生生不息一样，使得药物中的阴阳二气互相推荡发明，促进药物中所蕴含的元气脱离出来。具体地说，就是要以小宇宙中的还丹印证大宇宙中的五行相生相克之理。由此可知，离开了天人合一的观念，外丹术的理论就无法成立。

---

① 《道藏》第18册，第767页。
② 《道藏》第19册，第25页。
③ 《道藏》第20册，第130页。
④ 《道藏》第20册，第181页。

第二节　内丹术的哲理

天道与人道是一致的。天地是一个大的宇宙，人则是一个小的宇宙，是天地大宇宙的缩微。这是中国古代一贯坚持的天人合一说在结构性上的体现，即天人同构说。道教尤其强调它，认为人与宇宙万物有共同的物质基础——元气，只要遵行顺以生人，逆以成仙的逆行反动原则，便能降低人体小宇宙走向消亡的速度、终止其进程，直至彻底扭转其方向，沿着天地大宇宙演化的轨迹反向而行，溯流而上，通过内丹的形式复归于终极实体——道，实现与天道的完全同一。

在此理论框架下，道教学者们从理论上探讨了内修诸概念之间的关系，例如，《元气论》说："形须有气，气须有阴阳，阴阳须有精，精须有神，神须有道，道须有术，术须有法，法须有心，心须有一，一须有真，真须有至，至无至虚，至清至静，至妙至明。"[①] 这里论述了形、神、精、气、道、法、术、心、真、虚、静等概念之间的关系。又说："夫元命者，元气也。有身之命，非气不生，以道固其元，以术固其命，即身形神气永长存矣。"[②] 这又涉及到了气、神、命、道、术等概念之间的关系。人体的形、神、精、气在道的指导下，运用法、术，心中守一存真，保持虚、静，则妙、明等功效即可呈现。这些颇具哲理性的论述，对此后内丹的学理建构起了很好的铺垫作用。

唐代晚期兴起的内丹学继承了此前道教天人合一，大宇宙与小宇宙息息相通的观念，并把它具体化到自己的理论体系中去。

道教修炼的最终目标是追寻永恒不朽、无限长存的道，而人的生命则是有限的、短暂的。如何解决这二者之间的矛盾呢？内丹学认为，解决天永恒无限而人的寿命短促有限的矛盾的关键是以人合天。《悟真篇·七言绝句》第三十五说："日月三旬一遇逢，以时易日法神功，守城野战知凶吉，增得灵砂满鼎红。"翁葆光对此注释说："太阳太阴一月一次相交，圣人知而则

[①] （宋）张君房纂辑，蒋力生等校注：《云笈七签》，华夏出版社1996年版，第331页。
[②] 同上书，第333页。

之，移一月为一日，移一日为一时。"① 戴起宗也在《紫阳真人悟真篇注疏》卷四中对此解释说："以时易日者，时中自有子午，其阴阳、始终，皆与天地日月同度。"② 时间攒簇理论认为年、月、日、时四种时间系统存在着相同的结构与消长周期规律，所以内丹修炼能够把一年攒入一月中，把一月攒入一日中，把一日攒入一时之中。在张伯端看来，一日、一时之中有与一年相同的阴阳造化周期，如果把握了其运行节律，则凭一时、一日之修炼便可夺一年的造化之功，经过有限时间的内丹修炼就可以了证、获得无限的道。这就解决了人何以可能在短暂的生命历程中证得无限的道的矛盾问题。

第三节 符箓派道术的哲理

道教的术，大致上可划分为丹鼎派和符箓派两大类。丹鼎派包括外丹和内丹，上文已述及其哲理。符箓派的术很多，包括禁咒、斋醮、祈禳、度亡、雷法等多种。这里以雷法为例探讨其哲理③。

雷法把独善其身的内丹术与救济解危的符箓之术结合起来，强调以内丹为本，以符箓、咒术为用，从而形成丹道为体，法术为用，即体即用，体用如一的体系。

雷法的理论深受《阴符经》的影响。《道法会元》卷一《清微道法枢纽》说：

> 师曰："黄帝云：宇宙在乎手，万化生乎心。"知此道者，我大天地，天地小我。④
>
> 雷霆由我作，神明由我召……人皆神其神，唯圣人则不神所以神。⑤
>
> 法也者，可以盗天地之机，穷鬼神之理。⑥

---

① 戴沛文主编：《悟真抉要》，宗教文化出版社2010年版，第136页。
② 同上书，第137页。
③ 本节内容写作时参考了笔者《宋明道教思想研究》，宗教文化出版社2002年版，第334－352页的内容。
④ 《道藏》第18册，第675页。
⑤ 《道藏》第28册，第675页。
⑥ 同上书，第677页。

与内丹中认为人是小天地相反，雷法认为，人才是大天地，天地反而是小我。何以见得呢？因为人为万物之灵，能够认识和把握天地神奥玄秘的变化规律、程序、机理，以此编制出实践操作程序，即法，从而可以按照人的目的来干预、影响、改造天地。由此可见，雷法的哲理基础也是天人合一。具体地说，《道法会元》卷一《法序》谈到雷法时说："五行之妙用，寂然不动，感而遂通。夫天地以至虚中生神，至静中生炁，人能虚其心则神见，静其念则炁融。"① 天道至虚，因而具有神妙莫测的伟大功能。天道至静，因而能够生炁而至动，无所不生，无所不能。人效法天道，心虚则神明，念静则炁融，如此同样会具有超凡的能力。就人与神的关系而言，雷法认为，人不是如同传统的斋醮科仪之术一样，只能匍匐在神的面前被动地祈求神，而是反过来，人对神占有主动地位。神的作用的发挥得靠人的感召。"凡炁之在彼，感之在我；应之在彼，行之在我。是以雷霆由我作，神明由我召，感召之机在此不在彼。"② 人之所以能够感召天神而天神不得不听命于人，是因为天人本为一体，人有精诚之心则与天相应。雷法中所用的"符"也体现了这一原理。《道法会元》说："符者，阴阳契合也。唯天下至诚者能用之。诚苟不至，自然不灵矣。故曰，以我之精合天地万物之精，以我之神合天地万物之神，精精相附，神神相依，所以假尺寸之纸以号召鬼神，而鬼神不得不对。"③ 雷法继承道教传统的"我命由我不由天"的精神，提出了神灵由我不由天的思想，大大彰扬了人的主动性、积极性和创造性，显示了人性的伟大和崇高。

　　符箓类法术的哲理在于天地与人体的结构相类似，天与人能够相互感应，道体与人体相通，本真的人性即道性，万物均来源于气而受道的控制，气的聚散形成了符图的结构形态，人借助于符箓就可以如本源之道一样生化万物，如同道一样无所不在，无所不能。符箓祈禳、斋醮科仪、祭炼度亡所涉及的法器、空间布置、时间流变、操作的程序、动作等，都蕴藏有人神沟通、天人感应的含义。以具象化的方式，曲折地映衬出道教哲学的原理，具有天人合一的象征性意义，具有宗教信仰前提下的心理暗示功能，可从宗教心理学的角度作深入的研究。这也印证了比较宗教学的一个观点：在宗教早期的一切具体禁忌或者仪式，在其后的发展阶段会成为与心灵有关的东西，甚至完

---

① 《道藏》第 28 册，第 673 页。
② 同上。
③ 《道藏》第 4 册，第 275 页。

全是精神的象征。外部的客观法则经过一段时间会转化成为人内在的信念。

对道与术（法）的关系，宋元时期的符箓类道教宗派作了比较深刻的思考。他们认为："道者，灵通之至真；法者，变化之玄微。"① 道是至真无假的，能够灵妙圆通地应对一切。法则是促成事物发生精细微妙变化的技术。至于道与法之间的关系，白玉蟾在《道法九要·序》中认为："法也者，可以盗天地之机，穷鬼神之理，可以助国安民，济生度死。本出乎道。道不可离法，法不可离道，道法相符，可以济世。"② 它认为，道与法相互依存，缺一不可。只有二者相符，才能够发挥出济世利人的功效。实际上，二者是你中有我，我中有你。因为，道教的种种道术都有某种神学信仰或哲学观念作支撑。在道术方面，神学信仰或哲学观念已下坠于具体的术的操作程序和方法中。如符箓类法术仪式的实象性曲折地暗示了特定的哲学观念和宗教信仰，它是一种以感性存在方式体现其宗教观念和信仰的象征。《道法会元》又以体和用这一对范畴来解释道与法之间的关系，说："道乃法之体，法乃道之用。"③ 以此而论，道统率法，法把道的功能在形而下的层次展现出来了。这是从本体论的角度来说的。道与法的关系还可以从本源论的角度来看。道教学者们吸收了宋代理学的"体用一源，显微无间"的思想，用无与有、微与显等范畴来考察二者间的关系。

> 一炁之妙，万道之宗。法灵须要我神灵，我神灵兮法通灵。祛禳祷祈凭神将，神将何曾有正形？道化灵，灵化精，精化炁，炁化神。所谓法行先天大道，将用自己元神。道体法用，道无法有，道微法显。故用不出于用而出于体，有不出于有而生于无，显不兆于显而兆于微。④

有生于无，显来自于微，法出于道。从本源论的角度来看，法是由本源之道，即"先天一炁"产生出来的。"法出先天一炁，如何谓之道法？和合神炁，谓之道法。"⑤ 法从先天一炁即道产生出来，为什么后天的人能够用法呢？因为人与生俱来就具有先天的道性，只不过它在人心中处于潜伏状态罢了。

---

① 《道藏》第28册，第673页。
② 同上书，第677页。
③ 同上书，第674页。
④ 同上书，第675页。
⑤ 《道藏》第29册，第410页。

"性系生门，寄体于心，自然之道，即先天也。"① 为此，只要做好炼心功夫，就可以使得道性彰显出来。道性一旦彰显，由道所生之法自然就呈现出来了。道是绝对，是唯一；法则是相对，是众多。了心见性，自然可以通万法。"了一心而通万法，则万法无不具于一心。返万法而照一心，则一心无不定于万法。"② 这样，"道因法以济人，人因法以会道，则变化无穷矣"③。道凭借法而能够济人，人借助于法可以上达于道，如此可以促使万物发生无穷无尽的变化。基于天与人、道与法关系的哲理，在宋元时期的符箓类道教宗派看来，风、云、雷、雨、电、晴等自然现象，可以通过存思、内丹制造出来。呼风唤雨、翻江倒海，一一只在指顾之间。人的精神不仅可以感通天地，影响自然，而且可以主宰天地，创造自然。这显然是在宗教信仰的前提下把存思、内丹的作用作了过分的夸张和神化。

道术家们还认为，道教之所以灵验，是因为它凭借与道同源的元气，即祖气。修炼的目的就是获得这一祖气。宋代《灵宝玉鉴》的"七经"说："四曰采炼祖气以生圣胎法身。夫谓祖气者，人人具足，不假外求。学者当朝夕思存，守而勿失，真积既久，乃成圣胎，然后见所谓法身，出有入无，神功妙用，与造化同流矣。"④ 获得祖气，人身中自然形成"圣胎法身"，具有出有入无，造化万物的功能。所以，法术与道具有非常密切的关系。《道法会元》卷一说："师曰：有道中之道，有道中之法，有法中之法。道中之道者：一念不生，万物俱寂；道中之法者：静则交姤，龙虎动则叱咤雷霆；法中之法者：步罡、掐诀、念咒、书符。外此则皆术数。"⑤ 与道关系越紧密的法，在道教中人看来价值越高，功能越大。法是道的流变，道最高，法其次，术数再次。道士就是掌握道的人，所做的工作就是演道而已。正是在日复一日、年复一年的演道中，道士企望与道合一而得道，实现长生不死的终极信仰目标。

---

① 《道藏》第29册，第347页。
② 《道藏》第28册，第673-674页。
③ 同上书，第673页。
④ 这一说法同见《上清灵宝济度大成金书·登坛宗旨门》。《藏外道书》第17册，巴蜀书社1992年版，第47页。
⑤ 《道藏》第28册，第674页。

第四节　以术得道和以道御术

道、学、术的三重互动关系是理解道教知识体系的关键。

西汉初年深受道家思想影响的贾谊在《新书·道术》中说过："道者，所以接物也。其本者谓之虚，其末者谓之术。虚者，言其精微也，平素而无设储也。术也者，所以制物也，动静之数也。凡此皆道也。"道教对道与术的理解在本质上与此相同。杜光庭在《仙传拾遗》中说："术之与道，相须而行。道非术无以自致，术非道无以延长。若得术而不得道，亦如欲适万里而足不行也。术者虽万端隐见，未除死箓，因当栖心妙域，注念丹华，立功以助其外，炼魄以存其内。内外齐一，然后可适道，可以长存也。"①术与道相辅相成。《云笈七签》卷四十五《秘要诀法·序事第一》说："道者，虚无之至真也。术者，变化之玄伎也。道无形，因术以济人。人有灵，因修而会道。人能学道，则变化自然。道之要者，深简而易知也；术之秘者，唯符与气、药也。"②"道"是道教最基本的义理，是宇宙万物的本源和本体，是道教徒修炼、追求的最终目标和最高境界。在基本的方面，道未出先秦道家哲理体系的范围，但不同时期对道的诠释形态则不限于此。"术"是开显道的载体，得"道"的途径、修炼的手段，所以从强调道的角度称为"道术"；术还是使自然界与人的变化灵妙不测的方法，所以"术"被称为"法""法术""道法"。因道教以神仙信仰为特征，所以也有人把它称为"仙术"。俗人修道，如果按照道教的价值观去进行，就可以得道，成为理想的神仙。如果违背了道教的价值观，不但不能得道，还会成为非理想的鬼怪，遭受道的惩罚。道士是道的载体和化身，凡人被鬼怪妖精所困，道士使用术就可以帮其解除蛊惑和患难。"道"是唯一的，"只此一家，别无分店"。"术"则是无数、无限、无穷的。正如马端临《文献通考》所说："道家之术，杂而多端。"③道圆应万方，既是万事万物产生的最初源头，也是万事万物运动变化所必须遵循的规律，还是万事万物最终的归宿。对人而言，"道"还是一切

---

① 严一萍辑：《仙传拾遗》，《道教研究资料》第一辑，艺文印书馆 1975 年版。
② （宋）张君房纂辑，蒋力生等校注：《云笈七签》，华夏出版社 1996 年版，第 261 页。
③ （元）马端临：《文献通考》，《景印文渊阁四库全书》本第 614 册，台湾商务印书馆 1982 年版，第 656 页。

价值和意义的源泉。这样，不管修"道"的"术"多么异彩纷呈、无穷无尽，都只能是殊途而同归。虽然如此，但在万事万物产生之后，作为具体的事物，就与道有了或多或少的间隔，也就有可能在运动变化上背道而行。人与物在一同禀道而顺生，获得道性这一点上是没有区别的。但物只能在自己消散后才能复归于道，从而具有最完满的道性。人却能通过自己主观能动性的发挥在未死亡之前就返归于道。这样一来，道还是人的价值和意义的源泉。从具体的个人向道迫近的成效、返归的阶段性来说，这就是境界论；从最后返归的归宿即终极关怀来说，就是解脱论。道的内涵如此丰富，它所涉及的方面也同样丰富、广泛。从任何一个起点都可以修道，从任何一个方面、沿着任何一条道路都可以修道，那么，"术"自然就是众多的了。道教的"术"之所以"杂而多端"，就是这个原因。诚如《抱朴子内篇·地真》说："道术诸经，所思存念作，可以却恶防身者，乃有数千法。"[①] 道术虽然"杂而多端"，但宗旨都是消灾除病，长生不死。它们都有一个共同的理论基点，即都是着眼于构成人的生命的基本的生理、心理要素，如精、气、神、身（形）等，从这些方面来养护、延续作为感性的个人的自然存在，并由此延伸到社会层面。这些道术，大致可以分为六类：一是养生术，如沐浴、服食、辟谷、存思、内视（内观）、按摩、导引、行气、胎息、房中、武术等。这是道士个体修炼、以养命为主的种种方法。二是神仙术，如内丹、外丹等。这是道士直接追求"与道合真"，成仙不死的方法。三是自然之术，如望气、观星、历法、风水等。四是教团科仪之术，如戒律、轨范、斋、醮、符、箓、祈禳、巫祝、卜筮、扶乩等。这是道士群体修道和济世度人的种种方法。五是伦理之术。六是王道政治之术。

道与术既有差别，又可以相通。其相通有三个方面，其一是以术显道，即以术为道的载体，通过术明了道的存在并理解其内涵。其二是以术得道，即通过种种术的修炼，长生不死，得道成仙。其三是以道御术。这表现在，第一，以得道为目的对各种术进行选择、改造、安排其使用的先后顺序和在同时使用时的轻重程度。第二，在历史长河中术的演变。道家以术为背景而专注于道的阐述，战国以后的道家，如稷下道家、黄老道家，则逐渐让本存在于背景中的术转移到前台中来。道教的产生首先是术的汇聚。其次才是援道入术和道与术的相互适应与整合。从术的演变来看，道教早期的术大多来

[①] 《道藏》第28册，第243页。

源于巫术、方术，但被道教吸收进来之后，一方面它们所蕴含的思想成分丰富和发展了道教的思想理论；另一方面，它们自身被逐步根据道教已有的思想理论，尤其是成仙得道的宗旨进行了改造。根据对道的诠释的不同，在道教发展的不同历史时期，对术的选择有所不同，有的术被淘汰出局，有的术被改造，有时还把本已被淘汰出局的术重新拣回来。对术的选择和术的组合系统的不同，构成了道教不同的宗派。同时，不同的宗派往往根据自己对道的诠释而创造一些新术。

术与道的互动，往往要通过它们之间的中介"学"。"学"，从其甲骨文、篆文的象形来看，是持爻以教膝下之子，或幼子学爻于长辈膝前，即指把教与学结合在一起的活动，是"学"的本义。由此而引申出"觉悟""知觉"的意义。《说文·教部》把教解释为"觉悟"。《玉篇·子部》说："学，觉也。"《白虎通·辟雍》说："学之为言觉也，悟所不知也。"①"学"既可作动词理解，也可作名词理解。前者是学之活动，即有步骤、有计划、有规范、守学理的实践活动；后者是学之收获，即以语言文字等符号来表达并用纸帛等承载的、成系统的知识性的学术著作。学之活动本身即蕴含了术，这是一方面。另一方面，术本来就是学的内容的大部分，技能的培养与获得是学的重要目的之一。学总是由少到多，知识广博后，得有哲理来化博为约，以便融会贯通、举一反三。何况指导学的老师已经是掌握了哲理的人。这样，从学之活动来看，学可上达于道。从学之次序来看，学最终必然学道、用道、得道。这样，术、学、道是三个双向影响、一体贯通的概念。正是因为如此，历史上既有单用术、学、道的，也有把它们联成复合词用的，出现了"学术""道术""道学"等概念，既指学问、学说、主张，也假借为方法、技术。

道的发展刺激了术提升其理论品位。这样，在术积累了足够的经验的基础上，道与术的交融必然导致学的产生。学就是道与术双向交融中凝聚而成的静态知识体系。何况，道毕竟是形而上的，术则是形而下的。用抽象的道来直接指导具体的术，其困难可想而知。这就必然要在它们中间产生一个中介。这就是学。伴随着道与术结合进程的加快，到了南北朝时期，整体的道教学伴随教的成熟而形成；到了唐代，外丹术升格为外丹学；到了宋元时期，科仪之术升格为科仪之学；到了清代，内丹术升格为内丹学。

---

① 《白虎通义》，陕西通志馆1936年版，第19页。

从逻辑上说，术、学、道这三者的关系应该是先有术，后有学，进而从学中概括抽象出道。但在中国文化史上却不是这样，是先有术，术中直接抽象出道，道与术相交融而出现学。学一旦形成，就把术内在地包含在内，故在北宋之后多有"学术"之称①。

不过，由于学具有中介的性质，所以人们往往略而不论，多谈术与道。之所以如此，除了上述的原因外，还有一个原因就是道士们过分注重术的实践活动及其对个人的效用，对如何把实践经验组织为论说周详、逻辑严密的知识体系，下的功夫不太多。它众多的术中，比较接近于学的大致上就是外丹学、科仪之学、内丹学。道教使用术的唯一目的是得道。根据道来选择术，以术得道，以修术而求效果的检证，以检证而续修，是道教功夫论的根本思想之一。这导致道教对作为术与道之中介的"学"没有给予足够的重视，由此在其历史发展过程中产生了一系列弊端。由于对学的轻视，学内逻辑方面的完备性与严谨性没有充分彰显出来，学自身没有完全挺立起来，它作为道与术的中介功能也不可能充分发挥出来。

从道与术的关系来看待道教哲学，可以从一个方面更加真切地理解中国哲学有体有用，体用结合，即体即用的特色，还可以明了它与西方哲学、印度哲学的差异性。

---

① 北宋《李觏集》卷二三有"孝武乘丰富，世祖出戎行，皆孳孳学术，俗化之厚，延于灵献"之语，保守派攻击王安石变法时有"法术不正""学术不是"等语。

结　语
道教哲学的现代意义

道教哲学具有多方面的现代意义，这主要表现在如下几个方面。

第一，道教哲学丰富了中国哲学的内涵。目前，中国哲学教材所呈现给人们的是先秦子学、两汉经学、魏晋玄学、隋唐佛学、宋明理学、清代实学、现代新儒家等几大板块构成的体系。这样的体系框架主要由冯友兰等学者在20世纪上半叶建构起来。这一架构是在近代反宗教主义的历史背景下，在佛教哲学、道教哲学研究均不充分的情况下出现的，有其历史合理性。但是，这一框架此后在"左倾"意识形态的支持下，通过研究生等学术人才的培养和传承，变得僵化起来，造成儒学一家独大，无视同一时期道教哲学、佛教哲学的发展及其学术成果。例如，以佛教哲学而论，中国哲学教材中对晚唐之后不着笔墨；对道教哲学而论，相当多的中国哲学教材，即使是最近几年出版的，对"道教"一词，都很少有提及！少数教材只简单提及葛洪的道教思想，其余付诸阙如。这样的教材框架，对中国哲学的发展造成的负面影响越来越大，也作为重要原因之一造成了本为哲学二级学科的宗教学从哲学中独立出去成为一级学科。这样一来，中国哲学事实上只剩下了儒学，变得名不副实。这样的教材框架造成中国哲学学者们的知识结构单薄，在儒学研究中不能知人论世，不能从中国传统社会儒、道、佛三教互动的学术生态环境中去呈现思想发生、发展的历史真实，动辄把对儒学的理解夸大为中国哲学的整体性质，对儒学的缺憾和消极影响视而不见，一些儒家学者的研究明显地表现出排他、自大的倾向，个别学者甚至有发展为"儒家沙文主义"的苗头。完整的中国哲学显然不可缺少道教哲学。对道教哲学的系统、深入的研究无疑可以充实、丰富中国哲学的内容。道教哲学还可以与儒家哲学、佛教哲学进行比较研究和三家互动关系的历史研究。

第二，道教哲学的独特性可以为哲学的多样性做出贡献。道教对人与自然的关系、人与社会的关系、人与自身的关系均有全面而深刻的思考，因此通过代代相承的集体努力，积累了丰富的智慧，有待于学术界去挖掘、分析、理解并把其庞大复杂的哲学体系清晰地呈现出来。道教神学哲学把宇宙发生论和本体论紧密结合起来，用以解释自己的终极信仰。道教以长生不死，得道成仙为终极信仰，是最为关注生命的一种宗教。它的生命哲学也因此是各种哲学中阐述生命哲理最为典型的。它高扬生命的价值，但也没有忽略死亡，它对生命的主体性、超越性和实证性有独特的理解，其心性论绝不逊色于儒学和佛教，其形神论则独具特色。道教的语言哲学独树一帜，其文化哲学也颇有特点。道教政治哲学与西方的对应观念有异曲同工之妙，但也有差异。道教从思考个体生命出发而建立的伦理学，与儒学虽然有互相影响的成分，但精神旨趣却迥然有别。道教的功夫哲学与儒学、佛学的差异性大于共同性，从一个侧面丰富了中国哲学特有的功夫论的内涵。

此外，道教哲学的很多具体观点可以丰富哲学在众多具体问题上的思考。生命必须生存于特定的自然环境中，道教对自然环境颇为关注。从思想到作为行为规范的清规戒律，都有很多涉及保护环境、维持生态平衡的内容①。与道家偏重于无为不同，道教强调有为，宣称"我命由我不由天"。科学技术就是道士们藉于延缓死亡，延长寿命的重要抓手，所以，道教对中国古代医学、天文学、地理学、化学、物理学等学科做出了重大贡献②，道教对科学技术的消极、负面影响早有警醒。所以，道教的科学技术哲学，值得我们去挖掘、梳理、建构。此外，书法、绘画、音乐等是道教用于辅助传教的手段，道士们在这些领域均获得了很多重要的成果。相应地，蕴含在其中的美学思想，值得我们去发掘、梳理、提炼、概括③。

第三，道教哲学可以为世界哲学的发展提供启迪。世界哲学有三大体系，

---

① 参阅乐爱国：《道教生态学》，社会科学文献出版社2005年版。
② 参阅李约瑟著，何兆武等译：《中国科学技术史》，科学出版社、上海古籍出版社1990年版；姜生、汤伟侠主编：《中国道教科学技术史》（两汉魏晋卷），科学出版社2002年版；姜生、汤伟侠主编：《中国道教科学技术史》（南北朝隋唐五代卷），科学出版社2011年版。
③ 参阅潘显一等著：《道教美学思想史研究》，商务印书馆2010年版；潘显一：《大美不言：道教美学思想范畴论》，四川人民出版社1997年版；蔡钟：《道教美学探索》，四川大学出版社2014年版。

即西方哲学、印度哲学、中国哲学。道教哲学是中国哲学中的一大组成部分。道教哲学具有独到的精神旨趣,在一系列具体内容上呈现出鲜明的特色。它把信仰与形而上的哲理紧密结合,做出深邃的抽象思辨,但同时又没有忘记形而下的生命关怀,从而实现了生道合一。心性论、功夫论是中国哲学区别于西方哲学和印度哲学的两大领域。道教哲学在这两个领域相对儒学和佛学的独特性,前面已经阐述过。像道教哲学这样体用结合的哲学风貌,相比西方哲学,颇有优势。西方哲学习惯用分析性的思维方法,把动态的事物当作相对静止的来看待,把整体的事物分解为若干部分,选择其中一个部分,再把这个部分分解为若干小的部分来研究,虽然就其本意,是希望各个部分都研究后,再进行综合。但实际上,往往只有分析,缺少综合。所以,总的结局就是"只见树木不见森林"。所以,西方哲学虽然在一系列具体领域的思考非常深入,充满了创新性,但只要一联系到周围的相关问题,从大一点的视野着眼,立即就会发现其偏颇、促狭之处。所以,西方哲学中充满了各种学派、观点的尖锐对立,例如,反实在论与日常生活哲学的对立,思辨哲学与实践哲学的对立,科学哲学与人本主义哲学的对立等等。这些对立、矛盾的双方很少有对话和沟通,要把它们沟通融合为整体,往往非常困难。这一现象在中国哲学中是不存在的。但包括道教哲学在内的中国哲学也在一定程度上存在着"只见森林不见树木"的弊端,在若干具体问题的思辨上不够仔细、不够深入,这应该向西方哲学学习。道教哲学的立场、方向、视野、焦点等都与西方哲学不同,如果展开比较哲学的研究,无疑对世界哲学的发展是有利的。

第四,关于道教哲学的新发展。

从学术立场来看,道家在先,道教在后。道家和道教,在中国古代学术中并不作明确的区分,还有一些人不用这两个词而用"老庄之学""黄老之学""道学"等名称。把道家和道教作明确的区分,是 20 世纪以来受西方传来的人文学科分类体系和反宗教主义的影响,把道家视为哲学,把道教视为宗教。对此,我们早已指出,这样的区分是与历史的真实不相容的[①]。如果沿着这一思路,那就是把道家与道教打和在一起,从共时态的角度来建立完整的哲学体系,这可以用道学哲学来命名。道学哲学的发展,一方面应该立足传统而与儒家哲学、佛教哲学相对比;另一方面站在当代而与西方哲学、

---

① 孔令宏编著:《道教概论》,浙江大学出版社 2013 年版,序言第 3-4 页。

印度哲学相联系，充分吸收它们的思想营养来充实、丰富。

但是，道家与道教确实有差异，一百多年来的历史惯性一时也难以打破，我们就勉为其难地继续接受这一区分。沿着这一思路，一方面，道教哲学可以接着传统往下讲。要"接着讲"而不是"照着讲"，是因为道教赖以存在的社会、文化环境相比于一百多年前已经发生了翻天覆地的变化，道教必须适应现代社会才能生存。另一方面，道家哲学同样要接着往下讲，如同儒家在 20 世纪就已经产生了现代新儒家一样，道家也必需建立现代新道家。这方面，中国的学者们已经开始着手并出现了一批成果[①]。在这样的局面下，道教哲学主要是一种宗教哲学，新道家则是纯粹的哲学，二者因为存在着历史和哲理的亲缘性而可以协同发展。

今天，随着中国的强大，道教已经传播到世界数十个国家，虽然现在还比较弱小，但已经成为一种世界性宗教[②]。相应地，道教哲学也应当成为一种世界性哲学，为丰富和发展全人类的哲学智慧做出贡献。

[①] 新道家的专著主要有：董光璧《当代新道家》，华夏出版社 1991 年版；陆建华：《建立新道家之尝试》，安徽大学出版社 2011 年版；赖锡三：《当代新道家——多音复调与视域融合》，台大出版中心 2011 年版；许抗生：《当代新道家》，社会科学文献出版社 2013 年版。论文主要有：孔令宏：《新道家哲学论纲》，《杭州师范学院学报》（社会科学版）2004 年第 3 期；孔令宏：《现代新道家的建立及其文化观》，《杭州师范学院学报》（社会科学版）2004 年第 6 期；赵卫东：《当代新道家的理论定位》，《杭州师范学院学报》（社会科学版）2004 年第 6 期；孔令宏：《现代新儒家与新道家的关系》，《杭州师范学院学报》（社会科学版）2007 年第 6 期。

[②] 孔令宏：《论道教的全球化》，复旦大学哲学学院中国哲学教研室编：《潘富恩教授八十寿辰纪念文集》，上海古籍出版社 2012 年版，第 217－230 页。

主要参考文献

一、主要原著

1. 《道藏》，上海书店、文物出版社、天津古籍出版社 1987 年版。
2. 孔令宏主编：《东方道藏·民间道书合集》第一辑，社会科学文献出版社 2019 年版。
3. 《钦定四库全书总目整理本》，中华书局 1997 年版。
4. （清）蒋元庭：《道藏辑要》，成都二仙庵刻本。
5. （宋）张君房纂辑，蒋力生等校注：《云笈七签》，华夏出版社 1996 年版。
6. 苏海涵编：《庄林续道藏》，成文出版社有限公司 1975 年影印版。
7. 王卡、汪桂平主编：《三洞拾遗》，黄山书社 2005 年版。
8. 《藏外道书》，巴蜀书社 1994 年版。

二、主要著作

9. 蔡钊：《道教美学探索》，四川大学出版社 2014 年版。
10. 陈鼓应主编：《道家文化研究》第 20 辑，三联书店 1998 年版。
11. 陈鼓应：《老子注译及评介》，中华书局 2009 年版。
12. 程乐松：《身体、不死与神秘主义——道教信仰的观念史视角》，北京大学出版社 2017 年版。
13. 崔大华：《庄学研究》，人民出版社 1992 年版。
14. ［德］马克斯·韦伯著，王蓉芬译：《儒教与道教》，商务印书馆 1995 年版。
15. 丁常春：《伍守阳内丹思想研究》，巴蜀书社 2007 年版。
16. 丁常春：《道教性命学概论》，社会科学文献出版社 2013 年版。
17. 董光璧：《当代新道家》，华夏出版社 1991 年版。
18. 葛兆光：《六朝隋唐道教的思想史研究》，三联书店 2003 年版。
19. 公木、邵汉民：《道家哲学》，长春出版社 2007 年版。
20. 何光沪、许志伟主编：《对话：儒释道与基督教》，社会科学文献出版社 2001 年版。
21. 何建明：《道家思想的历史转折》，华中师范大学出版社 1997 年版。
22. 胡孚琛、吕锡琛：《道学通论——道家·道教·丹道》，社会科学文献出版社 2009 年版。
23. 姜生：《汉魏两晋南北朝道教伦理论稿》，四川大学出版社 1995 年版。
24. 姜生、郭武：《明清道教伦理及其历史流变》，四川人民出版社 1999 年版。
25. 姜生、汤伟侠主编：《中国道教科学技术史》（两汉魏晋卷），科学出版社 2002 年版。
26. 姜生、汤伟侠主编：《中国道教科学技术史》（南北朝隋唐五代卷），科学出版社 2011 年版。

27. 姜守诚：《〈太平经〉研究——以生命为中心的考察》，社会科学文献出版社 2007 年版。
28. 孔令宏：《宋明道教思想研究》，宗教文化出版社 2002 年版。
29. 孔令宏：《从道家到道教》，中华书局 2004 年版。
30. 孔令宏：《宋代理学与道家道教》，中华书局 2006 年版。
31. 孔令宏、韩松涛：《丹经之祖——张伯端传》，浙江人民出版社 2007 年版。
32. 孔令宏：《道教新探》，中华书局 2011 年版。
33. 孔令宏、韩松涛：《江西道教史》，中华书局 2011 年版。
34. 孔令宏：《道教概论》，浙江大学出版社 2013 年版。
35. 孔令宏、韩松涛：《民国杭州道教》，杭州出版社 2013 年版。
36. 孔令宏、韩松涛、王巧玲：《浙江道教史》，中国社会科学出版社 2015 年版。
37. 赖锡三：《当代新道家——多音复调与视域融合》，台大出版中心 2011 年版。
38. 乐爱国：《道教生态学》，社会科学文献出版社 2005 年版。
39. 乐爱国：《中国道教伦理思想史稿》，齐鲁书社 2010 年版。
40. 李大华：《生命存在与境界超越》，上海文化出版社 2001 年版。
41. 李大华、李刚、何建民：《隋唐道家道教》，人民出版社 2011 年版。
42. 李刚：《劝善成仙——道教生命伦理观》，四川人民出版社 1994 年版。
43. 李刚：《汉代道教哲学》，巴蜀书社 1995 年版。
44. 李刚：《重玄之道开启众妙之门——道教哲学论稿》，巴蜀书社 2005 年版。
45. 李霞：《道家与禅宗》，安徽大学出版社 1996 年版。
46. 李霞：《生死智慧——道家生命观研究》，人民出版社 2004 年版。
47. 李约瑟著，何兆武等译：《中国科学技术史》，科学出版社、上海古籍出版社 1990 年版。
48. 刘笑敢：《庄子哲学及其演变》，中国社会科学出版社 1988 年版。
49. 刘笑敢：《老子古今》，中国社会科学出版社 2006 年版。
50. 刘仲宇：《道教法术》，上海文艺出版社 2002 年版。
51. 卢国龙：《中国重玄学》，人民中国出版社 1993 年版。
52. 卢国龙：《道教哲学》，华夏出版社 2007 年版。
53. 陆建华：《建立新道家之尝试》，安徽大学出版社 2011 年版。
54. 吕鹏志：《道教哲学》，文津出版社 2000 年版。
55. 吕锡琛：《道家道教与中国古代政治》，湖南人民出版社 2002 年版。
56. 吕锡琛：《善政的追寻——道家治道及其践行研究》，人民出版社 2014 年版。
57. 吕有云：《道教政治管理之道研究——道教黄老传统考察》，中国书籍出版社 2012 年版。

58. 罗安宪：《虚静与逍遥——道家心性论研究》，人民出版社 2005 年版。

59. 梅珍生：《道家政治哲学研究》，中国社会科学出版社 2010 年版。

60. 牟钟鉴主编：《道教通论》，齐鲁书社 1991 年版。

61. 潘显一：《大美不言：道教美学思想范畴论》，四川人民出版社 1997 年版。

62. 潘显一等著：《道教美学思想史研究》，商务印书馆 2010 年版。

63. 强昱：《从魏晋玄学到初唐重玄学》，上海文化出版社 2002 年版。

64. 卿希泰：《续·中国道教思想史纲》，四川人民出版社 1999 年版。

65. 卿希泰主编：《中国道教史》（1—4 卷，修订本），四川人民出版社 1996 年版。

66. 卿希泰、詹石窗主编：《道教文化新典》，上海文艺出版社 1999 年版。

67. 卿希泰主编：《中国道教思想史》，人民出版社 2009 年版。

68. 饶宗颐：《老子想尔注校证》，上海古籍出版社 1991 年版。

69. 任继愈主编：《中国道教史》（增订本），中国社会科学出版社 2000 年版。

70. 商原李刚：《道治与自由》，社会科学文献出版社 2005 年版。

71. 唐大潮：《明清之际道教"三教合一"思想论》，宗教文化出版社 2000 年版。

72. 唐少莲：《道家道治思想研究》，中国社会科学出版社 2011 年版。

73. 王德有：《以道观之——庄子哲学的视角》，人民出版社 1998 年版。

74. 王卡点校：《老子道德经河上公章句》，中华书局 1993 年版。

75. 王明：《太平经合校》，中华书局 1960 年版。

76. 王明：《抱朴子内篇校释》（增订本），中华书局 1985 年版。

77. 萧汉明、郭东升：《〈周易参同契〉研究》，上海文化出版社 2001 年版。

78. 谢正强：《傅金铨内丹思想研究》，巴蜀书社 2005 年版。

79. 徐小跃：《禅与老庄》，浙江人民出版社 1992 年版。

80. 许抗生：《当代新道家》，社会科学文献出版社 2013 年版。

81. 杨玉辉：《道教人学研究》，人民出版社 2004 年版。

82. 詹剑峰：《老子其人其书及其道论》，湖北人民出版社 1982 年版。

83. 詹石窗主编：《新编中国哲学史》，中国书店 2002 年版。

84. 张广保：《金元全真道内丹心性学》，生活·读书·新知三联书店 1995 年版。

85. 张松如、邵汉民：《道家哲学智慧》，吉林人民出版社 1996 年版。

86. 张祥龙：《海德格尔思想与中国天道》，生活·读书·新知三联书店 2007 年版。

87. 朱哲：《先秦道家哲学研究》，上海人民出版社 2000 年版。

三、主要论文

88. 陈兵：《道教之"道"》，《哲学研究》1988 年第 1 期。

89. 陈鼓应：《庄子论道——兼评庄老道论之异同》，《中国哲学史研究》1985 年第 4 期。

90. 陈耀庭：《论道教教义思想的结构》，《学术月刊》1992 年第 4 期。

91. 郭树森：《试析隋唐五代道教理论的哲理化》，《江西社会科学》1989 年第 3 期。
92. 郭武：《论道教的长生成仙信仰》，《世界宗教研究》1994 年第 1 期。
93. 郝宜今：《道家·道教·仙学》，《内蒙古社会科学》1985 第 5 期。
94. 黄海德、周丽英：《试论唐代道教哲学的思想渊源》，《社会科学研究》2016 年第 1 期。
95. 李刚：《道教哲学刍议》，《哲学研究》1989 年第 10 期。
96. 李刚：《魏晋道教哲学三题》，《四川大学学报》1990 年第 2 期。
97. 李申：《老庄哲学中的"道"》，《文史哲》1981 年第 2 期。
98. 刘笑敢：《老子之道：关于世界之统一性的解释》，《道家文化研究》第十五辑，三联书店 1999 年版。
99. 蒙培元：《"道"的境界——老子哲学的深层意蕴》，《中国社会科学》1996 年第 1 期。
100. 闵智亭：《道教的根本教理及其哲学思想》，《中国道教》1988 年第 4 期。
101. 强昱：《心学释义——道教哲学之于陆王心学的一种考察》，《中国哲学史》2001 年第 1 期。
102. 强昱：《道教哲学的思想主题与逻辑建构》，《世界宗教研究》2004 年第 2 期。
103. 任继愈：《道家与道教》，《文史知识》1987 年第 5 期。
104. 孙亦平：《论唐代道教哲学中"有无之道"的理论价值——以杜光庭思想为例》，《商丘师范学院学报》2017 年第 1 期。
105. 汤一介：《略论早期道教关于生死、形神问题的理论》，《哲学研究》1981 年第 1 期。
106. 王明：《谈谈道教哲学的范畴》，《求索》1984 年第 2 期。
107. 王沐：《道教与道家的关系及其区别》，《湘潭大学学报》（社会科学版）1986 年第 2 期。
108. 王宜峨：《道教哲学简论》，《中国道教》1989 年第 4 期。
109. 萧萐父：《隋唐时期道教的理论化建设》，《海南大学学报》1991 年第 1 期。
110. 许地山：《道家思想与道教》，《燕京学报》1927 年第 2 期。
111. 郑志明：《试论清静的"道"》，《鹅湖》第 13 卷第 11 期，1988 年。